王阳明全集

全译本

石玉　译著

八

天津出版传媒集团
天津古籍出版社

本册目录

卷之二十七　续编二

卷之二十八　续编三

卷之二十九 续编四

卷之三十　续编五

卷之三十一　续编六

卷之三十一下　山东乡试录

卷之二十六　续编一

德洪葺师《文录》，始刻于姑苏，再越，再刻于天真，行诸四方久矣。同志又以遗文见寄，俾续刻之。洪念昔葺师录，同门已病太繁，兹录若可缓者。既而伏读三四，中多简书墨迹，皆寻常应酬、琐屑细务之言，然而道理昭察，仁爱恻怛，有物各付物之意。此师无行不与，四时行而百物生，言虽近而旨实远也。且师没既久，表仪日隔，苟得一纸一墨，如亲面觌。况当今师学大明，四方学者徒喜领悟之易，而未究其躬践之实，或有离伦彝日用、乐悬虚妙顿以为得者，读此能无省然激衷！此吾师中行之证也，而又奚以太繁为病邪？同门唐子尧臣佥宪吾浙，尝谋刻未遂。今年九月，虬峰谢君来按吾浙，刻师《全书》，检所未录尽刻之，凡五卷，题曰《文录续编》。师胤子王正亿尝录《阳明先生家乘》凡三卷，今更名《世德纪》，并刻于《全书》末卷云。隆庆壬申一阳日，德洪百拜识。

译文

我整理了先生的《文录》，最初在姑苏城刊刻，而后在越地刊刻，后又在天真刊刻，已经在各地发行很久了。有志同道合的人又将先生一些散轶的文章寄予我，让我继续将其整理刊刻。我过去整理先生的《文录》时，同门中有人认为之前整理的《文录》有过于繁琐的毛病，此次整理可以将这个问题规避。因此，我伏案再三阅读了这些文稿，其中有许多简洁写就的墨迹，都是平时往来应酬的琐碎细小的事情的记载。然而其中的道理却十分明显，有着恳切仁爱和实事求是之意。先生的言传身教无一不切实展示给学生，四时轮转万物生长，这些言语虽然讲得浅显，但其中意义深远。且先生逝世已有时日，音容仪表日渐远去，我无意间得到先生的一纸一墨，便有如于先生对面相见。何况当今先生的学问已经被发扬光大，但各地学者只是喜悦于先生学问容易领悟，却不曾深究其中亲自实践的部分。哲学学者中自得于领悟玄妙虚空之意而缺少生活伦常认识的人，在读到这些文章时，定当幡然醒悟同时心怀激动！这些文章都是先生言行合乎中庸之道的证明，怎么能认为是繁琐的毛病呢？同门人唐子尧在吾浙任佥都御史，曾计划刊刻，然最终未能成。今年九月，虬峰谢君来吾浙巡查，刊刻了先生的《阳明全书》，并搜寻了之前不曾录入的内容一一刊刻，一共五卷，起名为《文录续编》。先生长子王正亿曾集录《阳明先生家乘》共三卷，现在更名为《世德纪》，并刊刻于《阳明全书》最末一卷。隆庆壬申冬至日，德洪百拜识。

大学问

吾师接初见之士，必借《学》《庸》首章以指示圣学之全功，使知从入之路。师征思、田将发，先授《大学问》，德洪受而录之。

译文

我的老师接见初次认识的是士人，一定会通过《大学》《中庸》的首章来指示圣贤学问的全部功夫，以使人知道入门的路径。老师要征讨思恩、田州，将出发之前先讲授《大学问》，钱德洪听了老师的教诲，将内容记录下来。

《大学》者，昔儒以为大人之学矣，敢问大人之学何以在于明明德乎？阳明子曰：“大人者，以天地万物为一体者也。其视天下犹一家，中国犹一人焉。若夫间形骸而分尔我者，小人矣。大人之能以天地万物为一体也，非意之也，其心之仁本若是，其与天地万物而为一也。岂惟大人，虽小人之心亦莫不然，彼顾自小之耳。是故见孺子之入井，而必有怵惕恻隐之心焉，是其仁之与孺子而为一体也。孺子犹同类者也，见鸟兽之哀鸣觳觫，而必有不忍之心焉，是其仁之与鸟兽而为一体也。鸟兽犹有知觉者也，见草木之摧折而必有悯恤之心焉，是其仁之与草木而为一体也。草木犹有生意者也，见瓦石之毁坏而必有顾惜之心焉，是其仁之与瓦石而为一体也。是其一体之仁也，虽小人之心亦必有之。是乃根于天命之性，而自然灵昭不昧者也，是故谓之明德。小人之心既已分隔隘陋矣，而其一体之仁犹能不昧若此者，是其未动于欲，而未蔽于私之时也。及其动于欲，蔽于私，而利害相攻，忿怒相激，则将戕物圮类，无所不为，其甚至有骨肉相残者，而一体之仁亡矣。是故苟无私欲之蔽，则虽小人之心，而其一体之仁犹大人也，一有私欲之蔽，则虽大人之心，而其分隔隘陋犹小人矣。故夫为大人之学者，亦惟去其私欲之蔽，以自明其明德，复其天地万物一体之本然而已耳，非能于本体之外而有所增益之也。”

译文

过去的儒者认为《大学》是大人的学问，请问大人的学问为什么在于明明德呢？阳明先生说：“大人是以天地万物作为一体的人，他们将天下视为一家、将中国视为如一个人。那些将其视为形体分离私自计较的是小人。大人能把天地万物当作一体，不是意愿的结果，而是他们的心中的仁德本来就如此，这与天地万物是一体的。岂止大人，即使是小人也能这样，人都能如此，只是小人只顾着自己狭隘的东西罢了。所以见到小孩掉入井中，一定会有恻隐之心，这是因为他的仁爱与小孩是一体的，对待小孩犹有这样的感觉，见到鸟兽哀鸣恐惧发抖，一定会有不忍之心，他的仁爱与鸟兽也是一体的。对待鸟兽犹有这样的感觉，见到草木摧折，一定会心生怜悯，是他的仁爱与草木是一体的，对于草木犹有这样的感受，见到瓦石的毁坏，一定会有顾惜的心情，是他的仁爱与瓦石为一体的。与万物一体的仁爱，即使是小人心中也是具有的，这根植于天命赋予之本性中，是自然彰显不会昧暗的道理，这就叫做明德。小人之心已经分隔狭隘，他的一体之仁爱依然能不昧暗。是由于欲望没有萌动，还没有被私欲遮蔽，等到欲望萌动，被私欲遮蔽，那么就会有利害冲突，怨愤交加，就会破坏他物，伤害同类，无恶不为，甚至有骨肉相残之事，这个时候，一体之仁爱就消失了。因此，如没有私欲的遮蔽，即使是小人心中的仁爱也与大人相同，一旦有私欲的遮蔽，那即使是大人之心，也会分隔狭隘如同小人。所以，那些大人之学者也。要去除私欲的遮蔽，来自我显明贤明的德性，恢复万物一体的本源而已，而不能在本体之外有所增益。”

曰：“然则何以在亲民乎？”

译文

有人问：“那么为什么大人之学在于亲民呢？”

曰：“明明德者，立其天地万物一体之体也。亲民者，达其天地万物一体之用也。故明明德必在于亲民，而亲民乃所以明其明德也。是故亲吾之父，以及人之父，以及天下人之父，而后吾之仁实与吾之父、人之父与天下人之父而为一体矣，实与之为一体，而后孝之明德始明矣。亲吾之兄，以及人之兄，以及天下人之兄，而后吾之仁实与吾之兄、人之兄与天下人之兄而为一体矣，实与之为一体，而后弟之明德始明矣。君臣也，夫妇也，朋友也，以至于山川鬼神鸟兽草木也，莫不实有以亲之，以达吾一体之仁，然后吾之明德始无不明，而真能以天地万物为一体矣。夫是之谓明明德于天下，是之谓家齐国治而天下平，是之谓尽性。”

译文

先生回答：“明明德就是确立万物一体的心之本体，亲民是万物一体之心的应用。因此，要明明德，就必须亲民，亲民是发扬明德的途径。所以。要爱自己的父亲，爱他人的父亲，乃至于爱天下的父亲，这实为一体。而后，我的仁爱与我的父亲，他人的父亲以及天下人的父亲都成为一体，那么孝的明德也就开始显明。亲近我的兄弟以及他人的兄弟，乃至于天下人的兄弟。而后，我的仁爱与我的兄弟，他人的兄弟以及天下人的兄弟就成为一体，那么敬爱兄长的明德就开始昭明。君臣、夫妇、朋友，以至于山川鬼神，鸟兽草木。就能都去亲近，以达到我的一体之仁爱，那么我的明德就无处不昭明，而真的能与天地万物为一体，这就是所谓的明明德于天下，就是所谓家齐国治而天下平，就是所谓的充分地发扬善的本性。”

曰：“然则又乌在其为止至善乎？”

译文

有人问：“那么为什么又说学问止于至善呢？”

曰：“至善者，明德、亲民之极则也。天命之性，粹然至善，其灵昭不昧者，此其至善之发见，是乃明德之本体，而即所谓良知也。至善之发见，是而是焉，非而非焉，轻重厚薄，随感随应，变动不居，而亦莫不自有天然之中，是乃民彝物则之极，而不容少有议拟增损于其间也。少有拟议增损于其间，则是私意小智，而非至善之谓矣。自非慎独之至、惟精惟一者，其孰能与于此乎？后之人惟其不知至善之在吾心，而用其私智以揣摸测度于其外，以为事事物物各有定理也，是以昧其是非之则，支离决裂，人欲肆而天理亡，明德、亲民之学遂大乱于天下。盖昔之人固有欲明其明德者矣，然惟不知止于至善，而骛其私心于过高，是以失之虚罔空寂，而无有乎家国天下之施，则二氏之流是矣。固有欲亲其民者矣，然惟不知止于至善，而溺其私心于卑琐，是以失之权谋智术，而无有乎仁爱恻怛之诚，则五伯功利之徒是矣。是皆不知止于至善之过也。故止至善之于明德、亲民也，犹之规矩之于方圆也，尺度之于长短也，权衡之于轻重也。故方圆而不止于规矩，爽其则矣，长短而不止于尺度，乖其剂矣，轻重而不止于权衡，失其准矣，明明德、亲民而不止于至善，亡其本矣。故止于至善以亲民，而明其明德，是之谓大人之学。”

译文

阳明先生回答说：“至善是明德亲民的最高法则，天命赋予的性情纯粹至善，空灵昭著而不昏暗，这就是至善的表现，是明德的本体，也就是所说的良知。至善的表现，即是就是，不是就是不是，轻重厚薄、随感随应，变动不居，都存在于天然之中，这是人伦法度最高法则，而不容许稍有增损。稍有增损于其间，就是私人的意愿和狭隘的小聪明，并不是至善。如果不是那些能做到慎独、纯一的人，如何能做到至善呢？后人不知道至善在于心中，而用私意小智去揣摩臆测于外部，认为事事都有定理，这是不明白是非的准则，从而导致支离破碎，人欲放肆而天理灭亡，明德亲民的学问大乱于天下。过去的人固然有想要昭明明德的，但不知道要止于至善，只是好高骛远，以至于有虚罔空寂的缺失，于家国天下没有实际功用，这是佛老之流。想要做到亲民的，但不知道止于至善，只沉溺于私心的卑微琐屑，因此有专求权谋智计的缺失，没有仁爱恻隐的诚心。这是五霸之类的追求功利之徒。以上这些都是不知要止于至善而导致的过失。因此，止于至善对于明德亲民来讲，犹如规矩之于方圆，尺度之于长短，权衡之于轻重，所以方圆不合规矩，就不达标准，长短不合尺度，就乖离剂量，轻重不合度量衡，就会失于准确。明明德亲民而不能止于至善，就失去了根本。所以说止于至善以亲民、昭明明德是所谓的大人之学。”

曰：“‘知止而后有定，定而后能静，静而后能安，安而后能虑，虑而后能得’，其说何也？”

译文

有人问：“‘知止而后定，定而后能静，静而后能安，安而后能虑，虑而后能得’，这句话说的是什么意思呢？”

曰：“人惟不知至善之在吾心，而求之于其外，以为事事物物皆有定理也，而求至善于事事物物之中，是以支离决裂，错杂纷纭，而莫知有一定之向。今焉既知至善之在吾心，而不假于外求，则志有定向，而无支离决裂、错杂纷纭之患矣。无支离决裂、错杂纷纭之患，则心不妄动而能静矣。心不妄动而能静，则其日用之间，从容闲暇而能安矣。能安，则凡一念之发，一事之感，其为至善乎？其非至善乎？吾心之良知自有以详审精察之，而能虑矣。能虑则择之无不精，处之无不当，而至善于是乎可得矣。”

译文

阳明先生回答说："人不知道至善存在于自我心中，而去向外追求，认为事物皆有定理，而在事物去求取至善，因此导致支离破碎，错杂纷纭，没有个确定方向。现在既然知道至善在吾心中，不需向外去追求，志向就有了确定方向，就没有支离破碎、错综杂乱的忧患。没有这些忧患，心就能不妄动而安静，心不妄动那么在日用之间，从容闲暇之时，就能安定，能安定，则但凡有意念发动，有事情感应，就能判断是否是至善的，我心中的良知自然能详细地加以审查，能对此加以思虑，能思虑，则做出的选择无不精审，应对无不恰当，这样至善就可以实现了。"

曰："物有本末，先儒以明德为本，新民为末，两物而内外相对也。事有终始，先儒以知止为始，能得为终，一事而首尾相因也。如子之说，以新民为亲民，则本末之说亦有所未然欤？"

译文

有人说："物有本末，先儒以明德作为根本，以亲民作为末尾，两事是内外相对的，事有始终，先儒由此以知止为开始，以能得为终结，一件事情有首尾相应。如您所说，以新民为亲民，那么本末之说还有什么不对的地方吗？"

曰："终始之说，大略是矣。即以新民为亲民，而曰明德为本，亲民为末，其说亦未为不可，但不当分本末为两物耳。夫木之干谓之本，木之梢谓之末，惟其一物也，是以谓之本末。若曰两物，则既为两物矣，又何可以言本末乎？新民之意，既与亲民不同，则明德之功，自与新民为二。若知明明德以亲其民，而亲民以明其明德，则明德亲民焉可析而为两乎？先儒之说，是盖不知明德亲民之本为一事，而认以为两事，是以虽知本末之当为一物，而亦不得不分为两物也。"

译文

先生回答："终始之说大概是对的，以新民为亲民，而以明德为根本，以亲民为末尾，这样说也未尝不可，但不应该分为本末两件事物。树木的枝干叫做本，树木的树梢叫做末，本是同一棵树，因此有本末。如说是两件事，既然已是两事，又从何来说本末呢？新民的意思既然与亲民不同，那么明德的功用，自然和新民是两回事。如果知道昭明明德是来亲民，而亲民是要昭明明德，那明德和亲民怎能分为两件事呢？先儒的说法，是不知道明德和亲民在根本上是一回事，而将其当做两事。因此，即使知道本末是在同一事物意义上讲的，也不得不将二者分为两事。”

曰：“古之欲明明德于天下者，以至于先修其身，以吾子明德亲民之说通之，亦既可得而知矣。敢问欲修其身，以至于致知在格物，其工夫次第又何如其用力欤？”

译文

有人说：“古代想要昭明明德于天下的人，总要先修其身，以您的明德亲民之说来贯通，对此可以理解。请问从想修养其身到通过格物来致知，其功夫和次序又该如何安排呢？”

曰：“此正详言明德、亲民、止至善之功也。盖身、心、意、知、物者，是其工夫所用之条理，虽亦各有其所，而其实只是一物。格、致、诚、正、修者，是其条理所用之工夫，虽亦皆有其名，而其实只是一事。何谓身？心之形体运用之谓也。何谓心？身之灵明主宰之谓也。何谓修身？为善而去恶之谓也。吾身自能为善而去恶乎？必其灵明主宰者欲为善而去恶，然后其形体运用者始能为善而去恶也。故欲修其身者，必在于先正其心也。然心之本体则性也。性无不善，则心之本体本无不正也。何从而用其正之之功乎？盖心之本体本无不正，自其意念发动而后有不正。故欲正其心者，必就其意念之所发而正之。凡其发一念而善也，好之真如好好色，发一念而恶也，恶之真如恶恶臭，则意无不诚，而心可正矣。然意之所发有善有恶，不有以明其善恶之分，亦将真妄错杂，虽欲诚之，不可得而诚矣。故欲诚其意者，必在于致知焉。致者，至也，如云‘丧致乎哀’之致。《易》言‘知至至之’，知至者，知也，至之者，致也。致知云者，非若后儒所谓充广其知识之谓也，致吾心之良知焉耳。良知者，孟子所谓‘是非之心，人皆有之’

者也。是非之心，不待虑而知，不待学而能，是故谓之良知。是乃天命之性，吾心之本体，自然灵昭明觉者也。凡意念之发，吾心之良知无有不自知者。其善欤，惟吾心之良知自知之，其不善欤，亦惟吾心之良知自知之，是皆无所与于他人者也。故虽小人之为不善，既已无所不至，然其见君子，则必厌然掩其不善，而著其善者，是亦可以见其良知之有不容于自昧者也。今欲别善恶以诚其意，惟在致其良知之所知焉尔。何则？意念之发，吾心之良知既知其为善矣，使其不能诚有以好之，而复背而去之，则是以善为恶，而自昧其知善之良知矣。意念之所发，吾之良知既知其为不善矣，使其不能诚有以恶之，而复蹈而为之，则是以恶为善，而自昧其知恶之良知矣。若是，则虽曰知之，犹不知也，意其可得而诚乎！今于良知所知之善恶者，无不诚好而诚恶之，则不自欺其良知而意可诚也已。然欲致其良知，亦岂影响恍惚而悬空无实之谓乎？是必实有其事矣。故致知必在于格物。物者，事也，凡意之所发必有其事，意所在之事谓之物。格者，正也，正其不正以归于正之谓也。正其不正者，去恶之谓也。归于正者，为善之谓也。夫是之谓格。《书》言'格于上下''格于文祖''格其非心'，格物之格实兼其义也。良知所知之善，虽诚欲好之矣，苟不即其意之所在之物而实有以为之，则是物有未格，而好之之意犹为未诚也。良知所知之恶，虽诚欲恶之矣，苟不即其意之所在之物而实有以去之，则是物有未格，而恶之之意犹为未诚也。今焉于其良知所知之善者，即其意之所在之物而实为之，无有乎不尽。于其良知所知之恶者，即其意之所在之物而实去之，无有乎不尽。然后物无不格，而吾良知之所知者无有亏缺障蔽，而得以极其至矣。夫然后吾心快然无复余憾而自谦矣，夫然后意之所发者，始无自欺而可以谓之诚矣。故曰：物格而后知至，知至而后意诚，意诚而后心正，心正而后身修。盖其功夫条理虽有先后次序之可言，而其体之惟一，实无先后次序之可分。其条理功夫虽无先后次序之可分，而其用之惟精，固有纤毫不可得而缺焉者。此格致诚正之说，所以阐尧、舜之正传而为孔氏之心印也。"

译文

先生回答说："我正要详细说明明德、亲民、止于至善的功夫，身体、心灵、意志、知识和万物，他们的功夫所用的条理，虽然各有其内涵，而实际上是一回事。格致诚正修是这些条理所用的功夫，虽也都各有名目，但其实只是一回事。什么叫做身？心之形体的应用就叫做身。什么叫做心？就是身体灵明的主宰。什么叫做修身？是为善而去除恶的东西。身体能自行为善去恶吗？一定是依靠身体灵明的主宰，才能为善去恶。所以想要修身，一定在于端正其心。心的本体是性，性无不善，那么心的本体也就无不端正。那么如何去做端正的功夫呢？心的本体本来无不端正，是心中的意念发动之后有所不正。所以，想要端正其心，一定要从意念所生发之处来端正它。但凡所发动的意念是好的，就一定要爱好它，就如同爱好美好的颜色一般，但凡有一念发动是邪恶的，就要厌恶它，如同厌恶恶臭的气味一般，这样意念能做到诚恳，心就可以得到端正。但是意念的发动，有善有恶。如果不能做到对善和恶加以区分，就将会导致真假错杂，即使想要做到诚恳，也不能达到这个目标。想要使意念诚恳，一定在于致知。致是至的意思，比如‘丧致乎哀之致’（哀情来至）。《周易》中有‘知至至之’的，意思是能知晓时机到来，是明智的。这句话中的至就是致的意思。所以致知的意思并非后儒所说的扩充知识，而是在讲能使良知来到。良知就是孟子所说的‘是非之心，人皆有之’。是非之心，不需要考虑就能知道，不需要学习就能拥有，这就叫做良知。这就是天命赋予的秉性，是心的本体，是自然能昭明发现的。凡是意念发动，我心中的良知都能知晓，意念善良，而心中的良知自然知晓，意念不善良，心中的良知也能自然知晓。这些都是没有办法传达给别人的，所以即使是小人做了不善的事，甚至是无恶不作，但是见到君子也会掩盖他的不善，而显明他的善处。从中可见良知是自己也无法掩藏的。现在想要区分善恶以使意念诚恳，唯在于能按照良知去感受，为什么呢？意念发动，我心中的良知就知道它是善的。如果不能诚心地爱好它，而与之背离，就是以善为恶，是自我泯灭了良知对善的了解。意念的发动，我的良知既已经知道它是不善的，如不能诚心地厌恶它，那么就是以恶为善，是自我泯灭了良知对恶的了解。这样的话，即使良知能知善恶，也如同不知，意念哪里能做到诚恳呢！现在对于良知所知晓的善恶意念，都相应诚恳地加以爱好和厌恶，那么就是不自我欺骗心中的良知，意念就可达到真诚。想要让良知到来，岂是恍惚而悬虚的空谈吗？它是一定实有其事的。所以致良知就在于格物。物就是事情，凡是意念发动，一定会有事。意念所在就是物。格是正的意思，端正那些不正的内容，使之归于正道，端正那些不正的，说的是去除邪恶。反归于正，说的就是为善。这就叫格。《尚书》说‘格于上下’‘格于文祖’‘格其非心’。格物之格，实际上包含了这些意思。良知所知晓的善念，即使诚心地去爱好它，假如不去就着意念所在的实际事物有所作为，就是对于事物仍有未格之处，那么爱好之心仍未诚恳。良知所知晓的恶念，即使诚心地去厌恶它，假如不去就着意念所在的实际事物有所作为，就是对于事物仍有未格之处，那么厌恶之心仍未诚恳。对于良知所感知到的善恶去切实地有所作为，就没有不尽其本心的，然后就能实现无物不格，而良知所到的也就没有缺损遮蔽，而能达到极致了。然后自我的心中就会感到快意没有遗憾而能自谦，意念的发动才能不自欺，这样可以称之为诚恳了。所以说，物格而后知至，知至而后意诚，意诚而后心正，心正而后身修，这是在讲功夫的条理。这些功夫的条理虽然有先后次序，但在根本上是一致的，实际没有先后次序可以区分。条理功夫虽然没有先后次序可区分，但是实际应用是极其精微的，丝毫不能有所欠缺，所以格致成正之说，是尧舜之正传，孔氏之心印。”

德洪曰：“《大学问》者，师门之教典也。学者初及门，必先以此意授，使人闻言之下即得此心之知，无出于民彝物则之中，致知之功，不外乎修齐治平之内。学者果能实地用功，一番听受，一番亲切。师常曰：‘吾此意思有能直下承当，只此修为，直造圣域。参之经典，无不吻合，不必求之多闻多识之中也。’门人有请录成书者。曰：‘此须诸君口口相传，若笔之于书，使人作一文字看过，无益矣。’嘉靖丁亥八月，师起征思、田，将发，门人复请。师许之。录既就，以书贻洪曰：‘《大学或问》数条，非不愿共学之士尽闻斯义，顾恐借寇兵而赍盗粮，是以未欲轻出。’盖当时尚有持异说以混正学者，师故云然。师既没，音容日远，吾党各以己见立说。学者稍见本体，即好为径超顿悟之说，无复有省身克己之功。谓‘一见本体，超圣可以跂足’，视师门诚意格物、为善去恶之旨，皆相鄙以为第二义。简略事为，言行无顾，甚者荡灭礼教，犹自以为得圣门之最上乘。噫！亦已过矣。自便径约，而不知已沦入佛氏寂灭之教，莫之觉也。古人立言，不过为学者示下学之功，而上达之机，待人自悟而有得，言语知解，非所及也。《大学》之教，自孟氏而后，不得其传者几千年矣。赖良知之明，千载一日，复大明于今日。兹未及一传，而纷错若此，又何望于后世耶？是篇邹子谦之尝附刻于《大学》古本，兹收录《续编》之首，使学者开卷读之，思吾师之教平易切实，而圣智神化之机固已跃然，不必更为别说，匪徒惑人，只以自误，无益也。”

译文

钱德洪说：“《大学问》这本书是师门教学的经典，学者初入门下，老师一定会授以此书，使学生能听完之后了解心中的良知不外乎就是人伦事物的法则，致知的功夫不外乎是修身齐家治国平天下。学者果真能去实在用功，一边接受知识，一边亲自实践。我的老师常说：‘我的这些思想，有能当下就接受的，只要按此来修习，能达到圣人境界。与经典相互参照，无不吻合，不必再从多听多见之中去追求。’弟子有请求将这些内容整理成书的。老师回答说：‘这需要借助诸位的口口相传，如果写在书面，让人当成一篇文字看过，是没有什么帮助的。’嘉靖丁亥八年，老师动身征伐思恩、田州，弟子再次请求，得到老师允许，笔录完毕赠书给我说：‘《大学或问》这几条不是不想其他的学士了解这些思想，是担心资助盗寇，借其粮饷，因此不想轻易地拿出。’当时尚且有秉持异说来混淆正宗学问之人，因此先生会如此说。先生去世之后，音容日益远去，我们这些人各自以自己的见解立论。世间学者稍微对于本体有所了解，就喜好超越顿悟的学说，不再下省察克己的功夫。总说‘一能了解本体，成为圣人就可期了’。将师门传授的诚意格物、为善去恶的宗旨，鄙视为只有次要的意义，在行事上简略，在言行上无所顾忌，乃至于消灭礼教，还认为得到了圣人之传的上层学问。哎，这些想法是有过失的，学者自行随意理解，去做一套超越顿悟的学问，而不知道已沦落入寂灭的佛教中去，古人立言，向下是为了向学者展示为学的功夫，向上是为了了解天道的枢机，待人自我领悟而有所得之后，对书中的言语就能知晓明白。《大学》之教自孟子之后，几千年间没有得到好的传人。有赖于良知之昭明，千载之下，又大为显明于今日。现在还未来得及向外传播，就如此的纷乱错杂，这又怎能期望于后世呢？这一篇内容，邹谦之曾将其附刻于《大学》古本中，现在将其收录在《续编》首篇。令学者开卷即能阅读，思考我老师教诲的平易切实，而圣智神化的关键已经跃然纸上，不必更为他说。更为他说，不但会使他人疑惑，还会耽误自己，没有益处。”

教条示龙场诸生

诸生相从，于此甚盛。恐无能为助也，以四事相规，聊以答诸生之意。一曰立志，二曰勤学，三曰改过，四曰责善。其慎听毋忽！

译文

各位跟随我来到这里，深情厚意，我唯恐没有能力来帮助大家进步。用以下四件事情来对各位加以规劝，聊以报答各位的厚意。一是立志，二是勤学，三是改过，四是责善。请认真听讲，不要疏忽。

立志

志不立，天下无可成之事，虽百工技艺，未有不本于志者。今学者旷废隳惰，玩岁愒时，而百无所成，皆由于志之未立耳。故立志而圣，则圣矣，立志而贤，则贤矣。志不立，如无舵之舟，无衔之马，漂荡奔逸，终亦何所底乎？昔人有言，使为善而父母怒之，兄弟怨之，宗族乡党贱恶之，如此而不为善可也。为善则父母爱之，兄弟悦之，宗族乡党敬信之，何苦而不为善为君子？使为恶而父母爱之，兄弟悦之，宗族乡党敬信之，如此而为恶可也。为恶则父母怒之，兄弟怨之，宗族乡党贱恶之，何苦而必为恶为小人？

诸生念此，亦可以知所立志矣。

译文

志向不确立，天下就没有可做成的事。即使是各种工匠技能，无不本于树立志向。现在的学者旷废懒惰，虚度光阴，而百无所成，都是由于没有确立志向。所以立志要成为圣人，就可能成为圣人。立志要成为贤人，就可能成为贤人。志向不确立，就像没有舵的船，没有驾驭的马，漂泊奔波，终究没有根底。过去的人曾说，如果一个人为善，而父母对他发怒，兄弟怨恨他，宗族乡党都厌恶鄙视他，这样的话不做善事也可。做了善事，父母亲爱他，兄弟为他高兴，宗族乡党都尊敬信任他，那为何不去为善为君子呢？诸位要想想其中的道理，就能知道要如何确立志向了。

勤学

已立志为君子，自当从事于学。凡学之不勤，必其志之尚未笃也。从吾游者，不以聪慧警捷为高，而以勤确谦抑为上。诸生试观侪辈之中，苟有虚而为盈，无而为有，讳己之不能，忌人之有善，自矜自是，大言欺人者，使其人资禀虽甚超迈，侪辈之中，有弗疾恶之者乎？有弗鄙贱之者乎？彼固将以欺人，人果遂为所欺，有弗窃笑之者乎？苟有谦默自持，无能自处，笃志力行，勤学好问，称人之善，而咎己之失，从人之长，而明己之短，忠信乐易，表里一致者，使其人资禀虽甚鲁钝，侪辈之中，有弗称慕之者乎？彼固以无能自处，而不求上人，人果遂以彼为无能，有弗敬尚之者乎？诸生观此，亦可以知所从事于学矣。

译文

已经立志要做君子的人，自然应该从事于学习。凡是学习不勤恳的，他树立的志向一定不够坚定，与我交游的人不以聪明警惕为高，而以勤恳谦虚为上。各位试看同辈之中，假如有人以虚为盈，以无为有，避谈自己无能，嫉妒别人有所擅长，自大自夸、说大话欺骗人，即使这样的人资质禀赋超过其他人，在同辈之中有不厌恶他的吗？有不鄙视轻贱他的吗？一个人如果能谦虚自持，认为自己没有太大能力，虚心自处，笃志力行，勤学好问，称赞别人的优长，批评自己的过失，学习别人的长处而知晓自己的短板。为人忠信平易，表里如一，这样的人，即使他的资质禀赋有些愚钝，同辈之中有不称赞倾慕他的吗？这样的人，把自己当作没有什么能力的人来看待，而不求立于众人之上。人们就真的认为他是无能，而不去尊敬倾慕他吗？各位对此加以了解，就可以知道要如何从事于学习。

改过

夫过者，自大贤所不免，然不害其卒为大贤者，为其能改也。故不贵于无过，而贵于能改过。诸生自思平日亦有缺于廉耻忠信之行者乎？亦有薄于孝友之道，陷于狡诈偷刻之习者乎？诸生殆不至于此。不幸或有之，皆其不知而误蹈，素无师友之讲习规饬也。诸生试内省，万一有近于是者，固亦不可以不痛自悔咎。然亦不当以此自歉，遂馁于改过从善之心。但能一旦脱然洗涤旧染，虽昔为寇盗，今日不害为君子矣。若曰吾昔已如此，今虽改过而从善，将人不信我，且无赎于前过，反怀羞涩凝沮，而甘心于污浊终焉，则吾亦绝望尔矣。

译文

有过失，是非常贤能的人也难免的，但不妨碍这些人最终成为贤者，因为他们能改过，所以人不贵在不犯错误，而贵在能改过。各位要思考自己平日里也有在廉耻忠信的行为上有所缺失的吗？也有对孝友之道做得不足的吗？有陷于狡诈、刻薄的恶习吗？各位大概不至于此，如果不幸有这些过错，都是因为不知而误犯的，是因为没有师友来讲习规劝导致的。各位应该试着自我反省，万一有类似的过错，就要痛下悔改之心。然而也不应该因此来自我菲薄，以至于失去了改过从善之心。一旦能摆脱掉过去不好的习气毛病，即使旧日里曾做过盗贼，也不妨碍现在来做君子。如果有人说我过去曾犯过错，现在即使改过从善人们也不会相信我，无法赎清过去的过失，反而怀疑羞耻沮丧，而心甘情愿在污浊中终老，对此，我也只能表示绝望了。

责善

责善，朋友之道，然须忠告而善道之。悉其忠爱，致其婉曲，使彼闻之而可从，绎之而可改，有所感而无所怒，乃为善耳。若先暴白其过恶，痛毁极诋，使无所容，彼将发其愧耻愤恨之心，虽欲降以相从，而势有所不能，是激之而使为恶矣。故凡讦人之短，攻发人之阴私以沽直者，皆不可以言责善。虽然，我以是而施于人不可也，人以是而加诸我，凡攻我之失者皆我师也，安可以不乐受而心感之乎？某于道未有所得，其学卤莽耳。谬为诸生相从于此，每终夜以思，恶且未免，况于过乎？人谓事师无犯无隐，而遂谓师无可谏，非也。谏师之道，直不至于犯，而婉不至于隐耳。使吾而是也，因得以明其是，吾而非也，因得以去其非，盖教学相长也。诸生责善，当自吾始。

译文

责善是朋友相处之道，但需要诚恳告知且善加引导。做到对朋友忠诚爱护，言语委婉，使其听到你的话可以接受，能从中理出头绪并进行改正，有感于你的规劝而没有愤怒，这就是善于责善。如果对朋友的过失、错误大加指明，痛加批判，使他颜面尽失无地自容，将会激发出他的羞耻愤恨之心，即使他想要承认过错来听从你的话，在形势上却做不到，这是刺激他去为恶。所以，凡是评论别人的短处，攻击揭发别人的隐私，来赚取一个耿直的名声，都称不上责善。虽然我这样对待别人不可，别人如果这样对待我，只要是指出我过错的都是我的老师，哪里能不乐于接受心中感激呢？我对于道仍有未理解之处，为学仍有鲁莽之处，各位追随我到此，我每夜反思，还有恶处没有避免，况且是过错呢。人们常说，对待老师不要冒犯他，不要隐瞒他，说不可以对老师加以批评。这种说法是不对的，向老师提出意见应直接而不至于冒犯，委婉而不至于有所隐藏。假使我是对的，我会因为这些谏言明白我是对的，如果我是错的，也能由这些谏言明白我的错处，这是教学相长，各位劝诫别人为善，应该从劝诫我开始。

五经臆说十三条

师居龙场，学得所悟，证诸《五经》，觉先儒训释未尽，乃随所记忆，为之疏解。阅十有九月，《五经》略遍，命曰《臆说》。既后自觉学益精，工夫益简易，故不复出以示人。洪尝乘间以请。师笑曰："付秦火久矣。"洪请问。师曰："只致良知，虽千经万典，异端曲学，如执权衡，天下轻重莫逃焉，更不必支分句析，以知解接人也。"后执师丧，偶于废稿中得此数条。洪窃录而读之，乃叹曰："吾师之学，于一处融彻，终日言之不离是矣。即此以例全经，可知也。"

译文

老师居住在龙场，是学习有所了悟，参证于五经，觉得先儒的训示还有未尽之处，于是按照自己的记忆为五经进行疏解。经历十九个月将五经全部疏解完毕，命名为《臆说》。后来他自认为学问日益精进，功夫日益简易，因此不再以这些内容出示给他人，钱德洪曾经在闲暇时来请见这本书，老师笑着回答说："已经被秦始皇放的火烧掉了。"钱德洪向老师请教，老师回答说："只要具有了良知，即使千万种经典，各种异端学说，都能加以权衡，对于天下各种事情的轻重都能把握，不需要逐句分析，以自己的见解去教导别人了。"后来老师去世，弟子们操办丧事，于偶然间在废弃的文稿中得到这几条内容，钱德洪自己摘录阅读，于是感叹道："我老师的学问，在一个地方通会贯通，就会终日讨论，他这种做法是对的。以此为例来看待全部的经书，就可知老师的学问。"

元年春王正月〇人君即位之一年，必书元年。元者，始也，无始则无以为终。故书元年者，正始也。大哉乾元，天之始也。至哉坤元，地之始也。成位乎其中，则有人元焉。故天下之元在于王，一国之元在于君，君之元在于心。元也者，在天为生物之仁，而在人则为心。心生而有者也，曷为为君而始乎？曰："心生而有者也。未为君，而其用止于一身，既为君，而其用关于一国。故元年者，人君为国之始也。当是时也，群臣百姓，悉意明目以观维新之始。则人君者，尤当洗心涤虑以为维新之始。故元年者，人君正心之始也。”曰：“前此可无正乎？”曰：“正也，有未尽焉，此又其一始也。改元年者，人君改过迁善，修身立德之始也，端本澄源，三纲五常之始也，立政治民，休戚安危之始也。呜呼！其可以不慎乎！”

译文

元年春王正月。君主即位的那年，一定会写元年。元是开始的意思，没有开始就没有终结，所以记录元年是为了端正开始。大哉乾元，是天的开始，至哉坤元，是地的开始，人能在其中得位，就有了人元。所以，天下的开始在于王，一国的开始在于君。君的开始在于心。元，对于天来说，是生育万物的仁爱，对于人来说，则是他的心。心是人生来就有的，它是为国君而产生的吗？老师回答说：“心是人生来就有的，并不是为了君主而生，心的功用在于人的一身。既然已经做了国君，那么他的施为就关乎一国。所以讲元年，就是讲人君治国的开始。在这个时候，群臣百姓都会观察国君如何展开新的治理，那么国君就应该荡涤自己的心灵和思虑，作为新的开端。所以元年说的是人君端正其心的开始。”学生问：“在国君继位维新之前，他端正其心吗？”老师回答说：“在此前他也端正其心，只是还有未尽之处。在这个意义上而言，这又是一种新的开始。改元是人君改过、修身立德的开始，端正根本，澄清源头是三纲五常的开始，树立政教来治理百姓，是让国家安定的开始。哎，这怎么敢不谨慎呢？”

元年者，鲁隐公之元年。春者，天之春。王，周王也。王次春，示王者之上承天道也。正月者，周王之正月。周人以建子为天统，则夏正之十一月也。夫子以天下之诸侯不复知有周也，于是乎作《春秋》以尊王室，故书王正月，以大一统也。书王正月以大一统，不以王年，而以鲁年者，《春秋》鲁史，而书王正月，斯所以为大一统也。隐公未尝即位也，何以有元年乎？曰：“隐公即位矣。不即位，何以有元年？夫子削之不书，欲使后人之求其实也。”曰：“隐公即位矣，而不书，何也？”曰：“隐公以桓之幼而摄焉，其以摄告，故不即位也。然而天下知隐公让国之善，而争夺觊觎者知所愧矣。”曰：“以摄告，则宜以摄书，而不书何也？”曰：“隐公，兄也，桓公，弟也，庶均以长，隐公君也，奚摄焉？然而天下知嫡庶长幼之分，而乱常失序者知所定也。”曰：“隐公君也，非摄也，则宜即位矣，而不即位焉，何也？”曰：“诸侯之立国也，承之先君，而命之天子，隐无所承命也。然而天下知父子君臣之伦，而无父无君者知所惧矣。一不书即位，而隐公让国之善见焉，嫡庶长幼之分明焉，父子君臣之伦正焉，善恶兼著，而是非不相掩。呜呼！此所以为化工之妙也欤！”

译文

元年春王正月指的是鲁隐公的元年，春是自然年的春季，王是指周王，周王写在春之后，表示王者上承天道。正月是周王的正月，周人以建子为正统，也就是夏历的十一月。孔子认为天下的诸侯不复知道有周王，于是作《春秋》来表示尊崇王室，因此书写为王正月，以显示尊大一统的意思，写王正月来尊大一统，不以周王纪年，而用鲁国纪年是由于《春秋》这本书是据鲁史而成，而写为王正月，是为了尊大一统。鲁隐公未曾即位，为什么会有元年呢？老师回答说：“隐公是即位了的，如果不即位的话，怎么会有元年呢？夫子删去不写，是想要让后人探求历史的真实情况。”学生问：“隐公既然即位，但没有被记录下来，这是为什么呢？”先生回答说：“鲁隐公由于桓公年幼而摄政，他将摄政一事告知他国。所以不写即位。而天下诸侯都知道鲁隐公让出王位的善举，其他觊觎桓公王位的人都会感到惭愧。”学生问：“鲁隐公把摄政的事情告知天下诸侯，那么就应该以摄政来书写这段历史，为什么不如此呢？”先生回答说：“鲁隐公是兄长，桓公是弟弟。庶出之子均比较年长，隐公是君，如何摄政呢？然而天下都知道了嫡庶长幼的分别，那些混乱纲常，不讲次序的人就能安定下来不作乱了。”学生问：“隐公是君主并不是摄政之臣，那么就应该即位。为什么他不即位呢？”先生回答说：“诸侯立国，是继承先君之统，而必须由周天子来授命。鲁隐公没有得到授命，天下能明白父子君臣之间伦常，那些目无君父的人就知道惧怕。不书写鲁隐公即位，那么他的让国之善举就能显现，嫡庶长幼的区别就昭明，父子君臣之间的伦常得到端正，善恶都能昭著，是非不相混杂。呜呼！这不是史书书写之妙用吗？”

郑伯克段于鄢〇书“郑伯”，原杀段者惟郑伯也。段以弟篡兄，以臣伐君，王法之所必诛，国人之所共讨也，而专罪郑伯，盖授之大邑，而不为之所，纵使失道，以至于败者，伯之心也。段之恶既已暴著于天下，《春秋》无所庸诛矣。书克，原伯之心素视段为寇敌，至是而始克之也。段居于京，而书于鄢，见郑伯之既伐诸京，而复伐诸鄢，必杀之而后已也。郑伯之于叔段，始焉授之大邑，而听其收鄙，若爱弟之过而过于厚也。既其畔也，王法所不赦，郑伯虽欲已焉，若不容已矣。天下之人皆以为段之恶在所必诛，而郑伯讨之宜也。是其迹之近似，亦何以异于周公之诛管、蔡。故《春秋》特诛其意而书曰“郑伯克段于鄢”，辨似是之非，以正人心，而险谲无所容其奸矣。

译文

郑伯克段于鄢，写为“郑伯”是由于杀掉共叔段的人是郑伯。共叔段作为弟弟篡夺兄长之位，作为臣子来讨伐君主，按照王法是一定会被诛灭的，是国人会共同讨伐的。而专门来归罪于郑伯，是由于他将大城邑封给共叔段，却不让他真正拥有。纵容共叔段致使他失去道义，乃至于失败，这是郑伯的用心。共叔段的恶行既然已经显露于天下，《春秋》就不需要对他进行笔伐了，写为克，是郑伯心中素来就将共叔段视为敌人，到此终于打败了共叔段。共叔段居住在京而写为“于鄢”，可见郑伯攻打了京之后，又攻打了鄢，一定要将共叔段置于死地。郑伯开始时将大城邑封给共叔段，而放任他到边鄙的地方放牧，看似是太疼爱弟弟而导致的过失。等到共叔段叛乱，为王法所不赦，郑伯即使想不讨伐他，情势已经不允许了。天下的人都认为共叔段所做的恶行必遭到诛灭，而郑伯去讨伐他是正确的。这与周公诛灭管、蔡的做法是相近似的，所以《春秋》特地指出郑伯的用意，而写作“郑伯克段于鄢”，以辨明似是而非的情况，来端正人心。让那些阴险诡谲奸诈的用意没有可容之处。

天地感而万物化生，实理流行也。圣人感人心而天下和平，至诚发见也。皆所谓贞也。观天地交感之理，圣人感人心之道，不过于一贞，而万物生，天下和平焉，则天地万物之情可见矣。

译文

天地交感，万物化生，这是天理的流行。圣人感人心而天下和平，这是至为诚恳的表现，都是所谓的贞正。天地交感的道理，圣人感知人心的道理，不过是这个贞正。万物能化生天下和平，那么天地万物的情状就可以了解。

《恒》，所以亨而无咎，而必利于贞者，非恒之外复有所谓贞也，久于其道而已。贞即常久之道也。天地之道，亦惟常久而不已耳，天地之道无不贞也。“利有攸往”者，常之道，非滞而不通，止而不动之谓也。是乃始而终，终而复始，循环无端，周流而不已者也。使其滞而不通，止而不动，是乃泥常之名，而不知常之实者也，岂能常久而不已乎？故“利有攸往”者，示人以常道之用也。以常道而行，何所往而不利？无所往而不利，乃所以为常久不已之道也。天地之道，一常久不已而已。日月之所以能昼而夜，夜而复昼，而照临不穷者，一天道之常久而不已也。四时之所以能春而冬，冬而复春，而生运不穷者，一天道之常久不已也。圣人之所以能成而化，化而复成，而妙用不穷者，一天道之常久不已也。夫天地、日月、四时，圣人之所以能常久而不已者，亦贞而已耳。观夫天地、日月、四时，圣人之所以能常久而不已者，不外乎一贞，则天地万物之情，其亦不外乎一贞也，亦可见矣。《恒》之为卦，上震为雷，下巽为风，雷动风行，簸扬奋厉，翕张而交作，若天下之至变也。而所以为风为雷者，则有一定而不可易之理，是乃天下之至恒也。君子体夫雷风为《恒》之象，则虽酬酢万变，妙用无方，而其所立，必有卓然而不可易之体，是乃体常尽变。非天地之至恒，其孰能与于此？

译文

《恒》卦之所以说亨通而没有过错，一定利于守正，并不是说在恒常之外还有所谓的坚贞，而是说能恒久坚持其道。贞的意思就是能恒久坚持其道。天地之间的道理，就是能长久而已，天地之道无不坚贞。“利有攸往”，讲的就是恒常的道理，其涵义并非停滞不通，静止不动，而是有始有终，终而复始，循环无端，周流不停之意。假使停滞不通，静止不动，这是拘泥于恒常这个名目，而不知恒常实际指什么，这岂能达到恒常呢？所以“利有攸往”是向人显示恒常的作用。按照恒常的道理来行事，则无往不利。无往不利，是能保持长久不停之道。天地之道不过是能长久不停，日月之所以能昼夜交替，照临无穷，也是由于天道恒长不停歇。四季之所以能由春至冬，由冬至春，生生运化没有穷尽，也是天道的长久不停歇。圣人之所以能成就自己，教化他人，能妙用无穷，也是由于了解了天道的恒久不停。天地、日月、四时、圣人之所以能长久不已，就在于能做到坚贞而已。观察天地、日月、四时、圣人之所以能长久不已，也在于坚贞，那么就能明白天地万物之情，也不外乎能坚贞。《恒》卦上震为雷，下巽为风，雷动风行，发奋扬厉，大开大合，如同天下至极的变化。之所以为风为雷，有确定不可改易的道理，这体现的是天下至极的永恒道理。君子体会风雷为《恒》的卦象，即使应酬万变，妙用无方，而君子立身一定有卓然不可改变的本体，这就是本体恒久而其用变化多端。不是如同天地一样的恒久，还有什么能如此呢？

《遁》，阴渐长而阳退遁也。《彖》言得此卦者，能遁而退避则亨。当此之时，苟有所为，但利小贞而不可大贞也。夫子释之以为《遁》之所以为亨者，以其时阴渐长，阳渐消，故能自全其道而退遁，则身虽退而道亨，是道以遁而亨也。虽当阳消之时，然四阳尚盛，而九五居尊得位，虽当阴长之时，然二阴尚微，而六二处下应五。盖君子犹在于位，而其朋尚盛，小人新进，势犹不敌，尚知顺应于君子，而未敢肆其恶，故几微。君子虽已知其可遁之时，然势尚可为，则又未忍决然舍去，而必于遁，且欲与时消息，尽力匡扶，以行其道。则虽当遁之时，而亦有可亨之道也。虽有可亨之道，然终从阴长之时，小人之朋日渐以盛。苟一裁之以正，则小人将无所容，而大肆其恶，是将以救敝而反速之乱矣。故君子又当委曲周旋，修败补罅，积小防微，以阴扶正道，使不至于速乱。程子所谓“致力于未极之间，强此之衰，艰彼之进，图其暂安”者，是乃小利贞之谓矣。夫当遁之时，道在于遁，则遁其身以亨其道。道犹可亨，则亨其遁以行于时。非时中之圣与时消息者，不能与于此也。故曰："《遁》之时义大矣哉！"

译文

《遁》卦显示的是阴气渐长而阳气消退，《彖》说占卜得到这一卦能退避就会亨通。在这个时候如果有所作为，只能利于小贞，不能利于大贞。孔子解释《遁》卦，认为之所以能亨通，是因为此时阴气渐长而阳气渐消，能自我保全道义而退却，身虽退却而道义仍是亨通的。虽然是阳消退之时，四阳爻尚且势力强盛，而九五爻居得尊位。虽然是阴气渐长之时，但两阴爻势力尚微弱，六二爻处于下卦，与九五相应，君子犹在尊位，而他的朋类仍强盛，小人刚有前进的势头，而他的实力还不能与君相抗，所以尚且知道要顺从于君，不敢大肆作恶，这种势头尚且隐微。君子虽然已经知道此时可以退却，但形势上仍可有所作为，就不忍决然的离去，而是顺应时机的变化，尽力匡济，施行他的道义。那么即使处在逃遁之时，也仍然有亨通之道。但虽有亨通之道，终究是要顺从阴爻渐长的时势，小人的朋党日益势力强盛，假如想要以正道来裁决小人，那么小人将无所容身，反而会大肆施其恶行，这将无助于匡救弊端，反倒加速了混乱。所以君子要委曲周旋，修补缺漏，防微杜渐，暗中匡扶正道，使天下不至于迅速陷入混乱。程子所说的"用力不要过急，行动尽力挽救衰微，阻挠反动势力发展，以达到暂时安定"就是小利贞之意。当隐遁之时，道义就在于能做到隐退，隐退其身让道义亨通。道义仍可亨通，那隐退就是顺应时机的。不是那些能切中时机、顺应时机而为的圣贤，是无法做到这些的。所以说："《遁》卦揭示的时机，它的意义是重大的！"

"明出地上，《晋》，君子以自昭明德。"日之体本无不明也，故谓之大明。有时而不明者，入于地则不明矣。心之德本无不明也，故谓之明德。有时而不明者，蔽于私也。去其私，无不明矣。日之出地，日自出也，天无与焉。君子之明明德，自明之也，人无所与焉。自昭也者，自去其私欲之蔽而已。

译文

“太阳照在地上，《晋》卦，君子以此观之要自我昭明明德。”太阳的本体无不光明，所以称它为大明，有时候不光明，是它落在了地下。心中道德的本体也无不光明，所以称其为明德。明德有时不光明，是被私欲所遮蔽，去除私欲就无不光明。太阳出于地，是太阳自己出来的，天并没有让它这样做。君子昭明明德是自己要去昭明，别人并没有给他帮助，自我昭明说的是要去除私欲的遮蔽而已。

初阴居下，当进之始，上与四应，有晋如之象。然四意方自求进，不暇与初为援，故又有见摧之象。当此之时，苟能以正自守，则可以获吉。盖当进身之始，德业未著，忠诚未显，上之人岂能遽相孚信。使其以上之未信，而遂汲汲于求知，则将有失身枉道之耻，怀愤用智之非，而悔咎之来必矣。故当宽裕雍容，安处于正，则德久而自孚，诚积而自感，又何咎之有乎？盖初虽晋如，而终不失其吉者，以能独行其正也。虽不见信于上，然以宽裕自处，则可以无咎者，以其始进在下，而未尝受命当职任也。使其已当职任，不信于上，而优裕废弛，将不免于旷官之责，其能以无咎乎？

译文

第一个阴爻居于下，阴爻正处在发展之始，它与上面四爻相应，表现出将要自我上进的意愿。此时四个阳爻也正在扩展自己的势力，无法给予初爻帮助，因此初爻有被摧残的迹象。这个时候，如果能端正自守，就可获得吉祥。当个人追求上进之始，他的德行事业还不显著，忠诚还未显现，在上之人哪里能立刻相信他呢。假使由于在上位之人不能相信，他就汲汲于追求为人所知，那将会有失身毁道的耻辱、有心怀怨愤用小聪明的过失，后悔咎害必定会随之而来。所以，此时应该宽裕雍容，安于守正，那么他的德行日久自然能取信于人，诚信积累自然能自己感知，又哪有什么过错呢？初爻虽然在上晋，终究能不失去吉祥的结果，是由于它能行正道。即使不被在上之人相信，仍宽裕自处，就可以免去犯错，因为他从开始就处在下位，还没有受命获得职位。假如他已获职位，却不受上位者信任，就放松颓废，难免会有在位失职之过，这怎能没有灾祸呢？

《时迈》十五句，武王初克商，巡守诸侯，朝会祭告之乐歌。言我不敢自逸，而以时巡行诸侯之邦。我勤民如此，天其以我为子乎？今以我巡行之事占之，是天之实有以右序夫我有周矣。何者？我之巡行诸侯，所以兴废举坠，削有罪，黜不职者，亦聊以警动震发其委靡颓惰者耳。而四方诸侯莫不警惧修省，敦薄立懦，而兴起夫维新之政，至于怀柔百神，而河之深广，岳之崇高，莫不感格焉。则信乎天之以我为王，而于以君临夫天下矣。于是我其宣明昭布我有周之典章，于以式序在位之诸侯，我其戢敛夫干戈弓矢，以偃夫武功，我其旁求懿德之士，陈布于中国，以敷夫文德。则亦信乎可以为王，而能保有上天右序我有周之命矣。

译文

《时迈》十五句，是武王刚战胜殷商，巡守诸侯，朝会祭祀时候所奏的乐歌。说的是我不敢自我放逸，按时巡行诸侯国，我勤政为民如此，天是否会将我视为儿子呢？现在以我巡行的事情来占卜，是天实际在保佑我周朝。我巡行诸侯之国，去兴利除弊，削除有罪者，罢黜不称职者，用以警醒发动那些萎靡颓丧之人，四方诸侯莫不警惕戒惧，修养自省，修旧起废，而能兴起维新之政，各种神灵前来归附，黄河之广，山岳之高，莫不有所感知。那么天以我为王，使我君临天下。于是我宣明昭显周室的典章，以一定的方式来序列在位的诸侯，我收起干戈，以消除武力攻伐，我广求有美德之士人，让其散布于中国，以传播美好德行。这样我就可以真正地作为王者，能保有上天赋予我周王朝的天命。

《执竞》十四句，言武王持其自强不息之心，其功烈之盛，天下既莫得而强之矣。成、康继之，其德亦若是其显，而复为上帝之所皇焉。夫继武王之后，盖难乎其为德也。然自成、康之相继为君，而其德愈益彰明，则于武王无竞之烈为有光，而成、康诚可谓善继矣。今我以三王之功德，作之于乐，以祈感格，而果能降福之多且大若此，我其可不反身修德，而思有以成之乎？我能反身修德，而威仪之反，则可享神之福，既醉既饱，而三王之所福我者，益将反覆而无穷矣。此盖祭武王、成王、康王之诗也。

译文

《执竞》十四句，说的是武王能持守他自强不息之心，其功业显赫，天下没有能强过他的。成王、康王继位，他们的德行也极为显明，再次被上天任命为皇帝。在武王之后，再达到那样的功业是很困难的，但成王、康王相继为君，他们的德业愈发显著，与武王无上的功业相比，仍不逊色。成王、康王真可以说是善于后继之人。现在我以三位周王的功德来作乐，以祈祷上天能感知，上天果然能降下大的福禄，我哪能不反省自身，修养德行，而去成就事业呢？我能反省自身，修养德行，就能具备王的威仪，则可享受神灵的赐福，吃饱喝饱，三位周王对我的护佑，也将没有穷尽。

《思文》八句，言思文后稷，其德真可以配上天矣。盖凡使我烝民之得以粒食者，莫非尔后稷之德之所建也。斯固后稷之德矣，然来牟之种，非天不生，则是来牟之贻我者，实由上帝以此命之后稷，而使之遍养夫天下，是以天下之民皆有所养，而得以复其常道，则后稷之德，固亦莫非上天之德也。此盖郊祀后稷以配天之诗，故颂后稷之德而卒归之于天云。

译文

《思文》八句，说的是怀念后稷。后稷的德行真可谓能与上天相配，能使百姓得到粮食，这都是有赖于后稷德行的建立。这固然是后稷的德行，但大麦小麦的种子，没有上天的供养是无法生长，那么给予百姓粮食的实际上是上帝赋予后稷的使命，让他来供养天下之人。因此，天下百姓皆能得到供养复归于常道，后稷的德行，也就是上天之德的体现。这首诗是在郊外祭祀上天，后稷配祭时候所使用的诗，所以诗中称赞后稷的德行，而最终将这种德行归之于天。

《臣工》十五句，戒农官之诗。言嗟尔司农之臣工，当各敬尔在公之事。今王以治农之成法赐汝，汝宜来咨来度，而敬承毋怠也。因并呼农官之属而总诏之曰："嗟尔保介，当兹暮春之月，牟麦在田，而百谷未播，盖农工之暇也，汝亦何所为乎？"因问："汝所治之新田，其牟麦亦如何哉？"

夫牟麦之茂盛，皆上帝之明赐也。牟麦渐熟，则行将受上帝之明赐矣。上帝有是明赐，尔苟惰农自安，是不克灵承而泯上帝之赐矣。尔尚永力尔田，以昭明上帝之赐，务底于丰年有成可也。然则尔亦乌可谓兹农工之尚远，而遂一无所事乎？汝当命尔众农，乘兹闲暇，预修播种之事，以具乃田器。奄忽之间，又将艾麦而与东作矣。暮春，周正建寅之月，夏之正月也。

译文

《臣工》十五句，是劝谏农事官员的诗歌。诗中说，掌管农事的臣子应当各自忠于职守。现在周王以治理农业的成熟方法赐予你们，你们应该反复揣摩，恭敬接受，不要懈怠。因此呼唤农官并昭问他们："你们这些臣子，正当暮春之月，麦子在田中，其他谷物还未播种，正是农工的闲暇之时，你们应该做些什么呢？"并顺便询问说："你们所治理的新田中小麦生长如何？"麦子生长茂盛，都是上天的赐予。麦子逐渐成熟，就是将要受到上天的恩赐了。上天有这样的恩赐，如果你们苟且懒惰，就是不承接上天的恩赐。你们要致力于农事，以昭明上天之赐，务必于丰足的年份有好收成。这样的话，你们怎会说距离农忙的时候还很远，而至于一无所事呢？你们应命令众位农人，趁闲暇时间提前学习播种知识，准备好农具。时间飞快，又将要收割麦子、接着又要农作了。暮春，是周历的建寅之月，是夏历的正月。

《有瞽》十三句，言"有瞽有瞽，在周之廷"，而乐工就列矣。"设业设虡，崇牙树羽，应田县鼓，鞉磬柷圉"，而乐器具陈矣。乐器既以备陈，于是众乐乃奏，而箫管之属亦皆备举矣。由是乐声之喤喤，其整密丽肃者，莫非至敬之所寓，而雍容畅达者，莫非至和之所宣，其肃雍和鸣如此，是以幽有以感乎神，而先祖是听，明有以感乎人，而我客来观厥成者。盖武王功成作乐，使非继述之孝，真无愧于文考，固无以致先祖之格，而非其盛德之至，伐纣救民之举，真有以顺乎天，应乎人，而于汤有光焉。其亦何以能使亡国者之子孙永观厥成，而略无忌嫉之心乎？此盖始作乐而合于祖庙之诗。

译文

《有瞽》十三句，说"眼盲的乐官，在周的朝廷"，奏乐的乐工就位，

“陈设道具，悬挂钟磬装饰之物，放置大鼓柷圉”，乐器都陈列好。乐器陈列好后，众位乐工进行演奏，箫管之类的乐器也都奏响。因此音乐之声洪亮，整齐、密集、华丽、严肃，都寓意着极致的敬意。声音雍容畅达，都是极致的和谐。奏乐如此严肃、和谐、悠扬，在暗处能感动鬼神，而诸位先祖能听闻。在明处能感动众人，而来观礼的客人能看到成就。武王建立功业后制作乐曲，是为了表达他继承先祖事业的孝顺之心。这真是无愧于去世的周文王，这也是由于找不到更好的方法来与先祖相感应了。如果不是武王有盛大德行，有讨伐商纣匡救百姓的举动，真正做到顺天应人，功业与汤相比，也一样光耀，如何能使那些亡国者的子孙来观看到他的成就，而没丝毫嫉妒之心呢？这首诗大概是为奏乐而创作，能符合祭祀祖庙的用途。

与滁阳诸生并问答语

诸生之在滁者，吾心未尝一日而忘之。然而阔焉无一字之往，非简也，不欲以世俗无益之谈徒往复为也。有志者，虽吾无一字，固朝夕如面也。其无志者，盖对面千里，况千里之外盈尺之牍乎！孟生归，聊寓此于有志者，然不尽列名，且为无志者讳，其因是而尚能兴起也。

译文

各位都是出生在安徽滁阳县，我未尝一日将这件事忘却，但这么长时间也未与各位通信，并不是慢待诸位，是不想以世俗上没有帮助的闲谈与各位往来。有志向的人，即使我没有一字寄给对方，也如同朝夕与我面对面一般。那些没有志向的，即使是面对面，也如同隔了千里，况且是在千里之外进行通信呢。孟同学回去了，姑且将这些话带给有志向之人，为无志向之人讳言，就不将名字全部列出了，他们或许还能因此重新兴起树立志向之心。

或患思虑纷杂，不能强禁绝。阳明子曰：“纷杂思虑，亦强禁绝不得，只就思虑萌动处省察克治，到天理精明后，有个物各付物的意思，自然静专，无纷杂之念。《大学》所谓‘知止而后有定’也。”

译文

有人担心自己，思虑纷杂，无法强行禁绝。阳明先生说："纷杂的思虑，想强行禁止是不行的，只能在思虑萌发之处自我省察克治，达到天理精明之后，事物就各居其位，自然就能宁静专心，没有纷杂的念头。《大学》中所说的'知止而后有定'就是这个意思。"

德洪曰："滁阳为师讲学首地，四方弟子，从游日众。嘉靖癸丑秋，太仆少卿吕子怀复聚徒于师祠。洪往游焉，见同门高年有能道师遗事者。当时师惩末俗卑污，引接学者多就高明一路，以救时弊。既后渐有流入空虚，为脱落新奇之论。在金陵时，已心切忧焉。故居赣则教学者存天理，去人欲，致省察克治实功。而征宁藩之后，专发致良知宗旨，则益明切简易矣。兹见滁中子弟尚多能道静坐中光景。洪与吕子相论致良知之学无间于动静，则相庆以为新得。是书孟源伯生得之金陵。时闻滁士有身背斯学者，故书中多愤激之辞。后附问答语，岂亦因静坐顽空而不修省察克治之功者发耶？"

译文

钱德洪说："滁阳是我老师讲学的第一个地方，四方的弟子，来跟随老师的人日益众多，嘉靖癸丑秋天，太仆少卿吕子怀又将学徒聚集于老师的祠堂，我前往与之游学，见到了同门中年纪大能说出先师遗事的人。当时老师感到世俗卑下污浊，多选那些有高尚品德的人加以教诲，以求匡救时弊。后来很多学者逐渐流入空虚，讲超脱新奇之论。在金陵时，老师已经对此深切担忧。所以在江西时，老师就教导学生要存天理，去人欲，要自我省察克治，切实下工夫。在征讨宁王之后，就专门阐发致良知的宗旨，其学说就更加切实简明了。现在见到滁县的子弟们尚且多能说出静坐时的体会。我与吕子怀相互讨论致良知的学问，都不以动静为阻碍，两人相互庆幸有新的领会。这本书是孟源伯生在金陵得到的。当时先生听闻滁县有学者背弃这套学问，所以书中有很多激愤之词。书后附有问答的话，这些话也是因学者只知空虚静坐，却不去下克己省察的功夫才会说的吗？"

家书墨迹四首

四首墨迹，先师胤子正亿得之书柜中，装制卷册，手泽灿然，每篇乞洪跋其后。

译文

这四封书信是先生的后嗣正亿从书柜中发现的，书籍装订成册，书先生的字迹清晰，每篇后都请钱德洪做了跋文。

一、与克彰太叔

克彰号石川，师之族叔祖也。听讲就弟子列，退坐私室，行家人礼。

译文

克彰号石川，是老师的同族叔祖，他在先生讲学时坐在弟子中，回到家中之后，先生又向他行长辈的礼节。

别久缺奉状，得诗，见迩来进修之益，虽中间词意未尽纯莹，而大致加于时人一等矣。愿且玩心高明，涵泳义理，务在反身而诚，毋急于立论饰辞，将有外驰之病。所云“善念才生，恶念又在”者，亦足以见实尝用力。但于此处须加猛省。胡为而若此也？无乃习气所缠耶？自俗儒之说行，学者惟事口耳讲习，不复知有反身克己之道。今欲反身克己，而犹狃于口耳讲诵之事，固宜其有所牵缚而弗能进矣。夫恶念者，习气也，善念者，本性也。本性为习气所汩者，由于志之不立也。故凡学者为习所移，气所胜，则惟务痛惩其志。久则志亦渐立。志立而习气渐消。学本于立志，志立而学问之功已过半矣。此守仁迩来所新得者，愿毋轻掷。若初往年亦常有意左、屈，当时不暇与之论，至今缺然。若初诚美质，得遂退休，与若初了夙心，当亦有日见时为致此意，务相砥砺以臻有成也。人行遽，不一一。

译文

分别日久，不知您的状况，得到您写的诗，见近日学习上您有所进益，虽然诗中意思仍有不纯正之处，也大致比时人要强上一等。希望您在心性上向高明追求，对义理多加体会，务必反思自身，做到诚恳，一定不要急于立论修辞，否则将会有向外探求的弊病。您所说的“好的念头才刚产生，恶的念头又出现”，这种情况也足见您确实曾下过功夫，但在这个时候要更加深刻地反省、为什么会这样？这不是一些习气所导致的吗？自从俗儒的学说流行，学者们只知道在口耳和讲习上下工，不知道反省克己，现在想要反省克己，就受到口耳讲诵这些事情的拘束，这正是被这些内容牵绊而不能进步。恶念就是不好的习气。善念是人的本性、本性被习气所阻碍，是由于志向没有确立，凡是那些被习气所动摇的学者，是习气取胜了，就一定要痛下决心来树立志向。时间长了，志向逐渐确立，习气就能逐渐消除。学习的根本在于树立志向，志向树立学问的功夫已经做了一半。这是我近来新的感悟，希望您不要轻易抛弃这些认识。若初往年总是谦虚，当时我没有空闲与他讨论，至今仍有缺憾。若最初的确是资质美好，待我退休，一定与他相互讨论以达夙愿。那时，我们也能日日见面，为了实现这个愿望，务必相互砥砺，以期望有所成就。送信之人马上就要走了，不再一一详写。

恶念者，习气也，善念者，本性也。本性为习所胜、气所汩者，志不立也。痛惩其志，使习气消而本性复，学问之功也。噫！此吾师明训昭昭告太叔者告吾人也，可深省也夫！德洪为亿弟书。

译文

恶念就是不好的习气。善念是人的本性。本性被习气所阻碍，是由于志向没有确立，要痛下决心树立志向，使习气消除，本性恢复，这是做学问的功夫。哎，老师的教训，明白地告诉太叔和我等弟子，真是可以深切反省的。钱德洪为正亿弟所书。

二、与徐仲仁

仲仁即曰仁，师之妹婿也。

译文

仲仁即曰仁，是老师妹妹的夫婿。

北行仓率，不及细话。别后日听捷音，继得乡录，知秋战未利。吾子年方英妙，此亦未足深憾，惟宜修德积学，以求大成。寻常一第，固非仆之所望也。家君舍众论而择子，所以择子者，实有在于众论之外，子宜勉之！勿谓隐微可欺而有放心，勿谓聪明可恃而有怠志。养心莫善于义理，为学莫要于精专。毋为习俗所移，毋为物诱所引。求古圣贤而师法之，切莫以斯言为迂阔也。昔在张时敏先生时，令叔在学，聪明盖一时，然而竟无所成者，荡心害之也。去高明而就污下，念虑之间，顾岂不易哉！斯诚往事之鉴，虽吾子质美而淳，万无是事，然亦不可以不慎也。意欲吾子来此读书，恐未能遂离侍下，且未敢言此，俟后便再议。所不避其切切，为吾子言者，幸加熟念，其亲爱之情，自有不能已也。

译文

我向北行仓促，来不及与你详细谈话，别离之后，日日能听到捷报，继而看到乡试录，知你秋季考试失利，你现在正当大好年华，也不要太过以此为憾事，唯独应该修德，积累学识，以求未来有大成。考个平常的功名，也不是我的期望。我的父亲不听众人的讨论而选择你作为妹妹的夫婿，之所以选择你，实在有众人讨论之外的原因，你应勉励，不要认为在隐微的地方可以自欺就放纵自己的心志，不要觉得有聪明可以凭借就在志向上有所怠慢。修心最好的方法是在义理上下功，为学最好的方法是要做到专精，不要被习俗所动摇，不要被外物所引诱，去向古代圣贤探求并效法他们，千万不要认为这些说法不切实。过去在张石敏先生那里，你的叔父在学堂是最聪明的，但最终没有什么成就，就是害于放纵心智，不去追求高明而靠近卑劣低下，心念思虑是很容易改变的啊！这实是过往的教训，你虽资质美好，没有这些问题，但也不可不谨慎。我希望你来此读书，又怕你离开父母不能立刻适应，所以未敢说这些话，等以后再讨论。我之所以不厌其烦地叮嘱，是对你熟悉挂念，亲爱之情难以控制。

海日翁为女择配，人谓曰仁聪明不逮于其叔，海日翁舍其叔而妻曰仁。既后，其叔果以荡心自败，曰仁卒成师门之大儒。噫！聪明不足恃，而学问之功不可诬也哉！德洪跋。

译文

海日翁为自己的女儿选择良配，有人说曰仁的聪明不及他的叔父，海日翁却没有选择曰仁的叔父，而将女儿嫁给了曰仁，日后曰仁的叔父果然由于心性放荡而失败，而曰仁却最终成为师门当中的大儒。哎，聪明不足以凭借，学问之功不可以作伪呀！钱德洪作跋。

三、上海日翁书

寓吉安男王守仁百拜书上父亲大人膝下：江省之变，昨遣来隆归报，大略想已如此。时宁王尚留省城，未敢远出，盖虑男之捣其虚，蹑其后也。男处所调兵亦稍稍聚集，忠义之风日以奋扬，观天道人事，此贼不久断成擒矣。昨彼遣人赍檄至，欲遂斩其使，奈赍檄人乃参政季敩，此人平日善士，又其势亦出于不得已，姑免其死，械系之。已发兵至丰城诸处分布，相机而动。所虑京师遥远，一时题奏无由即达。命将出师，缓不及事，为可忧尔。男之欲归已非一日，急急图此已两年，今竟陷身于难。人臣之义至此，岂复容苟逃幸脱！惟俟命师之至，然后敢申前恳。俟事势稍定，然后敢决意驰归尔。伏望大人陪万保爱，诸弟必能勉尽孝养，旦暮切勿以不孝男为念。天苟悯男一念血诚，得全首领，归拜膝下，当必有日矣。因闻巡检便，草此。临书慌愦，不知所云。七月初二日。

译文

儿子王守仁在吉安拜书父亲大人：江西发生叛乱，昨日已经派来隆回家报信，估计您已知晓。此时宁王还留在省城，不敢远出，大概是担心儿子我会趁他空虚攻入，断他后路。我所调兵马正在聚集，战士们忠义之士气日益高涨，观天道人事，叛贼不久必会被擒获。他昨日派人送来檄文，我想要斩杀来使，奈何送信的人是参政季敩，这人平日对士人友善，又是出于不得已的形势，姑且免他一死，只将他用木枷收押。我已派兵在丰城各处分布，伺机而动。考虑京师遥远，一时上奏无法送达，等待出兵的命令迟缓不及。这使我深切担忧。我想早日归家已非一两日，两年间急切盼望，如今竟陷于危难之中，为人臣的道义如此，岂能临阵脱逃呢？唯独等候朝廷的军队来到，然后敢再次提请回家。等战事稍微安定。才敢下决心快归，万望父亲大人保重自爱，诸位兄弟能孝敬存养，早晚不要挂念我这不孝子，上天如果怜悯我的一腔诚心，得以让我保全身体，归于您膝下指日可待。因听闻巡检可顺路捎信，草草写成此书，写信之时慌乱，不知写了些什么。七月初二。

右吾师逢宁濠之变，上父海日翁第二书也。自丰城闻变，与幕士定兴兵之策，恐翁不知，为贼所袭，即日遣家人间道趋越。至是发兵于吉安，复为是报，慰翁心也。且自称姓者，别疑也。尝闻幕士龙光云："时师闻变，返风回舟。濠追兵将及，师欲易舟潜遁，顾夫人诸、公子正宪在舟。夫人手提剑别师曰：'公速去，毋为妾母子忧。脱有急，吾恃此以自卫尔！'及退还吉安，将发兵，命积薪围公署，戒守者曰：'傥前报不利，即举火爇公署。'时邹谦之在中军，闻之，亦取其夫人来吉城，同誓国难。人劝海日翁移家避仇。翁曰：'吾儿以孤旅急君上之难，吾为国旧臣，顾先去以为民望耶？'遂与有司定守城之策，而自密为之防。"噫！吾师于君臣、父子、夫妇之间，一家感遇若此，至今人传忠义凛凛。是书正亿得于故纸堆中，读之怆然，如身值其时。晨夕展卷，如侍对亲颜。嘉靖壬子，海夷寇黄岩，全城煨烬。时正亿游北雍，内子黄哀惶奔亡，不携他物，而独抱木主图像以行，是卷亦幸无恙。噫！岂正亿平时孝感所积，抑吾师精诚感通，先师身离患难，而一墨之遗，神明有以护之耶？后世子孙受而读之，其知所重也哉！德洪拜手跋。

这封信是我的老师遇到宁王叛乱，写给父亲海日翁的第二封书信。自从丰城发生变乱，老师与幕僚商定起兵策略，怕父亲不知，被贼人所袭，立刻派遣家人护送老小走近路去往越地。这样安排好之后，才向吉安派兵，并写了以上这封书信来安慰父亲之心。书信中自称姓名，是为了让老人无怀疑，我曾听幕僚龙光云说："当时老师听闻叛变，逆风回舟，朱宸濠的叛军将要追上，老师想换一条船逃遁，但老师的夫人和公子正宪都在船上，夫人提着剑告别老师说：'你快去，不要为我母子担忧，如果有紧急情况，我就用这把剑来自卫！'等退回到吉安，将要发兵时，先生命令士兵在公署周围堆上柴火，并告诫守备说：'倘若前面的战报不利，就点火烧掉公署。'当时邹谦之在中军听闻此事，也带夫人来到吉城，与先生发誓要一同赴国难。有人劝海日翁举家避难，海日翁说：'我的儿子孤身去为君王排忧解难，我作为国朝旧臣，怎么能先逃跑让百姓失望呢？'于是与官员商定守城的策略，而自己加紧防备。"在君臣父子夫妇之间，老师一家人能深明大义，凛凛忠信至今为人传诵。这封书信是正亿从故纸堆中得到，读之令人悲怆，仿佛置身其中。早晚打开这封信，又如同面对老师的容颜。嘉靖壬子，倭寇侵袭黄岩，全城被烧尽。当时正亿正在北雍游学，妻子黄氏惊惶出逃，没有携带其他物品，唯独带着正亿家的祖宗牌位图像，这卷书也幸免于难。哎！这不正是由于正亿平日的孝心所致，不正是先生的精诚感通神灵吗？先生已遭患难，而墨迹能遗存，难道不是神明的护佑吗？后世子孙得书信拜读之，从中所学难道不重要吗？钱德洪拜手作跋。

四、岭南寄正宪男

初到江西，因闻姚公已在宾州进兵，恐我到彼，则三司及各领兵官未免出来迎接，反致阻挠其事，是以迟迟其行。意欲俟彼成功，然后往彼，公同与之一处。十一月初七，始过梅岭，乃闻姚公在彼以兵少之故，尚未敢发哨，以是只得昼夜兼程而行。今日已度三水，去梧州已不远，再四五日可到矣。途中皆平安，只是咳嗽尚未全愈，然亦不为大患。书到，可即告祖母汝诸叔知之，皆不必挂念。家中凡百皆只依我戒谕而行。魏廷豹、钱德洪、王汝中当不负所托，汝宜亲近敬信，如就芝兰可也。廿二叔忠信好学，携汝读书，必能切励。汝不审近日亦有少进益否？聪儿迩来眠食如何？凡百只宜谨听魏廷豹指教，不可轻信奶婆之类，至嘱至嘱！一应租税帐目，自宜上紧，须不俟我丁宁。我今国事在身，岂复能记念家事，汝辈自宜体悉勉励，方是佳子弟尔。十一月望。

译文

我刚到江西，由于听说姚公已在宾州发兵，怕我到彼处，三司及各路领兵官员难免要出来迎接，反倒阻挠公事，因此我起行迟缓，想等到战事成功，再去往彼处与姚公同处。十一月初七，刚过梅岭，听闻姚公在彼处由于兵少，尚未敢发起进攻。因此我只得日夜兼程，现已渡过三水，距离梧州不远，再过四五日就可以到达。我途中一切平安，只是咳嗽尚未痊愈，但已不是大患。收到书信，你可立即告知祖母及你的诸位叔父，不必挂念我。家中各事项，都按照我的告诫去做，魏廷豹、钱德洪、王汝中当不会辜负我的嘱托，你应该尊敬、信任他们，如同接近芝兰一般。二十二叔忠信好学，带着你读书，一定能切实对你加以勉励，不知你近来是否稍有进步？聪儿近来睡眠饮食如何？诸事要谨听魏廷豹的指教，不可轻信奶妈等人，切记切记！租税账目这些事你自当重视，不需我叮咛。我现有国事在身，哪能总记挂家事呢？你自己应体恤勉励，才是好子弟。十一月十五日。

正亿初名聪，师之命名也。嘉靖壬辰秋，依其舅氏黄久庵寓留都，值时相更名于朝，责洪为文告师，请更今名。当时问眠食如何，今正亿壮且立，男女森列矣。噫！吾何以不负师托乎！方今四方讲会日殷，相与出求同志，研究师旨，以成师门未尽之志，庶乎可以慰遗灵于地下尔。是在二子！嘉靖丁巳端阳日，门人钱德洪百拜跋于天真精舍之传经楼。

正亿最初名聪，是老师为他取的名。嘉靖年壬辰秋，他跟随岳父黄久庵住在留都，当时朝廷中很多人更改姓名。于是他让我写信告知老师，请老师为他改名。当时老师还询问他的睡眠、饮食如何，现在正亿已壮年而立，有自己的后代了，我如何才能不辜负老师的嘱托呢？如今四方讲学聚会很多，我与正亿一同去寻找同志之人，研究老师学问的宗旨，以实现老师未尽的志向。这样大概可以告慰老师在地下的英灵吧。这是我二人应尽的责任！嘉靖丁巳端阳节，门人钱德洪拜首作跋于天真精舍之传经楼。

赣州书示四侄正思等

近闻尔曹学业有进，有司考校，获居前列，吾闻之喜而不寐。此是家门好消息，继吾书香者，在尔辈矣。勉之勉之！吾非徒望尔辈但取青紫荣身肥家，如世俗所尚，以夸市井小儿。尔辈须以仁礼存心，以孝弟为本，以圣贤自期，务在光前裕后，斯可矣。吾惟幼而失学无行，无师友之助，迨今中年，未有所成。尔辈当鉴吾既往，及时勉力，毋又自贻他日之悔，如吾今日也。习俗移人，如油渍面，虽贤者不免，况尔曹初学小子能无溺乎？然惟痛惩深创，乃为善变。昔人云：“脱去凡近，以游高明。”此言良足以警，小子识之！吾尝有立志说与尔十叔，尔辈可从钞录一通，置之几间，时一省览，亦足以发。方虽传于庸医，药可疗夫真病。尔曹勿谓尔伯父只寻常人尔，其言未必足法。又勿谓其言虽似有理，亦只是一场迂阔之谈，非吾辈急务。苟如是，吾末如之何矣！读书讲学，此最吾所宿好，今虽干戈扰攘中，四方有来学者，吾未尝拒之。所恨牢落尘网，未能脱身而归。今幸盗贼稍平，以塞责求退，归卧林间，携尔曹朝夕切磋砥砺，吾何乐如之！偶便先示尔等，尔等勉焉，毋虚吾望。正德丁丑四月三十日。

译文

近日听闻你等的学业有进步，官员考察时都名列前茅，我听完之后高兴得睡不着，这是家门中的好消息，继承我学问的人就在你们这一辈了，要勉励呀！我不是只希望你们获得官职荣耀家族，被世俗所崇尚，来向市井小儿夸耀，你们应该以仁礼来存养心志，以孝悌作为根本，以圣贤自我激励，务必发扬光大前人的功业，对后世有所贡献，这才是最应当做的。我幼年时，少学习无行状，没有老师朋友帮助，到中年也没有成就。你们应该以我的过往为鉴，抓紧时间努力，以后不要像我这样对过去有所遗憾。习俗容易改变人，如同油污弄脏脸面一样，即使圣贤也不可避免，况且是你等刚开始学习的小子呢？但是要痛下决心，才能使自己向善的方向变化。过去的人说："摆脱浅薄，向高明处努力。"这句话足以警醒你们，你们要牢记。我曾写过关于立志的信给你们十叔，你等可以抄录下来，放在几案上，时常阅读反省，足以启发自己。药方虽然传自庸医，但药是真能治疗疾病，你们不要认为伯父我只是寻常人，说的话未必值得效法，也不要觉得这些话虽看似有理实际上是些空谈，不是你们该急切去做的。如果真是这样，我也不知该如何了。读书讲学，是我历来所爱好的。今日虽有干戈扰攘的战争，四方有来学习的，我也未曾拒绝。只恨我被世俗的尘网所牵绊，不能脱身回家，现在幸而盗贼稍被平息，这样我就可交出责任以求退却，归隐林间了，到时能带着你们朝夕切磋，砥砺学问，我将会多快乐呀！偶然有人顺路带书信回去，先写这封信给你们，你等当勉励，不要让我的期望落空。正德丁丑年四月三十日。

又与克彰太叔

日来德业想益进修，但当兹末俗，其于规切警励，恐亦未免有群雌孤雄之叹。如何？印弟凡劣，极知有劳心力，闻其近来稍有转移，亦有足喜。所贵乎师者，涵育薰陶，不言而喻，盖不诚未有能动者也。于此亦可以验己德。因便布此，言不尽意。

译文

近日您的德业想必有所进益，但处在现在这个世风日下之时，对于那些规劝、警戒、勉励之词，恐也未免有“群雌孤雄”的感叹，如何呢？弟弟王印顽劣，我知他极其劳您心力，听说他近来稍有改变，这也是值得高兴的。对教师而言，最可贵的在于涵养培育熏陶学生。不需言语，学生就能明白，如果学生不够诚恳，就不足以有所改变，这也可以检验老师自己的品德。因便写下这封书信，言语不能完全传达意思。

正月廿六日得旨，令守仁与总兵各官解囚至留都。行及芜湖，复得旨回江西抚定军民。皆圣意有在，无他足虑也。家中凡百安心，不宜为人摇惑，但当严缉家众，扫除门庭，清静俭朴以自守，谦虚卑下以待人，尽其在我而已，此外无庸虑也。正宪辈狂稚，望以此意晓谕之。近得书闻老父稍失调，心极忧苦。老年之人，只宜以宴乐戏游为事，一切家务皆当屏置，亦望时时以此开劝，家门之幸也。至祝至祝！事稍定，即当先报归期。家中凡百，全仗训饬照管，不一。

译文

正月二十六日得到圣旨，令我与总兵各官押解囚犯到留都南京。行到芜湖，又得到圣旨，让我等返回江西，安抚稳定军民。这些都是皇帝的旨意，自不需思虑。家中凡事都要安心，不应被人扰乱蛊惑，应该严格管教家中众人，清理门户，清净简朴以自守，谦虚卑下以待人，这些都是我关心的。除此之外，没有什么其他的顾虑了。正宪一辈的人狂放幼稚，希望您将我的意思告知他们。近日收到家信，听闻父亲身体失调，我心中极担忧，老年人只应该以娱乐游戏为事，一切家中事务都应该放置。也希望你能时时这样开解劝慰他，那就是家门之幸了。等形势稍微安定，我会预先告知回家日期。家中各事都全靠您整顿照管，不一一详说了。

老父疮疾，不能归侍，日夜苦切，真所谓欲济无梁，欲飞无翼。近来诚到，知渐平复，始得稍慰。早晚更望太叔宽解怡悦其心。闻此时尚居丧次，令人惊骇忧惶。衰年之人，妻孥子孙日夜侍奉承直，尚恐居处或有未宁，岂有复堪孤疾劳苦如此之理！就使悉遵先王礼制，则七十者亦惟衰麻在身，饮酒食肉处于内，宴饮从于游可也。况今七十五岁之人，乃尚尔茕茕独苦若此，妻孥子孙何以自安乎？若使祖母在冥冥之中知得如此哀毁，如此孤苦，将何如为心？老年之人，独不为子孙爱念乎？况于礼制亦自过甚，使人不可以继，在贤知者亦当俯就，切望恳恳劝解，必须入内安歇，使下人亦好早晚服事。时尝游嬉宴乐，快适性情，以调养天和。此便自为子孙造无穷之福。此等言语，为子者不敢直致，惟望太叔为我委曲开譬，要在必从而后已，千万千万！至恳至恳！正宪读书，一切举业功名等事皆非所望，但惟教之以孝弟而已。来诚还，草草不尽。

译文

父亲得了疮疾，我不能回家侍奉，日夜深切担忧，真是想要渡河没有桥梁，想要飞翔没有羽翼。今日来诚到我这里，得知父亲的病逐渐平复，我稍感安慰。听说父亲此时居住在治丧的场所，这实在让人惊骇担忧。年老之人妻儿子孙日夜侍奉，尚且担忧他居处不宁，哪有让老人如此孤苦辛劳的道理？即使按照先王的礼制，七十岁的人有丧服在身，在家中也能饮酒吃肉，宴乐饮酒游玩也是可以的。何况父亲七十五岁高龄，仍如此孤独痛苦，妻儿子孙何以自安？假使祖母在冥冥之中得知父亲如此悲哀毁伤，如此孤苦，她将会作何感想？老年之人，子孙都不爱重挂念他吗？况且按照礼制的要求，这样做也太过分了，后人也无法继承他的做法，有贤德的人应该去探望他，恳切地加以劝解，务必让父亲回到房中安歇，让下人早晚服侍，时常游戏宴乐，让他的性情快活舒畅，以调养天年，这是为子孙造无穷的后福。这些话我不敢直接向父亲说，唯盼望太叔委婉地代我传达，一定要让父亲听从。千万千万，恳求恳求。正宪读书，一切科举功名之事都不是我所期望的，我只求他能做到孝悌而已。来诚回家，草草写了这封信。

祖母岑太夫人百岁考终时，海日翁寿七十有五矣，尤茕茕苫块，哀毁逾制。师十二失恃，鞠于祖母。在赣屡乞终养弗遂，至是闻讣，已不胜痛割。又闻海日翁居丧之戚，将何以为情？“欲济无梁，欲飞无翼”，读之令人失涕。师之学发明同体万物之旨，使人自得其性，故于人义天常无不恳至，而居常处变，神化妙应，以成天下之务，可由此出。其道可以通诸万世而无弊者，得其道之中也。录此可以想见其概。德洪跋。

译文

祖母岑太夫人百年。去世时，海日翁年七十五岁，依然独自守在治丧的场所，悲哀毁伤超过了礼制的规定。我的老师十二岁失去母亲，由祖母抚育。在江西时，他多次恳求能奉养祖母，终究没有实现。到此听闻讣告，已不胜悲痛，又听闻海日翁居丧之时如此哀戚，他的心情该多么难受啊！“欲既无梁，欲飞无翼”，读来令人流泪。老师的学问是阐发万物同体的宗旨，让人能了解各自的性情，所以阐发人的道义、天的常理无不恳切，居于常道以应对变化，神化妙应，以成就天下的各种事务。他的学问可沟通万世而没有弊病，是把握了天道的根本。记录这些内容，可以想见其大概。钱德洪跋。

寄正宪男手墨二卷

正宪字仲肃，师继子也。嘉靖丁亥，师起征思、田，正亿方二龄。托家政于魏廷豹，使饬家众，以字胤子。托正宪于洪与汝中，使切磨学问，以饬内外。沿途所寄音问，当军旅倥偬之时，犹字画遒劲，训戒明切。至今读之，宛然若示严范。师没后，越庚申，邹子谦之、陈子惟濬来自怀玉，奠师墓于兰亭，正宪携卷请题其后。噫！今二子与正宪俱为泉下人矣，而斯卷独存。正宪年十四，袭师锦衣荫，喜正亿生，遂辞职出就科试。即其平生，邹子所谓“授简不忘”“夫子於昭之灵，实宠嘉之”，其无愧于斯言矣乎！

译文

正宪字仲肃，是我老师的继子。嘉靖丁亥，老师出征讨伐思恩、田州的叛乱，当时正亿才两岁，老师将家中的事务委托给魏廷豹，让他管理家中，抚育后嗣，将正宪托付给德洪和汝中，让他们与之切磋学问，整顿内外事务。先生沿途所寄回来的书信问候，都是在行军间隙写成，这些书信铿锵有力，训诫深切。至今读来，犹若老师在做严格示范。老师去世之后，过了嘉靖庚申年，邹谦之和陈子惟从怀玉来祭奠老师在兰亭之墓，正宪拿这卷书请他们在后面题跋，哎！这两人与正宪都已经去世，而书卷独存。正宪十四岁时，承袭先生的荫职，正亿出生后他非常欢喜，就辞去了职务去参加科考。看他的平生，正是邹先生所谓的“不忘老师教诲”“夫子的英灵也当宠爱嘉奖他”，他无愧于这番言论！

即日舟已过严滩，足疮尚未愈，然亦渐轻减矣。家中事凡百与魏廷豹相计议而行。读书敦行，是所至嘱。内外之防，须严门禁。一应宾客来往，及诸童仆出入，悉依所留告示，不得少有更改。四官尤要戒饮博，专心理家事。保一谨实可托，不得听人哄诱，有所改动。我至前途，更有书报也。

译文

今天船已渡过严滩，我的足疮还没有痊愈，但也已经减轻。家中各项事情都要与魏廷豹相互商议再施行。读书敦厚德行，是我一直叮嘱的。家庭内外防护，一定要严肃，严守门禁，与宾客来往，以及童仆的出入，都要按照我所留的告示管理，不得稍有更改。四官尤其要戒掉饮酒过多，专心处理家事。保一谨慎诚实，可以托付，不可听别人哄骗诱惑，就有所改动。我到前面会再写书信。

舟过临江，五鼓与叔谦遇于途次，灯下草此报汝知之。沿途皆平安，咳嗽尚未已，然亦不大作。广中事颇急，只得连夜速进，南、赣亦不能久留矣。汝在家中，凡宜从戒谕而行。读书执礼，日进高明，乃吾之望。魏廷豹此时想在家，家众悉宜遵廷豹教训，汝宜躬率身先之。书至，汝即可报祖母诸叔。况我沿途平安，凡百想能体悉我意，钤束下人谨守礼法，皆不俟吾喋喋也。廷豹、德洪、汝中及诸同志亲友，皆可致此意。

译文

船已经过了临江，五更天与叔谦在途中相遇。于灯下草草写了这封信报知给你。我沿途都平安，咳嗽还未痊愈，但已不大发作。广中的局势颇紧急，只得连夜快速前进，南、赣也不能久留。你在家中凡事都应该按我的训诫去做，读书行礼要日有提高，这是我的期望。魏廷豹此时想必在家，家中各种事情都要遵循廷豹的教导，你应该亲自带头遵守。书信到时你可报给祖母和诸位叔父。况且我沿途平安，家人想必能体会我的用意，管理约束下人要谨守礼法，这不需要我喋喋不休地叮嘱了。廷豹、德洪、汝中以及诸位同志亲友，都可以传达这个意思。

近两得汝书，知家中大小平安。且汝自言能守吾训戒，不敢违越，果如所言，吾无忧矣。凡百家事及大小童仆，皆须听魏廷豹断决而行。近闻守度颇不遵信，致抵牾廷豹。未论其间是非曲直，只是抵牾廷豹，便已大不是矣。继闻其游荡奢纵如故，想亦终难化导。试问他毕竟如何乃可，宜自思之。守悌叔书来，云汝欲出应试。但汝本领未备，恐成虚愿。汝近来学业所进吾不知，汝自量度而行，吾不阻汝，亦不强汝也。德洪、汝中及诸直谅高明，凡肯勉汝以德义，规汝以过失者，汝宜时时亲就。汝若能如鱼之于水，不能须臾而离，则不及人不为忧矣。吾平生讲学，只是致良知三字。仁，人心也，良知之诚爱恻怛处便是仁，无诚爱恻怛之心，亦无良知可致矣。汝于此处，宜加猛省。家中凡事不暇一一细及，汝果能敬守训戒，吾亦不必一一细及也。余姚诸叔父昆弟皆以吾言告之。前月曾遣舍人任锐寄书，历此时当已发回。若未发回，可将江西巡抚时奏报批行稿簿一册，共计十四本，封固付本舍带来。我今已至平南县，此去田州渐近。田州之事，我承姚公之后，或者可以因人成事。但他处事务似此者尚多，恐一置身其间，一时未易解脱耳。汝在家凡百务宜守我戒谕，学做好人。德洪、汝中辈须时时亲近，请教求益。聪儿已托魏廷豹时常一看。廷豹忠信君子，当能不负所托。但家众或有桀骜不肯遵奉其约束者，汝须相与痛加惩治。我归来日，断不轻恕。汝可早晚常以此意戒饬之。廿二弟近来砥砺如何？守度近来修省如何？保一近来管事如何？保三近来改过如何？王祥等早晚照管如何？王祯不远出否？此等事，我方有国事在身，安能分念及此？琐琐家务，汝等自宜体我之意，谨守礼法，不致累我怀抱乃可耳。

译文

近日两次接到你的来信，知家中众人都平安。并且你自己说能遵守我的训诫，不敢有所逾越。果真如此，我就没有什么忧虑了。家中各事以及大小童仆都一定要听魏廷豹的决断行事。今日听闻守度不遵信廷豹，与他有所抵牾，不管其中的是非曲直，只要产生抵牾就已经是大不应该了。继闻还如过去一样游荡放纵，想必终究难以教导。试问他究竟要如何才可以呢？你当对此自我思虑。守悌叔写信来说，你想要参加科举考试，但你的本领还没有完备，恐怕愿望会落空。你近日学业上的进步我还不了解，你应量力而行，我不阻拦你，也不强迫你。德洪、汝中以及诸位耿直诚信高明之人，但凡肯以道德仁义勉励你，以过失来规劝你，你应时时亲近听从，若能与这样的人做到鱼水般亲近，片刻不离，就不必担心比不上别人了。我平生讲学，只是致良知三字，仁就是人心。良知的诚信慈爱恻隐之心就是仁，没有诚信慈爱恻隐之心，也没有良知可致。你在这些地方应该痛加省悟。家中各事来不及一一谈及，你果真能遵守我的训诫，我也不需要如此。这些话你可以告知余姚的各位叔父和兄弟，上月我曾遣官员任锐寄书信给你，现在应该已经发回。如果还未发回，你可以将我在江西巡抚任时的奏报批行的一册薄书稿，共计十四本封装固定好交本舍带来。我现已到达平南县，距田州渐近。田州之事，我在姚公之后接手，或可在他的基础上成事，但其他地方的事务与此类似的还有很多，恐怕一旦置身其间，一时就不易解脱了。你在家中各项事物都要遵守我的训诫，学做好人。德洪、汝中等人，你要时时去亲近请教，聪儿已经托付给魏廷豹时常照看。廷豹是忠信君子，一定能不负我所托，但家中众人有桀骜不驯，不肯尊奉他约束的，你应该痛加惩治，我回家之日一定不加轻饶，你可以早晚常以这番意思来告诫整饬他们。二十二弟近来学习如何？守度近来修身自省功夫如何？保一近来管事如何？保三近来改过的情况如何？王祥等早晚照顾得如何？王珍是否不再远出？对这些事情，我正有国事在身，怎能都顾念到呢？家事琐碎，你应体会我的意思，谨守礼法，不至于让我挂累，这才可以。

东廓邹守益曰：“先师阳明夫子家书二卷，嗣子正宪仲肃甫什袭藏之。

益趋天真，奠兰亭，获睹焉。喜曰：‘是能授简不忘矣！’书中‘读书敦行，日进高明’‘钤束下人，谨守礼法’，及切磋道义，请益求教，互相夹持，接引来学，真是一善一药。至‘吾平日讲学，只是致良知三字。仁，人心也，良知之诚爱恻怛处，便是仁，无诚爱恻怛，亦无良知可致’，是以继志述事望吾仲肃也。仲肃日孳孳焉，进而书绅，退而服膺，则大慰吾党爱助之怀，而夫子於昭之灵，实宠嘉之。”

译文

东廓邹守益说：“我老师王阳明夫子家书两卷，他的儿子宪仲肃甫把这些内容承袭收藏，我去祭奠老师时，得以翻看这些书信，并高兴地说：‘这正是授简不忘！’书信中所写‘读书敦厚德行，日日向高明努力’‘谨守礼法’，乃至于切磋道义，互相扶持，教导后学等内容真是一番善言一剂好药。书信中所讲的‘我平日讲学，就是致良知三字，仁就是人心，良知中的诚信慈爱恻隐之心就是仁，没有诚信慈爱恻隐之心就没有良知可致’，这是希望仲肃能继承他的事业志向，仲肃每日勤学，将老师的教诲编撰成书，并从心底服膺于老师的学问，这些都极大宽慰了我等对他的喜爱帮助之心，老师在天之灵也应该会宠爱嘉奖他。”

又

去岁十二月廿六日始抵南宁，因见各夷皆有向化之诚，乃尽散甲兵，示以生路。至正月廿六日，各夷果皆投戈释甲，自缚归降，凡七万余众。地方幸已平定。是皆朝廷好生之德感格上下，神武不杀之威潜孚默运，以能致此。在我一家则亦祖宗德泽阴庇，得无杀戮之惨，以免覆败之患。俟处置略定，便当上疏乞归，相见之期渐可卜矣。家中自老奶奶以下想皆平安。今闻此信，益可以免劳挂念。我有地方重寄，岂能复顾家事！弟辈与正宪，只照依我所留戒谕之言，时时与德洪、汝中辈切磋道义，吾复何虑。余姚诸弟侄，书到咸报知之。

译文

去年十二月二十六日，我刚抵达南宁，由于见到蛮夷都有归顺的诚意，于是就解散兵士，以示放敌人生路。到正月二十六日，蛮夷各族果然都放下武器，自缚前来归顺投降，总计七万余人。地方总算得以平定，这是朝廷的好生之德感动上下，神武不杀之威慑，潜移默化影响所致，对我一家而言，这也是祖宗福德荫蔽，得以不受杀戮之惨祸，免除颠覆败亡的忧患。待我将这里处置安定，就上奏请求回家，相见之日可以测算了。家里自老奶奶以下，想必都平安吧。现在收到我的书信，也可免除挂念。我在地方上仍有重要事务需做，哪能顾及家事呢？我的兄弟辈及正宪都只需遵守我所留训诫。时时与德洪、汝中等人切磋道义，我又有何忧虑。余姚的诸位兄弟子侄，我的书信到达时，都告知他们。

八月廿七日南宁起程，九月初七日已抵广城，病势今亦渐平复，但咳嗽终未能脱体耳。养病本北上已二月余，不久当得报。即逾岭东下，则抵家渐可计日矣。书至即可上白祖母知之。近闻汝从汝诸叔诸兄皆在杭城就试。科第之事，吾岂敢必于汝，得汝立志向上，则亦有足喜也。汝叔汝兄今年利钝如何？想旬月后此间可以得报，其时吾亦可以发舟矣。因山阴林掌教归便，冗冗中写此与汝知之。

译文

八月二十七日我从南宁启程，九月初七已经抵达广城，我的病情如今也已逐渐平复，但始终未能摆脱咳嗽。请求养病的奏疏已上达两月多了，不久就可得到批示。只要过了岭东，到家之日逐渐可以计算。书信到了之后，可以告知祖母。近日我听闻你跟随你的诸位叔父兄弟，都在杭城参加科举考试，科举之事我不敢一定要求你去做，只要你立志向上，我就足够欢喜。你的叔叔兄弟今年科考结果如何？想必十天半月之后就可知晓。到那时我也可以发船了。因山阴的林掌教要回去，空闲中写了这封信给你。

我至广城已逾半月，因咳嗽兼水泻，未免再将息旬月，候养病疏命下，即发舟归矣。家事亦不暇言，只要戒饬家人，大小俱要谦谨小心。余姚八弟等事近日不知如何耳？在京有进本者，议论甚传播，徒取快谗贼之口，此何等时节，而可如此！兄弟子侄中不肯略体息，正所谓操戈入室，助仇为寇者也，可恨可痛！兼因谢姨夫回，便草草报平安。书至，即可奉白老奶奶及汝叔辈知之。钱德洪、王汝中及书院诸同志皆可上覆。德洪、汝中亦须上紧进京，不宜太迟滞。

译文

我到广城已超过半月，因咳嗽腹泻，不免要再留十天半月，待准许我养病的命令下达，我即刻就发船归家。家中的事我也无暇再谈及，只要求你训诫整饬家人，大事小事都要谦虚谨慎小心。余姚的八弟等人之事，近日不知情况如何？在京城进谏的人很多，议论传播很广，这都是徒然让进谗言的贼人逞口舌之快，这是什么时候啊，怎可如此呢？兄弟子侄之间，有不肯相互体谅对方的，正是所谓的操戈入室，助仇人为寇贼，实在可痛恨。因为谢姨夫要回家，我草草地写了这封平安信，书信收到后你可告知老奶奶及你的诸位叔叔得知。钱德洪、王汝中及书院中的诸位同志，也都可告知。德洪、汝中也需赶紧到京城，不宜太迟。

近因地方事已平靖，遂动思归之怀，念及家事，乃有许多不满人意处。守度奢淫如旧，非但不当重托，兼亦自取败坏，戒之戒之！尚期速改可也。宝一勤劳，亦有可取。只是见小欲速，想福分浅薄之故，但能改创亦可。宝三长恶不悛，断已难留，须急急遣回余姚，别求生理。有容留者，即是同恶相济之人，宜并逐之。来贵奸惰略无改悔，终须逐出。来隆、来价不知近来干办何如？须痛自改省，但看同辈中有能真心替我管事者，我亦何尝不知。添福、添定、王三等辈，只是终日营营，不知为谁经理，试自思之！添保尚不改过，归来仍须痛治。只有书童一人实心为家，不顾毁誉利害，真可爱念。使我家有十个书童，我事皆有托矣。来琐亦老实可托，只是太执戆，又听妇言，不长进。王祥、王祯务要替我尽心管事，但有阙失，皆汝二人之罪。俱要拱听魏先生教戒，不听者责之。

译文

最近地方上的事情已经平静，我就动了回家的念头。念及家事，仍有很多不满意之处，守度仍如过去一样骄奢淫逸，不但不能接受重托，还自取败坏，警戒警戒！期待他能迅速改正。宝一勤劳也有可取之处。只是见识短小，急功近利，想来是福分浅薄的缘故，但若能改正也是可以的。宝三长期作恶不知悔改，断是不能留在家中，需立刻遣回余姚，再求别的生路。有想要留他的，就是和他同恶相助之人，应一并驱逐。来贵奸诈懒惰，毫不悔改，也需逐出。来隆、来价不知近来做事如何？需要深切悔改，看同辈中有真心能替我管事的人，我又何尝不知呢？添福、添定、王三等人终日蝇营狗苟，不知道在为谁打算，你一定要自我思虑。添保仍不肯改过，我回家之后需痛加整治。只有书童一人，实心为家，不顾惜毁誉利害，真是值得爱重感念。假使我家中有十个书童，那我事事都能有所托付。来锁也是老实可托付之人，只是太过憨厚，又只听妇人言语不长进。王祥、王祯务必要替我尽心管理家事，但有闪失，都是你二人的罪过。一切事情都要听魏先生的教导训诫，不听从的人要责备他。

明水陈九川曰："此先师广西家书付正宪仲肃者也。中间无非戒谕家人谨守素训。至致良知三字，乃先师平素教人不倦者。云'诚爱恻怛之心即是致良知'，此晚年所以告门人者，仅见一二于全集中，至为紧要。乃于家书中及之，可见先师之所以丁宁告戒者，无异于得力之门人矣。仲肃宜世袭之。"

译文

明水陈九川说："这是我老师写回广西的家书，要交付给正宪仲肃，其中无非就是告诫家人，谨守之前他的训诫。致良知三字是我老师平日里教人不倦的内容。他说'诚实慈爱恻隐之心即是致良知'，这是他晚年告诫门人的话，在《全集》中能看到一两次，是特别紧要的。在家书中他也谈及，可见老师告诫家人与教授门下得力的弟子无异，仲肃应好好地承袭老师的思想。"

卷之二十七　续编二

书

与郭善甫

朱生至，得手书，备悉善甫相念之恳切。苟心同志协，工夫不懈，虽隔千里，不异几席，又何必朝夕相与一堂之上而为后快耶？来书所问数节，杨仁夫去，适禅事方毕，亲友纷至，未暇细答。然致知格物之说，善甫已得其端绪。但于此涵泳深厚，诸如数说，将沛然融释，有不俟于他人之言者矣。荒岁道路多阻，且不必远涉，须稍收稳，然后乘兴一来。不缕缕。

译文

朱生到来，我收到您的手信，知悉你挂念之意恳切。只要你我同心协力，勤下功不懈怠，即使相隔千里，不异于同处几案床铺。又何必朝夕同堂相处才感到快乐呢？您来信所问的几件事，杨仁夫离开时，正逢禅事刚做完，亲友纷纷到来，我还未有闲暇详细回答。但致知格物之说，想必您已明白其端绪。只要在这上面深入琢磨，其他各种说法也将会顺畅地理解，不必再等他人来言说。荒年道路多阻碍，不必远行，只需要稍加熟悉，乘兴再来。我不需喋喋不休了。

寄杨仕德

临别数语极奋励，区区闻之，亦悚然有警。归途又往西樵一过，所进当益不同矣。此时已抵家。大抵忘己逐物，虚内事外，是近来学者时行症候。仕德既已看破此病，早晚自不废药石。康节云：“与其病后能服药，不若病前能自防。”此切喻，爱身者自当无所不用其极也。病疏至今未得报，此间相聚日众，最可喜。但如仕德、谦之既远去，而惟乾复多病，又以接济乏人为苦尔。尚谦度未能遽出。仕德明春之约果能不爽，不独区区之望，尤诸同游之切望也。

译文

临别数言极令人振奋，我听闻后，也感到肃然有警醒，我归途又往西樵走了一趟，所感更加不同。我此时已经到家。大概忘却自身去追逐外物，空虚内在从事于外求，是近来学者们的毛病。你既已看明白这些问题，早晚能加以治疗。邵康节说：“与其生病之后能服药，不如生病之前能自我防御。”这是切实之喻，爱惜身体的人应无所不用其极。我请求养病的奏疏至今未得批复，在此期间相聚会的人日多，这是最为可喜的，但仕德、谦之既然已经远去，惟乾又多病，我又因交往的朋友太少，感到苦恼。尚谦大概不能马上出来，仕德明年果真能不爽约，不仅是我的期望，也是众位同游之人恳切的愿望。

与顾惟贤

闻有枉顾之意，倾望甚切。继闻有夹剿之事，盖我独贤劳，自昔而然矣。此间上犹、南康诸贼，幸已扫荡，渠魁悉已授首，回军且半月。以湖广之故，留兵守隘而已。奏捷须湖广略有次第，然后举。朱守忠闻在对哨有面会之图，此亦一奇遇。近得甘泉书，已与叔贤同往西樵，令人想企，不能一日处此矣。承示"既饱，不必问其所食之物"。此语诚有病。已不能记当时所指，恐亦为世之专务辨论讲说，而不求深造自得者说，故其语意之间，不无抑扬太过。虽然，苟诚知求饱，将必五谷是资。鄙意所重，盖以责夫不能诚心求饱者，故遂不觉其言之过激，亦犹养之未至也。凡言意所不能达，多假于譬喻。以意逆志，是为得之。若必拘文泥象，则虽圣人之言，且亦不能无病。况于吾侪，学未有至，词意之间本已不能无弊者，何足异乎？今时学者大患，不能立恳切之志，故鄙意专以责志立诚为重。同志者亦观其大意之所在，斯可矣。惟贤谓有所疑而未解，正如饥者之求食，若一日不食，则一日不饱。诚哉是言！果能如饥者之求饱，安能一日而不食，又安能屏弃五谷而食画饼者乎？此亦可以不言而喻矣。承示为益已多，友朋切磋之职，不敢言谢。何时遇甘泉，更出此一正之。

译文

听闻你有来看望我之意，我对此恳切期待。后来又听闻有夹击围剿之事，大概我独自劳苦，从过去开始就是这样。期间上犹、南康的贼患所幸已经扫荡，贼首已被杀掉，回军将需要半月。由于湖广发生叛乱，我只留下人马来守卫关隘。上奏捷报需等湖广方面稍有安排，然后才能行动。听闻朱守忠在对面军中，我曾见过一面，这也算是一番奇遇了。近日收到甘泉书信，说已与叔贤共同前往西樵，令人想要同去，一日都不想待在这里了。承蒙训示："既然吃饱，就不必再问所吃之物。"这话实在有毛病。我已不能记得当时这话所指，恐怕是针对世上那些专门从事辩论讲说而不求深切学习、不修养自身的人说的，所以语意之间不无抑扬太过之处。即使这样，如果真知道要吃饱，那一定要以五谷为资助。我意思的重点是在责备那些不能诚心求饱的人，所以没发觉言语有过激之处，这是我修养仍未到家。凡是言语所不能表达的，多要借助比喻。以意逆志，是为了了解真正含义。如果一定要拘泥于表象，那即使是圣人的话，也不能确保没有语病，何况我等学习上仍有不到家之处的人呢。词意之间本就不能完全没毛病，这有什么可奇怪呢？现在的学者问题在于不能树立恳切的志向，所以我的意思专门以督促树立志向为重，同志之人也大致能理解这话的用意所在，这就可以了。唯有圣贤有疑问而没有得到解答，就如饥饿的人一定要找寻食物一样，如果一日不吃，就一日不饱。这话说得是对的。果真能像饥饿的人求吃饱一样，怎么能一日不吃呢？又怎么能摒弃掉五谷来画饼充饥呢？这是不言而喻的。承蒙训示，对我帮助良多，朋友之间有切磋之责，不敢向您言谢。什么时候才能遇到甘泉？我将向他出示这番话来更正他的想法。

闽广之役，偶幸了事，皆诸君之功，区区盖坐享其成者。但闽寇虽平，而虔南之寇乃数倍于闽，善后之图，尚未知所出。野人归兴空切，不知知己者亦尝为念及此否也？曰仁近方告病，与二三友去耕雪上。雪上之谋实始于陆澄氏。陆与潮人薛侃皆来南都从学，二子并佳士，今皆举进士，未免又失却地主矣。向在南都相与者，曰仁之外，尚有太常博士马明衡、兵部主事黄宗明、见素之子林达有、御史陈杰、举人蔡宗兖、饶文璧之属。蔡今亦举进士，其时凡二三十人，日觉有相长之益。今来索居，不觉渐成放倒，可畏可畏！闲中有见，不妨写寄，庶亦有所警发也。甘泉此时已报满。叔贤闻且束装，会相见否？霍渭先亦美质，可与言。见时皆为致意。

译文

闽广的战事有幸能了结，都是诸位的功劳，我不过坐享其成。但是闽地的贼寇虽然平定，但虔南的贼寇数倍于闽地，善后的计划还没制定出来，在外的人归家的期望落空，不知了解我的人是否曾念及这种情况。曰仁近日上奏告病，并与两三位友人去雪上耕作，去雪上的想法实际上是陆澄先提出来的，陆澄与潮人薛侃都从南都来跟随我学习，两人都是优秀的士子，现在都成为进士，我们又未免失去了能去做客的主人了。过去在南都相处的，除了曰仁之外，还有太常博士马明衡、兵部主事黄宗明、见素之子林达有、御史陈杰、举人蔡宗兖、饶文璧等人。蔡宗兖现在也成为进士了，当时总共二三十人，每日我都感到有所长进。现在一人独居，不知不觉中逐渐放纵，真是可畏！你闲暇时有见解，不妨写信寄来，也能对我有所警醒启发。甘泉此时已经报满期，听闻书贤也修整装束，你曾与他们相见过吗？霍渭先也有美好资质，可与他多通信。见到他时请替我致意问好。

承喻讨有罪者，执渠魁而散胁从，此古之政也，不亦善乎！顾浰贼皆长恶怙终，其间胁从者无几，朝撤兵而暮聚党，若是者亦屡屡矣，诛之则不可胜诛，又恐以其患遗诸后人。惟贤谓“政教之不行，风俗之不美，以至于此”，岂不信然？然此膏肓之疾，吾其旬日之间可奈何哉？故今三省连累之贼，非杀之为难，而处之为难，非处之为难，而处之者能久于其道之为难也。贱躯以多病之故，日夜冀了此塞责而去，不欲复以其罪累后来之人，故犹不免于意必之私，未忍一日舍置。嗟乎！我躬不阅，遑恤我后？尽其力之所能为。今其大势亦幸底定，如其礼乐，以俟君子而已。数日前，已还军赣州。风毒大作，壅肿坐卧，恐自此遂成废人，行且告休。人还，草草复。

译文

承蒙你告知，说征讨有罪之人，要抓住首领而解散协同者，这是古人的办法，这不是很好吗！浰贼都是大恶不改之徒，其中胁从的人没有几个，这些人早晨分散开，晚上聚集起来，屡屡如此，诛杀又诛杀不尽，唯恐此处的祸患贻害后人。惟贤说“政教不能施行，风俗不能纯美，才导致了这种情况”，实际不正是这样吗？但如此严重的疾患，我在十天半月之间能如何呢？现在使三省受到连累的贼人，诛杀他们不难，难的是如何处理他们。处理他们不难，难的是能在处理他们时长久遵守道义。我因多病的缘故，日夜希望能完成责任离开，不想再因我的罪过连累后来的人，因此犹不能免于固执的意念，不忍一天抛弃不顾。哎呀，我对自己身体不体恤，又如何体恤我的后来人呢？我尽力而为，今天的大局幸而已安定。至于礼乐等事，就等待君子来制作了。数日前已还军赣州，我风寒大作，坐卧不安，唯恐从此之后成为废人。我将要上告休假，送信的人要回去，我草草写了这封信。

承喻用兵之难，非独曲尽利害，足以开近议之惑，其所以致私爱于仆者，尤非浅也。愧感愧感！但龙川群盗为南、赣患，几无虚月，剿捕之命屡下，所以未敢轻动，正亦恐如惟贤所云耳。虽今郴、桂夹攻之举，亦甚非鄙意所欲，况龙川乎！夏间尝具一疏，颇上其事，以湖广奉有成命，遂付空言。今录去一目，鄙心可知矣。湖广夹攻，为备已久。郴、桂之贼为湖广兵势所迫，四出攻掠，南、赣日夜为备，今始稍稍支持。然广东以府江之役，尚未调集，必待三省齐发，复恐老师费财，欲视其缓急以次渐举。盖桂东上游之贼，湖广与江西夹攻，广东无与也。昌乐、乳源之贼，广东与湖广夹持，江西无与也。龙川之贼，江西与广东夹攻，湖广无与也。事虽一体，而其间贼情地势自不相及，若先举桂东上游，候广东兵集，然后举乳源诸处，末乃及于龙川，似亦可以节力省费而易为功。不知诸公之见又何如耶？所云龙川，亦止浰头一巢。盖环巢数邑被害已极，人之痛愤，势所不容已也。

译文

承蒙你告知用兵之难，不光说尽了其中利害，也足以辨明近日我在商议中遇到的困惑，您对我的爱护尤其不浅，我感念惭愧。但龙川的盗贼在南、赣为患，每年如此，剿捕的命令屡屡下达，所以我不敢轻举妄动，正害怕像惟贤所说的那样。即便是现在郴、桂有围攻行动，也实在不是我所想的，何况是龙川呢。夏天时常写奏疏，多谈这件事情，但因湖广的事已有命令，所以我的提议没有施行，现在抄录给您，我的用意您可得知。湖广的夹击准备已久，郴、桂的贼人被湖广的兵势所迫，四次出来攻伐掠夺，南、赣日夜防备，现在稍能得以支持。但广东由于府江的战事，尚不能调集人马，一定要等三省兵马齐发，恐怕会劳师费财，我想要依照情况的缓急来渐次举兵，大概对付桂东上游的贼人，湖广与江西夹击，广东不需参与，昌乐、乳源的贼人，广东与湖广夹击，江西不需参与，龙川的贼人，江西与广东夹击，湖广无需参与。事情虽是一体，但其中盗贼的情况、地理形势各不相关，如果先举兵桂东上游，等广东的兵集结，然后再举兵乳源各地，最后再到龙川，似乎可以节省兵力军费，且易于成功。不知诸位见解如何，我所说的龙川也只是浰头的一个巢穴，围绕巢穴的几个城池已经遭到极大迫害，人人痛恨愤怒，情势是不能再容忍了。

来谕谓得书之后，前疑涣然冰释。幸甚幸甚！学不如此，只是一场说话，非所谓盈科而后进，成章而后达也。又自谓终夜思之，如污泥在面而不能即去。果如污泥在面有不能即去者乎？幸甚幸甚！自来南、赣，平生益友离群索居，切磋之间不闻。近日始有薛进士辈一二人自北来，稍稍各有砥砺。又以讨贼事急，今屯兵浰头且半月矣。浰头贼首池大鬓等二十余人，悉已授首。漏网者甲从一二辈，其余固可略也。狼兵利害相半，若调犹未至，且可已之。此间所用皆机快之属，虽不能如狼兵之犀利，且易躯策，就约束。闻乳源诸贼已平荡，可喜。湖兵四哨，不下数万，所获不满二千，始得子月朔日会剿依期而往。彼反以先期见责，所谓文移时出侵语，诚有之。此举本渠所倡，今所俘获反不能多，意有未惬而愤激至此，不足为怪。浰头巢穴虽已破荡，然须建一县治以控制之，庶可永绝啸聚之患。已檄赣、惠二知府会议可否。高见且以为何如？南、赣大患，惟桶冈、横水、浰头三大贼，幸皆以次削平。年来归思极切，所恨风波漂荡，茫无涯涘。乃今幸有湾泊之机，知己当亦为吾喜也。乳源各处克捷，有两广之报，区区不敢冒捷。然亦且须题知，事毕之日，须备始末知之。

译文

你来信说收到书信后以前的疑惑涣然冰释，幸甚幸甚！学习若不能这样，就只是一场空话，就不是所谓的“盈科而后进，成章而后达”。信中又说整夜思考，好像脸上有污泥不能擦去。果真有污泥在脸上，还有不能祛除的吗？幸甚幸甚！自从来到南、赣，我离开平日里的好友独自居住，不再彼此切磋，近日有薛进士等一两人从北边来，稍能互相砥砺。现在又因讨伐贼祸的事情紧急，驻兵在浰头已经半月，浰头的贼人首领池大鬓等二十余人都已经被斩首，漏网者也只有一两个，其他的都可以忽略了。用狼兵的利害参半，如果还没有调来，就可以不用调动了，这期间所使用的都是机动快速部队，即使不能像狼兵那样犀利，也是容易驱策约束的。听说乳源各地的贼人已经平息，真是可喜可贺。湖兵有四哨，人数不下万人，所缴获的敌人却不满二千，开始我们本是按照约定在子月朔日会兵围剿，我等依照约定前往，对方反而责备我们提前到来。所谓的公文中时常有冒犯的话，这番举动本是我所倡导，现在俘获不多，我心中不快，如此激愤也不足为怪。浰头的巢穴虽然已经荡平，仍需要建立一县治理，来加以控制，如此可以永远断绝聚啸为寇的祸患，我已经发公文给赣、惠两地的知府商议是否可行，你的意见认为如何呢？南、赣的大患，惟有桶冈、横水、浰头三大贼祸，有幸已经依次平定。一年来我想归家之心急切，所恨世事风波飘荡，没有尽头，现在有幸有安顿的机会，知己们也当为我感到欣喜。乳源各地已经胜利，有两广的报告，我不敢冒功发捷报，但也需要让你知晓，事情完毕之日，对于战事的始末都须知晓。

近得甘泉、叔贤书，知二君议论既合。自此吾党之学廓然同途，无复疑异矣，喜幸不可言。承喻日来进修警省不懈，尤足以慰倾望。此间朋友亦集，亦颇有奋起者。但惟鄙人冗疾相仍，精气日耗，兼之淹滞风尘中，未遂脱屣林下，相与专心讲习，正如俳优场中奏雅，纵复音调尽协，终不免于剧戏耳。乞休疏已四上，銮舆近闻且南幸，以疮疾暂止。每一奏事，辄往复三四月。此番倘得遂请，亦须冬尽春初矣。后山应援之说，审度事势，亦不必然，但奉有诏旨，不得不一行。此亦公文体面如此。闻彼中议论颇不齐，惟贤何以备见示，区区庶可善处也。

译文

近日得到甘泉、叔贤的书信，知道二位的见解与我相合，从此我等的学说大致是同途，不再有疑问，我的欢喜不可言表。承蒙你的启发，我日日进步、修习警醒不懈怠，这足以宽慰我的期望。其间朋友也聚集，也颇有令我奋发之人，但我有陈年旧疾，精气日益损耗，又滞留在俗世之中，不能解脱到林中去与诸位专心讲习学问。正如俳优之人在场中奏响雅乐，即使音调协调，也不免是在做戏。我乞求退休的奏疏已经上了四次，听闻近日皇上南巡，因疮疾暂停。每次上奏往返需要三四个月，这次如果能请求成功，也需到冬尽春来的时候。赶往后山应援的事，审时度势，也不是必然要做，只是奉圣旨不得不去，这也是为了公文上的体面吧。听闻你那的议论意见颇不统一，惟贤的意见是什么？请告知我，我会善加处理。

近得省城及南都诸公书报云，即日初十日圣驾北还，且云船头已发，不胜喜跃，贱恙亦遂顿减。此宗社之福，天下之幸，人臣之至愿，何喜何慰如之！但区区之心犹怀隐忧，或恐须及霜降以后，冬至以前，方有的实消息。其时贱恙当亦平复，即可放舟东下，与诸君一议地方事，遂图归计耳。闻永丰、新淦、白沙一带皆被流劫，该道守巡官皆宜急出督捕，非但安靖地方，亦可乘此机会整顿兵马，以预备他变。今恐事势昭彰，惊动远近，且不行文，书至，即可与各守巡备道区区之意，即时一出，勿更迟迟，轻忽坐视。思抑归兴，近却如何，若必不可已，俟回銮信的，徐图之未晚也。

译文

近日来得到省城以及南都诸公的书信，说这个月初十皇上圣驾北归，并说头船已出发，我不胜欢喜，我的疾病也立即有所减轻，这真是社稷之福，天下之幸，人臣的最大愿望，这是何等快慰！但我的心中依然怀有隐忧，恐怕要到了霜降后冬至前才能有切实的消息。到那时，我的病也应该平复了，届时可乘舟东下，与诸位一起讨论地方之事，就能计划回家了。听闻永丰、新淦、白沙一带都被流寇劫掠，这条道上的守巡官应该赶紧派出监督追捕，不但可以使地方安定，也可趁此整顿兵马，防备其他变故。现在恐怕形势已经明了，惊动远近，文书暂且不能通行，文书一旦到达，就可以和各位守巡官详细说明我的意思，要即时出动，不要拖延，轻忽怠慢。我把回家的念头抑制，近日还能如何呢？若一定不能压下，等到圣上回去的消息切实，我再徐徐图之也不晚。

近得江西策问，深用警惕。然自反而缩，固有举世非之而不顾者矣，其敢因是遂靡然自弛耶？《易》曰："知至至之。"知至者，知也，至之者，致知也。此知行之所以合一也。若后世致知之说，止说得一知字，不曾说得致字，此知行所以二也。病发荼苦之人，已绝口人间事，念相知之笃，辄复一及。

译文

近日得到江西的策问，我深切加以警惕。但经过自我反省约束，却还有举世非议也没理会的，我哪敢就此颓废放松呢？《易经》说："知至至之。"知至说的是智慧，至之说的是获得智慧。这是知行合一的道理。后世所说的致知学说，只说到一个知字，不曾说到致字。这是将知行当作两件事。我病发痛苦，已经绝口不谈人间事，念及你我相知深厚，就回复我的意见。

北行不及一面，甚阙久别之怀。承寄《慈湖文集》，客冗未能遍观。来喻欲摘其尤粹者再图翻刻，甚喜。但古人言论，自各有见，语脉牵连，互有发越。今欲就其中以己意删节之，似亦甚有不易。莫若尽存，以俟具眼者自加分别。所云超捷，良如高见。今亦但当论其言之是与不是，不当逆观者之致疑，反使吾心昭明洞达之见，有所掩覆而不尽也。尊意以为何如？

译文

向北行来不及见您一面，离别长久甚是怀念。承蒙你寄来《慈湖文集》，客人多，我还未能都看完。你来信说想要摘出其中尤其精彩的地方，再翻刻出来，我很是高兴。但古人的言论，各有见解，语言的脉络牵连，互相发扬。现在想要以自己的意思来进行删节，似乎也不太容易。不如全文保存，等待具有眼光的人自己加以分别。我所说的杰出超越，诚如您的高见。现在应只谈论这些言语的正确与否，不当使看书的人产生疑问，这反而会让我心中明白洞察的见解被掩埋，不能尽意，您的意见如何呢？

与当道书

江省之变，大略具奏内。此人逆谋已非一日，久而未发，盖其心怀两图，是以迟疑未决，抑亦虑生之蹑其后也。近闻生将赴闽，必经其地，已视生为几上肉矣。赖朝廷之威灵，诸老先生之德庇，竟获脱身虎口。所恨兵力寡弱，不能有为尔。南、赣旧尝屯兵四千，朝有警而夕可发。近为户部必欲奏革商税，粮饷无所取给，故遂放散，未三月而有此变，复欲召集，非数月不能，亦且空然无资矣。世事之相挠阻，每每如此，亦何望乎？今亦一面号召忠义，取调各县机快，且先遣疲弱之卒，张布声势于丰城诸处，牵蹑其后。天夺其魄，彼果迟疑而未进。若再留半月，南都必已有备。彼一离窠穴，生将奋捣其虚，使之进不得前，退无所据，勤王之师，又四面渐集，必成擒矣。此生忆料若此，切望诸老先生急赐议处，速遣能将，将重兵声罪而南，以绝其北窥之望。飞召各省，急兴勤王之师。此人凶残忌刻，世所未有，使其得志，天下无遗类矣。谅在庙堂必有成算，区区愚诚，亦不敢不竭尽。生病疲尪，仅存余息。近者入闽，已具本乞休，必不得已，且容归省。不意忽遭此变，本非生之责任。但阖省无一官见在，人情涣散，汹汹震摇，使无一人牵制其间，彼得安意顺流而下，万一南都无备，将必失守。彼又分兵四掠，十三郡之民素劫于积威，必向风而靡。如此，则湖、湘、闽、浙皆不能保。及事闻朝廷，大兵南下，彼之奸计渐成，破之难矣。以是遂忍死暂留于此，徒以空言收拾散亡，感激忠义。日望命帅之来，生得以舆疾还越，死且瞑目。伏惟诸老先生鉴其血诚，必赐保全，勿遂竭其力所不能，穷其智所不及，以为出身任事者之戒，幸甚幸甚！

译文

江西的变化，我大概已经在奏疏中写明，此人策划谋反并非一日，长期没有发动，是他心中有两种打算，因此迟疑不决，也担心我断其后路。近日听闻我要赶赴闽地，必经这个地方，就将我视作板上之肉。有赖于朝廷的威严，诸位老先生厚德庇佑，我才最终能从虎口脱身。只恨我兵力少弱，不能有所作为。南、赣过去曾屯兵四千，早上有警报，傍晚就可发兵。近来户部决心减少商税，粮饷无从供给，所以就解散士兵了，解散不到三月，而有此番变故，再想召集兵员，需要数月之久，这对战事毫无帮助。世事的阻碍，每每如此，还有何可期望的呢？现在我想要一面号召忠义之人，调取各县中机动快速的队伍，姑且先派疲弱的士卒在丰城各处造成声势，牵制其后方。上天要夺取敌人士气，敌军果然迟疑不再前进，如果再停留半月，南都必然会有所准备。敌人一旦离开巢穴，我将奋力捣其空虚，使其不能前进，不得后退。勤王之师在四面逐渐聚集，必能擒获贼人。这是我做出的预判，恳切希望诸位老先生迅速商议，派遣有能力的将领，率重兵南下讨伐敌人罪过，以断绝其向北窥探的企图，飞速召集各省勤王之师。这个人凶残、猜忌、严酷，世上罕有，一旦让他得志，普天之下我族类无法存活下去。估计在朝廷上已经有应对计划，以我的愚诚，不敢不竭尽全力，我生病疲劳，苟延残喘，近日来到闽地，已上奏疏乞求休养，实在不得已，请容我归省。不想忽然遭此变故，这本非我的责任。但全省没有一个官员见在，人情涣散，兵势汹汹，假使没有一个人在其中牵制，敌人就会放心地顺流而下，万一南都没有防备，必然会失守。敌人又分兵四处劫掠，十三郡的百姓素来慑于其积威，敌人必然所向披靡。如此的话，那么湖、湘、闽、浙都不能保全。等事情传到朝廷，大兵再南下，敌人的奸计已经逐渐实现，想要击破就难了。所以我就冒死暂留在此，只以空言来收拾四散逃亡的人，来感召激发那些忠义之士。日日盼望派将帅前来，我还能活着带病回到越地，即使死也瞑目了。惟愿各位老先生明鉴我的忠诚，赐我保全身体，不要令我做竭力不能完成，穷智不能企及之事，令出来为官之人可以以此为鉴。幸甚幸甚！

与汪节夫书

足下数及吾门，求一言之益，足知好学勤勤之意。人有言古之学者为己，今之学者为人。今之学者须先有笃实为己之心，然后可以论学。不然，则纷纭口耳讲说，徒足以为为人之资而已。仆之不欲多言者，非有所靳，实无可言耳。以足下之勤勤下问，使诚益励其笃实为己之志，归而求之，有余师矣。有能一日用其力于仁矣乎？我未见力不足者。足下勉之！道南之说，明道实因龟山南归，盖亦一时之言，道岂有南北乎？凡论古人得失，莫非为己之学，诵其诗，读其书，不知其人可乎，是以论其世也，是尚友也。果能有所得于尚友之实，又何以斯录为哉？节夫姑务为己之实，无复往年务外近名之病，所得必已多矣，此事尚在所缓也。凡作文，惟务道其心中之实，达意而止，不必过求雕刻，所谓修辞立诚者也。

译文

您多次来我门上，求一句话的帮助，这足以说明你好学勤奋之意。有人说古时的学者为自己，现在的学者为别人。现在的学者需要先有踏实为自己之心，然后才可以讨论学问，否则就是纷杂的口耳讲说，徒劳只是做了他人的资助而已。我不想多说，并不是有所吝啬，实在是没什么可讲。以你的勤奋谦虚，只要能真心勉励自己笃实志向，回去之后求学，会有超过老师之处。有能一天把自己的力量用在实行仁德上吗？我还没有看见力量不够的，你当勉励。道向南传，是程颢因为杨时回南方去而说的，大概是一时的话，道岂会有南北的分别呢？凡是讨论古人的得失，都是为了自己的学习，诵其诗，读其书，不了解作者可以吗？所以要讨论他的时代背景，这是崇尚友人，果真能由于切实做到尚友而有所领悟，又何必要这些记录呢？节夫你开始为自己学习，不复有往年向外探求的毛病，以后的收获必会增多，但这事做得还是有些缓慢。凡是做文章，务在说出心中实情，传达出意思即可，不必过分雕琢。这就是所谓的修辞是为了传达诚意。

寄张世文

执谦枉问之意甚盛。相与数月，无能为一字之益，乃今又将远别矣，愧负愧负！今时友朋，美质不无，而有志者绝少。谓圣贤不复可冀，所视以为准的者，不过建功名，炫耀一时，以骇愚夫俗子之观听。呜呼！此身可以为尧、舜，参天地，而自期若此，不亦可哀也乎？故区区于友朋中，每以立志为说。亦知往往有厌其烦者，然卒不能舍是而别有所先。诚以学不立志，如植木无根，生意将无从发端矣。自古及今，有志而无成者则有之，未有无志而能有成者也。远别无以为赠，复申其立志之说。贤者不以为迂，庶勤勤执谦枉问之盛心为不虚矣。

译文

执谦向我询问之意强烈，与他相处数月，我没能给他一个字的帮助，现在又将要远行离别，真是惭愧。现在的朋友资质无不美好，但有志向的人却很少。不能再期待圣贤出现，士人作为目标的，不过是建立功名，炫耀一时，使凡夫俗子闻之震惊。呜呼！人可以成为尧舜，与天地相参，却只有上面那番自我期许，这不是很可悲吗？我在朋友中，每次说起树立志向的言论，也知道往往有人厌烦，但我不能就此舍去，而把其他的东西放在最重要的位置。这实在是由于学习不树立志向的话，就如同种树无根，生气将无从生发。从古到今，有志向树立而不成功的人，但没有不树立志向就能成功的人。将要远别无以为赠，我再次申说励志的观点，望贤者不要认为我迂腐，那么执谦勤快向我询问的盛情就不虚妄了。

与王晋溪司马

伏惟明公德学政事高一世，守仁晚进，虽未获亲炙，而私淑之心已非一日。乃者承乏鸿胪，自以迂腐多疾，无复可用于世，思得退归田野，苟存余息。乃蒙大贤君子不遗葑菲，拔置重地，适承前官谢病之后，地方亦复多事，遂不敢固以疾辞。已于正月十六日抵赣，扶疾莅任。虽感恩图报之心无不欲尽，而精力智虑有所不及，恐不免终为荐举之累耳。伏惟仁人君子，器使曲成，责人以其所可勉，而不强人以其所不能，则守仁羁鸟故林之想，必将有日可遂矣。因遣官诣阙陈谢，敬附申谢私于门下，伏冀尊照。不备。

明公您的德行学问为政之事高于当世，我是晚进之人，虽未获您亲自教导，但私下向往之心已非一日。我没有担任重要官职，自认为迂腐多病不堪任用，思虑退居乡野，苟延残喘。蒙大贤君子赏识，提拔我到重要位置，正逢此前的官员因病辞官，地方上又多事，所以我不敢因疾病推辞。我已于正月十六日到达江西，带病任职。虽我的感恩图报之心无穷，但精力智谋有所不及，恐怕不免拖累您这番举荐，惟愿仁人君子从中周旋，让人可以勉力任事，而不强使人从事不能之职，那么我回归山林之念想一定会有实现之日。由于派官员到朝廷拜谢，我也私下到您门下表达谢意，唯愿您体谅，不一一备书。

守仁近因輋贼大修战具，远近勾结，将遂乘虚而入，乃先其未发，分兵掩扑。虽斩获未尽，然克全师而归，贼巢积聚亦为一空。此皆老先生申明律例，将士稍知用命，以克有此。不然，以南、赣素无纪律之兵，见贼不奔，亦已难矣。况敢暮夜扑剿，奋呼追击，功虽不多，其在南、赣，则实创见之事矣。伏望老先生特加劝赏，使自此益加激励，幸甚。今各巢奔溃之贼，皆聚横水、桶冈之间，与郴、桂诸贼接境。生恐其势穷，或并力复出。且天气炎毒，兵难深入远攻。乃分留重卒于金坑营前，扼其要害，示以必攻之势，使之旦夕防守，不遑他图。又潜遣人于已破各巢山谷间，多张疑兵，使既溃之贼不敢复还旧巢，聊且与之牵持。候秋气渐凉，各处调兵稍集，更图后举。惟望老先生授之以成妙之算，假之以专一之权，明之以赏罚之典。生虽庸劣，无能为役，敢不鞭策驽钝，以期无负推举之盛心。秋冬之间，地方苟幸无事，得以归全病喘于林下，老先生肉骨生死之恩，生当何如为报耶！正暑，伏惟为国为道自重，不宣。

译文

我最近因輋贼大为修补兵器，贼人远近互相勾结，想要乘虚而入，我于是在对方未发兵前，就分兵扑杀，虽未完全斩获，但也全胜而归，敌人巢穴所积聚之物为之一空。这都是老先生们申明过的规矩，将士们只要稍知遵命，就能有这样的成绩。否则凭借南、赣素来不守纪律的士兵，见到盗贼不逃跑都是很难的，更谈何敢在夜晚追捕围剿，奋力攻击敌人。他们立功不多，但已经是南、赣前所未见之事。唯望老先生特加劝勉赞赏，使士兵们更能自我激励，那就大幸了。现在各路盗贼奔逃溃散，聚集在横水、桶冈之间，与郴、桂各地的贼人接壤，我恐怕他们走投无路，又合并力量重出。而且天气炎热毒辣，兵士难以深入远攻，于是我分留了很多士卒在金坑营前，守卫要害，以示定要攻打敌人之势，令敌人早晚防备，不敢有其他企图。又暗中派人到已经剿灭的各巢穴山谷中多布置疑兵，使已经溃散的贼人不敢再回老巢，姑且对敌人加以牵制，等到秋天天气凉爽，各地调集兵力集合，再做后续打算。唯盼望老先生给予我一些计谋，再借我专一的权利，申明赏罚的规矩。我虽平庸顽劣，不能被驱使，但不敢不尽力鞭策自我，以期不辜负您的推举。秋冬之间，地方上万幸无事，我得以归家养病，暂缓于林下，老先生保全我性命之恩，此生当何以为报？正当暑天，唯愿您为国为道义自我珍重，不再说了。

前月奏捷人去，曾渎短启，计已达门下。守仁才劣任重，大惧覆悚，为荐扬之累。近者南、赣盗贼虽外若稍定，其实譬之痘痈，但未溃决。至其恶毒，则固日深月积，将渐不可瘳治。生等固庸医，又无药石之备，不过从旁抚摩调护，以纾目前。自非老先生发针下砭，指示方药，安敢轻措其手，冀百一之成？前者申明赏罚之请，固来求针砭于门下，不知老先生肯赐俯从，卒授起死回生之方否也？近得輋中消息，云将大举，乘虚入广。盖两广之兵近日皆聚府江，生等恐其声东击西，亦已密切布置，将为先事之图。但其事隐而未露，未敢显言于朝。然又不敢不以闻于门下。且闻府江不久班师，则其谋亦将自阻。大抵南、赣兵力极为空疏，近日稍加募选训练，始得三千之数。然而粮赏之资，则又百未有措。若夹攻之举果行，则其势尤为窘迫。欲称贷于他省，则他省各有军旅之费。欲加赋于贫民，则贫民又有从盗之虞。惟赣州虽有盐税一事，迩来既奉户部明文停止。但官府虽有禁止之名，而奸豪实窃私通之利。又盐利下通于三府，皆民情所深愿，而官府稍取其什一，亦商人所悦从。用是辄因官僚之议，仍旧抽放。盖事机窘迫，势不得已。然亦不加赋而财足，不扰民而事办，比之他图，固犹计之得者也。今特具以闻奏，伏望老先生曲赐扶持，使兵事得赖此以济，实亦地方生灵之幸。生等得免于失机误事之诛，其为感幸，尤深且大矣。自非老先生体国忧民之至，何敢每事控聒若此？伏冀垂照。不具。

译文

上月发捷报的人离开，我曾给您送去短信，想必已经到达。我才能低下责任重大，深为担忧，怕有负您的举荐。近日南、赣的盗贼虽表面看起来稍微安定，其实如同疽痈，只是还未溃烂。但日积月累，将渐成不可医治之痼疾。我等又是庸医，没有药物齐备，不过从一旁抚摸调理，以舒缓目前形势。若没有老先生您来给出药方，怎敢轻易上手，以期望获得那百分之一的成功呢？上次我所提申明赏罚的请求，就是来求您的治法，不知您是否肯赐予我起死回生的良方？近日得到辇中消息，说贼人将要大举进攻，要乘虚而入。两广的兵马近日都聚集在府江，我恐怕敌人是声东击西，也已严密布置，预先做好了计划，但事情尚且隐秘没有暴露，不敢明言于朝廷，但又不敢不让您知晓。我听闻府江不久就要班师回来，那敌人的阴谋也自将被阻止。大抵南、赣的兵力是极空虚的，近日我稍加挑选训练，才得三千士兵，但是粮食辎重一点还未筹措。如果敌人来攻，那形势会极为窘迫，想要向其他省借粮，但各省都有军旅花费。想要向平民加收赋税，平民又有去为盗的忧患，唯独赣州有盐税这件事，近日尊奉户部的公文，停止了征收。但官府虽然有禁止的名号，奸诈豪族实际上仍获私自贩卖之利。贩盐利润又送到三府，这是百姓所深切希望的，官府从中稍取十分之一，也是商人乐意的，这件事情就仍按官员们的议论照旧日比例抽取。事情窘迫，不得不如此，但也做不到不收赋税就财用丰足，不扰百姓事情就能办好。比起其他计划，这已经是目前能做成的事了。我现在特地以这件事情奏报您知晓，惟望老先生能从中周旋扶持，让战事得以接济，这实在是地方生灵之幸，我等也免于贻误战机遭受诛罚，万分感激。若非老先生体恤国事担忧百姓之至，我哪敢事事都如此啰嗦？唯望您能垂怜照拂，不一一详写。

生于前月二十日，地方偶获微功，已于是月初二日具本闻奏。差人既发，始领部咨，知夹攻已有成命。前者尝具两可之奏，不敢专主夹攻者，诚以前此三省尝为是举，乃往复勘议，动经岁月，形迹显暴，事未及举，而贼已奔窜大半。今老先生略去繁文之扰，行以实心，断以大义，一决而定，机速事果，则夹攻之举固亦未尝不善也。凡败军偾事，皆缘政出多门。每行一事，既禀巡抚，复禀镇守，复禀巡按，往返需迟之间，谋虑既泄，事机已去。昨睹老先生所议，谓阃外兵权，贵在专委，征伐事宜，切忌遥制，且复除去总制之名，使各省事有专责，不令掣肘，致相推托，真可谓一洗近年琐屑牵扰之弊，非有大公无我之心发强刚毅者，孰能与于斯矣！庙堂之上，得如老先生者为之张主，人亦孰不乐为之用乎？幸甚幸甚！今各贼巢穴之近江西者，盖已焚毁大半。但擒斩不多，徒党尚盛，其在广东、湖广者，犹有三分之一。若平日相机掩扑，则贼势分而兵力可省。今欲大举，贼且并力合势，非有一倍之众，未可轻议攻围。况南、赣之兵，素称疲弱，见贼而奔，乃其长技。广、湖所用，皆土官狼兵，贼所素畏，夹攻之日，势必偏溃江西。今欲请调狼兵以当其锋，非惟虑其所过残掠，兼恐缓不及事。生近以漳南之役，亲见上杭、程乡两处机快，颇亦可用，且在抚属之内。故今特调二县各一千名，并凑南、赣、新集起倩，共为一万二千之数。若以军法五攻之例，必须三省合兵十万而后可。但南、赣粮饷无措，不得已而从减省若此。伏望老先生特赐允可。若更少损其数，断然力不足以支寇矣。腐儒小生，素不习兵，勉强当事，惟恐覆公之悚。伏惟老先生悯其不逮，教以方略，使得有所持循，幸甚幸甚！

译文

我于上月二十日，在地方偶然获得一点小功绩，已在本月初二具本奏闻于您。派遣的人出发后，我收到部里咨文，得知夹攻已有命令。之前我曾以两可之法上奏，不敢专门主张进行夹攻，实在是之前三省也曾这样做过，反复讨论，经过很久时间，计划暴露，还未举事，贼人已经大半逃窜。现在老先生除去繁文干扰，诚心来施行，以大义决断，一有决断就确定下来，迅速行事。那么夹攻就未尝不是好的。凡是军队失利，都源于政令由多处发出，每做一事，已禀告巡抚，又禀告镇守，再禀告巡按，往返来回之间，谋虑就泄露，发兵的时机也失去了。昨日见老先生议论说，京外的兵权贵在有专门的委派，征伐事宜切忌远程控制，并且除去总制之名，让各省能有专人负责，不令主事的人受到掣肘，导致相互推诿，这真是将近年来琐碎牵绊的弊病一扫而空，不是有大公无私之心，坚强刚毅品德之人，谁能做到这样呢？庙堂之上如老先生这样主张，谁不愿意为国所用呢？大幸！现在靠近江西的各路贼人巢穴已经被焚毁大半，但所斩获的贼人不多，其党徒势力仍强盛，在广东、湖广还保留三分之一。如果平日趁机扑灭，那贼人的势力可以被分散，兵力可得以节省。现在想要大举进攻，贼人将会合并力量，没有一倍于此的兵力，不敢轻言围攻，况且南、赣素来兵力疲弱，见到盗贼就逃跑是拿手技能。广、湖所用士兵，都是土官狼兵，贼人素来畏惧，夹攻之日，他们一定会往江西溃逃。现在想要请求调狼兵来挡住贼人的锋芒，又担心狼兵对所过之地残酷掠夺，又恐行动迟缓来不及举兵。我近日因为漳南战事亲眼见到上杭、程乡两处机动快速的兵力，也颇为可用，并且在我管辖之内。现在特调两二县各一千士兵，与南、赣及新调集的兵力集合，共有一万二千人。如果以军法所讲五攻为例，三省合兵须有十万而后才能行动。但南、赣没有粮饷可以筹措，不得已只能如此减省。惟望老先生能特赐许可，若再减兵力，是断然不能支持与贼寇作战的。我是腐儒小生，平素不习兵事，勉强担任职责，唯恐搞砸您的事情，惟愿老先生怜悯我力有不逮，教我方略，使我有依凭，万幸！

守仁始至赣，即因闽寇猖獗，遂往督兵。故前者渎奏谢启，极为草略，迄今以为罪。闽寇之始，亦不甚多，大军既集，乃连络四面而起，几不可支。今者偶获成功，皆赖庙堂德威成算，不然且不免于罪累矣，幸甚。守仁腐儒小生，实非可用之才。盖未承南、赣之乏，已尝告病求退。后以托疾避难之嫌，遂不敢固请，黾勉至此，实恐得罪于道德，负荐举之盛心耳。伏惟终赐指教而曲成之，幸甚幸甚！今闽寇虽平，而南、赣之寇又数倍于闽，且地连四省，事权不一，兼之敕旨又有不与民事之说，故虽虚拥巡抚之名，而其实号令之所及止于赣州一城。然且尚多抵牾，是亦非皆有司者敢于违抗之罪，事势使然也。今为南、赣，止可因仍坐视，稍欲举动，便有掣肘。守仁窃以南、赣之巡抚可无特设，止存兵备，而统于两广之总制，庶几事体可以归一。不然，则江西之巡抚，虽三省之务尚有牵碍，而南、赣之事犹可自专。一应军马钱粮，皆得通融裁处，而预为之所，犹胜于今之巡抚，无事则开双眼以坐视，有事则空两手以待人也。夫弭盗所以安民，而安民者弭盗之本。今责之以弭盗，而使无与于民，犹专以药石攻病，而不复问其饮食调适之宜，病有日增而已矣。今巡抚之改革，事体关系，或非一人私议之间便可更定，惟有申明赏罚，犹可以稍重任使之权，而因以略举其职，故今辄有是奏。伏惟特赐采择施行，则非独生一人得以稍逭罪戮，地方之困亦可以少苏矣。非恃道谊深爱，何敢冒渎及此？万冀鉴恕。不宣。

译文

我刚到赣地，因闽地贼寇猖獗，于是前往督兵。此前给您写信表示感谢，写得极为潦草简略，至今心中仍深以为罪。闽地贼寇刚开始时也不太多，大军集合之后，贼人就联络四面势力起兵，我几乎不能支持，现在偶然获得成功，都有赖于朝廷的功德威望，不然我难免要获罪，大幸。我是腐儒小生，实非可用之才，正逢赣、南无人，我本已告病求退休，后又有因疾病推脱避难的嫌疑，所以不敢再上奏以请，勉强到此，实在是怕有罪于道德，有负于您盛情举荐。惟愿您能赐教并设法成事，大幸！现在闽地贼寇虽然平息，但南、赣的盗贼又数倍于闽地，并且闽地连接四省，事权不专一，又有圣上下旨说，不得参与当地民事，所以我虽虚有巡抚之名，实际上号令只能止于赣州一城，还与地方多有冲突，这也不全都是由于当地官员敢于抗命，实在是形势使然。对现在的南、赣，我只能坐视，稍想要有所举动，便会被掣肘。我私以为南、赣的巡抚可以不必特别设置，只要保存军备，统归于两广的总制，事情大概可以归一。那么江西的巡抚，即使三省的事务仍有牵绊，但对南、赣之事可以自主决断，相应的军马钱粮都可以得到通融处理，预先做出安排，这要好过现在的巡抚，无事时只能睁眼旁观，有事时两手空空等人来处理。消除盗贼是为了安定百姓，而安定百姓是消除盗贼的根本。现在责令我去消除盗贼，而让我不要参与安抚百姓，这就像是用药物治病，但不让过问饮食调理是否合宜，病症只能日益加重而已。现在巡抚的改革之事，不是个人私下议论之间就能更改确定的，唯有明确赏罚，才可以稍加重任命官吏的权力，由此可以略尽巡抚职责。所以我今日有这封奏报，惟愿您能采纳施行，这样不只我一人稍得免除惩罚，地方上的困苦也稍得缓解。若非我凭借您对我的深厚情谊，也不敢如此冒犯，万望您见谅饶恕。不一一详说。

即日，伏惟经纶邦政之暇，台候万福。守仁学徒慕古，识乏周时，谬膺简用，惧弗负荷。祗命以来，推寻酿寇之由，率因姑息之弊。所敢陈情，实恃知己。乃蒙天听，并赐允从，蕃锡宠右，恩与至重。是非执事，器使曲成，奖饰接引，何以得此？守仁无似，敢不勉奋庸劣，遵禀成略，冀收微效，以上答圣眷，且报所自乎？兹当发师，匆遽陈谢，伏惟台照。不备。

译文

愿老先生在治理国政的闲暇保重，台候万福，我徒然羡慕古人，自己学识不够周全，被委以责任，总担忧不能负担。领命以来，我寻找酿成贼患的原因，大概是因为姑息放纵，之所以敢写信陈述，实是凭借您是我的知己，我得蒙天子听闻，并赐命批准我所请，荣宠赐予，恩情深重。若不是您从中设法办成，奖掖引荐，哪能如此呢？我无能，不敢不尽我平庸之力，遵循您制定的谋略，只希望能收到微效，向上报答圣上的眷顾，并报答您的恩德。正当要发兵，匆匆写信，陈述谢意，唯愿您能体谅我的不周到。

生惟君子之于天下，非知善言之为难，而能用善之为难。舜在深山之中，与木石居、鹿豕游，其所以异于深山之野人者几希。舜亦何以异于人哉？至其闻一善言，见一善行，沛然若决江河，莫之能御，然后见其与世之人相去甚远耳。今天下知谋才辩之士，其所思虑谋猷，亦无以大相远者。然多蔽而不知，或虽知而不能用，或虽用而不相决，雷同附和。求其的然真见，其孰为可行，孰为不可行，孰为似迂而实切，孰为似是而实非，断然施之于用，如神医之用药，寒暑虚实，惟意所投，而莫不有以曲中其机，此非有明睿之资，正大之学，刚直之气，其孰能与于此？若此者，岂惟后世之所难能，虽古之名世大臣，盖亦未之多闻也。守仁每诵明公之所论奏，见其洞察之明，刚果之断，妙应无方之知，灿然剖析之有条，而正大光明之学，凛然理义之莫犯，未尝不拱手起诵，歆仰叹服。自其识事以来，见世之名公巨卿，负盛望于当代者，其所论列，在寻常亦有可观，至于当大疑，临大利害，得丧毁誉，眩瞀于前，力不能正，即依违两可，掩覆文饰，以幸无事，求其卓然之见，浩然之气，沛然之词，如明公之片言者，无有矣。在其平时，明公虽已自有以异于人，人固犹若无以大异者，必至于是，而后见其相去之甚远也。守仁耻为佞词以谀人，若明公者，古之所谓社稷大臣，负王佐之才，临大节而不可夺者，非明公其谁欤！守仁后进迂劣，何幸辱在驱策之末！奉令承教，以效其尺寸，所谓驽骀遇伯乐而获进于百里，其为感幸何如哉！迩者龙川之役，亦幸了事，穷本推原，厥功所自，已略具于奏末，不敢复缕缕。所恨福薄之人，难与成功，虽仰赖方略，侥幸塞责，而病患日深，已成废弃。昨日乞休疏入，辄尝恃爱控其恳切之情，日夜瞻望允报。伏惟明公终始曲成，使得稍慰老父衰病之怀，而百岁祖母，亦获一见为诀，死生骨肉之恩，生当何如为报耶！情隘词迫，乞冀矜亮，死罪死罪！

译文

我想君子对于天下而言，难的不是知道有善言，难的是能用善言。舜在深山中，与木石杂居，与鹿、猪从游，与深山中的野人有何差别呢？舜又有什么异于他人之处呢？到他听到一番善的言论，见到一番善的行为，就如同决江入海沛然不可抑制，然后可见他与世人差别巨大。现在天下的智谋才辩之士，所思虑谋划的，没有什么不同。他们大多是不被人所知的，有人为人所知，但不能被任用，虽被任用但不能下决断，相互间雷同附和。要有真知灼见，知道什么可行，什么不可行，哪些是看似迂腐而实际上切实的，哪些是似是而非的，果断的加以施用，就像神医用药，处理寒暑虚实都依照自己判断来下药，无不切中其中曲折关键，没有聪明睿智的资质，正直至大的学问，刚毅正直的气概，谁能如此呢？像这样的人，不仅是后世难有，即使是古时的名士大臣，也很少听闻能如此的。我每次诵读您的论奏，见其中对事情洞察明白，论断刚毅果决，智谋妙应无方，剖析条理清晰，学问正大光明，道义凛然不可侵犯，未尝不恭敬诵读，歆羡叹服。自从我识事以来，见到当世享有盛大威望的名公大臣，他们所议论，在寻常时也颇有可观，但遇到大的疑难，面临大的利害时，得失毁誉摆在眼前，他们的能力不能规正，只做两可之说，文饰掩盖，以求无事，想要求得远见卓识，浩然之气，铿锵言辞，如同您只言片语那般的，就没有了。在平时，您虽已经异于常人，别人仍认为您没有太大不同，一定要面临这些情况时，才能看出您远超于他们。我以说奉承之言，阿谀他人为耻，但如果是您的话，是古时所说的社稷大臣，身负辅佐君王之才。面临大事，志不可夺，说的不是您还有谁呢？我是后进之人，迂腐顽劣，有幸蒙您驱策，承奉教令，以尽我的尺寸才能，所谓驽马遇到伯乐而得以行进百里，我深感荣幸。近日龙川的战役有幸已经平息，推究缘由，探求获得成功的起因，都已详细写在奏章之末，不敢再啰嗦。所恨自己是个福薄之人，难以成功。虽仰仗您的计谋侥幸完成职责，但疾病日益深重，已成废人。昨日上奏祈求退休，也是凭借您的宠爱中，来申发我恳切的情感，日夜盼望能得到允许，惟愿您能设法周旋，让我能回家稍宽慰病弱的老父亲，而百岁的祖母也能与我见一面诀别，这番生死骨肉的恩情，此生我该如何报答？情辞狭隘迫切，惟愿您能谅解。死罪死罪！

近领部咨，见老先生之于守仁，可谓心无不尽，而凡其平日见于论奏之间者，亦已无一言之不酬。虽上公之爵，万户侯之封，不能加于此矣。自度鄙劣，何以克堪，感激之私，中心藏之，不能以言谢。然守仁之所以隐忍扶疾，身披锋镝，出百死一生以赴地方之急者，亦岂苟图旌赏，希阶级之荣而已哉？诚感老先生之知爱，期无负于荐扬之言，不愧称知己于天下而已矣。今虽不能大建奇伟之绩，以仰答知遇，亦幸苟无挠败戮辱，遗缪举之羞于门下，则守仁之罪责亦已少塞，而志愿亦可以无大憾矣。复何求哉！复何求哉！伏惟老先生爱人以德，器使曲成，不责人以其所不备，不强人以其所不能，则凡才薄福，尪羸疾废如某者，庶可以遂其骸骨之请矣。乞休疏待报已三月，尚杳未有闻。归魂飞越，夕不能旦。伏望悯其迫切之情，早赐允可，是所谓生死而肉骨者也，感德当何如耶！

译文

近日接到部里咨文，见老先生对我可谓尽心竭力，我平日在论奏中所谈及的，无一言不回应。有上公之爵，万户侯之封的人，也不能比您更厚待于我了。我自认为鄙劣，如何担当得起？感激之情在我心中深藏，无以言谢。然而，我之所以隐忍疾病，参与战事，百死一生以赴地方急难，岂是贪图赏赐加官晋爵的荣华？实在是感念老先生的知遇爱护，希望不负您举荐之言，不愧对天下知己罢了。现在虽然不能建立丰功伟业来报答知遇之恩，也侥幸没有失败令家门蒙羞，我的责任也稍算尽到，而我志向也没有太大遗憾了。我还有何要求呢？惟愿老人施德爱人，设法成事，不令我做力不能及之事，那么才能平凡，福气微薄，又羸弱体病如我者大概就可以请求辞官回乡了。我请求辞官的奏疏已上报三月，尚且杳无音讯，我的魂魄已急切飞回越地，朝夕都不能等待了，惟愿您能怜悯我的迫切之情，早日恩赐准许我所请求。这生死肉骨之恩，我该如何感激？

辄有私梗，仰恃知爱，敢以控陈。近日三省用兵之费，广、湖两省皆不下十余万，生处所乞止于三万，实皆分毫扣算，不敢稍存赢余。已蒙老先生洞察其隐，极力扶持，尽赐准允。后户部复见沮抑，以故昨者进兵之际，凡百皆临期那借屑凑，殊为窘急。赖老先生指授，幸而两月之内，偶克成功。不然，决致败事矣。此虽已遂之事，然生必欲一鸣其情者，窃恐因此遂误他日事耳。又南、赣盗贼巢穴，虽幸破荡，而漏殄残党，难保必无。兼之地连四省，深山盘谷，逃流之民，不时啸聚。辄采民情，议于横水大寨，请建县治，为久安之图。乘间经营，已略有次第。守仁迂疏病懒，于凡劳役之事，实有不堪。但筹度事势，有不得不然者，是以不敢以病躯欲归之故，闭遏其事而不可闻，苟幸目前之塞责而已也。伏惟老先生并赐裁度施行，幸甚！

译文

我有些私事，仰仗您对我的知遇爱护冒昧陈说，近日三省用兵的费用，广、湖两省都不下十几万，我所筹措只有三万，实在是分毫都算在内，不敢稍有留存。已承蒙老先生洞察隐情，极力扶持，尽数准许我的请求。后来在户部又被阻碍，因上次发兵之时，各项钱财都是临时借用筹措的，极为窘迫。全赖老先生指点，有幸在两个月内能成功，否则定会致战事失败，这虽然是已经过去的事，但我一定要说明其中的缘由，我担心因此耽误日后其他事情。赣、南盗贼的巢穴，虽然有幸剿灭平定，但难保还有残留党羽，再加上此地与四省相连接，有深山大谷，逃亡的百姓不时聚集在一起。我走访民情，建议横水大寨建设县制，以求长治久安。我趁空闲经营办理，已略有一些章法。我愚昧懒惰，对于劳役之事实在不堪重任，但审时度势，又不得不如此，因此不敢因患病想回乡，就不去听事，但也是略尽职责罢了。惟愿老先生能恩赐我裁决推行之权，大幸！

守仁不肖，过蒙荐奖，终始曲成，言无不行，请无不得，既假以赏罚之权，复委以提督之任，授之方略，指其迷谬，是以南、赣数十年桀骜难攻之贼，两月之内，扫荡无遗。是岂驽劣若守仁者之所能哉？昔人有言，追获兽兔功，狗也，发纵指示功，人也。守仁赖明公之发纵指示，不但得免于挠败之戮，而又且与于追获兽兔之功，感恩怀德，未知此生何以为报也。因奏捷人去，先布下悃，俟兵事稍闲，尚当具启修谢。伏惟为国为道自重，不宣。

译文

我不肖，承蒙您举荐嘉奖，始终周旋成事，我所提建言无不施行，所提请求无不批准。您既给予我赏罚之权，又委任我提督之责，教授我方略，指点我迷津，因此南、赣数十年桀骜难攻的贼人在两月之内被扫荡无遗，这岂是顽劣如我能做到的？过去有人说，追到野兽、兔子，功劳在猎狗，发令追捕，功劳在人，我有赖于您的发令，不但能免于战败被屠戮，又有追击缴获野兽、野兔之功，我感恩戴德，不知今生何以为报。正逢传递捷报的人离去，我先写下恳切谢意，待战事稍得空闲，定当详写信件表达感激。唯愿您为国为道自我保重，不再一一详写。

迩者南、赣盗贼遂获底定，实皆老先生定议授算，以克有此。生辈不过遵守奉行之而已。何功之有，而敢冒受重赏乎？伏惟老先生橐籥元和，含洪无迹，乃欲归功于生物。物惟不自知其生之所自焉尔，苟知其生之所自，其敢自以为功乎？是自绝其生也已。拜命之余，不胜惭惧，辄具本辞免，非敢苟为逊避，实其中心有不自安者。升官则已过甚，又加之荫子，若之何其能当之。负且乘，致寇至。生非无贪得之心，切惧寇之将至也。伏惟老先生鉴其不敢自安之诚，特赐允可，使得仍以原职致事而去，是乃所以曲成而保全之也，感刻当何如哉！渎冒尊威，死罪死罪！

译文

近日南、赣的盗贼终获平定，这实在都因老先生的谋算，才能至此。我辈不过遵守奉行您的命令而已，有何功劳敢贸然受领重赏？承蒙老先生如天地造化般包容万物，胸怀宽大，想要将功劳归于万物，万物只是不自知其生命由来，如果知道生命的由来，哪敢自认为有功呢？这是自绝生路。拜谢命令之余，我不胜惭愧，具本上奏请求免去奖赏。这并非谦让避退，实在是心中不能自安，升官已经过分，又加之可以荫封给子孙，我如何能担当。我自负骄傲，招致贼寇，我不是没有贪得之心，实在是惧怕贼寇将要到来。惟愿老先生明鉴我不敢自安的诚心，特赐准许我之请求，使我能以原职退休，这是设法保全我的性命，我该如何感激！冒犯尊威，死罪死罪！

忧危之际，不敢数奉起居，然此心未尝一日不在门墙也。事穷势极，臣子至此，惟有痛哭流涕而已，可如何哉！生前者屡乞省葬，盖犹有隐忍苟全之望。今既未可，得以微罪去归田里，即大幸矣。素蒙知爱之深，敢有虚妄，神明诛殛。惟鉴其哀恳，特赐曲成，生死骨肉之感也。地方事决知无能为，已闭门息念，袖手待尽矣。惟是苦痛切肤，未免复为一控，亦聊以尽吾心焉尔。临启悲怆，不知所云。

译文

忧虑危难之际不敢去侍奉您起居，但我的心未尝没有一日在您门墙内。情况极为紧迫，臣子到这个地步只有痛哭流涕而已，还能如何呢？此前，我屡次祈求回乡去探望祖坟，仍有隐忍苟全的期望，现在已经不可能了，能以小罪回归乡里，也就是大幸。承蒙您知遇爱护深切，我不敢有虚言，否则神明诛杀我。惟愿您明鉴我的哀戚恳切之情，恩赐准许，生死肉骨之恩不胜感激。地方上的事我没有能力作为，已经闭门断绝念头，袖手待尽。只是这番苦痛切肤，未免要向您控诉一番，也聊尽我的心意。面对书信悲怆，不知说了什么。

自去冬畏途多沮，遂不敢数数奉启，感刻之情，无由一达，缪劣多忤，尚获曲全，非老先生何以得此？“中心藏之，何日忘之？”诵此而已，何能图报哉！江西之民困苦已极，其间情状，计已传闻，无俟复喋。今骚求既未有艾，钱粮又不得免，其变可立待。去岁首为控奏，既未蒙旨，继为申请，又不得达，今兹事穷势极，只得冒罪复请。伏望悯地方之涂炭，为朝廷深忧远虑，得与速免，以救燃眉，幸甚幸甚！生之乞归省葬，去秋已蒙贼平来说之旨，冬底复请，至今未奉允报。生之汲汲为此，非独情事苦切，亦欲因此稍避怨嫉。素蒙老先生道谊骨肉之爱，无所不至，于此独忍不一举手投足，为生全之地乎？今地方事残破惫极，其间宜修举者百端，去岁尝缪申一二奏，皆中途被沮而归。继是而后，遂以形迹之嫌，不敢复有所建白。兼贱恙日尪瘠，又以父老忧危致疾之故，神志恍恍，终日如在梦寐中。今虽复还省城，不过闭门昏卧，服药喘息而已。此外人事都不复省，况能为地方救灾拯难，有所裨益于时乎？所以复有蠲租之请者，正如梦中人被锥刺，未能不知疼痛，纵其手足扑疗不及，亦复一呻吟耳。老先生幸怜其志，哀其情，速免征科，以解地方之倒悬。一允省葬之乞，使生得归全首领于牖下，则阖省蒙更生之德，生父子一家，受骨肉之恩举含刻于无涯矣。昏愦中控诉无叙，临启不胜怆栗。

译文

自从去年冬天，由于道路多阻，所以我不敢多次通信给您，感激深切之情无以表达。我顽劣多有忤逆于您，还能得您周旋保全，若不是老先生谁能做到呢？“中心藏之，何日忘之？”只是诵读这样的话罢了，我哪能报答得了您？江西的百姓已十分困苦，其间的情状想必您已听闻，不需我再罗嗦。现在骚乱还没有停止，钱粮又不能免除，动乱很快就会发生，去年我首次上奏说明情况，没有得到旨意，再次申请又未送达，现在事势紧迫，只能冒罪再次请奏，惟愿您怜悯地方生灵涂炭，为朝廷深远考虑，能尽快免除江西的钱粮，以解燃眉之急。我请求回乡看望祖坟，去年秋天已得圣旨令贼寇平定后再议，年底我再次请奏，至今未得允许。我之所以汲汲于此，不独因情况凄苦，也想借此避开嫉妒。承蒙老先生道谊厚爱，对我照顾无微不至，您唯独对这件事不肯援手保全于我吗？现在地方上的事情残破疲弊至极，期间需修理兴举的事情很多，我不敢再有所建议，加上我病体日益严重，又因父亲疾患危险的原因，神情恍惚，终日如在梦中。现在虽回到省城，不过闭门昏睡，服药喘息而已。除此之外的事情都没有理会，谈何能有益于地方，拯救百姓于危难呢？之所以请求免除租税这件事，正像是在梦中被刺到，纵使手足来不及去抚慰，也要有一番呻吟。先生垂怜我志向，哀矜我情感，迅速免掉了课税，已解决地方的倒悬之难。希望您能批准我回家看望祖坟的请求，让我得以保全性命回归家中，那么全省就蒙受您再生之德，我一家人也受您无穷的骨肉之恩了。我在昏愦之中一番控诉，语无伦次，面对书信不胜悲怆战栗。

屡奉启，皆中途被沮，无由上达。幸其间乃无一私语，可以质诸鬼神，自是遂不敢复具。然此颠顿窘局，苦切屈抑之情，非笔舌可尽者，必蒙悯照，当不俟控吁而悉也。日来呕血，饮食顿减，潮热夜作。自计决非久于人世者，望全始终之爱，使得早还故乡。万一苟延余息，生死肉骨之恩，当何如图报耶？余情张御史当亦能悉，伏祈垂亮。不备。

译文

多次写信途中都被阻拦，无从上达，所幸信中没有一句私语，都可证于鬼神。但我从此不敢再写信，这颠簸困顿的局面，痛苦、悲切、压抑的情感，不是下笔可写尽的，蒙您怜悯照拂，不待我控诉哀叹，您定能知悉。近日来吐血，饮食俱减，深夜中潮热，我自认为将不久于人世。希望您能始终爱护，让我早还故乡。若还能再苟延残喘，您的生死肉骨之恩，我该如何报答？其余情况，张御史应当都熟悉，愿您垂怜，不一一详说。

比兵部差官来赍示批札，开谕勤惓，佐亦随至，备传垂念之厚。昔人有云，公之知我，胜于我之自知。若公今日之爱生，实乃胜于生之自爱也，感报当何如哉！明公一身系宗社安危，持衡甫旬月，略示举动，已足以大慰天下之望矣。百凡起居，尤望倍常慎密珍摄，非独守仁之私幸也。佐且复北，当有别启。差官回，便辄先附谢，伏惟台鉴。不具。

译文

自兵部派官员送来批示，向我论说勤恳倦怠的情况，佐官也随之而至，详细传达您的深厚挂念。过去的人说，先生了解我，胜于我了解自己，就像您今日爱护我，实在胜过我的自我爱护，我当如何报答感激呢？先生一身关系国家社稷安危，执掌朝政几月，略有一些举动，已足以大为宽慰天下的希望了。各种生活上的事情，尤其希望您能谨慎珍重，这并非我一人私下的愿望，佐官将要返回北方，当会有别的信件令官员带回，顺便附上谢意，愿您明鉴。不一一详写。

与陆清伯书

屡得书，见清伯所以省愆罪己之意，可谓真切恳到矣。即此便是清伯本然之良知。凡人之为不善者，虽至于逆理乱常之极，其本心之良知，亦未有不自知者。但不能致其本然之良知，是以物有不格，意有不诚，而卒入于小人之归。故凡致知者，致其本然之良知而已。《大学》谓之致知格物，在《书》谓之精一，在《中庸》谓之慎独，在《孟子》谓之集义，其工夫一也。向在南都，尝谓清伯吃紧于此，清伯亦自以为既知之矣。近睹来书，往往似尚未悟，辄复赘此。清伯更精思之。《大学》古本一册寄去，时一览。近因同志之士，多于此处不甚理会，故序中特改数语。有得便中写知之。季惟乾事善类所共冤，望为委曲周旋之。

译文

多次收到书信，见你反省归罪自己之意，可谓真实恳切。这是清伯你本来的良知，凡是人做不善之事，即使到了悖逆道理、混乱纲常的极点，他心中的良知还不能自知，是不能致其本来的良知，因此不能格物。意念不诚恳，最终成为小人。所以凡是能致良知的人，是能致他原本的良知罢了。《大学》讲致知格物，《尚书》说精一，《中庸》讲慎独，《孟子》讲集义，功夫是一样的。过去在南都，我曾经对清伯你讲要在这一点上加紧用功，你也自认为已经明白，近日看到信件似乎尚有未领悟的地方，被此拖累。清伯你要更加精细对此加以考虑。《大学》古本一册寄去，你可时常阅览。近来因为同志之人多在此处不太理解，所以在序中我特地改动数句话，有心得就写在其中，让你知晓。季惟乾的事，好人都认为他有冤屈，希望你能从中为他周旋。

与许台仲书

荣擢谏垣，闻之喜而不寐。非为台仲喜得此官，为朝廷谏垣喜得台仲也。《孟子》云："人不足与适也，政不足与间也。惟大人为能格君心之非。""一正君而国定矣。"碌碌之士，未论其言之若何，苟言焉，亦足尚矣。若夫君子之志于学者，必时然后言而后可，又不专以敢言为贵也。去恶先其甚者。颠倒是非。固已得罪于名教，若搜罗琐屑，亦君子之所耻矣。尊意以为何如？向时格致之说，近来用工有得力处否？若于此见得真切，即所谓一以贯之。如前所云，亦为琐琐矣。

译文

听闻你擢升谏垣，我高兴得睡不着，不是为台仲你喜获官职，是为朝廷能得到台仲你来做谏垣。孟子说："小人不必去迁就，其政事不必去非议，唯有大人能革除君主心中的错误。""匡正君主而安定国家。"平常的士人，不论他言语如何，有这样的话，就值得对他崇尚。如果君子有志于学习，一定是情况如此才敢说确定的话，不专以敢说为贵。去除恶的东西要先去除那些严重的。颠倒是非已经在名教上是错误的，搜罗琐碎之事，是君子所羞耻的，你认为如何呢？对过去的格致之说，你近来的用功是否有得力之处？若真对此了解真切，是所谓能一以贯之了，那前面所说的话就都是些琐碎啰嗦了。

又

吾子累然忧服之中，顾劳垂念至勤，贤郎以书币远及，其何以当！其何以当！道不可须臾而离，故学不须臾而间，居丧亦学也。而丧者以荒迷自居，言不能无荒迷尔，学则不至于荒迷，故曰："丧事不敢不勉。宁戚之说，为流俗忘本者言也。"喜怒哀乐，发皆中节之谓和。哀亦有和焉，发于至诚，而无所乖戾之谓也。夫过情，非和也，动气，非和也，有意必于其间，非和也。孺子终日啼而不嗌，和之至也。知此，则知居丧之学，固无所异于平居之学矣。闻吾子近日有过毁之忧，辄敢以是奉告，幸图其所谓大孝者可也。

我在忧虑守丧期间，劳您殷勤垂怜挂念，您的孩子将书信及钱远远送到我这里，我如何敢当？人不能片刻离开道义，所以学习不能有片刻间断，居丧期间也需学习。守丧之人以慌乱迷惑自居，说话不无慌乱迷惑，坚持学习就不至于如此，所以说"丧事不敢不勉励。宁戚的话是为流俗忘本的人说的"。喜怒哀乐表达出来能符合节制，就叫做和。哀情也有和，是由至诚之心发出，没有所谓的乖戾之情。那些超过节制的情感就不是和，动气不是和，有执念在其间不是和。小孩子终日啼哭嗓子不哑，是和到了极致，你对此知晓，那么就知道居丧期间的学习也与平日里学习没有什么不同。我听闻你近日有过度毁伤身体之忧，才敢这样写信告知。能做到所谓的大孝就足够了。

与林见素

执事孝友之行，渊博之学，俊伟之才，正大之气，忠贞之节，某自弱冠从家君于京师，幸接比邻，又获与令弟相往复，其时固已熟闻习见，心悦而诚服矣。第以薄劣之资，未敢数数有请。其后执事德益盛，望益隆，功业益显，地益远，某企仰益切，虽欲忘其薄劣，一至君子之庭，以濡咳唾之余，又益不可得矣。执事中遭谗嫉，退处丘园，天下之士，凡有知识，莫不为之扼腕不平，思一致其勤惓。而况某素切向慕者，当如何为心？顾终岁奔走于山夷海僚之区，力不任重，日不暇给，无由一申起居，徒时时于交游士夫间，窃执事之动履消息。皆以为人不堪其忧愤，而执事处之恬然，从容礼乐之间，与平居无异。《易》所谓“时困而德辨，身退而道亨”，于执事见之矣。圣天子维新政化，复起执事，寄之股肱，诚以慰天下之望。此盖宗社生民之庆，不独知游之幸，善类之光而已也。正欲作一书，略序其前后倾企纡郁未伸之怀，并致其欢欣庆忭之意，值时归省老亲，冗病交集，尚尔未能。而区区一时侥幸之功，连年屈辱之志，乃蒙为之申理，诱掖过情，而褒赏逾分，又特遣人驰报慰谕。此固执事平日与人为善之素心，大公无我之盛节，顾浅陋卑劣，其将何以承之乎！感激惶悚，莫知攸措。使还，冗剧草草，略布下悃。至于恩命之不敢当，厚德之未能谢者，尚容专人特启。不具。

译文

您有孝顺友爱的行为，渊博的学问，俊伟的才能，正大的气概，忠贞的节义，我从成年后跟随家父来到京城，有幸与您比邻而居，又与您的弟弟相互交往，当时已经对您非常熟悉，心悦诚服。此后，以我浅薄的资质，不敢多向您请教，后来您的事业德行日益盛大，名望日益隆重，功业日益显赫，距离也日益遥远，我越发企盼仰慕，想要忘掉我的浅薄顽劣，到您的门下听受您教导就更加办不到了。您在任中遭到谗言嫉妒而退处田园，天下之人，凡有见识的莫不扼腕叹息。想要向您致意表示关切，更何况我素来切实仰慕于您，我又该如何表达心意呢？只是我终年奔走在山间海边，力不堪重任，日不暇给。没有办法知晓您的日常情况，只能从交游的士人中听闻您的动静消息。众人都认为您不能忍受这种忧愤，但您安然处之，在礼乐之间从容应对，与平日所居无异。《易经》说“困顿之时而德行显明，身处隐退而道义亨通”，在您这里体现出来了。圣明天子施行新政，又启用您，视您为股肱之臣，实在足以安慰天下的期望，这是宗庙社稷百姓之福，不单是交游之人的幸事、善良之人的荣光而已。我想要写一封信，略抒我长久以来深切倾慕、未曾申发的情感，并表达我欢欣庆贺之意。正逢归乡探望年老的亲人，我多病交加，未能写成。而我一时侥幸获得功业，多年来受屈辱之志向，承蒙您为我申明道理，循循善诱奖掖超过一般交情，我所得褒奖超过常例，您还特地派人奔驰前来对我安慰告谕，这固然是您平日与人为善之心，大公无私之节。我浅陋卑劣，如何承受得起！感激惶恐不知所措。使者将还，我草草写了这冗长的信，略抒发我的诚意，对您的恩情我愧不敢当，所施厚德未能感谢，请容我再派专人送信，不一一详写。

与杨邃庵

某之缪辱知爱，盖非一朝一夕矣。自先君之始托交于门下，至于今，且四十余年。父子之间，受惠于不知，蒙施于无迹者，何可得而胜举？就其显然可述，不一而足者，则如先君之为祖母乞葬祭也，则因而施及其祖考。某之承乏于南、赣，而行事之难也，则因而改授以提督。其在广会征，偶获微功，而见诎于当事也，则竟违众议而申之。其在西江，幸夷大憝，而见构于权奸也，则委曲调护，既允全其身家，又因维新之诏，而特为之表扬暴白于天下，力主非常之典，加之以显爵。其因便道而告乞归省也，则既嘉允其奏，而复优之以存问。其颁封爵之典也，出非望之恩，而遂推及其三代。此不待人之请，不由有司之议，傍无一人可致纤毫之力，而独出于执事之心者，恩德之深且厚也如是，受之者宜何如为报乎！夫人有德于己，而不知以报者，草木鸟兽也，栎之树，随之蛇，尚有灵焉，人也而顾草木鸟兽之弗若耶？顾无所可效其报者，惟中心藏之而已。中心藏之，而辄复言之，惧执事之谓其貌然若罔闻知，而遂以草木视之也。迩者先君不幸大故，有司以不肖孤方茕然在疚，谓其且无更生之望，遂以葬祭赠谥为之代请，颇为该部所抑，而朝廷竟与之以葬祭。是执事之心，何所不容其厚哉！乃今而复有无厌之乞，虽亦其情之所不得已，实恃知爱之笃，遂径其情，而不复有所讳忌嫌沮，是诚有类于貌然若罔闻知者矣。事之颠末，别具附启。惟执事始终其德而不以之为戮也，然后敢举而行之。

译文

我承蒙您相知爱护，不是一朝一夕。从父亲开始与您家里交往，至今已经四十余年，父子之间所受恩惠不知几何，您施恩毫无痕迹，不可胜举。那些明显可讲的也不止一件。我知道的就有，我父亲为祖母请求举行葬祭，是由于您的惠施，连带一同为我的祖父举行了葬祭。我在南、赣任职，形势困难时，也因您提议才改授我提督的官职，在广地共同讨伐敌人时，偶然得到微弱的功劳，被当事的官员废黜，您竟违反众人议论而为我申诉。在江西时，我愚钝而被权臣奸人构陷，也是您从中周旋，使我能保全身家，又因维新的诏令特地为我向天下表彰，力主给我非常恩典，加封显赫爵位，我想顺路回家省亲，也是您准许我的请求，又多加问候，颁布封爵的典礼，施加期望之外的恩惠，一并推及我的三代祖先，不待人请求，不通过有司讨论，别人没出丝毫力气，都是出于您的用心，这番恩德如此深厚，我应该如何报答？有人施恩德于自己，而不知道回报的，那是草木鸟兽。栎地的树，随地的蛇，尚且有灵气，人难道还不如草木鸟兽吗？只是我没有什么可报效于您，唯有心中深藏感激。感激深藏心中，又再提及，是担心您认为我置若罔闻，将我当作草木之类来看待。最近我的父亲去世，官员们认为我孤独痛苦，说我已经没有再生存下去的期望，于是代我为父亲请求丧葬的一应事项，却被部中所阻挠，而朝廷最终安排了葬祭，是您的心胸宽厚，无所不容。现在我又有不满足的请求，虽情势确有不得已之处，实在也是凭借您对我相知爱护笃厚，所以向您直接说明情况没有忌讳。这样我真像是对您恩情视若无睹之人了。事情本末另有信件具体说明，惟愿您对我始终爱护，不认为我的请求有过错，然后我才敢行动。

与萧子雍

缪妄迂疏，多招物议，乃其宜然。每劳知己为之忧念不平，徒增悚赧耳。荼毒未死之人，此身已非己有，况其外之毁誉得丧又敢与之乎？哀痛稍苏时，与希渊一二友喘息于荒榛丛草间，惴惴焉惟免于戮辱是幸，他更无复愿矣。近惟教化大行，已不负平时祝望。知者不虑其不明，而虑其过察，果者不虑其无断，而虑其过严。若夫尊德乐义，激浊扬清，以丕变陋习，吾与昔人，可无间然矣。盛价还，草草无次。

译文

我虚妄空疏，多招致物议是必然的。每每劳烦知己为我担忧、挂念不平，徒增惊惧羞耻。受荼毒未死之人，此身已非自己所有，对外界的毁誉得失又怎敢参与呢？等哀痛稍微平复时，便与希渊等一两个朋友在荒林丛草之间喘息。心中不安惟愿能侥幸避免被辱，更无其他愿望。近日教化大行，已不辜负我平时期望，有志者不忧虑他不明智，而忧虑他过度详察，果断者不忧虑他无决断，而忧虑他过于严苛，如果能尊崇、爱好德义，激浊扬清，以改变陋习，我与过去之人可以无嫌隙了。您返回，我草草写成书信，语无次序。

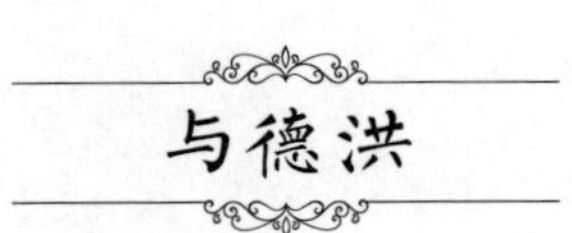

与德洪

《大学或问》数条，非不愿共学之士尽闻斯义，顾恐借寇兵而赍盗粮，是以未欲轻出。且愿诸公与海内同志口相授受，俟其有风机之动，然后刻之非晚也。此意尝与谦之面论，当能相悉也。江、广两途，须至杭城始决。若从西道，又得与谦之一话于金、焦之间。冗甚，不及写书，幸转致其略。

《大学或问》几条，不是我不愿意与人共同学习弄清其中含义，只是恐怕是借给贼人粮草，因此没有轻易拿出，但愿你和海内的同志之人口口传授，有苗头机会，然后再刊刻也为时不晚，我曾和谦之当面谈过这个意思，他当知悉。江、广两条路途，需到杭城时才能决定走哪条。如果从西道走，又可与谦之在金、焦之间谈论一番，事务繁重，来不及书写，大略传达一番意思。

卷之二十八　续编三

自劾不职以明圣治事疏

臣闻之，主圣则臣直，上易知而下易治。今圣主在上，泽壅而未宣，怨积而不闻。臣等曾无一言，是甘为容悦，而上无以张主之圣，下无以解于百姓之惑也。伏惟陛下神明英武，自居春宫，万姓仰德，及登大宝，四夷向风。不幸贼臣刘瑾，窃弄威柄，流毒生灵，潜谋僭逆，几危郊社。赖祖宗上天之灵，俾张永等早发其奸，陛下奋雷霆之断，诛灭党与，划涤凶秽，复祖宗之旧章，吊黎元之疾苦，任贤修政，与民更始。天下莫不欢欣鼓舞，谓陛下固爱民之主，而前此皆贼瑾之荼毒，知陛下固有为之君，而前此皆贼瑾之蒙蔽。日夜跂足延颈，以望太平。奈何积暴所加，民痍未复，余烈所煽，妖孽连兴，几及二年，愈肆愈横。兵屯不解，民困日深。贼势相连殆遍，财匮粮竭，旦夕汹汹。臣等备位大臣，不能展一筹以纾患害，宽一缚以苏倒悬。抚心反己，自知之罪，莫可究言。至其暴扬于天下，訾詈于道途，而尤难掩饰者，大罪有三，请自陈其略，以伏厥辜。夫朝以出政，政以成事。陛下每月视朝，朔望之外，不过一二。岂不以臣等分职于下，事苟无废，不朝奚损乎？然群臣百司，愿时一睹圣颜而不获，则忧思彷徨，渐以懈弛。远近之民，遂疑陛下不复念其困苦，而日兴怨怼，四方盗贼，亦谓陛下未尝有意剪除，而益猖獗。夫昧爽临朝，不过顷刻，陛下何惮而不为？所以若此，则实由臣等不能备言天下汹汹之情，以悟陛下，是其大罪一也。陛下日于后苑训练兵事，鼓噪之声，震骇城域。岂不以寇盗未平，思欲奋威讲武乎？然此本亦将卒之事，兼非宫禁所宜。况今前星未耀，震位犹虚，而乃劳力于掣肘，耗气于驰逐，群臣惶惑，两宫忧危，宗社大本，无急于是。而臣等不能力劝陛下蓄精养神，以衍皇储之庆，思患预防，以为燕翼之谋，是其大罪二也。夫日近儒臣，讲论道德，涵泳义理，以培养本原，开发志意。则耳目日以聪明，血气日以和畅，穷天地之化，尽万物之情，优游泮涣，以与古先神圣为伍，此亦天下之至乐矣。陛下苟知此，则将乐之终身而不能以须臾舍，奚暇游戏之娱乎？今陛下自即位以来，经筵之御，未能四五，而悦心于骑射疲劳之事，皆由臣等不能备陈至乐，以易陛下之所好，是其大罪三也。陛下有尧、舜之资，臣等不能导陛下于三代，而使天下之民疾首蹙额相告，归咎怀愤，若汉、唐之季，臣等死有余罪矣。伏愿陛下继自今昧爽以视朝，励精而图治。端拱玄默以养天和，正《关雎》之风，毓《麟趾》之祥。日御经筵，讲求治道，务理义之悦心，去游宴之败度。正臣等不职之罪，罢归田里，举耆德宿望之贤，与共天职。使天下晓然皆知陛下忧悯元元之本心，由臣等不能极言切谏，以至于斯。自兹以往，务在休养生息，无复有所骚扰。躬修圣政以弭天下之艰屯，广圣嗣以定天下之危疑，勤圣学以立天下之大本。其余习染，以次洗刷。则民生自遂，若阳气至而万物春，寇盗自消，若白日出而魍魉灭。上以承祖宗之鸿休，下以垂子孙之统绪。近以慰臣庶之忧惶，远以答四方之观向。臣等虽死之日，犹生之年。不胜激切颠陨待罪之至，具疏上闻。

译文

臣听闻主上圣明，臣子刚直，在上易了解情况，在下容易治理。现在圣主在上，恩泽之路壅塞不通，怨愤积累不能上闻，臣等未曾发一言，是想让皇上愉悦。但这样就无法彰显您的盛德，向下无法解百姓之困惑。陛下神明英武，自居春宫做太子时，百姓仰慕您的德行，等到登上大宝，四方都来归附。不幸贼臣刘瑾私自玩弄权柄，毒害生灵，密谋作乱，几乎危及皇上社稷，有赖祖宗上天之灵保佑，能让张永等及早发现他的阴谋，陛下雷霆决断，诛灭党羽，铲除污秽，恢复祖宗旧日章程。慰问百姓疾苦，任用贤才，修明政治，与民革新，天下莫不欢欣鼓舞，说陛下是爱民之主，而此前都是盗贼的荼毒。百姓知晓陛下本是有为之君，而此前都是被贼臣刘瑾所蒙蔽。百姓日夜翘首以盼，期望天下太平，但是刘瑾等积累的暴行加于百姓之身，百姓创伤未愈，贼人的残余势力又被煽动，妖孽接连兴起，灾祸延续两年，愈演愈烈。敌人屯兵不懈，百姓遭受困苦日益深重，贼人势力相连，周边百姓财力匮乏，粮食用尽，情势汹汹。臣等均为大臣，不能找寻办法以缓解祸害，不能宽缓倒悬之危，扪心自问，自知罪行不可胜数。这些罪过暴露于天下，百姓怨声载道，我等罪过难掩，大罪有三，请容臣下我大略陈述，以让我等承担罪责。朝廷拿出政策，政策是为了办成事。陛下每月上朝，初一十五之外，不过一两次，这不是让臣等在下替皇上分别尽职吗？假若我等尽职没有荒废，皇上不临朝又有何损失。但群臣百官想要见到圣颜而不可得，就会忧思彷徨，逐渐懈怠，远近的百姓就怀疑陛下不挂念其困苦，而日益兴起怨愤。四方盗贼也说陛下未曾下决心消除祸患，而日益猖獗。黎明上朝不过片刻，陛下还怕什么而不上朝呢？情况如此，实在是由于臣等未详说天下汹汹的情况来使陛下醒悟，这是第一宗大罪。陛下每日在后院训练兵士，鼓噪之声震慑全城，岂不是为了盗贼之事想要振奋军威吗？但这本是将领士兵之责，并非宫廷禁地该做的，何况现在前星明亮，震位空虚，而此时皇上劳力掣肘，耗精气在奔驰追逐上，群臣惶恐疑惑，两宫担忧，宗庙社稷的根本没有比这更危急的了。但臣等不能劝陛下养精蓄锐，增厚皇子福庆，思虑防御，制定高明的计谋，这是第二宗大罪。皇上每日接近儒臣，讲论道德，涵泳义理，以固本培元，开发志意，耳目日益聪明，血气日益和畅，穷尽天地变化之理万物之情。游游无拘，与古时圣贤为伍，这是天下的至乐，陛下果真能如此，将会终身愉悦不愿须臾舍弃，哪有闲暇去游戏娱乐呢，现在陛下自继位以来，听受诵读经书，不过四五本，醉心于骑射疲劳之事，都是由于臣等不能详细说清何为至极的快乐来改变皇上的爱好，这是第三宗大罪。陛下有尧舜的资质，臣等不能引导陛下实现商周三代那样的盛世，而让天下百姓痛心疾首相互谈论，将错误愤怒归咎于陛下，如同汉代唐代的末期。臣等死有余罪，惟愿陛下从今开始按时临朝，励精图治，庄严肃穆，以养天和，正《关雎》之风，育《麟趾》之祥。每日学习经文，讲求治理之道，专以理义愉悦身心，远离宴乐游玩，归正臣等不称职之罪，使罢官归田，举用有声望的贤者来共同管理朝政，使天下明白陛下有怜悯百姓的初心，是由于臣等不能疾言进谏，才导致现在的局面。从此以后，务必使百姓休养生息，不要再有所扰乱，亲自修明政治来消靡天下百姓耕作之艰难。增添后嗣以平定天下的危机，勤奋于圣学，为天下树立根本，其余不好习气渐次洗去，那么百姓的生活自然会好转，就如同阳气到来，万物生春，盗寇自会消弭，就如同白日出来，魍魉消散。上承祖功德鸿业，下垂子孙以正统。近处宽慰臣子庶民的忧心惶恐。远处以酬答四方的关切交往，臣等即使到死之日犹如活着。不胜激切戴罪向皇上呈上奏章。

乞恩表扬先德疏

窃照臣父致仕南京吏部尚书王华，以今年二月十二日病故。臣时初丧荼苦，气息奄奄，不省人事。有司以臣父忝在大臣之列，特为奏闻，兼乞葬祭赠谥。事下，该部以臣父为礼部侍郎时，尝为言官所论，谓臣父于暮夜受金而自首，清议难明，承朝廷遣告而乞归，诚意安在。又为南京吏部尚书时，因礼部尚书李杰乞恩认罪回话事，奉钦依李杰、王华彼时共同商议，如何独言张升，显是饰词。本当重治，姑从轻，都着致仕。伏遇圣慈，覆载宽容，不轻绝物。然犹赐之葬祭，感激浩荡之恩，阖门粉骨，无以为报。窃念臣父始得暗投之金，若使其时秘而不宣，人谁知者，而必以自首，其于心迹可谓清矣。乞便道省母，于既行祭告之后，其于遣祀之诚，自无妨矣。当时论者不察其详，而辄以为言。臣父盖尝具本六乞退休，请究其事。当时朝廷特为暴白，屡赐温旨，慰谕勉留，其事固已明白久矣。乃不意身没之后，而尚以此为罪也，臣切痛之。正德初年，逆瑾肇乱，威行中外。其时臣为兵部主事，因瑾绑拿科道官员，臣不胜义愤，斥瑾罪恶。瑾怒臣，因而怒及臣父。既而使人讽臣父，令出其门。臣父不往，瑾益怒。然臣父乃无可加之罪，后遂推寻礼部旧事，与臣父无干者，因传旨并令臣父致仕，以泄其怒。此则臣父以守正不阿，触忤权奸，而为所摈抑，人皆知之，人皆冤之。乃不知身没之后，而反以此为咎也，臣尤痛之。臣父以一甲进士，授官翰林院修撰，历升春坊谕德、翰林院学士、詹事府少詹事、礼部侍郎、南京吏部尚书。其间充经筵官、经筵讲官、日讲官，又选充东宫辅导官、东宫讲读官，与修《宪庙实录》及《大明会典》《通鉴纂要》等书，积劳久而被遇深矣。故事，侍从日讲辅导等官身没之后，类得优以殊恩，荣以美谥。而臣父独以无实之谤，不附权奸之义，生被诬抑，而没有余耻，此臣之所以割心痛骨，不得不从陛下而求一表暴者也。夫人子之孝，莫大于显亲，其不孝亦莫大于辱亲。臣以犬马微劳，躐致卿位。故事，在卿佐之列者，亲没之后，皆得为之乞请恩典。臣今未敢有所陈乞以求显其亲，而反以无实之诟辱其亲于身没之后，不孝之罪，复何以自立于天地间乎！此臣之所尤割心痛骨，不得不从陛下而求一表暴者也。臣自去岁乞恩便道归省，陛下垂悯乌鸟，且念臣父系侍从旧臣，特推非常之恩，赐之存问。臣父先于正德九年尝蒙朝廷推恩进阶，臣伏睹制词有云："直道见沮于权奸，晚节遂安于静退。"则当时先帝固已洞知臣父之枉矣。臣又伏睹陛下即位诏书，内开："自弘治十八年五月十八日以后，大小官员有因忠直谏诤，及守正被害去任等项，各该衙门备查奏请，大臣量进阶级，并与应得恩荫。"臣父以守正触怒逆瑾，无故被害去任，此固恩诏之所悯录，正在量进阶级之列。臣父既耻于自陈，而有司又未为奏请，乃今身没之后，而反犹以为诟，臣窃自伤痛其无以自明也。臣父中遭屈抑，晚遇圣明，庶几沐浴恩泽，以一雪其拂郁。而忽复逝矣，岂不痛哉！今又反以为辱，岂不冤哉！臣又查得先年吏部尚书马文升、屠滽等，皆尝屡被论劾，其后朝廷推原其事，卒赐之以赠谥。臣父才猷虽或不逮于二臣，而无故被诬，实有深于二臣者。惟陛下矜而察之。臣以功微赏重，深忧覆败，方尔冒死辞免封爵，前后恩典，已惧不克胜荷。故于臣父之没，断已不敢更有乞请。乃不意蒙此诬辱，臣又安能含羞饮泣，不为臣父一致其辩乎？夫人臣之于国也，主辱则臣死，子之于父也，亦然。今臣父辱矣，臣何以生为哉！夫朝廷恩典，所以报有功而彰有德，岂下臣所敢幸乞。顾臣父被无实之耻于身后，陛下不为一明其事，自此播之天下，传之后代，孝子慈孙将有所不能改，而臣父之目不瞑于地下矣，岂不寃哉！夫饰非以欺其上者，不忠，矫辞以诬于世者，无耻。不忠无耻，亦所以为不孝。若使臣父果有纤毫可愧于心，而臣乃为之文饰矫诬以欺陛下，以罔天下后世，纵幸逃于国宪，天地鬼神实临殛之。臣虽庸劣之甚，不忠无耻之事，义不忍为也。惟陛下哀而察之。臣不胜含哀抱痛，战栗惶惧，激切控吁之至，谨具本令舍人王宗海代赍奏闻，伏候敕旨。

译文

臣的父亲王华在南京吏部尚书职位退休，今年二月十二日生病去世，臣当时初逢父丧，悲哀苦痛，气息奄奄，不省人事，有司官员认为我父亲是朝廷大臣，特地上书将此事奏闻皇上，并请求安葬祭祀，赠予谥号之事。事情下达南京吏部，该部认为我父亲做礼部侍郎时，曾被言官所议论，说我的父亲在深夜受贿赂并自首，他的清白难以辨明，当朝廷对此事提告时，父亲便请求回家，这样做诚意何在？父亲做南京吏部尚书时，因礼部尚书李杰向皇上认罪，请求宽恕，当时奏书批示说，李杰、王华是共同商议，为何只说张升呢？这显然是掩饰之词，本该重加惩罚，姑且从轻发落，让其辞官。父亲遇到圣上宽容仁慈，不仅宽恕其罪过，还赐予了丧葬祭祀。臣感激皇上浩荡恩德，全家粉身碎骨无以为报。窃以为父亲当时得到别人暗中给予的金钱，如果秘而不宣，谁能知晓呢？但他一定要去自首，从他的心迹能看出他是清廉的，他请求顺路去看望母亲，是在行完祭告之礼之后，这对于他在祭祀当中的诚心，当没有什么妨害。当时审案的人不细查详情就下定论。我的父亲曾写六本请退的奏章，请求深究其事。当时朝廷特地为他平反，屡次赐予温和圣旨宽慰并勉励他留任，这事早已明白，却未想到他去世后还要以此为罪过，臣下对此深感痛心。正德初年，逆臣刘瑾叛乱，淫威行于内外，当时臣是兵部主事，由于刘瑾捉拿了衙门的官员，我不胜义愤，斥责了刘瑾罪恶，刘瑾恼怒于臣，因此波及我的父亲，继而他派人命令我父亲到他门下，父亲不前往，他更加愤怒。但我的父亲本无罪行可加，刘瑾后来就翻找礼部过去与我父亲无关的事，顺便传来圣旨令我致仕，以发泄其怨恨。这是我的父亲守正不阿，触怒了权臣奸邪而被陷害，人人皆知他的冤情，哪知他去世之后，却反而以此负罪，我尤其痛心。臣的父亲以一甲进士，授官翰林院修撰，历任升春坊谕德、翰林院学士、詹事府少詹事、礼部侍郎、南京吏部尚书授，其间又任经筵官、经筵讲官、日讲官，又被选为东宫辅导官、东宫讲读官，参与编修《宪庙实录》及《大明会典》《通鉴纂要》等书，积劳日久被皇上礼遇深厚。过去担任过日讲辅导等职的官员去世后都会得到优待恩赐，授予美好谥号，我的父亲独因为不实的诽谤，不去趋附权臣奸诈之义而被诬陷压抑，死后还遭受耻辱，这使我感到剜心剔骨一般难过，不得不向陛下上表。人子之孝，莫大于使父母尊显，不孝也莫过于辱没父母名声。我以犬马之微功列于臣佐之中，过去官员们的父母去世后，都为之向皇上乞求恩典，臣下我至今未敢提出请求来尊显父亲，反而令不实的诟病在父亲去世之后辱没他的名声，我有不孝之罪，将如何自立于天地之间？这是臣所尤为痛苦的，故不得不向陛下上奏，求一平反。臣去年的请求得以恩准，顺道回家探望父母，蒙陛下垂怜，且感念我父亲是侍奉的旧臣，特地推非常之恩，厚赐问候。臣的父亲正德九年受朝廷推恩进官，我曾见过当时的升官制词，词中说："直言不讳被权臣奸人所阻，晚年安于守静退隐。"是当时先帝已洞察父亲的冤枉，我又曾目睹陛下的即位诏书。诏书中说："自弘治十八年五月十八日以后，大小官员有因为尽忠直谏，坚守正义被害离职的，各衙门都应该详查奏请，是大臣的要考量进阶，并给予他们恩德。"父亲因坚守正道触怒谋反的刘瑾，无故被害离任，此这本是诏书所怜悯之人，他正在考量进阶之列。臣的父亲羞于自我陈说，有关官员又未替他奏请，乃至于现在他去世之后反得到诟病。我私下伤毁痛惜他无法自明。臣的父亲中年遭受压抑，晚年得遇圣明君主，差一些就能沐浴圣上您的恩泽，以昭雪以前的冤屈，他却忽然去世，这岂不令人痛惜？现在他反被侮辱，岂不是更冤屈？我又查到往年吏部尚书马文升、屠滽等人曾屡次被弹劾，而后朝廷调查其事，最后赐以谥号。臣的父亲才干或不及两位臣子，但无故被污蔑的冤屈，实在要深于两位，惟愿陛下能体察。臣以微末功绩受到重赏，深感忧虑，冒死请求免除封爵，圣上前后给予的恩典，我已不胜恐惧，担心不能负荷，所以在臣的父亲去世之后，断然不敢再有请求，却未料到遭到此等污蔑，臣又怎能含羞饮泣，不为父亲做一番辩解。臣子于国家来讲，主上辱没，臣子效死，儿子对于父亲也一样，现在我的父亲受辱，我又何以为生呢？朝廷的恩典是为了报偿有功之人，彰显德行，我哪里敢乞求？只是臣的父亲去世之后，遭受不实之耻辱，陛下不为他彰明其事，并告知天下，传之后代，孝子慈孙是无法改变他名声的，那我的父亲也不能于地下瞑目。掩饰错误欺瞒圣上是不忠的，假造辞令诬陷世人是无耻的。不忠无耻就是不孝，假使我的父亲真有丝毫愧疚于心中的话，被臣作一番掩饰捏造来欺骗陛下，臣的后世纵然能幸免于国家法律的制裁，天地鬼神也当会惩罚他们。臣虽平庸顽劣之甚，但不忠无耻之事，却不忍去做，惟愿陛下能哀怜明查，臣不胜悲哀痛惜，战栗惶恐，控诉激切恭谨具本以奏，令舍人王宗海代呈陛下，静候皇上敕旨。

辩诛遗奸正大法以清朝列疏

丁忧南京兵部尚书臣王某谨奏，为诛遗奸，正大法，以清朝列事。嘉靖元年十月初十等日，准南京兵部咨，准都察院咨，该巡按广西监察御史张钺奏，为前事，题奉圣旨："是这所劾张子麟事情，还著王守仁、伍希儒、伍文定看了，上紧开具明白，奏来定夺，钦此。"又准该部咨，准都察院咨，该丁忧刑部尚书张子麟奏，为辨污枉，清名节，以雪大冤事题奉圣旨："是张子麟所奏事情，著王守仁等一并看了来说，钦此。"俱钦遵外，方在衰绖之中，忧病哀苦，神思荒愦，一切世务，悉已昏迷恍惚，奉命震悚。旋复追惟，臣先正德十四年六月初六日，奉敕前往福建查处聚众谋反等事。本月十五日，行至丰城地方，适遇宁藩之变，仓卒脱身，誓死讨贼。十八日回至吉安，督同知府伍文定等起兵。七月二十日，引兵收复南昌。二十三日，宸濠还救。二十六日，宸濠就擒。其时余党尚有未尽，百务丛集，臣因先令各官分兵守视王府各门。至月初五六间，始克率同御史伍希儒、知府伍文定等入府，按视宫殿库藏诸处。其间未经烧毁者，重加封识，以俟朝命。已被残坏者，分令各官逐一整检。有刑部尚书张子麟启本一封，众共开视，云是胡世宁招词。臣当与各官商说，此等公文书启之类，皆在宸濠未反数年前事。虽私与交往，不为无罪，而反逆之举，未必曾与通谋。况此交通之人，今或多居禁近，分布联络，若存此等形迹，恐彼心怀疑惧，将生意外不测之变。且卢检人因而点缀掇拾，异时根究牵引，奸党未必能惩，而忠良或反被害。昔人有焚吏民交关文书数千章以安反侧之心者，今亦宜从其处，以息祸端。遂议与各官公同烧毁。后奉刑部题奉钦依："原搜簿籍，既未送官封记收掌，又事发日久，别生事端，委的真伪难辨，无凭查考。著原搜获之人尽行烧毁，钦此。"钦遵外，臣等莫不仰叹圣主包含覆帱之量，范围曲成之仁，可谓思深而虑远也已。以是臣等不复为言，且谓朝廷于此等事既已一概宥略，与天下洗涤更始矣。今御史张钺风闻其事，复有论列，是亦防闲为臣之大义，效忠于陛下之心也。尚书张子麟力辩其事，而都察院覆奏，以为世宁之狱，悉由该院，与张子麟无干，则诚亦暧昧难明之迹。今臣等亦不过据事直言其实耳，岂能别有所查访。然以臣愚度之，尝闻昔年宸濠奸党，为之经营布置于外，往往亦有诈为他人书启，归以欺濠而罔利者。则此子麟之启，无乃亦是类欤？不然，子麟身为执法大臣，非一日矣，纵使与濠交通岂略不知有畏忌，而数年之前，辄以肆然称臣于濠耶？夫人臣而怀二心，此岂可以轻贷？然亦加人以不忠之罪，则亦非细故矣。此在朝廷必有明断。臣偶有所见，亦不敢不一言之。缘奉钦"依这所劾张子麟事情，还著王守仁、伍希儒、伍文定看了，上紧开具明白，奏来定夺"，及"张子麟所奏事情，著王守仁等一并看了来说"事理，为此具本差舍人李升亲赍奏闻，伏候敕旨。

译文

守父丧的南京兵部尚书王守仁向陛下谨奏，为诛杀遗留的奸贼，端正法度，以清理整顿朝廷秩序。嘉靖元年十月初十这些天，接到南京兵部咨文，都察院咨文，巡按广西监察御史张钺为此前所提之事上奏，遵奉旨意：“是。所弹劾张子麟之事，交与王守仁、伍希儒、伍文定审查，写清意见上奏再做定夺，钦此。”接着又收到南京兵部咨文，按照都察院咨文，丁忧尚书张子麟上奏为自己辩白，申诉被冤枉。澄清名节，洗刷冤屈。尊奉圣旨：“张子麟所奏事情令王守仁等一并查看后再说，钦此。”臣等都予遵从。臣正在服丧期间，忧愁病痛，悲哀凄苦，神思倦怠。对一切世俗任务，都已经昏聩恍惚，收到诏命，震动惊悚。回想前事，臣此前在正德十四年六月初六日奉诏前往福建查处聚众谋反之事。本月十五日，走到丰城，遭遇宁藩之变，仓促间脱身，誓死讨伐残贼。十八日回到吉安，率同知府伍文定等起兵。七月二十日派兵收复南昌。二十三日朱宸濠回返救援。二十六日，朱宸濠就擒。当时他的余党尚存，事务繁杂，我因此先让各地官兵分别驻守在王府各门，到月中初五、初六期间，才得以率御史伍希儒、知府伍文定等人进入王府，查看宫殿、府库等处。期间未经烧毁的重新加上封条，以待朝廷之命，已被破坏的，令官员逐一检查。发现有刑部尚书张子麟奏章一本，众人共同查看，是胡世宁的供词。臣与各位官员商定说，这类公文书籍所记都是在朱宸濠未谋反前数年的事情，虽与朱宸濠私下有所交往不能说是无罪，但谋逆之举还未与他共同谋划，况且这些与之交往的人，现在多是高位近臣，彼此关联，若保存这些证据，恐怕他们心怀疑虑，将发生意外变乱。我担心别有用心之人会收集这些资料，等到他日追究攀连，奸邪之人未得到惩处，反会伤害忠良。古时有人烧毁官吏民众上交的文书数千篇以安抚不安之人，现在应该也这样处理以熄灭祸端，于是我与各位官员商议将其烧毁。后接到刑部所传圣旨：“搜集记录书籍，既然未送官府封记收掌，事情又发生在叛乱前很久，会惹出其他事端，且真伪难辨，无据可查，令搜出文件之人尽数将其烧毁，钦此。”谨遵圣意，臣等莫不感叹圣上度量宽厚，在限定范围内惩办的仁慈，这可谓深谋远虑。因此臣等不再进言，并说朝廷对于此事已一概宽恕，让天下革新更始。现在御史张钺听闻此事，又要讨论，这是妨碍为臣子的道义和向陛下效忠之心。尚书张子麟极力申辩，都察院改变奏议，认为世宁的案件应全由该院办理，与张子麟无关。这件事情实在有模糊不明的迹象，现在臣等不过根据实情直言其事，岂能另有查访呢？以臣猜测，过去曾听闻朱宸濠的奸党在外经营布置，往往也有仿作他人书信交拿回之后欺骗朱宸濠来牟利的。那么张子麟的书信是否也会是这类伪作？否则，张子麟身为执法大臣已非一日，即使他与张子麟交往，难道丝毫不知畏惧忌讳吗？数年之前就大肆向朱宸濠称臣吗？人臣怀有二心，不可轻易饶恕，如果还要加上不忠之罪，则一定不是小的缘故。这件事在朝廷想必会有明断。臣偶然有所发现，不敢不逐一说明。尊旨意“依这所劾张子麟事情，还著王守仁、伍希儒、伍文定看了，上紧开具明白，奏来定夺”，及“张子麟所奏事情，著王守仁等一并看了来说”，因此臣具本上奏，派遣舍人李升亲自呈上奏文，恭候陛下敕旨。

书同门科举题名录后

尝读《文中子》，见唐初诸名臣若房、杜、王、魏之流，大抵皆出其门，而论者犹以文中子之书乃其徒伪为之而托焉者，未必其实然也。今以邃庵先生之徒观之，则文中子之门又奚足异乎？予尝论文中子盖后世之大儒也，自孔、孟既没，而周、程未兴，董、韩诸子未或有先焉者。先生自为童子，即以神奇荐人翰林，未弱冠而已为人师。其颖悟之蚤，文学之懿，比之文中，实无所愧。而政事之敏卓，才识之超伟，文中未有见焉。文中之在当时，尝以策干隋文，不及一试，而又蚤死。先生少发科第，入中书，督学政，典礼太常，经略边陲，弭奸戡乱，陟司徒，登冢宰，晋位师相，威名振于夷狄，声光被于海宇，功成身退，优游未老之年，以身系天下安危，圣天子且将复起之，以恢中兴之烈，而海内之士日翘首跂足焉。则天之厚于先生者，殆文中子所不能有也。文中之徒，虽显于唐，然皆异代隔世。若先生之门，具体而微者，亦且几人，其余或得其文学，或得其政事，或得其器识，亦各彬彬成章，足为名士，布列中外，不下数十，又皆同朝共事，并耀于时。其间乔、靳诸公，遂与先生同升相位，相继为冢宰。若此者，文中子之门，益有所不敢望矣。且文中子之门，其亲经指受若董常、程元之流，多不及显而章明于世，往往或请益于片言，邂逅于一接，非若今之题名所载皆出于先生之陶冶，其出于陶冶而不显于世若常、元之徒，殆未暇悉数也。先生之在吏部，守仁常为之属，受知受教，盖不止于片言一接者。然以未尝亲出陶冶，不敢憾于兹录之不与。若其出于陶冶而有若常、元者焉，或亦未可以其不显于世而遂使之不与也。续兹录者，且以为何如？嘉靖甲申季冬望。

译文

我曾读《文中子》，见初唐诸位明臣如房玄龄、杜如晦、王圭、魏徵等人，大抵都出自他门下。而议论的人认为《文中子》这本书是他的弟子伪作托名于他。这未必是事实，如今从杨一清等人来看，《文中子》的门下有何值得怪异的呢？我曾讨论文中子是后世的大儒，自从孔孟去世，周敦颐、二程兴起，董仲舒、韩愈诸人不能超过文中子。杨先生还是童子时就凭借奇才考入翰林院，未及弱冠已为人师，聪颖开悟之早，学问之好，与文中子相比也毫无所愧。他在政治上的敏锐卓著，才识超绝，在文中子那未见。文中子在世时，曾以策论干谒隋文帝。还未来得及得到试用，就早早去世。杨先生少年参加科举进入中书，督查学政，典礼太常，治理边陲，消除动乱，作司徒，当主宰，晋位首辅，威名震于夷狄，声誉光耀海内，功成身退，在未老之年优游卒岁，身系天下安危，圣明天子将要重新起用他，以恢复中兴之功业，海内士人日夜翘首以盼。上天厚待于杨先生，是文中子所没有的。文中子之弟子在唐朝显赫，但都已是异时隔代之事，杨先生门下，大体具备其老师能力的有几人，其余的或在文学上有所得，或在政事上有所得，或是器量认识方面有所得，都彬彬成才，足以为名士，他们分布在全国，不下数十人，又都同朝共事，一同光耀于时。其中乔、靳等人与先生一样担任宰相，做吏部尚书，像这样的人，文中子之门更加不敢有望企及。并且文中子门下蒙受亲自教导的董常、程元等人大多未显赫于世，往往向文中子请教，只言片语邂逅交接一次，不像现在题名录中记载的众人都出于杨先生的陶冶，而未显赫于世的如常、元等人，人数众多无暇一一细数。先生在吏部，我是他的下属，曾受到指导教诲，不止只言片语，但因为我未曾受他亲自熏陶，不敢将姓名列于这篇题名录中，深以为憾。出于杨先生的陶冶如常、元等人，也不可因其未显赫于世就不录姓名。那样让续写该题名录之人，如何看待呢？嘉靖甲申年十二月十五。

书宋孝子朱寿昌孙教读源卷

教读朱源，见其先世所遗翰墨，知其为宋孝子寿昌之裔也，既弊烂矣，使工为装缉之。因论之曰："孝，人之性也。置之而塞乎天地，溥之而横乎四海，施之后世而无朝夕。保尔先世之翰墨，则有时而弊：保尔先世之孝，无时而或弊也。人孰无是孝？岂保尔先世之孝，保尔之孝耳。保先世之翰墨，亦保其孝之一事，充是心而已矣。源归，其以吾言遍谕乡邻，苟有慕寿昌之孝者，各充其心焉，皆寿昌也已。"正德己卯春三月晦，书虔台之静观轩。

译文

教读朱源，见到他先祖所留下来的笔墨，知道他是宋朝孝子朱寿昌的后裔。这些笔墨已经破烂，令工匠装订整理，我因此告诉他说："孝顺是人之本性，可放之于天地，遍布于四海，施之于后世不论朝夕。保存你先祖的笔墨，有时会残破，但保有向祖先的孝道，无论何时都不会有问题。人谁没有孝心？这岂是保有你向先祖的孝心呢，是保有你自己的孝心，保存先祖的笔墨，也是保存孝心中的一件事，也是用来充实孝心而已。朱源归家后可将这番话遍告乡里，如有仰慕朱寿昌孝心之人，让他们各自充实孝心，也都可成为寿昌。"正德己卯春三月晦，写于虔台静观轩。

书汪进之卷

程先生云："有求为圣人之志，然后可与共学。"夫苟有必为圣人之志，然后能加为己谨独之功。能加为己谨独之功，然后于天理人欲之辨日精日密，而于古人论学之得失，孰为支离，孰为空寂，孰为似是而非，孰为似诚而伪，不待辩说而自明。何者？其心必欲实有诸己也。必欲实有诸己，则殊途而同归，其非且伪者，自不得而强人。不然，终亦忘己逐物，徒弊精力于文句之间，而曰吾以明道，非惟有捕风捉影之弊，抑且有执指为月之病，辩析愈多，而去道愈远矣。故某于朋友论学之际，惟举立志以相切砺。其于议论同异之间，姑且置诸未辩。非不欲辩也，本之未立，虽欲辩之，无从辩也。夫志，犹木之根也，讲学者，犹栽培灌溉之也。根之未植，而徒以栽培灌溉，其所滋者，皆萧艾也。进之勉之！

译文

程先生说："要有追求成为圣人的志向，然后可以与他共同学习。"一旦有了必为圣人的志向，就能增益自己慎独严谨的功夫，能增益自己慎独严谨的功夫，然后对于天理人欲的辨别就会日益精密，对于古人讨论的学习得失，什么是支离破碎，什么是空虚，孰是孰非，什么是似是而非，什么是似诚而伪，不需要辩说也能自己明白。为什么呢？因为他的心是一定要对自己保持诚实的。能对自己保持诚实，那么与古人就能殊途同归，那些错误虚伪自然不能进入心中。否则终将遗忘自己，追逐外物，徒劳将精力放在追求文辞中，还说我已经明白道义了。这种做法不光有捕风捉影的毛病，而且也有执指为月的弊病，辨析得越多距离道义越远。所以我在朋友讨论学习之际，惟要提树立志向来相互激励。对于议论同异，姑且放置不加申辩。我并非不想申辩，是根本还未树立，却想要辩论，实在无从辩起。志向犹如树木根系，讲学的人尤其应该栽培灌溉。根还未种植，却要栽培灌溉，所栽培灌溉不过是一些杂草，进之你当勉励。

书赵孟立卷

赵仲立之判辰也，问政于阳明子。阳明子曰："郡县之职，以亲民也。

亲民之学不明，而天下无善治矣。”“敢问亲民。”曰：“明其明德以亲民也。”“敢问明明德。”曰：“亲民以明其明德也。”曰：“明德亲民一乎？君子之言治也，如斯而已乎？”曰：“亲吾之父，以及人之父，而孝之德明矣，亲吾之子，以及人之子，而慈之德明矣。明德亲民也，而可以二乎？惟夫明其明德以亲民也，故能以一身为天下，亲民以明其明德也，故能以天下为一身。夫以天下为一身也，则八荒四表，皆吾支体，而况一郡之治，心腹之间乎？”

译文

赵孟立担任判官，向阳明子请教政事。阳明先生回答说：“治理郡县的职责是亲近百姓，如不明白亲近百姓的学问，那天下就不能得到善治。”“请问如何亲近百姓？”先生回答：“昭明明德来亲近百姓。”“请问什么是明明德？”回答说：“亲近百姓，以昭明明德。”赵孟立问：“明德、亲民是一件事吗？君子所说的治理是这样吗？”回答说：“亲近我的父亲，亲近别人的父亲，那么孝道的明德得以彰显。亲近我的儿子，亲近他人的儿子，那么慈爱的明德得以彰显，明德、亲民能当做两回事吗？唯能昭明明德来亲近人民，才能全身心为天下，亲近百姓来昭明明德才能以天为己身。以天下为己身，四海八荒都是我的肢体，何况是一郡的治理呢？那就在我的心腹之间。”

书李白骑鲸

李太白，狂士也。其谪夜郎，放情诗酒，不戚戚于困穷。盖其性本自豪放，非若有道之士，真能无人而不自得也。然其才华意气足盖一时，故既没而人怜之。骑鲸之说，亦后世好事者为之。极怪诞，明者所不待辨。因阅此，间及之尔。

译文

李白是狂士，他被贬谪到夜郎，纵情饮酒写诗，不因穷困悲戚，这是他的本性豪放。如果不是有道之士，真是不能这样怡然自得啊，他的才华义气，足以超越一时，等他去世之后，众人怜惜他，于是有了骑鲸之说，这也是后世好事者为之，极怪诞。明智者不需辨别就可知。读书到此处。有感而发。

书三酸

人言鼻吸五斗醋，方可作宰相。东坡平生自谓放达，然一滴入口，便尔闭目攒眉，宜其不见容于时也。偶披此图，书此发一笑。

译文

人们说鼻吸五斗醋才可做宰相。苏东坡平生自认为豪放旷达，但一滴醋入口就闭眼皱眉，难怪时代不能容他，偶然看到此图，写下这句话发一笑。

书韩昌黎与太颠坐叙

退之《与孟尚书书》云：“潮州有一老僧，号太颠，颇聪明，识道理。与之语，虽不尽解，要自胸中无滞碍，因与来往。及祭神于海上，遂造其庐。来袁州，留衣服为别，乃人情之常，非崇信其法，求福田利益。”退之之交太颠，其大意不过如此。而后世佛氏之徒张大其事，往往见之图画，真若弟子之事严师者，则其诬退之甚矣。然退之亦自有以取此者，故君子之与人不可以不慎也。

译文

韩愈《与孟尚书书》写道：“潮州有一老僧号太颠，颇为聪明识道理。与他谈话，即使不能全解，也要心中没有滞碍，我于是与他来往。等到在海上祭祀神明，拜访他的庐舍。来到袁州，留下衣服作别，这是人之常情，我并非崇信他的法术，来求福报利益。”韩愈与太颠的交往，大意不过如此，而后世佛家之人夸大其事，往往将此事画成图画，图中韩愈仿佛是在恭敬侍奉严师，这真是污蔑韩愈。但韩愈也自有他的问题才会导致这样。所以君子与人交往不可以不慎重。

春郊赋别引

钱君世恩之将归养也，厚于世恩者皆不忍其去，先行三日，会于天官郎杭世卿之第，以聚别。明日，再会于地官秦国声。与者六人：守仁与秋官徐成之、天官杨名父及世卿之弟进士东卿也。世恩以其归也，以疾告也，皆不至。于是惜别之怀，无所于发，而托之诗，前后共得诗十首。六人者，以世恩之犹在也，而且再会而不一见，其既去也，又可以几乎。乃相与约为郊饯，必期与世恩一面以别。至日，成之以候旨，东卿以待选，世卿、名父以各有部事，皆势不容出。及饯者，守仁与国声两人而已。世恩既去之明日，复会于守仁，各言所以，相与感叹咨嗟，复成二诗。世卿曰："世恩之行也，终不及一饯。虽发之于诗，而不以致之世恩，吾心有缺也。盍亦章次而将之，何如？"皆曰："诺。"国声得小卷，使世卿书首会之作，国声与名父、东卿分书再会，成之书末会，谓守仁弱也，宜为诸公执笔砚之役以叙。嗟乎！一别之间，而事之参错者凡几。虽吾与世恩复期于来岁之秋，以为必得重聚于此，然又何可以逆定乎！惟是相勉以道义，而相期于德业，没之污涂之中，而质之天日之表，则虽断金石，旷百世，而可以自信其常合。然则，未忘于言语之间者，其亦相厚之私欤？考功正郎乔希大闻之，来题其卷端曰："春郊赋别。"给事陈惇贤复为之图。皆曰："吾亦厚于世恩也，聊以致吾私。"

译文

钱世恩将要回家休养，与世恩交往深厚之人，都不忍他离去。在他出发前三日，大家在天官郎杭世卿的家中聚会作别，明日又在地官秦国声的家中相会。参与的人有六位：守仁我与秋官徐成之、天官杨名父及世卿之弟进士东卿。世恩将要回家了，以疾病告辞，大家都没来。依依惜别之情无处可发，只能寄托于诗文，前后得到十首诗。六个人中世恩也还在，再次聚会就不能再见他，他这一离去，不知何时再见。于是众人相约到郊外为他践行，希望还能与他见一面作别。到那一天，成之因为要等候旨意，东卿因为要待选，世卿、名父各因部中事情不允许出行，践行的时候，只有守仁我与国声两人而已。世恩走的第二天大家又在我的家中聚会，各自感叹，并写诗两首。世卿说："世恩走的时候终究没有为他践行，即使写了诗文却不能送给他，我心中有缺憾。把诗歌谱上乐章如何呢？"大家称是。国声拿出小卷，让世卿把第一次聚会的诗作写上，国声与名父、东卿分别把第二次聚会、最后一次聚会的诗作写上，大家说守仁年纪小，应该为诸位执笔磨墨。哎！一别之间，世事变化纷杂，我与世恩期待明年秋天再见，想着必定能重聚，但又如何能保证？惟有以道义相互勉励，以德业相互期待，在污浊之中浮沉，让上天加以检验，即使金石断裂，百世相隔，还可以自信常能聚会。这样我们就能不忘言语之间，相交往之情能深厚了。考功正郎乔希听闻，在卷子开头题字："春郊赋别。"给事陈惇贤又为此卷配图。众人都说："我与世恩交往甚厚，姑且向他致意。"

告谕庐陵父老子弟

庐陵文献之地，而以健讼称，甚为吾民羞之。县令不明，不能听断，且气弱多疾。今与吾民约：自今非有迫于躯命，大不得已事，不得辄兴词。兴词但诉一事，不得牵连，不得过两行，每行不得过三十字。过是者不听，故违者有罚。县中父老谨厚知礼法者，其以吾言归告子弟，务在息争兴让。呜呼！一朝之忿，忘其身以及其亲，破败其家，遗祸于其子孙，孰与和巽自处，以良善称于乡族，为人之所敬爱者乎？吾民其思之。

译文

庐陵本是文明之地，却以诉讼频繁著称，老百姓为此感到羞耻。县令我处事不明，不能决断，且体弱多病。现在我与民众约定，往后不是有关乎性命、不得已之事，不可进行诉讼。一旦发起诉讼，状词只能申诉一件事，不可多牵连，诉状不能超过两行，每行不得超过三十字，超过就不予受理。故意违反的人会有处罚。县中严谨敦厚明白礼法的父老将这话回去后告诉子弟们，务必平息争讼兴起谦让之风。哎！有一时的愤懑，就忘却自身以及父母，破坏家庭，遗祸于子孙，如何能谦逊自处？如何能以良善称名于乡里，为人所敬爱呢？老百姓要思考这个问题。

今灾疫大行，无知之民惑于渐染之说，至有骨肉不相顾疗者。汤药饘粥不继，多饥饿以死，乃归咎于疫。夫乡邻之道，宜出人相友，守望相助，疾病相扶持。乃今至于骨肉不相顾。县中父老岂无一二敦行孝义，为子弟倡率者乎？夫民陷于罪，犹且三宥致刑。今吾无辜之民，至于阖门相枕藉以死。为民父母，何忍坐视？言之痛心。中夜忧惶，思所以救疗之道，惟在诸父老劝告子弟，兴行孝弟。各念尔骨肉，毋忍背弃。洒扫尔室宇，具尔汤药，时尔饘粥。贫弗能者，官给之药。虽已遣医生老人分行乡井，恐亦虚文无实。父老凡可以佐令之不逮者，悉已见告。有能兴行孝义者，县令当亲拜其庐。凡此灾疫，实由令之不职，乖爱养之道，上干天和，以至于此。县令亦方有疾，未能躬问疾者，父老其为我慰劳存恤，谕之以此意。谕告父老，为吾训戒子弟，吾所以不放告者，非独为吾病不任事。以今农月，尔民方宜力田，苟春时一失，则终岁无望，放告尔民，将牵连而出，荒尔田亩，弃尔室家，老幼失养，贫病莫全，称贷营求，奔驰供送，愈长刁风，为害滋甚。昨见尔民号呼道路，若真有大苦而莫伸者。姑一放告，尔民之来讼者以数千。披阅其词，类虚妄。取其近似者穷治之，亦多凭空架捏，曾无实事。甚哉，尔民之难喻也，自今吾不复放告。尔民果有大冤抑，人人所共愤者，终必彰闻，吾自能访而知之。有不尽知者，乡老据实呈县。不实，则反坐乡老以其罪。

译文

现在灾疫横行，无知百姓迷惑于病会传染的说法，导致对骨肉至亲不加照顾治疗，不供给汤药，人多饥饿而死却归咎于疫情，乡邻之间的道义本是要相互友爱，守望相助，有了疾病相互扶持，现在连骨肉之间都不相照顾。

县中的父老乡亲，没有一两个出来敦行孝义，为子弟做榜样的吗？百姓犯罪犹且要多加宽恕之后才施刑罚，现在无辜百姓到了全家接连死去的地步，作为父母如何忍心坐视不理？说起来令人痛心，我夜中担忧惊惶，思考救治的办法就在于各位父老能劝告子弟去施行孝悌，顾念亲人不要背弃他们。打扫屋子，准备汤药稀粥，因贫困不能这样做的，官府给予药品。虽已经派遣医生老人到各乡村，恐怕也是虚行。那些被父老请求帮助却不去施救的，都已被告发。有能行孝悌的人，县令我应亲自去拜访。这次实在是由于我的不称职，违背了爱民养民之道，扰乱天和才至于如此。我也正在得病中，不能亲自去慰问病患。请父老替我加以慰劳体恤，将这番意思告知众人。各位父老，请训诫子弟，我之所以不开放上告，不单是因为我生病不能处理，也因为现在正是农忙时候，你等应该致力于农事，春耕一旦错失，终年收成将没有指望。放开上告，百姓将会牵连而出，荒废田事，抛弃家庭，老幼失去供养，贫穷生病之人无法得以保全，告状之人借贷钻营，官府还要长途供养，愈加助长刁民之风，危害会更深重。昨日见到民众在道路上呼号，像是真有大的苦难而不得申诉，我姑且放开上告，来诉讼的人数以千计，审阅诉状都是些虚妄之词。取写得不太虚妄的来办，实际上也多是凭空捏造，没有实事。甚哉！百姓如此难以教化。从今往后，我不再放开上告，百姓果真有大的冤屈未伸，人所共愤，情况终究会彰明，我自然能亲自去拜访，有不能尽数知晓的，乡老据实情呈报县令，情况不实，反而要连坐乡老治罪。

自余宿憾小忿，自宜互相容忍。夫容忍美德，众所悦爱，非独全身保家而已。嗟乎！吾非无严刑峻罚以惩尔民之诞，顾吾为政之日浅，尔民未吾信，未有德泽及尔，而先概治以法，是虽为政之常，然吾心尚有所未忍也。姑申教尔。申教尔而不复吾听，则吾亦不能复贷尔矣。尔民其熟思之，毋遗悔。

译文

因此有小的遗憾怨愤应自相保留，乡亲间要互相容忍。容忍的美德，众人都很喜爱，它不只是能保全自身与家庭而已。我并不是要施行严刑峻法来惩治民众的错误。我为政之日浅，百姓还不信任我，恩泽还未广施，就先以法律来惩治，虽然这是为政的常理，但我心中有所不忍，姑且申明教诲，这番教诲若不听从，我也不再宽恕，你等一定要深思，不要遗憾后悔。

一应公差人员经过河下，验有关文，即行照关应付，毋得留难取罪。其无关文，及虽有关文而分外需求生事者，先将装载船户摘拿，送县取供。即与搜盘行李上驿封贮，仍将本人绑拿送县，以凭参究惩治。其公差人安分守法，以礼自处，而在官人役辄行辱慢者，体访得出，倍加惩究，不恕。借办银两，本非正法。然亦上人行一时之急计，出于无聊也。今上人有急难，在尔百姓，亦宜与之周旋。宁忍坐视不顾，又从而怨詈讪讦之，则已过矣。夫忘身为民，此在上人之自处。至于全躯保妻子，则亦人情之常耳。尔民毋责望太过。吾岂不愿尔民安居乐业，无此等骚扰事乎？时势之所值，亦不得已也。今急难已过，本府决无复行追求之理。此必奸伪之徒，假府为名，私行需索。自后但有下乡征取者，尔等第与俱来，吾有以处之。毋遽汹汹！今县境多盗，良由有司不能抚缉，民间又无防御之法，是以盗起益横。近与父老豪杰谋，居城郭者，十家为甲，在乡村者，村自为保。平时相与讲信修睦，寇至务相救援。庶几出入相友，守望相助之义。今城中略已编定。父老其各写乡村为图，付老人呈来。子弟平日染于薄恶者，固有司失于抚缉，亦父老素缺教诲之道也。今亦不追咎，其各改行为善。老人去，宜谕此意，毋有所扰。

译文

一应公差人员经过都要查验关文，按照关文应付，不可为难。对于没有关文、或有关文而有其他需求要别生事端的，先把装载船只的人拿下，送到县中取证。立即搜查行李，哪怕上个站驿站已经封查过，仍然要将本人绑送到县中，以便审取证据。公差要遵守法度，守礼自处，对押解的犯人动辄辱骂的，被我查访得知将加倍严惩不饶。借银两本是不合法，但这也是官员应对情况时的紧急办法。不得已才这样做。现在官府有紧急困难，百姓应设法周旋帮助，不仅坐视不理，甚至还怨愤攻击，这就太过分了。舍身为民是官员的职责，至于保全自己和妻儿也是人之常情，不要太过责怪。我难道不愿意百姓安居乐业，没有这些骚乱之事吗？是时势所迫不得已。现在危急的情况已经过去，本府绝不会再去追究。必然是奸诈虚伪之徒，打着官府名号，私行勒索，今后但凡有人下乡去征收银两，你们就要和他一起来，我一定处理他们，不要一有事就聚集闹事。现在县中多有盗贼，实在是由于官府不能安抚，民间又没有防备的办法，盗贼才会兴起愈发强横。近日，我与父老豪杰计划，将城中十家作为一甲，在乡村中的人，村子要加以保护，平时要讲习忠信和睦，贼寇到来务必相互救援，这样能相互友爱，守望相助。现在城中略已安排妥当，父老将各乡村的地图交付老人呈上来。那些平日里有恶习的子弟，是由于官府失于治理，也有父老素来缺乏教导的缘故，现在也不追究，只要各自改过为善，老人去将此番意思让众人知晓，不要烦扰百姓。

谕示乡头粮长人等，上司奏定水次兑运，正恐尔辈在县拖延，不即起运。苟钱粮无亏，先期完事，岂有必以水次责尔之理？纵罪不免，比之后期不纳者，获罪必轻。昨呼兑运军期面语，亦皆乐从，不敢有异。尔辈第于水次速兑，苟有益于民，吾当身任其咎，不以累上官。但后期误事，则吾必尔罚。定限二十九日未时完报。

译文

告示乡里粮长等人，上司已经安排在码头兑换运输，正担心你等在县中拖延，不能立刻起运。如果钱粮没有亏损，预先做完事情，哪里会以码头上的事情来责备你们的呢？纵然罪责不能免去，相比于那些后期不缴纳的人，获罪也必然较轻。昨日我招来负责收钱粮的官员当面谈话，他们也乐于服从，不敢有异议。你们要在水运码头迅速兑换粮食，只要有利于民，我会承担罪责，不连累上司。但如果延期耽误事情，我定会加以惩罚。定于二十九日未时日完成。

今天时亢旱，火灾流行，水泉枯竭，民无屋庐，岁且不稔。实由令之不职，获怒神人，以致于此。不然，尔民何罪？今方斋戒省咎，请罪于山川社稷，停催征，纵轻罪。尔民亦宜解讼罢争，息心火，无助烈焰。禁民间毋宰杀酗饮。前已遣老人遍行街巷，其益修火备，察奸民之因火为盗者。县令政有不平，身有缺失，其各赴县直言，吾不惮改。

译文

现在天下大旱，火灾流行，水泉枯竭，百姓没有居所，庄稼不熟，实在是我不称职，惹怒神灵，才导致这般情况，不然尔等百姓有什么罪过呢？现在我斋戒反省罪责，向山川社稷之神请罪，停止催促征税，减轻罪罚，你等百姓不要兴起争讼，要平心静气。禁止民间宰杀牲畜，酗酒，此前已经派遣老人在街巷间查看，防备火情，视察趁着火灾行盗窃的奸人。我治理有不对的地方，自身有缺失的，请都到县里来直言，我不惮改正。

昨行被火之家，不下千余，实切痛心。何延烧至是，皆由衢道太狭，居室太密，架屋太高，无砖瓦之间，无火巷之隔。是以一遇火起，即不可救扑。昨有人言，民居夹道者，各退地五尺，以辟衢道，相连接者，各退地一尺，以拓火巷。此诚至计。但小民惑近利，迷远图，孰肯为久长之虑，徒往往临难追悔无及。今与吾民约，凡南北夹道居者，各退地三尺为街，东西相连接者，每间让地二寸为巷。又间出银一钱，助边巷者为墙，以断风火。沿街之屋，高不过一丈五六，厢楼不过二丈一二。违者各有罚。地方父老及子弟之谙达事体者，其即赴县议处，毋忽。

译文

昨日遭受火灾之家不下千余家，实在令我痛心。为什么火灾会如此蔓延？是由于街道狭窄，房屋密集，屋子修筑太高，没有砖瓦来做间隔，又加上没有火巷阻隔，因此一遇起火，就不可扑灭救治。昨日有人说让夹道修筑的民居都后退五尺，来开辟通道，房屋相互连接在一起的各退开一尺，以便留出救火的巷子。这确实是好的计谋。但百姓只贪图眼前利益，没有远见，谁肯做长远打算？往往到了临难的时候才追悔莫及。我现在与百姓约定，凡是南北夹道居住的，各退三尺，辟出通道。东西相互连接的间隔出两寸，作为辟火的巷子，每户再拿出银两一钱，帮助那些住在巷子边上的人修门墙来隔断风火。沿街的房屋高度不超过一丈五六，厢楼不超过一丈一二，违反的人各有处罚。让地方上通明事理的父老以及子弟立刻到县中来商议。不要轻视。

昨吴魁昊、石洪等军民互争火巷，魁昊等赴县腾告，以为军强民弱已久。在县之人，皆请抑军扶民。何尔民视吾之小也？夫民吾之民，军亦吾之民也。其田业吾赋税，其室宇吾井落，其兄弟宗族吾役使，其祖宗坟墓吾土地，何彼此乎？今吉安之军，比之边塞虽有间，然其差役亦甚繁难，月粮不得食者半年矣。吾方悯其穷，又可抑乎？今法度严厉，一陷于罪，即投诸边裔，出乐土，离亲戚，坟墓不保。其守领，国典具在，吾得而绳之，何强之能为？彼为之官长者，平心一视，未尝少有同异。而尔民先倡为是说，使我负愧于彼多矣。今姑未责尔，教尔以敦睦，其各息争安分，毋相侵陵。火巷吾将亲视，一不得，吾其罪尔矣。诉状诸军，明早先行赴县面审。

译文

昨天吴魁昊、石洪等军民互相争夺火巷，魁昊等来到县中告状，认为军强民弱已久，在县中之人都请抑制军队，扶助百姓。你们这些百姓为何如此狭隘地看待我呢？百姓是子民，军人也是子民，军队的田地，我要征收赋税，军队的房屋，是我的井落，他们的兄弟宗族被我役使，他们的祖宗坟地都是我的土地，为什么要分彼此呢？现在安吉的军队比起边塞虽然有差别，但是他们的差事也繁重困难，断粮已有半年，我怜悯他们穷困，又怎么可以压抑他们呢？现在法度严厉，一旦获罪，就要把犯人流放边地，离开乐土，离开亲戚，坟墓不保。对于军队的将领，有国法俱在，我怎能强行收押？作为长官要一视同仁，不能有所差异。你等百姓先提出这种说法，让我对军人愧疚良多，现在我姑且不责备你等，教导你等要敦厚和睦，不要兴起争斗，不要相互侵犯。我将亲自视察火巷，有不当之处，我会治你们的罪。被诉讼的各位军官，明早会先行到县衙当面审理。

谕告父老子弟，县令到任且七月，以多病之故，未能为尔民兴利去弊。中间局于时势，且复未免催科之扰。德泽无及于民，负尔父老子弟多矣。今兹又当北觐，私计往返，与父老且有半年之别。兼亦行藏靡定，父老其各训诫子弟，息忿罢争，讲信修睦，各安尔室家，保尔产业，务为善良，使人爱乐，勿作凶顽，下取怨恶于乡里，上招刑戮于有司。呜呼！言有尽而意无穷，县令且行矣，吾民其听之。

译文

谕告父老子弟，县令到任将满七月。因为多病之故，不能为百姓兴利除弊，中间陷于局势，也难免有催收赋税的打扰，恩泽没有波及百姓，辜负你等父老子弟良多。现在我将要北上觐见，预计往返时间，将与诸位父老分别半年，加上我行踪不定，父老要各自训诫子弟，消除争斗，讲信修睦，各安其家，保有产业，务必做善良之事，令人亲爱和乐，不要逞凶，导致在下被乡里所怨恨厌恶，在上被官府责罚杀戮。哎！言有尽意无穷。县令我现在将要出发，请我的百姓听取谕告。

庐陵县公移

庐陵县为乞蠲免以苏民困事，准本县知县王关查得正德四年十一月二十六日，本县抄蒙本府纸牌，抄奉钦差镇守江西等处太监王钧牌，差吏龚彰赍原发银一百两到县，备仰掌印官督同主簿宋海拘集通县粮里，收买葛纱。比因知县员缺，主簿宋海官征钱粮，典史林嵩郭粮，止有县丞杨融署印。又蒙上司络绎行委催提勘合人犯印信，更替不一。正德五年三月十八日，本职方才到任，随蒙府差该吏郭孔茂到县守，并当拘粮里陈江等，著令领价收买。据各称本县地方，自来不产葛布，原派岁额，亦不曾开有葛布名色，惟于正德二年，蒙钦差镇守太监姚案行本布政司，备查出产葛布县分，行令依时采办，无产县分，量地方大小，出银解送收买。

译文

庐陵县知县王关为百姓能从困苦中复苏，请求免去税赋：正德四年十一月二十六日本县抄录本府的纸牌，抄录了由皇上派来镇守江西的钦差太监王钧的纸牌，派官龚彰拔一百两银子到县中，万望掌印官员督促并协主簿宋海搜集全县粮食、收买葛纱。因知道知县缺人，主簿宋海就代表官府征收线粮。典史林嵩搜集粮食，县丞杨融署上官印，又逢上司络绎不绝被委派来敦促核对犯人印信，更替不一。正德五年三月十八日，本官方才到任，知府派官吏郭孔茂到本县，正赶上负责收购粮食的陈江等人领命照价收买，他们各称本县向来不出产葛布。原来分派的岁额，也不曾开过葛布的名目。只在正德二年钦差镇守太监姚某任本布政司的时候，详查了出产葛布的县，下令它们按时采办。不产葛布的县份，按照土地大小，出银钱充当。

本县奉派折银一百五两。当时百姓嗷嗷，众口腾沸。江等迫于征催，一时无由控诉，只得各自出办赔败。正德四年，仍前一百五两，又复忍苦赔解。今来复蒙催督买办，又在前项加派一百五两之外。百姓愈加惊惶，恐自此永为定额，遗累无穷。兼之岁办料杉、楠木、炭、牲口等项，旧额三千四百九十八两，今年增至一万余两，比之原派，几于三倍。其余公差往来，骚扰刻剥，日甚一日。江等自去年以来，前后赔陂七十余两，皆有实数可查。民产已穷，征求未息。况有旱灾相仍，疾疫大作，比巷连村，多至阖门而死，骨肉奔散，不相顾疗。幸而生者，又为征求所迫，弱者逃窜流离，强者群聚为盗，攻劫乡村，日无虚夕。今来若不呈乞宽免，切恐众情忿怨，一旦激成大变。为此连名具呈，乞为转申祈免等情。据此欲为备由申请间，蓦有乡民千数拥入县门，号呼动地，一时不辨所言。大意欲求宽贷。仓卒诚恐变生，只得权辞慰解，谕以知县自当为尔等申诸上司，悉行蠲免。众始退听，徐徐散归。

译文

本县根据委派的任务需出白银一百零五两，当时百姓不满，议论沸腾。陈江等人迫于征收的催促，一时又找不到理由控诉，只得各自出银两作为赔偿。正德四年，仍是一百零五两，他们又忍受困苦赔付了事。今年官员又来催促买办，在从前的一百零五两之外，又增加其他份额。百姓愈发惊慌，担心从此以后新加份额永成为定额，遗累无穷。加上每年要交的杉木、楠木、木炭和牲口等项，过去的额度三千四百九十八两，今年增加到一万余两。与原数额相比，几乎是三倍，其余公差往来，骚扰剥削，一天比一天厉害。陈江等人自去年以来，已赔付了七十多两白银，都有实数可查。百姓的产出穷尽，征求财物却不停止。况且旱灾频发，疾病瘟疫流行，城镇农村，多有全家皆死的，骨肉奔散，不相照顾治疗，有幸存活下来，又被征收钱粮所逼迫，弱者逃亡流窜，强者聚众为盗，早晚劫掠乡里。现在如果不祈求宽免征税，生怕民情怨愤，一朝刺激生出大变故。为此我等官员联名上奏，想提出宽免征收的请求。据此我等正想详细写明请求，忽然有乡民几千人拥入县衙门内，呼号动地，一时不能分辨他们所言，大概意思就是请求宽缓饶恕。仓促之间，实在怕发生变故，只得安慰开解，并告知百姓，知县定当为尔等向上司申请赦免。众人听后才慢慢散去。

本月初七日，复蒙镇守府纸牌催督前事，并提当该官吏，看得前项事件，既已与民相约，岂容复肆科敛？非惟心所不忍，兼亦势有难行。参照本职自到任以来，即以多病不出，未免有妨职务。坐视民困而不能救，心切时弊而不敢言，至于物情忿激，拥众呼号，始以权辞慰谕，又复擅行蠲免，论情虽亦纾一时之急，据理则亦非万全之谋。既不能善事上官，又何以安处下位？苟欲全信于民，其能免祸于己。除将原发银两解府转解外，合关本县当道垂怜小民之穷苦，俯念时势之难为，特赐宽容，悉与蠲免。其有迟违等罪，止坐本职一人，即行罢归田里，以为不职之戒。中心所甘，死且不朽等因。备关到县，准此，理合就行。

译文

本月初七又接到镇守府的纸牌，督促此前征收之事，并提到了负责工作的官吏。此前的事情，既然已与百姓约定，岂能再大肆征敛？不仅是于心不忍，也是形势所迫。知县我自到任以来，因为多病不能出来理政，未免对于职务有所妨碍，坐视百姓有困难而不能救治，心中担忧时弊而不敢发言，导致民情激愤，众人呼号，才来安抚宽慰，擅自进行赦免，虽解了一时之急，但按理来说，这不是万全之策，既不能向上司交差，自己又不能安处于下位，想要保全百姓的信任，免除自己的祸患，除了将原来发放的银两收回府内之外，应请县衙垂怜百姓的穷苦，考虑时势困难，特行宽容，全部予以免除。其中推辞、违反等罪过只来归咎于我一人，我即刻罢官归家，让其他不称职官员以我为鉴，这是我心甘情愿，死也不朽的想法。关文到县中，即刻批准，理应实行。

教场石碑

正德丁丑，瑶寇大起，江、广、湖、郴之间，骚然且四三年矣。于是三省奉命会征。乃十月辛亥，予督江西之兵，自南康入。甲寅，破横水、左溪诸巢，贼败奔。庚辛，复连战，贼奔桶冈。十一月癸酉，攻桶冈，大战西山界。甲戌，又战，贼大溃。丁亥，尽殪之。凡破巢八十有四，擒斩三千余，俘三千六百有奇，释其胁从千有余众。归流亡，使复业。度地居民，凿山开道，以夷险阻。辛丑，师旋。於乎！兵惟凶器，不得已而后用。刻茶寮之石，匪以美成，重举事也。

译文

正德丁丑年，瑶寇在江西广东湖滨之间兴起骚乱，持续三四年。当时三省奉朝廷之命共同讨贼，十月辛亥，我率江西士兵从南康进入，甲寅日攻破横水、左溪等敌人巢穴，敌人溃败奔逃。庚辛，又接连战斗。贼人奔桶冈，十一月癸酉，攻桶冈，大战于西山界。甲戌，又战斗，贼人大为溃败。丁亥，尽数将其剿灭，总计攻破巢穴八十四处，擒拿斩获三千余人，俘虏三千六百多人，释放胁从者一千余人。让流亡百姓归家，使其恢复作业，量地安排民众，凿山开道，以平复险阻。辛丑，班师凯旋。呜呼！武器是凶器，不得已而后才会使用。在茶寮刻石，并非记录成功，乃是重视这番举事。

戊寅正月癸卯，计擒其魁，遂进兵击其懈。丁未，破三浰，乘胜追北，大小三十余战，灭巢三十有八，俘斩三千余。三月丁未，回军，壶浆迎道，耕夫遍野，父老咸欢，农器不陈。于今五年，复我常业，还我室家，伊谁之力？四省之寇，惟浰尤黠，拟官僭号，潜图孔炁。正德丁丑冬，辇贼既殄，盖机险阱毒，以虞王师，我乃休士归农。赫赫皇威，匪威曷凭。爰伐山石，用纪厥成。

译文

戊寅正月癸卯，用计擒获魁首，于是趁其松懈，发兵攻击。丁未，攻克三浰，乘胜向北追击，共经历大小三十余战，剿灭巢穴三十八处，俘虏斩首三千余人。三月丁未，军队返回，百姓提酒水夹道欢迎，农夫遍野，父老俱欢，不去耕作。至今已经五年，使百姓恢复常业，能回归家室，这是谁的力量？四省的贼寇，唯独浰头尤其狡猾，他们拟定官职封号，所图谋巨大。正德丁丑冬天，輋贼被剿灭，他们趁机设下机关陷阱，以备我师，我于是让士兵休假，归家务农。皇恩浩荡，匪徒有何凭借。开山伐石，以纪念此次战事成功。

铭一首

来尔同志，古训尔陈。惟古为学，在求放心。心苟或放，学乃徒勤。勿忧文辞之不富，惟虑此心之未纯。勿忧名誉之不显，惟虑此心之或湮。斯须不敬鄙慢入，造次不谨放僻成。反观而内照，虚己以受人。言勿伤于烦易，志勿惰于因循。勿以亡而为有，勿以虚而为盈。勿遂非而文过，勿务外而徇名。温温恭人，允惟基德。堂堂张也，难与为仁。卓尔在如愚之回，一贯乃质鲁之参。终身可行惟一恕，三年之功去一矜。不贵其辩贵其讷，不患其钝患其轻。惟黾焉而时敏，乃暗然而日新。凡我同志，宜鉴兹铭。

译文

来此的同志之人，古训陈列在此。古时为学，在于追求安放本心，心果能得到安放，学习才能勤奋。不要担忧文辞不够丰富，要忧虑此心未能纯然，不要忧虑名誉不显赫，只担忧心会否淹没。让不敬粗鄙慢入，造次不谨慎不成，反思内观，虚心待人，言语不要繁琐轻忽。志向不要懒惰因循，不要以无为有，不要以虚为盈，不要文过饰非，不要向外追求名誉。温良恭敬是基本的德行，高蹈张扬难以为仁人。要像颜回般大智若愚，像增参般质朴。终身可行唯忠恕，三年下功除自傲，不以能辨为贵，以木讷为贵。不担忧愚钝，而担忧轻浮。要勤奋努力时时敏锐，才能默然修习日有所进。凡是与我同志之人，都应以该铭文为鉴。

箴一首

古之教者，莫难严师。师严道尊，教乃可施。严师维何？庄敬自持。外内若一，匪徒威仪。施教之道，在胜己私。孰义孰利，辨析毫厘。源之弗洁，厥流孔而。毋忽其细，慎独谨微。毋事于言，以身先之。教不由诚，日惟自欺。施不以序，孰云匪愚！庶予知新，患在好焉。凡我师士，宜鉴于兹。

译文

古时的老师，最难在于做严师。师道尊严，教导才可施行。严师要如何做？要庄严肃静自持，内外如一，不只是徒有威仪。施教的方法在于能战胜私心。辨别义利，洞察细微。源头不清洁，则末流将更严重。不要忽视细微，要慎独谨慎，不要只从事于言说，要自己先实际做到。教学没有诚心，就是自欺。教导没有次序，谁能说不愚钝。我每日有新的领悟，但问题在好为人师，凡我教导过之人，应明鉴于此。

阳朔知县杨君墓志铭

阳明子谪居贵阳，有齐衰而杖者，因乡进士郑銮氏而来请曰：“阳朔令杨尚文卒，其孤侄卿来谓銮曰：‘先伯父死无嗣子，所知我。后人又不竞，非得当世名贤勖一言于墓，将先德其泯废无日。子辱于伯父久，亦宜所甚悯，其若之何？’敢遂以卿奉其先人之遗币，再拜阶下以请。”阳明子曰：

“噫！予摈人惧僇辱之弗遑，奚取以铭人之墓为？其改图诸。”卿伏阶下，泣弗兴。郑为之请益固，则登其状与币于席，而揖使归曰：“吾徐思之。”明日卿来，伏阶下泣。又明日复来，曰：“不得命，无以即丧次。”馆下之士多为之请，且言尚文之为人曰：“尚文敦信狷直，其居乡不苟与，所交必名士巨人，视侪辈之弗臧者若浼焉。尝召其友饮，狂士有因其友愿纳欢者，与偕往。尚文拒弗受曰：‘吾为某，不为若。’其峻绝如是。”阳明子曰：“其然，斯亦难得矣。今之人惟同污逐垢，弗自振立，故风俗靡靡至此。若斯人，又易得耶？”因取其状视之，多若馆下士之言焉，乃许为之志。维杨氏之先，居扬之泰州。祖廉，为监察御史，擢参议贵阳，卒遂家焉。考祥，终昭化县尹。生三子：伯敩，仲敞，即尚文，季敬，宰荆门之建阳驿。尚文始从同郡都宪徐公授《易》。寻举乡荐，中进士乙榜，三为司训庐江、溧阳、平乐，总试事于蜀。末用大臣荐，擢尹桂林阳朔县。瑶顽，弗即工者累年，尚文谕以威德，皆相率来受约束，供赋税。流移闻之，归复业者以千数。部使者以闻，将加擢用，而尚文死矣。得年仅五十有五，又无嗣。天于善人何哉！然尚文所历，三庠之士思其教，阳朔之民怀其惠，乡之后进高其行，其与身没而名踣，又为人所秽鄙者，虽有子若孙何如哉！娶同郡阮氏瑞，新昌主簿君女。尚文虽无子，有卿存焉，犹子也。铭曰：“狮山之麓，有封若斧。左冈右砠，栩栩其树。爰有周行，于封之下。”乡人过者，来视其处，曰：“呜乎！斯杨尹之墓耶！”

译文

阳明子谪居贵阳，有穿着丧服拄丧杖的人拜托乡中进士郑銮前来请求说：“阳朔县令杨尚文去世，他的孤侄杨卿前来对我说：‘伯父去世，没有后嗣。您知道我是其后人，但我又没才学，若不能请当世有名贤士写一篇墓志，先伯父的德业不久就会泯灭了，我从事于伯父日久，应有所同情，您是否可以帮忙呢？’我冒昧请杨卿奉上伯父所遗留的钱币，再来拜请先生写一篇墓志。”阳明子回答说：“哎，我不过是被朝廷摒弃之人，恐怕遭受杀戮辱没，哪敢给人写墓志呢？你另找他人吧。”杨卿跪在台阶下，哭泣不起，郑銮杨卿再请，将杨尚文的生平与钱都放于席上，并搀扶杨卿让他回去说：

“我再慢慢思虑这件事情。”明日杨卿又来阶下哭泣，明日又来，说：“我不得您应允，无法治丧。”王阳明先生馆中的士人也为他请求，并评价杨尚文的为人，说：“尚文敦厚诚信耿直，居于乡中时不苟且，与他所交往之人都是名人贤士，同辈中那些不好的人，他都视作污染之物。他曾召集朋友宴饮，有狂士因他的朋友喜爱欢娱就一并前往，杨尚文拒绝他，并说：‘我为某某办宴席，不是为你。’他如此坚决。”先生说：“能这样做，真是难得，现在的人同流合污，不能自我振作有所树立，所以风俗萎靡至此，他这样的人是难得的啊！”于是取其行状查看，多如馆舍中人所言，于是答应为他做墓志。杨氏的先祖住在扬州府泰州，其祖父杨廉是监察御史，后被擢升为贵阳参议，于是在贵阳落户。他的父亲杨祥最后做了昭化县的县尹，生有三子。大儿子敩，二儿子敞，即尚文，小儿子敬，是荆门建阳驿站的管理。尚文开始跟随同郡的都宪跟随徐公学习《周易》，不久参加考试，中了进士乙榜。后来在庐江、溧阳、平乐三次做司训，总管蜀地科考事宜。最后由大臣举荐擢升为桂林阳朔县县尹。当地瑶人顽劣，多年来不事产业，尚文以威德管理，百姓都来接受管束，缴纳税赋，流民听闻后，复归家乡恢复产业，数以千计。朝廷使者听闻，将要擢升任用，但尚文却去世了，时年仅五十五岁。他没有后人，老天是如何对待这样的善人啊？但尚文的经历，学校中的士人应思虑他的政教所为。阳朔之地的百姓怀念他的恩惠，乡中后辈崇尚他的行为，相比之下，那些死后声名扫地，文章被鄙视轻贱的人，即使有子孙又如何呢？尚文娶同郡阮氏瑞为妻，她是新昌主簿的女儿，尚文虽没有儿子，但侄子有卿就如儿子一般。铭文说：“狮山脚下，墓室严整，山石环绕，树木条畅，此处有善人，安眠于下。”乡人路过，来查看其地说：“啊，这是杨县尹的墓地吗？”

刘子青墓表

此浙江按察佥事刘子青之墓。呜呼！子青洁其行不洁其名，有其实不宏其声。宁藩之讨，子青在师，相知甚悉。吾每叹其才敏，而世或訾之以无能。吾每称其廉慎，而世或诟之以不清。岂非命耶？安常委命，其往而休。人谓子青为愤抑不平以卒，殆其不然。既以奠于子青，复以识其墓石。

此处是浙江按察佥事刘子青之墓，呜呼！子青行为廉洁，却没有一个清廉的名声，有实才，但声名没有远播。讨伐宁藩之时，子青在军中与我甚是相熟。我每每叹服他的才思敏捷，世人却说他无能。我每每称赞他的廉洁谨慎，而世人总是说他不清廉，这难道不是命吗。安常处命，走到哪里都是美好的，别人说子清是因为愤懑不平而去世的，大概不是这样的。在此祭奠子青，以此表文刻于墓石。

祭刘仁征主事

维正德三年岁次戊辰十一月十八日，友生王某谨以清酌庶羞，致奠于亡友刘君。呜呼！仁者必寿，吾敢谓斯言之予欺乎？作善而降殃，吾窃于君而有疑乎？跖、蹻之得志，在往昔而既有，夷、平之馁以称也，亦宁独无于今之时乎？人谓君之死，瘴疠为之。噫嘻！彼封豕长蛇，膏人之髓，肉人之肌者，何啻千百，曾不彼厄，而惟君是罹！斯言也，吾初不以为是。人又谓瘴疠盖不正之气，其与人相遭于幽昧遭难之区也，在憸邪为同类，而君子为非宜。则斯言也，吾又安得而尽非之乎？於乎！死也者，人之所不免。名也者，人之所不可期。虽修短枯荣，变态万状，而终必归于一尽。君子亦曰："朝闻道，夕死可矣。"视若夜旦。其生也奚以喜？其死也奚以悲乎？其视不义之物，若将浼己，又肯从而奔趋之乎？而彼认为己有，恋而弗能舍，因以沉酗于其间者，近不出三四年，或八九年，远及一二十年，固已化为尘埃，荡为沙泥矣。而君子之独存者，乃弥久而益辉。呜呼！彼龟鹤之长年，蜉蝣亦何自而知之乎？属有足疾，弗能走哭，寄奠一觞，有泪盈掬。复何言哉！复何言哉！呜呼尚飨！

译文

正德三年戊辰十一月十八日，王守仁以清酒粗饭祭奠去世的友人刘君。呜呼！有仁德的人必长寿，我敢说这样的话是欺骗我吗？做善事却遭殃，窃以为这话说的就是你啊。像盗跖、庄蹻之类的恶人能得志，在过去已经有过，伯夷、叔齐两人以忍受饥饿著称，现在不也有你这样与他们相仿之人吗。人们都说你是死于瘴疠，哎！那些如封豕长蛇一般，吸人骨髓，鱼肉百姓的人何止千百，他们不曾遭遇厄难，唯有你罹难。这些话我起初不认为说得对。人们又说瘴疠是不正之气，它与人在幽暗穷困的地方才会相遇，与邪恶的人是同类，与君子是不合宜的，这些话我又怎能说它全都不对呢？人都免不了一死，也不可预料自己的名声，虽然生命有长短荣枯，万般情态，最终都必将归于一死。君子也说："朝闻道，夕死可矣。"将生命看作昼夜，活着的时候有何可喜，死去的时候有何可悲，看待不合道义之物，视为污浊，又怎么会去追逐它呢？那些认为自己有留恋而不能舍去的，都是因为沉溺于其间。短的不出三四年，或八九年，长的不出一二十年，死后都会化为尘埃成为泥沙。而能长存的是君子，历久越发有光辉。呜呼！乌龟、白鹤之长寿，蜉蝣哪能知晓？我因有足疾不能前去哭祭，祭奠一杯清酒，不禁落泪。还有何话可说，请你来享用。

祭陈判官文

维嘉靖七年月日，钦差总制四省军务，新建伯，兵部尚书，兼都察院左都御史王，差南宁府推官冯衡，南宁卫指挥王佐，致祭于已故德庆州陈判官之墓。往年罗滂、渌水诸贼为地方患害，判官尝与已故指挥李松议设墟场以制御贼党，安靖地方，殚心竭力，尽忠国事，人皆知之。然其时百姓虽稍赖以宁，而各贼之不得肆其凶虐者，嫉恨日深。其后不幸判官与李松竟为贼首赵木子等所害。以忠受祸，心事未由暴白。连年官府亦欲为之讨贼雪愤，然以地方多事之故，又恐锋刃所加，玉石无分，滥及良善，是以因循未即进兵。今贼首赵木子等已为该道官兵用计擒获，明正典刑。松与判官之忠勤益以彰著。已特遣官以赵木子等各贼首级祭告于李松之墓矣。今复遣南宁府卫官祭告于判官之墓。死而有知，亦可以少泄连年忠愤不平之气也夫！

译文

维嘉靖七年，钦差总制四省军务的新建伯兵部尚书兼都察院左都御史王，派南宁府推官冯衡，南宁卫指挥王佐到故去的德庆州陈判官墓地进行祭祀。往年罗滂、渌水有祸患，判官与已去世的指挥李松商议设集镇，来管理贼人，安定地方，可谓殚精竭虑，尽忠于国家之事，是人人皆知的。当时百姓有赖于此举得以安宁，而贼人不敢再大肆行凶，贼人对陈判官痛恨日深，其后不幸判官竟被贼人首领赵木子等人所害，以忠信受此灾祸，心事无从剖白，几年来官府也想要为他讨伐贼人一血民愤，但因地方上多事，又怕动用军队，好坏无从区分，波及良善之人，因此没有马上发兵。现在贼首赵木子等人已被该道的官兵用计策擒获，依法处刑，李松和判官的忠诚勤劳越发彰显，已经特地派遣官员以赵木子等人的首级祭祀李松之墓。现又派遣南宁府卫官到判官的墓前祭祀告知。他们死而有知，也可稍发泄连年来忠愤不平之气了。

祭张广溪司徒

呜呼！留都之别，倏焉二载。讵谓迄今，遂成永诀，呜呼伤哉！悼朋侪之零落，悲岁月之遄逝，感时事之艰难，叹老成之凋谢。伤心触目，有泪如泻。灵柩南还，维江之湄。聊奠一觞，以寄我悲。呜呼伤哉！

译文

呜呼！自从留都分别，忽然间已有两年，哪里能想到当时分别就成永诀，这是多么伤痛啊，我哀悼朋友凋落，岁月易逝，感到世事艰难，叹息老成之人凋谢，触目伤心，泪如雨下。你的灵柩将要回南方，停靠江边。姑且祭奠你一杯酒，以寄托我的悲哀。呜呼哀哉！

卷之二十九　续编四

序

是卷师作于弘治初年，筮仕之始也。自题其稿曰《上国游》。洪葺师录，自辛巳以后文字厘为《正录》，已前文字则间采《外集》，而不全录者。盖师学静入于阳明洞，得悟于龙场，大彻于征宁藩。多难殷忧，动忍增益，学益彻则立教益简易，故一切应酬诸作，多不汇入。是卷已废阁逸稿中久矣，兹刻《续录》，复检读之，见师天禀夙悟，如玉出璞，虽未就追琢，而暗暗内光。因叹师禀夙智，若无学问之全功，则逆其所造，当只止此。使学者智不及师，肯加学问之全功，则其造诣日精，当亦莫御。若智过于师，而功不及师，则终无所造，自负其质者多矣。乃复取而刻之。俾读师全录者，闻道贵得真修，徒恃其质，无益也。嘉靖辛酉，德洪百拜识。

这卷内容老师作于弘治初年，时为他为官之始。他自题书卷名为《上国游》。德洪我收集老师从辛巳以后所写的文字厘定为《正录》，此前的文字则从《外集》中选取，不全部收录。老师于阳明洞中静坐修养，在龙场多有领悟，在征讨宁藩过程中学问大通。他多遭险难忧虑深切，动心忍性而获增益，学问愈发透彻教学愈发简明平易，所以一切应酬作品，他多不收录。这卷内容长期存于废阁逸稿中，现在刊刻《续录》，我又翻检阅读，见老师的天资觉悟，如同璞石出玉，即使还未被雕琢，已暗暗有光华。因此感叹老师的天资觉悟，若没有下一番学问的功夫，是违逆天赋，也就止于此了。智慧不及我老师之人，如果肯在学问上下全套的功夫，那么造诣就会日益精进，不可抑止。如果智慧超过我老师，而所下功夫不及他的人，终究也不会有什么造化，对自己的优秀资质会多有辜负。于是我取这些内容加以刊刻，愿阅读老师全集的人，明白闻道贵在了解其真谛，自恃有良好资质是无益的。嘉靖辛酉，德洪百拜识。

鸿泥集序

《鸿泥集》十有三卷、《燕居集》八卷，半闲龙先生之作也。其子佥宪君致仁将刻诸梓，而属其序于守仁曰：斯将来之事也，然吾家君老矣，及见其言之传焉，庶以悦其心。吾子以为是传乎？守仁曰：是非所论也，孝子之事亲也，求悦其心志耳目，惟无可致力，无弗尽焉。况其言语文辞，精神之所存，非独意玩手泽之余，其得而忽也。既思永其年，又思永其名，笃爱无已也。将务悦其亲，宁是之与论乎？君曰：虽然，吾子言之。守仁曰：是乃所以自尽者。夫必其弗传也，斯几于不仁，必其传之也，斯几于不知。其传也属之己，其传之弗传之也属之人。姑务其属之己也已。君曰：虽然，吾子必言之。守仁曰：绘事之诗，不入于《风》《雅》，孺子之歌见称于孔、孟。然则古之人其可传而弗传者多矣，不冀传而传之者有矣。抑传与不传之间乎！昔马谈之史，其传也迁成之，班彪之文，其传也固述之。卫武公老矣，而有抑之戒，盖有道矣。夫子删《诗》，列之《大雅》，以训于世。吾闻先生年八十，而博学匪懈，不忘乎警惕，又尝数述《六经》、宋儒之绪论。其于道也，有闻矣，其于言也，足训矣。致仁又尊显而张大之，将益兴起乎道德，而发挥乎事业，若泉之达，其放诸海，不可限而量。是集也，其殆有传乎？致仁起拜曰：是足以为家君寿矣。霓也敢忘吾子之规？遂书之为叙。

译文

《鸿泥集》十三卷、《燕居集》八卷，是半闲龙先生的著作。他的儿子佥宪君将其刊刻而令我来作序，说：“这本是将来打算做的事情，但是家父年老，若他看到自己的作品能流传，大概心中也会感到来愉悦。您可以为他作序吗？”我回答说：“是非所论，孝子侍奉父母，凡是能让其心情愉悦的事，都要尽全力去做，况且先生的这些言语文词是其精神体现，不只是玩弄笔墨写一些文章，他的精神也难得。既想要让老人长寿，又想要让他名声永在，你对父亲的敬爱深厚。想要让你的父亲愉悦，这哪里还需要讨论呢？”他回答说：“虽然是这样，还请您谈谈。”我回答说：“这是你的父亲竭尽其才力写成，如果不能让这样的作品流传，你就是不仁的。你想保证它一定能流传下去，几乎又是不智的。让它能流传下去是你自己的事情，至于它能否传播开来是别人的事情，你只要做好你的这部分就够了。”我说：“《论语》中孔子与弟子讨论绘事后素时所见的佚诗没被记录在《风》《雅》中，《孺子歌》却被收录在《孟子》中被孔、孟称赞。古时之人，其作品可以流传却不能流传下来的有很多。不希望流传而流传下来的也有。更何况那些介于传与不传之间的作品呢？司马谈的史学作品是由于司马迁的原因得以流传，班彪的文章是由于班固的传述得以流传。卫武公年老，有心不让自己的作品流传，说明他是一个有道之人。孔子删减《诗经》列在《大雅》中，来垂训后世。我听闻先生已经八十岁，博学不懈怠，不忘警惕，又曾经传述六经及宋儒的绪论，他对于道义是有所了解的，他的言说也足以训诫后人。至仁你又尊显这些内容，扩大影响，将更加有利于道德兴起，而能成就发扬学问事业，这如同泉水流入大海，不可限量。这部文集大概可以流传下去吧。”致仁起身拜谢说：“这足以让父亲长寿了。我不敢忘记先生的规劝。”于是记录下来作为序。

澹然子序有诗

澹然子四易其号：其始曰凝秀，次曰完斋，又次曰友葵，最后为澹然子。阳明子南迁，遇于潇湘之上，而语之故，且属诗焉，诗而叙之。其言曰：人，天地之心而五行之秀也。凝则形而生，散则游而变。道之不凝，虽生犹变。反身而诚，而道凝矣。故首之以凝秀。道凝于己，是为率性。率性而人道全，斯之谓完。故次之以完斋。完斋者，尽己之性也。尽己之性，而后能尽人之性，尽万物之性，至于草木，至矣。葵，草木之微者也。故次之以友葵。友葵，同于物也。内尽于己，而外同乎物则一矣。一则吻然而天游，混然而神化，同归而殊途，一致而百虑，天下何思何虑矣。故次之以澹然子终焉。或曰：阳明子之言伦矣，而非澹然子之意也。澹然之意玄矣，而非阳明子之言也。阳明子闻之曰：其然，岂其然乎？书之以质于澹然子。澹然子，世所谓滇南赵先生者也。

译文

澹然子更改过四次号，开始叫凝秀，后来叫完斋，再后来叫友葵，最后叫澹然子。阳明子南迁，在潇湘水上遇见他，他说明了改号的原因，并赋诗记录此事。他说："人是天地之心，是五行的灵秀。凝聚则有形体而生，分散则游变天道不凝结，即使有生命，也会变动，反省自身，做到诚实，那么天道就会凝结。所以开始号凝秀。天道凝结于自己，就能遵从本性，遵从本性而人道保全，这就叫完。所以第二次号为完斋。完斋的意思是能穷尽自己的天性，穷尽自己的天性之后，能穷尽他人之性，穷尽万物之性，乃至于穷尽草木之性，这是做到了极致。葵是草木中的微弱植物，所以第三个号是友葵。友葵意为和同于万物。在内尽己之性，在外与物合同，万物与我一体。万物与我一体吻合就可以与天遨游，浑然神话，殊途同归，一致百虑，天下还有什么可以思考的呢？所以最后以澹然子为号。"有人说阳明先生讨论伦理，不是澹然子之意，澹然有玄虚的意思，并非阳明先生之言。阳明先生听完之后说："是那样吗？"于是写下来考证澹然子之意，澹然子，世人常说的是滇南赵先生。

诗曰：两端妙阖辟，五连无留停。藐然覆载内，真精谅斯凝。鸡犬一驰放，散失随飘零。惺惺日收敛，致曲乃明诚。

译文

两端开合玄妙，五连没有停留，天地覆载远不可及，真精实在凝结其中。鸡犬来回趋驰，散失飘零。清醒的人日日收敛，曲尽天地奥妙唯有明德诚心。

明诚为无忝，无忝斯全归。深渊春冰薄，千钧一丝微。肤发尚如此，天命焉可违？参乎吾与尔，免矣幸无亏。

译文

明德诚心无羞愧，无羞愧则能够保全而归。深远上春日所结冰很薄，千钧之重也只有一丝之微。身体发肤尚且如此，天命怎可违背。你我与天地相参，幸而能够免于亏缺。

人物各有禀，理同气乃殊。曰殊非有二，一本分澄淤。志气塞天地，万物皆吾躯。炯炯倾阳性，葵也吾友于。

译文

人和物都各有所禀赋，理同而气不同，造成差别的原因无他，是从根本上区分了清浊。志气充塞在天地间，万物都是我的躯体，阳性光明，葵也是我的友人。

孰葵孰为予，友之尚为二。大化岂容心，繄我亦何意。悠哉澹然子，乘化自来去。澹然匪冥然，勿忘还勿助。

译文

谁是葵谁是我，同它为友尚且与我为二者。造化岂容有私心，覆盖我又是何意。悠哉的澹然子，顺乘造化自由来去。澹然不是昏暗，修养道德不要忘记也不要急于求成。

寿杨母张太孺人序

考功主事杨名父之母张太孺人，以敏慧贞肃为乡邑女氏师，凡乡人称闺阃之良，必曰张太孺人。而名父亦以孝行闻。苟拟人物，有才识行谊，无问知不知，必首曰名父。名父盖今乡评士论之公则尔也。今年六月，太孺人寿六十有七，大夫卿士美杨氏母子之贤，以为难得，举酒毕贺。于是太孺人之长女若婿，从事于京师，且归，太孺人一旦欣然治装，欲与俱南。名父帅妻子从亲戚百计以留。太孺人曰：噫，小子无庸尔焉！自尔举进士，为令三邑，今为考功，前后且十有八年，吾能一日去尔哉？尔为令，吾见尔出入以劳民务，昕夕不遑，而尔无怠容，吾知尔之能勤。然其时监司督于上，或尔有所畏也。见尔之食贫自守，一介不以苟，而以色予养，吾知尔之能廉。然其时方有以贿败者，或尔有所惩也。见尔毁淫祠，崇正道，礼先贤之后，旌行举孝，拳拳以风俗为心，吾知尔能志于正。然其时远近方以是烨，尔或以是发闻也。自尔入为部属且五年，庶几得以自由，而尔食忘味，寝忘寐，鸡鸣而作，候予寝而出，朝于上，疾风甚雨，雷电晦暝，而未尝肯以一日休，予然后信尔之诚于勤。身与妻子为清苦，而澹然以为乐，交天下之士，而莫有以苞苴馈遗至，予然后信尔之诚于廉。凡交尔而来者，予耳其言，非文学道义之相资，则朝廷之政、边徼之务是谋，磨砻砥砺，惟不及古之人是忧焉，予然后信尔之诚志于正，而非有所色取于其外，吾于是而可以无忧尔也已。且尔弟亦善养。吾老矣，姻族乡党之是怀，南归，予乐也。名父跽请不已。太孺人曰：止。而独不闻之，夫煦煦焉饮食供奉以为孝，而中衡拂之，孰与乐亲之心而志之养乎？名父惧，乃不敢请。缙绅士夫闻太孺人之言者，莫不咨嗟叹息，以为虽古文伯、子舆之母何以加是。于是相与倡为歌诗，以颂太孺人之贤，而嘉名父之能养。某于名父厚也，比而序之。

译文

考功主事杨名父之母张太孺人凭借聪慧贞洁严肃成为乡邑中妇女的模

范。乡里的人都称赞她是闺阁里的贤良之人，杨名父也以孝顺之行闻名。如果要说有才识德行的人物，无论认不认识，都一定会提到名父。名父是乡下评议士人讨论的共同准则了。今年六月，太孺人庆贺六十七岁寿辰。士大夫们都赞美杨氏母子的贤德，认为很是难得，所以都举酒祝贺。此时太孺人的长女和女婿在京城做事将要回归，太孺人早上就高兴地整理衣装，也想要一同到南方去。名父带着妻子、孩子和一些亲戚，千方百计将她挽留。太孺人说："哎，你不要挽留我，自从你举为进士，成为三邑的县令，到如今从为考功，前后已经有十八年，我有一天离开你吗？你做县令时，我见你出入都是为百姓忙碌，朝夕不得空闲，也没有倦怠的样子，我知道你能勤于政事，但当时有相关上司监督于你，你或许有所畏惧，现在见到你能安贫自守，不行苟且而和颜悦色供养我，我知你能廉洁。但当时正有人因为受贿而出问题，令你有所警戒，我见到你毁去各种混乱的祭祀场所，崇尚正道，礼遇贤人之后，嘉奖高尚行为，推举孝道，殷勤地以移风易俗为本心，我知道你志向在于守正。然而当时远近之人都夸赞你，你或许是为了出名才这样做。自从你做了部属，已经五年了，差不多可以自由了，但你仍废寝忘食，鸡叫起来，向我请安后就出去忙碌。疾风骤雨，雷电交加，你未曾休息一日，我于是相信你是实实在在勤恳。你与妻儿生活清苦，但平淡欢乐。与天下之士交往，也不去赠送什么礼物，然后我相信你确实廉洁。凡是你所交往之人来家中，我听其言论不是谈论文学道义，就是讨论朝廷政事、边防事务，相互切磋磨砺，只是还做不到像古人那样忧虑天下，然后我相信你的确实是志在正道，而不是想要装模作样向外得个名声，我于是可以不必再为你担忧，你也应该这样教导你的弟弟。我已经年老，亲戚朋友常挂念，能回南方，我很高兴。"名父跪在地上不停请求。太孺人说："停止请求吧，你没听过吗？把对父母供养饮食当做行孝，但内心却违父母的意思，这如何让父母心中愉悦，志意得以存养呢？"名父感到恐惧，于是不敢再请求。士大夫听闻太孺人的话都叹息，认为即使是周文王、孟子的母亲，也不一定能超过她。于是相互提议，为她做歌诗，来赞颂她的贤能，褒奖名父善于养亲。我与名父交情深厚，为此作序文。

对菊联句序

职方南署之前，有菊数本，阅岁既槁。李君贻教为正郎。于时天子居亮闇，西北方多事，自夏徂秋，荒顿窘戚，菊发其故丛，高及于垣。署花盛开且衰，而贻教尚未之知也。一日，守仁与黄明甫过贻教语，开轩而望，始见焉。计其时，重阳之节既去之旬有五日。相与感时物之变衰，叹人事之超忽，发为歌诗，遂成联句。郁然而忧深，悄然而情隐，虽故托辞于觞咏，而沉痛惋悒，终有异乎昔之举酒花前，剧饮酣歌，陶然而乐者矣。古之人谓菊为花之隐逸，则菊固惟涧谷岩洞村圃篱落之是宜。而以植之簿书案牍之间，殆亦昔之所谓吏而隐者欤？守仁性僻而野，尝思鹿豕木石之群。贻教与明甫，虽各惟利器处剧任，而飘然每有烟霞林壑之想。以是人对是菊，又当是地，呜呼！固宜其重有感也已！

译文

我就职的衙署门前有数棵菊花，时节过去花朵枯萎。李贻教为正郎，当时天子正在服丧，西北多事，从夏天到秋天，荒废窘迫，菊花又从旧地发出，高及门墙。衙署前花朵盛开，又将要衰败了，李贻教却不知。一天，我与黄明甫到贻教那边聊天，开窗而望，才发现了这些花。计算时间，重阳节已经过去十五日，我们相互感叹时节事物的变化衰败，哀叹人世飘忽，作歌诗遂成连句。所发情感沉郁忧虑深切，花朵悄然开放不为人所知，即使托于饮酒间所作之诗歌，但沉痛惋惜，终究与过去举杯花前，畅饮酣歌陶然而乐的情形不同了。古人说，菊是花中隐逸者，菊花本在涧谷岩洞村圃篱落这些地方适宜栽种，而种在书案尺牍之间的，大概就是过去所说的那些隐于官吏之中的人吧。我性情孤僻粗野，曾多次思虑与鹿豕木石为伴，贻教与明甫虽然各有才能，担任重任，也飘然总有一些烟霞林壑的畅想，这些人面对菊花，又在这个地方，哎！是多容易有深重的情感生发出来啊！

东曹倡和诗序

正德改元之三月，两广缺总制大臣。朝议以东南方多事，其选于他日，宜益慎重。于是湖南熊公由兵部左侍郎且满九载秩矣，擢左都御史以行。众皆以两广为东南巨镇，海外诸蛮夷之所向背，如得人而委之，天子四方之忧可免二焉。虽于资为屈，而以清德厚望选重可知矣。然而司马执兵之枢，居中斡旋，以运制四外，不滋为重欤？方其初议时，亦有以是言者。虑非不及，而当事者卒以公之节操才望为辞，谓非公不可，其意实欲因是而出公于外也。于是士论哄然，以为非宜。然已命下无及矣。为重镇得贤大臣而抚之，朝议以重举，而公以德升，物议顾怏然而不满也。衡物之情，以行其私，而使人怀不满焉，非夫忘世避俗之士，不能无忧焉。自命下暨公之行，曹属之为诗以写其眷留之情者，凡若干人。以前驱之骤发也，叙而次之，仅十之一。遮公御而投之，庸以寄其私焉。

译文

正德改元的三月，两广地区缺总制大臣，朝廷商议，因东南方多事，选举大臣时应该慎重，此时湖南熊公担任兵部左侍郎将要满九年，于是擢升他作为左都御史令他去两广赴任。众人都认为两广是东南的重镇，关系到海外蛮夷的人心向背，有得力之人可以委派，那么天子四方之忧可稍得免除。即使资历不高，清廉有德行也是最重要的。但是，总制大臣是要掌管军事枢纽，要居中斡旋来控制四方的，这样的职位难道不重要吗？当时刚开始商议时，也有人这样说。他们的考虑并非不对，当时的人以熊公的节操名望说事，说不是熊公来担任不可，他们的用意实际是想将熊公排除到候选人之外。于是士人哄然议论，认为他不合适。但是命令已下来不及了。两广重镇可以得到贤明大臣来镇抚，朝廷郑重举用，而熊公因德行升迁，有很多心中不快愤愤不满的人。权衡形势以行私心，心怀不满，不是那些逃避世俗的人，都要对此感到忧虑，自命令下达，熊公出发，我等写诗表达留恋之情，总共有若干人。因熊公的先头人马突然出发，我们编次好的诗文仅有十分之一，到熊公的车架前送上诗，聊以寄托我等之情。

豫轩都先生八十受封序

弘治癸亥冬，守仁自会稽上天目，东观于震泽。遇南濠子都玄敬于吴门，遂偕之入玄墓，登天平。还，值大雪，次虎丘。凡相从旬有五日。予与南濠子为同年，盖至是而始知其学之无所不窥也。归造其庐，获拜其父豫轩先生。与予坐而语，盖屯然其若避而汇趋也，秩然其若敛而阳煦也。予坎然而心撼焉，倏而色惭焉，倏而目骇焉，亡予之故。先生退，守仁谓南濠子曰：先生殆有道者欤！胡为乎色之不存予，而德之予薰也？南濠子笑而颔之曰：然。子其知人哉！吾家君于艺鲜不通，而人未尝见其学也。于道鲜不究，而人未尝知其有也。夫善之弗彰也，则于子乎避。虽然，吾家君则甚恶之。吾子既知之也，穆其敢隐乎？凡穆之所见知于吾子，皆吾家君之所弗屑也。故乡之人无闻焉。非吾子之粹于道，其宁孰识之？夫南濠子之学以该洽闻，四方之学者，莫不诵南濠子之名，而莫有知其学之出自先生者。先生之学，南濠子之所未能尽，而其乡人曾莫知之。古所谓潜世之士哉！彼且落其荣而核之存，彼且固灵株而塞其兑，彼且被褐而怀玉，离形迹，遁声华，而以为知己者累，孰比比焉？迹形骸而求之，其远哉！今年先生寿八十，神完而气全，齿发无所变。八月甲寅，天子崇徽号于两宫，推恩臣下。于是南濠子方为冬官主事，得被异数，封先生如其官。同年之任于京者，美先生之高寿，乐南濠子之获荣其亲也，集而贺之。夫乐寿康宁，世之所慕，而予不敢以为先生侈。章服华宠，世之所同贵，而予不敢以为先生荣。南濠子以予言致之先生，亦且以予为知言乎？乙丑十月序。

译文

弘治癸亥冬，守仁自会稽到天目山，往东去观震泽。则在吴门遇到南濠子都玄敬，于是相携进入玄墓，登上天平山，归还时正逢大雪，后游到虎丘，相处总共十五日，我与南濠子同年为官，直到那时才知道他的学问无所不窥。到他家中拜访，见到他的父亲豫轩先生。豫轩先生与我坐谈，他看起来似迟钝但实是不去趋炎附势，容貌整饬内敛和煦，我心中感到震撼，马上就露出惭愧的颜色，为我所见感到震惊，这颠覆了我此前看法。先生离开之后，我对南濠子说："先生大概是有道之人吧，为什么他不像我一样表现在脸上？而德行能感染我呢？"南濠子笑着回答说："是这样的，你真是了解人啊，家父对于艺术鲜少有不精通的，而人未曾见过他的学问；对于道义无不探究，而人未尝知道他的情况，他的美善不能彰显，面对你他也避免表现。即使家父有这些美好品质，还是很厌恶表现，你既然知晓了，我怎敢隐瞒？凡是我从君子身上所见所知的，都是家父不屑的。所以乡里之人不了解他，不是您这样精通于道义的人谁能看出呢？"南濠子的学问广博，四方学者都称颂他的大名，而不知他的学问是出自他的父亲。豫轩先生的学问，南濠子还未能学完，他的同乡之人对此并不知晓。这就是古代所说的潜藏于世的人吧。他摇落浮华保留内核。固守本心不求愉悦，穿着朴素，怀珠韫玉，不去表现，不求声望荣华，认为知己是挂累，众人想要按照形迹去追寻他，反而会远离他。豫轩今年先生八十岁，精神完足，气息健全，牙齿头发无所改变。八月天子为两宫上徽号，推恩于臣下，这时南濠子做了冬官主事，得到优厚待遇，也封豫轩先生类似的官职，同年在京城当官的人聚集起来，庆贺先生高寿，祝贺南濠子能使其父亲获得荣誉。长寿安宁，是世人所仰慕。而我不敢认为先生会认为这些是奢侈。华服荣宠，是世人所贵重，我不敢认为先生会认为这些是荣耀。南濠子将我所说的话告知先生，他也会认为我所说是知己之言吗？乙丑十月作序。

送黄敬夫先生佥宪广西序

古之仕者，将以行其道，今之仕者，将以利其身。将以行其道，故能不以险夷得丧动其心，而惟道之行否为休戚。利其身，故怀土偷安，见利而趋，见难而惧。非古今之性尔殊也，其所以养于平日者之不同，而观夫天下者之达与不达耳。吾邑黄君敬夫，以刑部员外郎擢广西按察佥事。广西，天下之西南徼也。地卑湿而土疏薄，接境于诸岛蛮夷。瘴疠郁蒸之气，朝夕弥茫，不常睹日月。山獞海僚，非时窃发。鸟妖蛇毒之患，在在而有。固今仕者之所惧而避焉者也。然予以为中原固天下之乐土，人之所趋而聚居者。然中原之民至今不加多，而岭广之民至今不加少，何哉？中原之民，其始非必尽皆中原者也，固有从岭广而迁居之者矣。岭广之民，其始非必尽皆岭广者也，固有从中原而迁居之者矣。久而安焉，习而便焉，父兄宗族之所居，亲戚坟墓之所在，自不能一日舍此而他也。古之君子，惟知天下之情不异于一乡，一乡之情不异于一家，而家之情不异于吾之一身。故视其家之尊卑长幼，犹家之视身也，视天下之尊卑长幼，犹乡之视家也。是以安土乐天，而无入不自得。后之人视其兄之于己，固已有间，则又何怪其险夷之异趋，而利害之殊节也哉？今仕于世，而能以行道为心，求古人之意，以达观夫天下，则岭广虽远，固其乡间，岭广之民，皆其子弟，郡邑城郭，皆其父兄宗族之所居，山川道里，皆其亲戚坟墓之所在。而岭广之民，亦将视我为父兄，以我为亲戚，雍雍爱戴，相眷恋而不忍去，况以为惧而避之耶？敬夫吾邑之英也。幼居于乡，乡之人无不敬爱。长徙于南畿之六合，六合之人，敬而爱之，犹吾乡也。及举进士，宰新郑，新郑之民曰：吾父兄也。入为冬官主事，出治水于山东，改秋官主事，擢员外郎，僚采曰：吾兄弟也。盖自居于乡以至于今，经历且十余地，而人之敬爱之如一日。君亦自为童子以至于为今官，经历且八九职，而其所以待人爱众者，恒如一家。今之擢广西也，人咸以君之贤，宜需用于内，不当任远地。君曰：吾则不贤。使或贤也，乃所以宜于远。呜呼！若君者可不谓之志于行道，素养达观，而有古人之风也欤！夫志于为利，虽欲其政之善，不可得也。志于行道，虽欲其政之不善，亦不可得也。以君之所志，虽未有所见，吾犹信其能也。况其赫烨之声，奇伟之绩，久熟于人人之耳目，则吾于君之行也，颂其所难而易者见矣。

译文

古人做官是要行其道义，现在的人做官是要为自身谋利益。要行道义的人，不会因为险难得失动摇其心，只关心道义是否能顺利施行。为自身谋利益的人，记挂土地苟且偷安，见到利益就追随，见到险难就惧怕。这不是古今之人性情有差别，而是平日里所受到的教养和看待显达的态度有不同。广西是天下的西南边陲，地势低下，气候潮湿而土壤稀疏，与各岛蛮夷相接壤。瘴疠之气朝夕弥漫，常不见日月。山中海上的蛮夷不时悄悄出动，怪鸟蛇毒的隐患四处都有。本就是现在为官者所惧怕，想要避开的地方。但我认为中原固然是天下的乐土，是人们争相聚居之地，但是中原的百姓，现在也没有增多，而岭南的人至今也不曾减少，为什么呢？中原的人一开始也不一定都是中原本地人，也有从岭广迁居过去的。岭广的百姓一开始也并非都是岭广本地人，也有从中原迁居而来的。住的时日长久了，便能安处，已习惯了。父兄宗族所居，亲戚坟墓所在，自然不可在某天就舍去离开，到其他地方去。古代的君子应该知道天下的情况与一乡的情况没什么差异，一乡的情况与一家的情况没什么差异，一家的情况与一个人的情况没什么差异。所以看待家中的尊卑长幼，就如同看待自身一样，看待天下的尊卑长幼，就如同乡里看待家庭一样，因此能安土乐天，怡然自得。后来之人看待兄长与自己都有间隔。那不去险难之地，而考量利害得失与古人截然不同，又有什么可奇怪的呢？现在世上当官之人，能以施行道义为心，探求古人之意，以旷达的胸怀看待天下，那么岭广即使偏远，也是他的故乡，岭广之地的百姓也是他的子弟，城池郡邑，也都是他父亲兄弟宗族所居住之地，山川大路都是他的亲戚坟墓所在。岭广的百姓也会将他视为父兄，把他当作亲戚，真切爱戴，相互眷恋而不忍他离去，又谈何恐惧逃避呢？敬夫是我们当地的英才，幼年他居住在乡里，人们无不对他敬爱。长大后他到南畿六合，六合的人也都对他敬爱，如同对待同乡之人一样，等到他科举中进士，去治理新郑，新郑的百姓说："他是我们的父兄。"他擢升为冬官主事，到山东治理水患，后来又改任秋官主事，升任员外郎，同僚说："他是我们的兄弟。"自他居住在乡间到现在经历十几个地方，而人们都同样尊敬爱戴他。他从孩童到现在为官，经历过八九种职位，他对待众人始终如同一家人，现在他被擢升到广西任职，人们都认为以他贤能应该在内地做官，不应该到远处上任。他说："我并不贤能，假使要做到贤能的话，应该到远处去。"像他这样的人，真可谓励志施行道义，修养旷达，有古人之风。那些志在牟利的人，即使想要治理好，也是不可得的。志在行道义的人，即使他想治理不好，也是不可得的。以敬夫的志向，虽然还未见到他治理的成果，我依然相信他能做好，况且他显赫的名声，奇伟的功绩，长久以来为人熟知，我在他远行之时，赞颂他身上难得一见的品质。

性天卷诗序

锡之崇安寺，有浮屠净觉者，扁其居曰性天。因地官秦君国声而请序于予。予不知净觉，顾国声端人也，而净觉托焉，且尝避所居以延国声诵读其间，此其为人必有可与言者矣。然性天既非净觉之所及，而性与天又孔子之所罕言，子贡之所未闻，则吾亦岂易言哉？吾闻浮屠氏以寂灭为宗，其教务抵于木槁灰死，影绝迹灭之境，以为空幻。则净觉所谓性天云者，意如此乎？净觉既已习闻，而复予请焉，其中必有愿也，吾不可复以此而渎告之。姑试与净觉观于天地之间，以求所谓性与天者而论之。则凡赫然而明，蓬然而生，訇然而惊，油然而兴，凡荡前拥后，迎盼而接睐者，何适而非此也哉？今夫水之生也润以下，木之生也植以上，性也。而莫知其然之妙，水与木不与焉，则天也。激之而使行于山巅之上，而反培其末，是岂水与木之性哉？其奔决而仆夭，固非其天矣。人之生，入而父子、夫妇、兄弟，出而君臣、长幼、朋友，岂非顺其性以全其天而已耶？圣人立之以纪纲，行之以礼乐，使天下之过弗及焉者，皆于是乎取中，曰此天之所以与我，我之所以为性云耳。不如是，不足以为人，是谓丧其性而失其天。而况于绝父子，屏夫妇，逸而去之耶？吾儒之所谓性与天者，如是而已矣。若曰性天之流行云，则吾又何敢躐以亵净觉乎哉？夫知而弗以告，谓之不仁，告之而躐其等，谓之诬，知而不为焉者，谓之惑。吾不敢自陷于诬与不仁。观净觉之所与，与其所以请，亦岂终惑者邪？既以复国声之请，遂书于其卷。

译文

锡之崇安寺有位和尚叫净觉，他的住处有一块匾额，上面写着“性天”。他通过地官秦国声请我为他作序，我不认识净觉，但国声是端正之人，而净觉是托他来请求的，他曾为国声提供居所，使国声能在其中读书，他的为人想必可知。但“性天”既不是净觉能达到的，也是孔子很少谈论的，子贡未曾听闻过，我又怎能轻易来讲呢？我听说佛教之人以寂灭为宗，他们的教义是要达到槁木死灰影迹灭绝的境界，并将这种境界称为空幻。那么，净觉所说的性天是什么意思？想必是佛教中的这番意思吧。净觉既然已经学习佛家教义，而又请我来作序，其中必定有他的愿望，我不能轻率地来谈，姑且试着与净觉观察天地之间，来探求所谓的性和天，与他做一些讨论。赫然而明亮，蓬勃而生长，轰然而震动，油然而兴起，前顾后盼，应接不暇，什么事情不是如此？水生发出来，滋润下土，树木生发，植物向上生长，这是天性，而它们不知生命的奇妙，水与木本互不相关，这是天性。如果鼓动水流，使它流于山巅之上，而倒植树木，这岂是水与木的本性？让水流奔腾扑向天空，这本来就不是水的天性。人的生活，回到家中，有父子、夫妇、兄弟，出门有君臣、长幼、朋友，不都是顺应本性而保全其天命吗？圣人设立纲纪，施行礼乐，让天下过与不及的人，都能去取中道，说这是天所赋予我的，我以之为本性。不如此的话，不足以为人，就是所谓的丧失本性，失去天道。更何况断绝父子夫妇的关系，远离他们呢？儒家所谈论的性与天不过如是。净觉说本性天道流行，我又哪敢用这种解释去僭越亵渎净觉呢？知道而不告知，是不仁。告知而僭越，叫作诬，知道而不去做，叫作疑惑。我不敢让自我陷于诬与不仁的境地，观察净觉所为与他的请求，难道他是终究感到困惑吗？已回复了国声之请，于是将这些内容记在卷上。

送陈怀文尹宁都序

木之产于邓林者，无弃材，马之出于渥洼者，无凡足。非物性之有异，其种类土地使然也。剡溪自昔称多贤，而陈氏之居剡者，尤为特盛。其先有讳过者，仕宋，为侍御史。子匡，由进士为少詹事。匡之四世孙圣，登进士，判处州。子颐，征著作。颐子国光，元进士，官大理卿。光侄彦范，为越州路总管。至怀文之兄尧，由乡进士掌教濮州。弟璟，蜀府右长史。珂，进士，刑曹主事。衣冠文物，辉映后先，岂非人之所谓邓林、渥洼者乎？宜必有瑰奇之材，绝逸之足，干青云而蹑风电者，出乎其间矣。怀文始与予同举于乡，望其色而异，耳其言而惊。求其世，则陈氏之产也。曰：嘻！异哉！土地则尔，他时柱廊庙而致千里者，非彼也欤！既而匠石靡经，伯乐不遇，遂复困寂寞而伏盐车者十有五年。斯则有司之不明，于怀文固无病也。今年赴选铨曹，授尹江西之宁都。夫以怀文合抱之具，此宜无适而不可。顾宁都百里之地，吾恐怀文之骥足有所不展也。然而行远自迩，登高自卑，自今日始矣。则如予之好于怀文者，于其行能无言乎？赠之诗曰：矫矫千金骏，郁郁披云枝。跑风掩雷电，梁栋惟其宜。寒林栖落日，暮色江天卮。元龙湖海士，客衣风尘缁。牛刀试花县，鸣琴坐无为。清濯庐山云，心事良独奇。悠悠西江水，别怀谅如斯。

译文

邓林出产的木材没有废弃的，渥洼出产的马匹没有普通的。不是物的性质有差别，而是所出产的地方使然。剡溪过去以贤人众多著称，而陈氏尤为兴盛。怀文有位叫陈过的先祖，在宋朝为侍御史，他的儿子陈匡由进士做到少詹事，陈匡的四世孙陈圣也考中进士，在处州做判官。他的儿子陈颐征为著作郎，陈颐的儿子国光是元朝进士，官至大理寺卿。国光的侄子陈彦范，是越州路的总管。到怀文的兄长陈尧，由乡进士掌教濮州。怀文的弟弟陈璟，是蜀府右长史。弟弟陈珂，是进士，任刑曹主事。名门氏族风采前后辉映，这难道不是人们所说的邓林、渥洼吗？必定会有瑰奇的栋梁，超逸的好马，追风逐电的人才出现在此。陈怀文当时与我同时参与乡试，观察他的神色异于常人，耳听他的言语感到震动，询问他的家世，原来是陈氏家族。我说："哎，神奇！那片土地就是这样的，他日栋梁之才，千里之马，不是他是谁呢？"但他却因为没有遇到良匠伯乐，所以寂寂无名而大材小用有十五年之久，这是官员没有慧眼，陈怀文自身没有问题。今年去选拔官吏的人，授予他江西宁都尹之职，以怀文的栋梁之材，这职位并不合适。宁都这个地方方圆不过百里，我担心怀文的才华无法施展，但行远自近，登高自卑，要从当下做起。我如此看好怀文，在他出发前，能没有言语吗？赠给他诗：矫矫千金骏，郁郁披云枝。跑风拖雷电，梁栋惟其宜。寒林栖落日，暮色江天卮。元龙湖海士，客衣风尘缁。牛刀试花县，鸣琴坐无为。清濯庐山云，心事良独奇。悠悠西江水，别怀谅如斯。

送骆蕴良潮州太守序

昔韩退之为潮州刺史，其诗文间亦有述潮之土风物产者。大抵谓潮为瘴毒崎险之乡。而海南帅孔戣又以潮州小，禄薄，特给退之钱千十百，周其阙乏。则潮盖亦边海一穷州耳。今之岭南诸郡以饶足称，则必以潮为首举，甚至以为虽江、淮财赋之地，亦且有所不及。岂潮之土地啬于古而今有所丰，抑退之贬谪之后，其言不无激于不平而有所过也？退之为刑部侍郎，谏迎佛骨，天子大怒，必欲置之死。裴度、崔群辈为解，始得贬潮州。则潮在当时不得为美地，亦略可见。今之所称，则又可以身至而目击，固非出于妄传。特其地之不同于古，则要为有自也。予尝谓牧守之治郡，譬之农夫之治田。农夫上田，一岁不治则半收，再岁不治则无食，三岁不治则化为芜莽，而比于瓦砾。苟尽树艺之方，而勤耕耨之节，则下田之收与上等。江、淮故称富庶，当其兵荒之际，凋残废瘠，固宜有之。乃今重熙累洽之日，而其民往往有不堪之叹，岂非以其俗素习于奢逸，而上之人又从而重敛繁役之，别剥环四面而集，则虽有良守牧，亦一暴十寒，其为生也无几矣。潮地岸大海，积无饶富之名，其民贡赋之外，皆得以各安地利，业俭朴，而又得守牧如退之、李德裕、陈尧佐之徒相望而抚掬梳摩之，所以积有今日之盛，实始于此。迩十余年来，富盛之声既扬，则其势不能久而无动。有司者又将顾而之焉。则吾恐今日之潮，复为他时之江、淮，其甚可念也。今年潮知府员缺，诸暨骆公蕴良以左府经历擢是任以往。公尝守安陆，至今以富足号，遂用是建重屏其地。继后循其迹而治之者，率多有声闻。及入经历左府都督事，兵府政清，自府帅下逌幕属军吏，礼敬畏戴，不谋而同。其于潮州也，以其治安陆者治之，而又获夫上下之心，如今日之在兵府，将有为而无不从，有革而无不听，政绩之美，又果足为后来者之所遵守，则潮之富足，将终保于无恙，而一郡民神为有福矣。夫为天子延一郡之福，功岂小乎哉？推是以进，他日所成，其又可论？公僚友李载旸辈请言导公行。予素知公之心，且稔其才，自度无足为赠者，为潮民庆之以酒，而颂之以此言。

译文

过去韩愈做潮州刺史，他的诗文中间也有讲述潮州的风土物产的。大致将潮州称为瘴毒崎险之地。而海南的将领孔戣认为潮州小地方，俸禄少，特地给了韩愈银钱上千两，周济他的穷困。现在岭南各郡以富饶著称，而以潮州为首，人们甚至认为即使是江淮，那些产出财税多的地方，也不可企及。难道是潮州这个地方古时贫瘠，而现在丰足吗？还是说韩愈被贬谪之后，他的言语中有激切不平之处，形容有些过头呢？韩愈作为刑部侍郎，觐见反对迎佛骨，天子大怒，一定要将他置之死地，裴度、崔群等人为他求情，得以被贬到潮州。潮州在当时一定不是好的地方，从中也可大略知晓。现在人们所说的潮州，到这个地方亲眼看一看，就知并非是虚妄的传言。这个地方与古时有所不同，是有原因的。我曾说，官吏治理郡县，如同农夫治理田地，农夫到田间耕作，一年不去治田，收成就会减半，两年不去治田，就没有粮食可吃，三年不去治田，就会变成荒地，满地瓦石。如果能做到种植有方，耕作勤劳，那么下等田的收成也能比得上上等田。江淮过去以富庶著称，但当战乱兴起之时，也残破凋敝。现在连年干旱，百姓悲叹无法负担，难道不是因为此地习俗素来奢侈，而在上位之人有大为敛财，频繁劳役吗？四面剥削搜刮，即使有好的官员也是一曝十寒，为了当地的生计而工作的人几乎没有。潮州临近大海，过去没有富饶的名声，百姓除了交纳赋税之外，可以安享地上的出产，产业简朴，而又得到了像韩愈、李德裕、陈尧佐这样的官员守望治理，所以逐渐有了现在的盛况。到今日能富饶，实在有赖于此。近十年来潮州富饶的名声传扬出去，目前的情况不可能长久不变，有官吏又将会到这里来。我担忧现在的潮州会变成他日的江淮，这实在让人挂念。现在潮州府的官员空缺，诸暨骆公蕴良由左辅升任潮州知府，他曾驻守安陆，至今安禄以富足闻名，他又被派去建设重屏，其后按照他的方法来治理的人大多有声望，等他做了左辅都督，在兵府中工作，正直清廉，从府中的将领到幕僚、官吏不约而同都对他敬畏爱戴。他对于潮州，用治理安陆的方法来治理，又深得上下之心，就像今日在兵府中，凡他有作为，众人无不听从，凡有改革，众人也无不听从。他的政绩优秀，足以被后来者遵守，潮州的富足最终能保全，一郡的百姓神灵就有福了，为天子延续一郡福气这样的功德，难道小吗？推想一下，他以后的成就又哪可估量？骆公的同僚友人请我写几句话倡导骆公的行为，我素来知他之心，且了解他的才能，我自己估量着没有什么可赠送的，就代表潮州百姓以酒来庆贺，以此言来称颂吧。

高平县志序

《高平志》者，高平之山川、土田、风俗、物产无不志焉。曰高平，则其地之所有皆举之矣。《禹贡》《职方》之述，已不可尚。汉以来《地理郡国志》《方舆胜览》《山海经》之属，或略而多漏，或诞而不经，其间固已不能无憾。惟我朝之《一统志》，则其纲简于《禹贡》而无遗，其目详于《职方》而不冗。然其规模宏大阔略，实为天下万世而作，则王者事也。若夫州县之志，固又有司者之职，其亦可缓乎？

译文

《高平志》记载了高平的山川、土田、风俗、物产。名为高平，当地相关内容无不包举。《禹贡》和《职方》中的叙述，已经不可考证。汉代以来的《地理郡国志》《方舆胜览》《山海经》之类的记载，有的简略且有遗漏，有的荒诞且不符合常理，其中本来就不能没有遗憾。只有当朝的《一统志》，大纲比《禹贡》还简练但没有遗漏，目录比《职方》还详细但不冗长。但它的规模宏大阔略，实在是给天下万世而作的，是朝廷的事。像那州县的志，本来是当局的职责，难道能延缓吗？

弘治乙卯，慈溪杨君明甫令泽之高平。发号出令，民既悦服。乃行田野，进父老，询邑之故，将以修废举坠。而邑旧无志，无所于考。明甫慨然太息曰：此大阙，责在我。遂广询博采，搜秘阙疑，旁援直据，辅之以己见，遵《一统志》凡例，总其要节，而属笔于司训李英，不逾月编成。于是繁剧纷沓之中，不见声色，而数千载散乱沦落之事，弃废磨灭之迹，灿然复完。明甫退然若无与也。邑之人士动容相庆，骇其昔所未闻者之忽睹，而喜其今所将泯者之复明也。走京师，请予序。

译文

弘治乙卯，慈溪杨明甫到高平任职。他发号施令百姓服从，于是他到乡野间采访，向当地的老百姓询问该地过去的事情，想修旧起废，但过去没有县志，无从考察。他慨然叹息说："这是大的缺失，责任在我。"于是他广征博采，搜集线索，旁征博引，再加上自己的意见，遵照《一统志》的凡例，总结出关键的章节，令司训李英执笔，不到一月就编写完毕。于是那些在纷繁巨变中不见声色的人，在数千年中散乱沦落的事，被废置磨灭的痕迹，都灿然恢复。他很谦退，像是没有做出什么贡献一样，高平的人民动容庆贺，为忽见到未曾见过的事情而震动，为将泯灭的记录又得以重现而欢喜。他们来到京师，请我为此作序。

予惟高平即古长平，战国时秦白起攻赵，坑降卒四十万于此，至今天下冤之。故自为童子，即知有长平。慷慨好奇之士，思一至其地，以吊千古不平之恨而不可得。或时考图志以求其山川形势于仿佛间。予尝思睹其志，以为远莫致之，不谓其无有也。盖尝意论赵人以四十万俯首降秦，而秦卒坑之，了无哀恤顾忌，秦之毒虐，固已不容诛，而当时诸侯，其先亦自有以取此者。夫先王建国分野，皆有一定之规画经制。如今所谓志书之类者，以纪其山川之险夷，封疆之广狭，土田之饶瘠，贡赋之多寡，俗之所宜，地之所产，井然有方。俾有国者之子孙世守之，不得以己意有所增损取予。夫然后讲信修睦，各保其先世之所有，而不敢冒法制以相侵陵。战国之君恶其害己，不得骋无厌之欲也，而皆去其籍。于是强陵弱，众暴寡，兼并僭窃，先王之法制荡然无考，而奸雄遂不复有所忌惮，故秦敢至于此。然则七国之亡，实由文献不足证，而先王之法制无存也。典籍图志之所关，其不大哉！

译文

高平就是古代的长平，战国时期，秦国白起攻击攻打赵国，坑杀投降的士卒四十余万人，至今天下仍然认为这些士兵冤死，我还是孩童时就知道有长平这个地方。慷慨激昂，怀着好奇之心的人，想要到这个地方，来凭吊千古以来不平之恨，但一直没有成行。有人考察地图记录，探究当地的山川形势，我曾经见过他们的记录，但时代间隔太久远，写得并不清楚，但也不能说这些事情是不存在的。我曾想讨论赵国四十万士兵向秦投降，而秦最终将其坑杀，没有任何哀怜抚恤忌讳，秦人残酷，其罪当诛，此外当时的诸侯也有自己的问题才会导致那样的局面。先王分封建国有一定的规划制度，现在所谓的志书之类的内容，记载了山川的险峻平坦，封疆的辽阔狭窄，土地的富饶贫瘠，税赋多少，习俗如何，地产如何，都井然有序。这样，拥有国土的子孙能世代守护封地，不可凭借自己的意思随意增多或减少土地，然后可以讲信修睦，各自保有祖先的遗存，而不敢去违反法制相互欺凌。战国的诸侯厌恶这些法度，因为这些内容妨碍了他们满足无穷无尽的欲望，于是都抛弃原来的规章制度，以强凌弱，以众施暴于寡，兼并僭越，先王的法度荡然无存，奸雄不再有所忌惮，所以秦国敢那样做，但七国的灭亡又没有充足的文献记载，先王的法制也没有留存下来。图书典籍所关联的问题，岂不重大！

今天下一统，皇化周流。州县之吏，不过具文书，计岁月，而以赘疣之物视图志。不知所以宜其民，因其俗，以兴滞补弊者，必于志焉是赖。则固王政之首务也。今夫一家且必有谱而后可齐，而况于州县？天下之大，州县之积也。州县无不治，则天下治矣。明甫之独能汲汲于此，其所见不亦远乎！明甫学博而才优，其为政廉明，毁淫祠，兴社学，敦伦厚俗，扶弱锄强，实皆可书之于志，以为后法。而明甫谦让不自有也。故予为序其略于此，使后之续志者考而书焉。

译文

现在天下一统，皇帝的教化遍及周边。州县的官吏不过置办文书，记载岁月，而仍将制作图志视为累赘。不知道这些文件有益于民，有益于习俗，要弥补缺失，一定要依赖于这些文件，这是实行王政的首要任务。现在一个家中一定要有族谱之后可以谈齐家，更何况州县呢。天下之大是由一个个州县积累起来的，州县得到治理，天下才能得到治理。他之所以努力地来做这件事情，难道不是有远见吗？他学识广博才能优越，为政清廉。废除繁多的祭祠，兴办学校，敦厚伦理习俗扶弱除强，这些都可以记录在县志中，作为后世的模范，而他谦让并不把自己写进去，所以我在序言中大略对此加以记录，使以后续编县志的人能有所考察而加以书写。

送李柳州序

柳州去京师七千余里，在五岭之南。岭南之州，大抵多卑湿瘴疠，其风土杂夷从，自昔与中原不类。唐、宋之世，地尽荒服。吏其土者，或未必尽皆以谴谪，而以谴谪至者居多。士之立朝，意气激轧，与时抵忤，不容于侪众，于是相与摈斥，必致之远地。故以谴谪而至者，或未必尽皆贤士君子，而贤士君子居多。予尝论贤士君子，于平时随事就功，要亦与人无异。至于处困约之乡，而志愈励，节益坚，然后心迹与时俗相去远甚。然则非必贤士君子而后至其地，至其地而后见贤士君子也。

译文

柳州距离京师七千余里，在五岭的南边。岭南的州县，大概都地势低湿，瘴疠严重，风土人情杂乱，与中原不同。唐宋之时这里的土地都是荒芜的，在此为官的人或许不是全都因为贬谪，但因贬谪到此的人居多。士人立于朝堂中，意气激昂，与时代有冲突，不被众人相容，于是遭到摒弃，一定会被送到远地。所以因为贬谪而来到这里，或许不一定都是贤能的君子，而贤能的君子居多。我曾经讨论过贤士君子，这些人平日做事立功与其他人没有差别。到了偏僻穷困的乡间，其心志愈发勉励，气节愈发坚定，然后心迹与世俗之人相差甚远。不是贤人君子来到了这个地方，而是到了这个地方能看出是不是贤人君子来。

唐之时，柳宗元出为柳州刺史，刘蕡斥为柳州司户。蕡之忠义，既已不待言。宗元之出，始虽有以自取，及其至柳，而以礼教治民，砥砺奋发，卓然遂有闻于世。古人云："庸玉女于成也。"其不信已夫？自是寓游其地，若范祖禹、张廷坚、孙觌、高颖、刘洪道、胡梦昱辈，皆忠贤刚直之士，后先相继不绝。故柳虽非中土，至其地者，率多贤士。是以习与化移，而衣冠文物，蔚然为礼义之邦。

译文

唐朝时柳宗元任柳州刺史，刘蕡被贬为柳州司户。刘蕡的忠义不需多说，柳宗元的贬谪实在有他自己的问题。等他到了柳州之后，以礼仪治理百姓，砥砺奋发，卓然闻名于世。古人说在逆境中能成就一个人，这话不可信吗？以后有很多人来到柳州，这些人都是忠诚贤能刚直之人，他们相继被贬到柳州。柳州虽然不是中土，但来到这里的人大多是贤者，因此当地习俗逐渐改变，而衣冠文物蔚然，成为礼义之邦。

我皇明重熙累洽，无间迩遐，世和时泰，瘴疠不兴。财货所出，尽于东南。于是遂为岭南甲郡，朝廷必择廉能以任之。则今日之柳州，固已非唐、宋之柳州，而今日之官其土者，岂惟非昔之比，其为重且专亦较然矣。弘治丙辰，柳州知府员缺，内江李君邦辅自地官正郎膺命以往。人皆以邦辅居地官十余年，绰有能声，为缙绅所称许，不当远去万里外。予于邦辅，知我也，亦岂不惜其远别？顾邦辅居地官上曹，著廉声，有能绩，徐速自如，优游荣乐之地，皆非人所甚难，人亦不甚为邦辅屈，不知其中之所存。今而间关数千里，处险僻难为之地，得以试其坚白于磨涅，则邦辅之节操志虑，庶几尽白于人人，而任重道远，真可以无负今日缙绅之期望，岂不美哉！夫所处冒艰险之名，而节操有相形之美，以不满人之望，加之以不自满之心，吾于邦辅之行，所以独欣然而私喜也。

译文

我明朝几代太平，无论哪里，和谐安泰，瘴疠不兴。财物宝货所出，都来自东南柳州。于是此处成为岭南地区最富裕的一郡，朝廷一定会选择清廉有能力的官员到柳州。现在的柳州已非唐宋时期的柳州，而现在到此任职的官吏，不光是过去无法与之相比，他们所受到的重视程度，过去也是无法企及的。弘治年丙辰柳州知府空缺，内江的李邦辅从地官正郎领命前往柳州。人们都认为他居地官十余年，卓越有名声，被士大夫们所称赞，不应当到万里之外去任官，我很了解邦辅，怎能不怜惜他要远别？但邦辅作为地官上曹，有清廉的名声，有卓越的政绩，在快慢自如、繁华昌盛的地方悠然处事，不是很难做到，人们也不会替他感到委屈，也就不会知道他的品德和才华。他现在到相隔数千里之外任职，处在险难偏僻之地，得以试炼他坚定不移的志向，那么他的节操、智虑，大概可以尽数剖白于人前了。在此为官任重道远，真可不辜负今日士人们的期望，岂不美哉！他所处的任职之处，有艰难险阻之名，自会显现出他的节操之美，他身怀那些不满他去边地之人的期望，又兼有不自满的心境，我个人对于他的远行，感到欣然欢喜。

送吕丕文先生少尹京丞序

昔萧望之为谏议大夫，天子以望之议论有余才，任宰相，将观以郡事。而望之坚欲拾遗左右，后竟出试三辅。至元帝之世，而望之遂称贤相焉。古之英君，其将任是人也，既已纳其言，又必考其行，将欲委以重，则必老其才。所以用无不当，而功无不成。若汉宣者，史称其综核名实，盖亦不为虚语矣。新昌吕公丕文，以礼科都给事中擢少尹南京兆。给事，谏官也。京兆，三辅之首也。以给事试京兆，是谏官试三辅也。是其先后名爵之偶同于望之，非徒以宠直道而开说言，固亦微示其意于其间耳。吕公以纯笃之学，忠贞之行，自甲辰进士为谏官十余年。其所论于朝而建明者，何如也？致于上而替可否者，何如也？声光在人，公道在天下。圣天子询事考言，方欲致股肱之良，以希唐虞之盛，耳目之司，顾独不重哉？然则公京兆之擢，固将以信其夙所言者于今日，而须其大用于他时也。其所以贤而试之，有符于汉宣之于望之。而其所将信而任之，则吾又知其决非彼若而已也。君行矣，既已审上意之所在，公卿大夫士倾耳维新之政，以券其所言，且谓日需其效以俟庸也，其得无念于斯行乎哉？学士谢公辈与公有同举同乡之好，饮以饯之。谓某也宜致以言。予惟君之文学政事，于平常既已信其必然，知言之弗能毫末加也。而超擢之荣，又不屑为时俗道。若夫名誉之美，期俟之盛，则固君之所宜副，而实诸公饮饯之情也。故比而序之以为赠。

译文

过去萧望之为谏议大夫，天子由于他有名望有才能，任其为宰相，要通过看他处理郡中事务来考察他。而他坚持想要做左或右拾遗，后来竟做了三辅。到汉元帝时期，望之以贤相著称。古时英明的君主想要委任某个人，采纳他的言语，一定要考察他的行为，想委以重任，一定要锻炼他的才能。这样使用官员时无不恰当，功业能得以成就。像汉宣帝，史书称道他考察官吏的名声和实情，这大概不是虚言。新昌吕公丕文，以礼科都给事中擢升为南京兆少尹。给事，是谏官。京兆地区是京城三辅之首，以给事之职任职京兆地区的官员，是以谏官的身份出任三辅之地，他为官经历与萧望之当年是相同的。这样不光是给直言进谏的人以荣宠，打开言路，也是为了显示朝廷的用人之微意。吕公以扎实的学问，忠贞的行为，从甲辰年考上进士到做谏官已经十多年，他对朝廷所做的提议及建设，是怎样的？向皇上上奏有关兴废之事，是怎样的？名声在个人，但公道在天下。圣明的天子问事宜，考言语，想招揽股肱良才，以达到唐尧虞舜的盛世，作为天子耳目的官职，能不重要吗？吕公升任京兆尹，固然是今日朝廷相信他平素所言，而他日是要重用他的。他以贤能试任官职，与汉宣帝对待萧望之相同。他被信任并得举用，我知道又不像汉宣帝对待萧望之了。吕君为官，既然已了解皇上用意所在，他对公卿大夫士们进行政治改革的情况也都倾听，能契合士人们的议论，并且每日效力等候举用，能不注意这些行为吗？学士谢公等人与他同时为官且为同乡，饮酒为吕公饯行，并说我应该讲几句。对于吕公的文学和政事，平日里我已很信服，我所言也不能增加什么。讲他被提拔的荣耀，又为世俗所不屑。至于他的好名誉，众人对他期望之盛，吕公本就很相称，这也是各位饮酒饯行之人的真实感受。为他写这篇序文以赠。

庆吕素庵先生封知州序

朝廷褒德显功，因其子以及其亲，斯固人情事理之所宜然，盖亦所谓忠厚之至也。然旧制京官三载举，得推恩，而州县之职，非至于数载之外，屡为其上官所荐扬，则终不可幸而致。故京官之得推恩，非必其皆有奇绩异能者，苟得及乎三载，皆可以坐而有之。州县之职，非必其皆无奇绩异能，苟其人事之不齐，得于民矣而不获乎上，信于己矣而未孚于人，百有一不如式，则有司者以例绳之，虽累方岳，欲推恩如其京官之三载者焉不可得也。夫父母之所以教养其子，而望其荣显夫我者，岂有异情哉？人子之所以报于其亲，以求乐其心志者，岂有异情哉？及其同为王臣，而其久近难易，相去悬绝如此，岂不益令人重内而轻外也？夫惟其难若此，其久若此，而后能有所成就，故其教子之荣，显亲之志，亦因之而有盛于彼，皆于此见焉。浙之新昌有隐君子曰素庵吕公者，今刑部员外郎中原之父也。自幼有洁操，高其道，不肯为世用。优游烟壑，专意教其子，使之尽学夫修己治人之方。凡其所欲为而不及为者，皆一以付之，曰：吾不能有补于时，不可使吾子复为独善者。学成，使之仕。成化庚子，中原遂领乡荐，与家君实同登焉。甲辰举进士，出守石州。石故号难治，中原至，即除旧令之不便于民者，布教条为约束，以其素所习于家庭者，坐而治之，民皆靡然而从，翕然而起。士夫之腾于议者，部使之扬荐者曰：某廉吏，某勤吏，某才而有能，某贤而多智。必皆于中原是归焉。有司奉旧典，推原中原厥绩所自，而公之所以训诲其子之功为大。天子下制褒扬，封公为奉直大夫，配某氏，封宜人，以宠荣之。

乡士夫皆曰：子为京职，而能克享褒封者，于今皆尔，此不足甚异。公之教其子，为其难，而独能易其获，此则不可以无贺。于是李君辈皆为诗歌而来属予言。予惟天下之事，其得之也不难，则其失之也必易，其积之也不久，则其发之也必不宏。今夫松柏之拂穹霄而击车轮也，其始盖亦必有蔽于蓬蒿，而厄于牛羊，以能有成立。公之先世，自文惠公以来，相业吏治，世济其美，固宜食报于其后矣，而不食，以钟于公。公之道自足以显于时矣，而不显，以致于其子。且复根盘节错而中为之处焉，乃有所获。是岂非所谓积之久而得之难者欤？则其他日所发之宏大，其子之陟公卿而树勋业，身享遐龄，以永天禄于无穷，盖未足以尽也。然则公之可贺者，在此而不专在于彼。某也敢赘言之？

译文

朝廷褒奖功德，因褒奖其人同时还要褒奖其父母，这是人情事理所宜，也是所谓的忠厚至极。然而按体制，在京城做官三年，就可得到推恩，而在州县做官，没有数年的工作经历和上级屡次表扬推荐，是终身不可得到推恩的。所以京城得到推恩的官员，不一定有很大功绩和突出才能，只要任职三年，都可坐享恩赐。州县官员，不一定都没有大的功绩和突出才能，如果人事关系不好，即使深得民心也不会获得君上恩宠，相信自己的才干但还未被别人相信，百次有一次不合标准，有关官员就会按例拘捕他，即使功劳累积如山，可要想如京官那样三年便能得推恩是不可能的。父母抚育子女，希望子女能使自己荣耀、显贵。这种感情难道有什么不同吗？作为子女，想报效父母，令其心志快乐，这种感情难道有什么不同吗？同是皇上臣子，近臣容易得到恩惠，远臣如此艰难。岂不是让人更加重内轻外吗？京外的官员如此困难，如此长久之后才能有所成就，而其父母教子的荣耀，子女尊显父母的志向，也因此比京城为官的人要强烈。浙江新昌有个隐士叫吕素庵，是刑部员外郎吕中原的父亲。他自幼操守纯洁，道德高尚，不肯为世所用，优游于山间，专心教养儿子，让他全心学习修己治人的方法，凡是他自己想要做而没有来得及做的，都交付给他的儿子来做，说：“我不能对时代有什么补裨，但不可以让你像我这样只独善其身了。”等学成之后他就让儿子去做官。成化庚子年，吕中原接受乡中推荐，与我父亲同时为官。甲辰年成为进士，到石州任职，石州是难以治理之地，中原去了之后，废除了那些不利于百姓的旧法令，颁布新的条约，用他平素在家中所学习到的知识来轻松地治理，当地百姓都对他服从，这个地方很快就崛起了，士人纷纷议论，部中的官吏也表扬推荐他的人说："他真是廉洁勤劳的官员，有才华有能力，又贤能多智。"这话实至名归。有关部门按照旧的典章，推究中原成就功绩的缘由，吕公对于其子的教诲，功劳是最大的。天子下令褒奖封吕公为奉直大夫，其夫人为宜人，对他们多有荣宠，乡中士大夫都说："你的儿子在京城供职，能得到丰厚的褒奖，现在你们也都受封，没有什么太值得奇怪的。吕公你教育儿子才是难事，付出艰难而收获容易，这不可以不庆贺。"于是李君等人都作了诗歌，并叮嘱我讲一些话，我认为天下之事得到容易，失去就会很容易，积累不够长久，生发出来必然不宏大。松柏能高耸入云霄，能用来制作车轮，而刚开始的时候它被杂草蓬蒿所遮蔽，被牛羊啃食，（最后有成就）都是因为有志向。吕公的先世，自文惠公以来，世代为官，有益于世，本就会有福报带给后代。吕公没有坐享其成，他的道义自然足以显赫于时，但他却并未尊显，将荣耀都加于儿子身上。且行事盘根错节，以中道自处才能有此收获。这不正是所谓的积累长久，得来不易吗？他日所表现出的气象宏大，他的儿子成为公卿建立功绩，他可以安享长寿，保福禄于无穷。他值得庆贺的是这些，而不在于那些高官厚禄。我斗胆赘言。

贺监察御史姚应隆考绩推恩序

御史姚君应隆监察江西道之三年，冢宰考其绩有成，以最上。于是天子进君阶文林郎，遂下制封君父坡邻公如君之阶，君母某氏为孺人，及君之配某氏。于是僚友毕贺，谓某尤厚于君，属之致所以贺之意。某曰：应隆之幼而学之也，坡邻公之所以望之者何？将不在于树功植名，以光大其门闾已乎？坡邻公之教之，而应隆之所以自期之者何？将不在于显扬其所生，以不负其所学已乎？然此亦甚难矣。铢铢而积之，皓首而无成者，加半焉。幸而有成，得及其富盛之年，以自奋于崇赫之地者几人？是几人者之中，方起而踬，半途而废，垂成而毁者，又往往有之。可不谓之难乎？

译文

御史姚应隆监察江西到三年，吏部尚书考察，他的成绩是最好的。于是天子将他升官为文林郎，并下诏封他的父亲坡邻公与他同样的官阶，封他的母亲为孺人，他的配偶也享受封赏。于是同僚都来祝贺，并说我与姚君交情尤其深厚，让我向他表达祝贺之意。我说："应隆自幼学习，坡邻公对他的期望，不是树立功名来光大门户吗？坡邻公教导他，而应隆的自我期许是什么？不是让自己能显赫，不辜负平生所学吗？但实现这些是很难的。有的人一点一点的积累，到老仍没有成就。有幸获得成功的，能在壮年之时，就处于显赫尊崇地位上的又有几人？刚爬起来就跌倒，半途而废，功败垂成又往往发生。能说不难吗？

应隆年二十一而歌《鹿鸣》于乡。明年，遂举进士，由郎官陟司天子耳目。谓非富盛之年以自奋于崇赫之地不可也。英声发于新喻，休光著于沛邑，而风裁振于朝署，三年之间，遂得以成绩被天子之宠光于其父母。谓非树功植名以光大其门闾而显扬其所生，不可也。坡邻之所望，应隆之所自期，于今日而两有不负焉。某也请以是为贺。虽然，君子之成身也，不惟其外，惟其中，其事亲也，不惟其文，惟其实。应隆之所以自奋于崇赫之地者，果足以树身植名而成其身已乎？外焉而已耳。应隆之所以被宠光于其父母者，果足以为显扬其所生而为事亲之实已乎？文焉而已耳。夫子曰：成身有道。不明乎善，不成其身矣。斯之为中。悦亲有道。反身不诚，不悦于亲矣。斯之谓实。应隆内明而外通，动以古之豪杰自标准。其忠孝大节，皆其素所积蓄。虽隐而不扬，其所以成身而事亲者自若也。况其外与文者，又两尽焉，斯其不益足贺乎？

译文

应隆二十一岁时在乡间吟诵《诗经·鹿鸣》。第二年就考中进士，由郎官成为天子耳目，可以说还未到壮年就已经自我奋发，到了尊崇的地位。他英明的声望显现，功业在沛县卓著，风采在朝堂上闪耀，任职三年就已有成绩，被天子赐予恩宠，并光耀他的父母。这可谓是建功立业，光大门楣而声名显扬。坡邻公的期望，应隆的自我期许，到此都没有被辜负。我请求以此为贺。即使这样，君子修身不在于外，而在于内里。孝顺父母不在于形式而在于实质。应隆自我振奋，处在显赫的地位，果真足以能让他树立功名而成就自身吗？这些都是外在的而已。他获得荣宠光耀父母，果真足以令他不负平生所学而有孝顺父母的实际行动吗？这些都是外在的而已。夫子说："成就自己有方法，若是不明白什么是善，也就不能成就自我。"说得极为在理。让父母高兴，也是有方法的。若自我反省孝心不诚，也就不能让父母高兴了，说的也是实情。应隆对内外都明白贯通，以古时豪杰作为自我标准，他的忠孝节气都是平素所积累起来的。虽然隐而不张扬，但他成就自身，侍奉父母都能做到很好。况且对于外在和形式上的东西又能两相兼顾，这不足以庆贺吗？

送绍兴佟太守序

成化辛丑，予来京师，居长安西街。久之，文选郎佟公实来与之邻。其貌颀然以秀，其气熙然以和，介而不绝物，宽而有分剂。予尝私语人，以为此真廊庙器也。既而以他事外补，不相见者数年。弘治癸丑，公为贰守于苏。苏大郡，繁而尚侈，机巧而多伪。公至，移侈以朴，消伪以诚。勤于职务，日夜不懈。时予趋京，见苏之士夫与其民之称颂之也，于是始知公之不独有其德器，又能循循吏职。甲寅，移守嘉兴。嘉兴，财赋之地，民苦于兼并，俗残于武断。公大锄强梗，剪其芜蔓，起嘉良而植之。予见嘉之民欢趋鼓舞，及其士夫之钦崇之也，于是又知公有刚明果决之才，不独能循循吏事，乃叹其不可测识固如此。今年吾郡太守缺。吾郡繁丽不及苏，而敦朴或过，财赋不若嘉，而淳善则逾。是亦论之通于吴、越之间者。然而迩年以来，习与时异，无苏之繁丽，而亦或有其糜，无嘉之财赋，而亦或效其强。每与士大夫论，辄叹息兴怀，以为安得如昔之化苏人者而化之乎？安得如昔之变嘉民者而变之乎？方思公之不可得，而公适以起服来朝。又惧吾郡之不能有公也，而天子适以为守。士大夫动容相贺，以为人所祝愿，而天必从之意者，郡民之福亦未艾也。公且行，相与举杯酒为八邑之民庆，又不能无惧也。公本廊庙之器，出居于外者十余年，其为苏与嘉，京师之士论既已惜其归之太徐。其为吾郡，能几月日？且天子之意，与其福一郡，孰与福天下之大也。虽然，公之去苏与嘉，亦且数年，德泽之流，今未替也。公虽不久于吾郡矣，如其不得公也，则如之何？

译文

成化辛丑，我来到京师，居住在长安西街。时间久了，文选郎佟公来与我为邻。他身材修长，相貌清秀，气质和煦，性情耿直而不死板，宽容而有分寸。我私下里对别人说，他真是社稷的良才。后来他因别的事情到外地补职，与我好几年不相见。弘治癸丑年佟公在苏州做同知。苏州是大郡，产出繁多，崇尚奢侈，习俗尚技巧而多虚伪。他到了之后以简朴消除奢侈，以诚信消除虚伪，勤于职务，日夜不懈怠。当时我正要进京，见到苏州的士大夫和百姓都称颂他，于是才知道他不光有良好品德，还有善于治理的才能。甲寅年他又被调任到嘉兴。嘉兴也是财富多出的地方。百姓苦于兼并，当地习俗霸道。他到任之后，除强扶弱，解除乱象，举用好的人才，我见到嘉兴的百姓欢欣鼓舞，当地的士大夫都钦佩尊敬他，于是又知道他有刚毅果断的才能，不光能做好官吏的职责，于是我感叹他如此有才华和能力。今年我郡缺太守。我郡虽然不如苏州繁华富丽，却比苏州民风敦厚朴实；缴纳财富不及嘉兴，但民风淳朴善良要超过嘉兴，这种说法在吴越之间也很通行。但是近年以来，时移世易，没有苏州的繁华富丽，却有同样奢靡的风气；没有嘉兴的财富，却去效仿嘉兴的强横。我每每与士大夫讨论都叹息感慨，想着从哪里才能得到一个有才能之人，就像教化苏州人一样，教化我郡的百姓，像改变嘉兴的民风一样改变我郡的民风。正想佟公这样的人才难得，而适逢佟公除去丧服来朝。担心我郡不能拥有佟公这样的人才，而天子正好要任命他来任职。士大夫动容相互庆贺，认为人们所期盼的事情上天终于让人得偿所愿，百姓的福祉将会无穷。佟公就要动身。我与大家为他举杯，为八个县城的百姓庆贺，但又不无担忧，佟公本是朝廷的人才，在外地任职十余年，他到苏州嘉兴，京城的士人已经议论，嫌他返回京城太慢，那他到我郡能待几个月呢？天子的意思是与其让他造福一郡，不如让他造福天下。即使这样，佟公离开苏州嘉兴好几年，他所留下的恩泽至今还没有人能代替。他虽然不会在我郡待得太长久，但相比于得不到他来此工作，那又如何呢？

送张侯宗鲁考最还治绍兴序

胶州张侯宗鲁之节推吾郡也，中清而外慎，宽持而肃行，大获于上下，以平其政刑，三载而绩成，是为弘治十三年，将上最天曹。吾父老闻侯之有行也，皆出自若耶山谷间，送于钱清江上。侯曰：父老休矣，吾无德政相及，徒勤父老，吾惧且怍。父老休矣，吾无以堪也。父老曰：明府知斯水之所以为钱清者乎？昔汉刘公之去吾郡也，吾侪小人之先亦皆出送，各有所赠献。刘公不忍违先民之意，乃人取一钱，已而投之斯水，因以名焉。所以无忘刘公之清德，且以志吾先民之事。刘公其勤如此也。今明府之行，吾侪小人限于法制，既不敢妄有所赠献，又不获奔走服役，致其惓惓之怀，其如先民何？固辞不可，复行数十里，始去。三月中旬，侯至于京师，天曹以最上。明日遂驾以行。乡先生之仕于朝者闻之，皆出饯，且邀止之曰：侯之远来，亦既劳止。适有司之不暇，是以未能羞一觞于从者，是何行之速耶？侯俯而谢。复止之曰：侯之劳于吾郡，三年有余，今者行数千里，无非为吾民其勤且劬也。事既竣矣，吾党不得相与为一日之从容，其如吾民何？侯谢而起。守仁趋而进曰：诸先生毋为从者淹，侯之急于行也，守仁则知之矣。佥曰：谓何？曰：昔者汉郭伋之行部也，与诸童为归期。及归而先一日，遂止于野亭，须期乃入，曰：惧违信于诸儿也。吾闻侯之来也，乡父老与侯为归期矣。而复濡迟于此，以徇一朝之乐，隳其所以期父老者，此侯之所惧，而有不容已于急行也。毋为侯淹！侯起拜曰：正学非敢及此，然敢不求承吾子之教？

译文

胶州官员张宗鲁，他的节操被我郡的人推崇，他清廉谨慎、宽厚严肃，被上下所肯定，从事政治刑法，三年就颇有成绩，弘治十三年他将要到京城吏部受考核，我等父老听说他将要远行，都从山谷间出来，到钱清江上送别。他说："父老们不要再送了，我在这里没有什么政绩，还要辛苦各位，我恐惧惭愧，父老们不要再送了，我担不起这样的盛情。"父老们说："您可知道这条水为什么叫钱清江？昔日汉朝刘公离开我郡，我辈的先祖都出来相送，各有赠送贡献，刘公不忍违背先人的心意，于是在每人身上取了一枚钱，投入水中，这条水因此得名，这是为了不忘刘公的清德，并且记录下我等的先祖之事。刘公勤劳如此。现在您的将要远行，我等小人受限于法律的规定，不敢妄加赠送，又不能随您奔走为您效劳以表拳拳之心，我等比不上先祖。"张侯坚持推辞还是不行，大家又与他行了数十里才离开。三月中旬张侯到达京师，吏部考核给了他最上等成绩，第二天他就驾车而行。我们这些在朝廷为官人听说后都出来为他践行，邀请他停下来，说："你远道而来，极为辛苦，恰好官员们没有空闲，不能为您献上一杯酒。为何要走得如此着急呢？"张侯俯身感谢，大家又劝阻他，说："您在我郡任职三年，辛劳三年，现在又走了数千里，无非是为了我郡的百姓，您辛勤劳苦，事情既然已办完，我们这些同乡之人不能陪您轻松从容一日，怎么向百姓交代？"守仁起身快步上前说："诸位不要让随从之人耽误了张侯，他急于出行，我知晓原因。"众人问这是什么意思？守仁回答说："过去汉代的郭伋及他的随行人员与诸位书童约好归期，提前一天回归，就在野外的亭子里停留下来，到了约定的时期才进城。他说'我怕失信于各位书童'，我听闻张侯这次来，父老乡亲与他约好了归期，如果令他的行程延迟，而去享受一天的快乐，会毁掉他与父老约定的归期，这是张侯所担忧的，因此他才着急出行。我们不要耽误了。"张侯起身拜谢说："我不敢说自己能做到这些，但不敢不听您的指教。"

送方寿卿广东佥宪序

士大夫之仕于京者，其繁剧难为，惟部属为甚。而部属之中，惟刑曹典司狱讼，朝夕恒窘于簿书案牍，口决耳辩，目证心求，身不暂离于公座，而手不停挥于铅椠，盖部属之尤甚者也。而刑曹十有三司之中，惟云南以职在京畿，广东以事当权贵，其剧且难，尤有甚于诸司者。若是而得以行其志，无愧其职焉。则固有志者之所愿为，而多才者之所欲成也。然而纷揉杂沓之中，又从而拂抑之，牵制之。言未出于口，而辱已加于身，事未解于倒悬，而机已发于陷阱。议者以为处此而能不挠于理法，不罹于祸败，则天下无复难为之事，是固然矣。然吾以为一有惕于祸败，则理法未免有时而或挠。苟惟理法之求伸，而欲不必罗于祸败，吾恐圣人以下，或有所不能也。

译文

士大夫在京城做官工作繁重难做，其中部署是最难的，而部署当中，刑曹主管案件诉讼，官吏朝夕之间困于案牍间，对着文书案件口听耳辨，目证心求，一刻不能离开公署的座位，手中不停挥动铅椠，这里是部署中任务最重之处。刑曹十三司的官吏当中，云南人在京籍任职的，广东人侍奉权贵的，是尤其繁重难做的，他们又比其他各司更加艰难，这样还能实行自己的志向，无愧自己的职责，这些工作只有有志之人才愿意去做，只有有才能的人才想要有成就，但这些工作纷繁琐碎，还有很多压抑牵制的地方，话未说出口就会有侮辱加身，事情没有解决，就有人布置陷阱，议论之人认为只要他不说实情，就能逃避法理追究，就可以不遭受祸败，所以说天下没有比这些事情更难做的，但我以为只要人们警惕灾祸失败，就未免会扰乱法律。想要维护法律，为民伸张正义，但却不遭遇灾祸失败，圣人以下之人很少能做到。

讼之大者，莫过于人命，恶之极者，无甚于盗贼。朝廷不忍一民冒极恶之名，而无辜以死也，是俗之论皆然。而寿卿独以佥事为乐，此其间夫亦容有所未安，是以宁处其簿与淹者，以求免于过慝欤？夫知其不安而不处，过慝之惧而淹薄是甘焉，是古君子之心也。吾于寿卿之行，请以此为赠。

译文

最大的诉讼莫过于人命，最大的恶行莫过于盗贼。朝廷不忍心见一个百姓冒极恶之名，被无辜处死，世俗的议论也是如此。寿卿以佥事为乐，其间有多少不安之事需要他去包容？他是想通过处理这些事情来免除过错恶念吗？知道有令人不安的事情就不去做，惧怕过错就去处理这些事情，是古时君子之心。我在寿卿出行之前将这些话赠予他。

提牢厅壁题名记

京师，天下狱讼之所归也。天下之狱分听于刑部之十三司，而十三司之狱又并系于提牢厅。故提牢厅天下之狱皆在焉。狱之系，岁以万计。朝则皆自提牢厅而出，以分布于十三司。提牢者目识其状貌，手披其姓名，口询耳听，鱼贯而前，自辰及午而始毕。暮自十三司而归，自未及酉，其勤亦如之。固天下之至繁也。其间狱之已成者，分为六监。其轻若重而未成者，又自为六监。其桎梏之缓急，扃钥之启闭，寒暑早夜之异防，饥渴疾病之殊养，其微至于箕帚刀锥，其贱至于涤垢除下，虽各司于六监之吏，而提牢者一不与知，即弊兴害作，执法者得以议拟于其后，又天下之至猥也。狱之重者入于死，其次亦皆徒流。夫以共工之罪恶，而舜姑以流之于幽州。则夫拘系于此，而其情之苟有未得者，又可以轻弃之于死地哉？是以虽其至繁至猥，而其势有不容于不身亲之者，是盖天下之至重也。

译文

天下的案件都要送归到京师。天下的案件由刑部十三司分别受理，而十三司的案件都一并集中在提牢厅。所以天下的案件都在提牢厅，此处的案件每年以数万计。案件早上从提牢厅中发出，分派给十三司，提牢厅的官吏了解诉状，翻阅犯人姓名，询问情况，犯人鱼贯而出，从辰时到午时才结束。官吏到黄昏时从十三司中回家，从未时到酉时工作也如上午工作一样辛劳，此处是天下至为繁忙之处。在此期间，已经处理完的案件分为六监，未处理完的从轻到重，又分为六监，缉拿犯人事缓事急，监狱大门是开是闭，寒暑早晚的防备，疾病饥渴的特殊照料，小到簸箕扫帚刀椎，低贱到清洗污垢粪便都要顾及。刑部各司都在六监有官吏，但提牢厅一旦对这些人不了解，就会出现弊病和坏事。执法的人在背后纷纷议论，这里是天下至为复杂的地方。犯罪严重的要处死，其次要流放。古时共工犯下罪恶被舜顺流放到了幽州，如果将他羁押在这里，不等他的案情清楚，就可以轻易被置之死地。虽然此处事务至为繁忙，情况至为复杂，但不去亲身体验也不能了解真实情况，这又是天下最重要的地方。

旧制提牢月更主事一人，至是弘治庚申之十月，而予适来当事。夫予天下之至拙也，其平居无恙，一遇纷扰，且支离厌倦，不能酬酢。况兹多病之余，疲顿憔悴，又其平生至不可强之日。而每岁决狱，皆以十月下旬，人怀疑惧，多亦变故不测之虞，则又至不可为之时也。夫其天下之至繁也，至猥也，至重也，而又适当天下至拙之人，值其至不可强之日，与其至不可为之时，是亦岂非天下之至难也？以予之难，不敢忘昔之治于此者，将求私淑之。而厅壁旧无题名，搜诸故牒，则存者仅百一耳。大惧泯没，使昔人之善恶无所考征，而后来者益以畏难苟且，莫有所观感，于是乃悉取而书之厅壁。虽其既亡者不可复追，而将来者尚无穷已，则后贤犹将有可别择以为从违。而其间苟有天下之至拙如予者，亦得以取法明善，而免过愆，将不为无小补。然后知予之所以为此者，固亦推己及物之至情，自有不容于已也矣。弘治庚申十月望。

译文

按照旧制，提牢厅每月要更换主事，到了弘治庚申年十月，我到这里来当主事。我是天下至为愚笨之人，平常居处没有什么毛病，一旦遇到纷乱，就支离厌倦，不能应对。何况正当我多病之时，疲惫憔悴。每年裁决案件都在十月下旬，人心怀疑虑恐惧，多发各种变故，这又是最难办事的时候。提牢厅的工作至为繁琐，至为复杂，又至为重要，又正逢用我这至为笨拙之人，正当我身体不强不可作为之时，这不是天下最难之事吗？以我处境的困苦艰难，不敢忘记过去之人在这里治理的情况，我想探求古人的美德，但提案厅的墙壁上没有记载，搜索过去的文牒，留下来的百不存一，我担心这些记录都消失，让过去之人的善恶无从考证，后来之人更加畏惧困难苟且行事，无从参考感受，于是将所有记录找出写在提牢厅的墙壁上，即使失去的已不能再追回，但将来之事还会无穷尽，那么后来的贤人就可以有所甄别，加以选择，假如其中有像我这般天下至为愚笨之人，也能吸取教训，免除罪过，那就有所补裨了。然后就知道我之所以这样做，是推己及人，不得不做。弘治庚申年十月十五日。

重修提牢厅司狱司记

弘治庚申七月，重修提牢厅工毕。又两越月，而司狱司成。于是余姚王守仁适以次来提督狱事，六监之吏皆来言曰：惟兹厅若司建自正统，破敝倾圮且二十年。其卑浅隘陋，则草创之制无尤焉矣。是亦岂惟无以凛观瞻而严法制，将治事者风雨霜雪之不免，又何暇于职务之举而奸细之防哉？然兹部之制，修废补败，有主事一人以专其事，又坏不理，吾侪小人，无得而知之者。独惟拓隘以广，易朽以坚，则自吾刘公实始有是。吾侪目睹其成，而身享其逸，刘公之功不敢忘也。又曰：六监之囚，其罪大恶极，何所不有。作孽造奸，吏数逢其殃，而民徒益其死。独禁防之不密哉？亦其间容有以生其心。自吾刘公，始出己意，创为木闲，令不苛而密，奸不弭而消，桎梏可弛，缧绁可无，吾侪得以安枕无事，而囚亦或免于法外之诛。则刘公之功，于是为大。小人事微而谋室，无能为也。敢以布于执事，实重图之。于是守仁既无以御其情，又与刘公为同僚，嫌于私相美誉也，乃谓之曰：吾为尔记尔所言，书刘公之名姓，使承刘公之后者，益修刘公之职。继尔辈而居此者，亦无忘刘公之功。则于尔心其亦已矣。皆应曰：是小人之愿也。遂记之曰：刘君名琏，字廷美，江西鄱阳人也。由弘治癸丑进士，今为刑部四川司主事云。弘治庚申十月十九日。

译文

弘治庚申年七月重新修提牢厅完毕。又过了两个月，司狱司也建成。余姚王守仁到此提督案件的审理，六监的官吏对我说："提牢厅和司狱司建于正统年间，破败将倾已有二十年。寒酸简陋，当时刚创办该司简陋些也无从指摘。但现在这样子不仅有碍观瞻无法严肃法制，在这里做事的人风雨霜雪尚且不能避免，又有何闲暇来从事自己的职务？如何来防范坏人呢？刑部下令要进行修缮，但负责的主事一人专断，提牢厅坏败也不理会，我等小人也不知怎么办。把狭小的空间拓宽，把朽坏的材料换成坚固的，是刘公来后才开始做这些工作。我等见证了工程完成，享受了工程带来的安逸，我等不敢忘记刘公的功劳。"他们又说："六监的囚犯罪大恶极无所不有，作奸犯科，官吏数次遭到他们的祸害，百姓也因他们而多有死去，这难道是因为防范不严密吗？这其中也有纵容他们让其生出谋反之心的缘故。从刘公开始，他自己想出办法，创制了木栅栏，命令虽不严苛但很严密，作奸犯科的人消失，枷锁逐渐可以松开，绳索就可以不需要了，我等也可以安心无事，而囚徒也避免受法治之外的诛杀，在这些事上刘公的功劳最大，我等小人职务卑微，谋略狭窄，没有能力多做什么，将这些事情告知，只是希望您能重视。"守仁我无法抑制众人对刘公的感情，又与刘公为同僚，为了免于私下相互赞美的嫌疑，只好说："我已记下你们的话，写上刘公的姓名，使刘公的后继者更加做好刘公工职位上的事。继任你们工作之人也不会忘记刘公的功绩，这样你们就可以放心了。"众人都回答说："这是小人的心愿。"于是我加以记录：刘公是江西鄱阳人，自弘治癸丑年考中进士，现为刑部四川司主事。弘治庚申十月十九日。

黄楼夜涛赋

朱君朝章将复黄楼，为予言其故。夜泊彭城之下，子瞻呼予曰：吾将与子听黄楼之夜涛乎？觉则梦也。感子瞻之事，作《黄楼夜涛赋》。

朱朝章将要修复黄楼，我为他讲述该楼的典故。夜晚停泊在彭城下，苏轼呼喊我说："我将要与您一起去黄楼上听夜晚的涛声，可以吗？"醒来发现是一场梦。我有感于梦见苏轼之事，作《黄楼夜涛赋》。

子瞻与客宴于黄楼之上，已而客散日夕，暝色横楼，明月未出。乃隐几而坐，哈焉以息。忽有大声起于穹窿，徐而察之，乃在西山之麓。倏焉改听，又似夹河之曲，或隐或隆，若断若逢，若揖让而乐进，歙掀舞以相雄。触孤愤于厓石，驾逸气于长风。尔乃乍阖复辟，既横且纵，摐摐沨沨，汹汹濈濈，若风雨骤至，林壑崩奔，振长平之屋瓦，舞泰山之乔松。咽悲吟于下浦，激高响于遥空。恍不知其所止，而忽已过于吕梁之东矣。子瞻曰：噫嘻异哉！是何声之壮且悲也？其乌江之兵，散而东下，感帐中之悲歌，慷慨激烈，吞声饮泣，怒战未已，愤气决臆，倒戈曳戟，纷纷籍籍，狂奔疾走，呼号相及，而复会于彭城之侧者乎？其赤帝之子，威加海内，思归故乡，千乘万骑，雾奔云从，车辙轰霆，旌旗蔽空，击万夫之鼓，撞千石之钟，唱《大风》之歌，按节翱翔而将返于沛宫者乎？于是慨然长噫，欠伸起立，使童子启户冯栏而望之。则烟光已散，河影垂虹，帆樯泊于洲渚，夜气起于郊垌，而明月固已出于芒砀之峰矣。子瞻曰：噫嘻！予固疑其为涛声也。夫风水之遭于澒洞之滨而为是也，兹非南郭子綦之所谓天籁者乎？而其谁倡之乎？其谁和之乎？其谁听之乎？当其滔天浴日，湮谷崩山，横奔四溃，茫然东翻，以与吾城之争于尺寸间也。吾方计穷力屈，气索神惫，懔孤城之岌岌，觊须臾之未坏，山颓于目瞢，霆击于耳聩，而岂复知所谓天籁者乎？及其水退城完，河流就道，脱鱼腹而出涂泥，乃与二三子徘徊兹楼之上而听之也。然后见其汪洋涵浴，潏潏汩汩，彭湃掀簸，震荡泽渤，吁者为竽，喷者为箎，作止疾徐，钟磬柷敔，奏文以始，乱武以居，呶者嘀者，嚣者嗥者，翕而同者，绎而从者，而啁啁者，而嘐嘐者，盖吾俯而听之，则若奏箫咸于洞庭，仰而闻焉，又若张钧天于广野，是盖有无之相激，其殆造物者将以写千古之不平，而用以荡吾胸中之壹郁者乎？而吾亦胡为而不乐也？客曰：子瞻之言过矣。方其奔腾漂荡而以厄子之孤城也，固有莫之为而为者，而岂水之能为之乎？及其安流顺道，风水相激，而为是天籁也，亦有莫之为而为者，而岂水之能为之乎？夫水亦何心之有哉？而子乃欲据其所有者以为欢，而追其既往者以为戚，是岂达人之大观，将不得为上士之妙识矣。子瞻展然而笑曰：客之言是也。乃作歌曰：涛之兴兮，吾闻其声兮。涛之息兮，吾泯其迹兮。吾将乘一气以游于鸿蒙兮，夫孰知其所极兮。弘治甲子七月，书于百步洪之养浩轩。

译文

苏轼与客人在黄楼之上宴饮，不久客人散去太阳落山，黄昏之色遍布楼上，明月还未升起。于是收拾桌凳，坐下小憩。忽然天空中传来大声，慢慢地查看是出自西山脚下。过一会儿再听，又好似河水流动的声音，或小或大，若断若续，像揖让行礼时的奏乐，和着有力的乐歌起舞。孤愤如同激荡山崖石壁，仿佛驾着长风有飘逸之气。很快云气散开，纵横之间都是扨扨沨沨，汹汹灖灖的声音，如风雨突然降临，林中丘壑崩塌，振动长平的乌瓦，舞动泰山的高松。呜咽悲吟于下浦，激切高昂的声音响于远空，恍然间不知何时声音停止，我等忽而度过吕梁之东。子瞻说：“唉！神奇！是什么声音如此悲壮？是乌江的军队溃散向东撤退，在营帐中听闻悲歌，慷慨激切，饮泣吞声，战斗未停止，愤怒之气激荡胸中，倒戈曳戟，纷乱之中，狂奔疾走，呼嚎相闻，又汇合在彭城之旁吗？是赤帝之子，威风加于海内，思归故乡，千乘万骑，如云雾般跟从，车辙震动，旌旗蔽空，敲击万夫之鼓，撞响千石之钟，歌唱大风歌，踏着节拍，翱翔返回沛宫吗？于是慨然长叹，欠身起立，令童子打开窗户凭栏而望，见霞光已散，河面倒映彩虹，泊船的帆布桅杆立于洲渚中，夜晚之气起于郊垌，而明月已经从芒砀山的山峰处升起来了。子瞻说："我怀疑这是涛声。风和水相遇在无边的水滨之上而有此声，这不是南郭子綦所说的天籁吗？是谁先这样称呼的？是谁来应和这样的声音？是谁来听到这样的声音？当波浪滔天吞灭峡谷，风吹草动，淹没川谷崩坏山峦，四处奔涌，茫茫然向东翻滚，与我们的城池争尺寸之地。我等技穷力竭，神思疲惫，感到孤城岌岌可危，占据须臾间还未被毁坏之地，群山崩颓于眼前而迷乱，雷霆激荡震耳欲聋，哪还能知道所谓的天籁呢。等到大水退去，城池完整，河流回归河道，我等免于葬身水中而出淤泥之外，于是两三位友人徘徊于楼上来听涛声，然后见汪洋涵浴，澎湃颠簸，波涛震荡，吁者为竽，喷者为篪，作止快慢，钟磬柷敔，开始奏文曲，再奏武曲，开合会同连绵不绝。我俯身倾听，仿佛箫咸奏响于洞庭，仰头细听仿佛在广阔的田野上奏钧天之乐。这是有无相互激荡，是造物者书写千古不平之气，以此来荡涤我胸中的郁闷之情吗？而我为何感到不快乐？"客人说："子瞻的话说得过了，当洪水奔腾飘荡危及孤城，本就有不为而为的东西，这难道是水能做到的吗？等洪水安静，风与水相击是奏响天籁，也是不为而为的，这难道是水可以自行如此吗？水有心吗？你以自己所拥有的东西为欢乐，去追思已经离去的东西而感到悲戚，这岂是旷达之人的想法呢？如此将算不得有上士的妙识了。"子瞻展颜笑着说："你说的对。"于是作歌说：波涛兴起，我听闻其声，波涛平息，我失去其踪迹，我将乘一气遨游于鸿蒙间，谁知它的边际在何处。弘治甲子七月，书于百步洪之养浩轩。

来雨山雪图赋

昔年大雪会稽山，我时放迹游其间。岩岫皆失色，崖壑俱改颜。历高林兮入深峦，银幢宝纛森围圆。长矛利戟白齿齿，骇心栗胆如穿虎豹之重关。涧溪埋没不可辨，长松之杪，修竹之下，时闻寒溜声潺潺。沓嶂连天，凝华积铅，嵯峨崭削，浩荡无颠。嶙峋眩耀势欲倒，溪回路转，忽然当之，却立仰视不敢前。嵌窦飞瀑，忽然中泻，冰磴崚嶒，上通天罅。枯藤古葛，倚岩嶅而高挂，如瘦蛟老螭之蟠纠，蜕皮换骨而将化。举手攀援足未定，鳞甲纷纷而乱下。侧足登龙虬，倾耳俯听寒籁之飕飕，陆风蹀躞，直际缥缈，恍惚最高之上头。乃是仙都玉京，中有上帝遨游之三十六瑶宫，傍有玉妃舞婆娑十二层之琼楼，下隔人世知几许，真境倒照见毛发，凡骨高寒难久留。划然长啸，天花坠空，素屏缟障坐不厌，琪林珠树窥玲珑。白鹿来饮涧，骑之下千峰。寡猿怨鹤时一叫，仿佛深谷之底呼其侣，苍茫之外争行鼇阵排天风。鉴湖万顷寒蒙蒙，双袖拂开湖上云，照我须眉忽然皓白成衰翁。手掬湖水洗双眼，回看群山万朵玉芙蓉。草团蒲帐青莎蓬，浩歌夜宿湖水东。梦魂清彻不得寐，乾坤俯仰真在冰壶中。幽朔阴岩地，岁暮常多雪，独无湖山之胜，使我每每对雪长郁结。朝回策马入秋台，高堂大壁寒崔嵬，恍然昔日之湖山，双目惊喜三载又一开。谁能缩地法此景，何来石田画师我非尔，胸中胡为亦有此？来君神骨清莫比，此景奇绝酷相似。石田此景非尔不能模，来君来君非尔不可当此图。我尝亲游此景得其趣，为君题诗非我其谁乎？

译文

昔年会稽山大雪，我当时正放游其间。山岩失色，崖壑改颜。穿过高高的树林，进入深山，房屋和森林一片洁白，仿佛长矛利剑白森森，我心惊胆战如穿过猛虎出没的重关。溪涧被雪埋没无从分辨，长松的树梢和修竹之下，时时听到水流寒潺。重峦叠嶂，与天相连，凝结铅华，山崖巍峨如同刀削，浩荡无巅，嶙峋怪石，炫目眼前，气势欲要倒塌，溪水回流，道路婉转，忽然面对山崖，抬头不敢向前。瀑布飞泄山岩间，山崖参差结冰，上通于天的裂缝。枯藤古葛，在岩壁旁高挂，如瘦蛟老螭蟠绕，仿佛蜕皮换骨将化成仙。举手攀缘脚未站定，雪像鳞片纷纷乱下。侧脚踩藤蔓，倾耳俯听都是飕飕的寒声。顺着山崖上看，直通缥缈，恍恍惚惚间最高的上头，仿佛是仙都玉京，中间有上帝遨游的三十六座瑶宫，旁边有玉妃婆娑起舞的十二层琼楼，相隔在下的世人知多少？真境映出毛发，肉骨凡胎难在高寒之境久留。划然一声长啸，天花从空中乱坠，在素白的屏风边久坐不厌，玉树琼枝玲珑剔透，白鹿来溪涧饮水，我骑着它走下千峰。猿啼鹤叫，仿佛它们在深谷呼唤伴侣，苍茫之外争相向前排击天风。明澈的湖面上万顷寒气雾蒙蒙，双手拂开湖上云，湖面上照见我须眉，忽然之间已发白成衰翁。手捧湖水洗双眼，回看群山万朵玉芙蓉，草团蒲帐青纱篷，放歌夜宿在湖水东，梦境清寒不可入睡，俯仰于乾坤中真若躺在冰壶中。边朔幽阴多岩地，年末常多下雪，唯独没有湖山胜景，能使我常常对雪，故长感郁结。早上策马回秋台，高堂大壁寒光崔嵬，恍然仿佛是昔日的湖山，双目惊喜三年又得相见，谁有缩地法术能造此景，我又非石田画师，胸中怎会有此景致？画虽不及来君的神骨清朗，但景色奇绝极相似。石田之景除你外无人能摹画，来君来君，除你外无人能画此图。我曾经亲游过此景，为君题诗除我外还能有谁？

雨霁游龙山次五松韵

晴日须登独秀台，碧山重叠画图开。闲心自与澄江老，逸兴谁还白发来。潮入海门舟乱发，风临松顶鹤双回。夜凭虚阁窥星汉，殊觉诸峰近斗魁。

译文

雨后天晴须登独秀台，碧山重叠如图卷展开。心闲自会与澄江共老，有逸兴谁还会生出白发。潮涌入海船纷乱发出，清风吹到松顶鹤双双飞回。夜来凭栏虚阁窥见星河，觉得群峰仿佛在星斗边。

严光亭子胜云台，雨后高凭远目开。乡里正须吾辈在，湖山不负此公来。江边秋思丹枫尽，霜外缄书白雁回。幽朔会传戈甲散，已闻南檄授渠魁。

译文

严光亭子胜过了云台，雨后登高远眺视野开阔。乡里正需我辈在，湖山不辜负此公前来。江边秋思枫林红遍，霜外传书白雁回返。幽幽朔方戈甲刚散，已听闻南边檄文交给了首领。

雪窗闲卧

梦回双阙曙光浮，懒卧茅斋且自由。巷僻料应无客到，景多唯拟作诗酬。千岩积素供开卷，叠嶂回溪好放舟。破虏玉关真细事，未将吾笔遂轻投。

译文

梦中见到京城城阙，曙光浮动，慵懒躺在茅屋中逍遥自在。所居巷子偏僻，想必无客人到访，景致丰富只有作诗酬答。千山积雪可展画卷，山峰重叠溪水回环好驾船漂流。攻破胡虏于玉门关不过小事，未曾轻易丢下手中的笔。

次韵毕方伯写怀之作

孔颜心迹皋夔业，落落乾坤无古今。公自平生怀真气，谁能晚节负初心。猎情老去惊犹在，此乐年来不费寻。矮屋低头真局促，且从峰顶一高吟。

译文

心迹如孔子、颜回，功业似虞舜时的皋陶和夔，先生磊落于天地间古今未见。您平生怀抱正气，保有晚节不负初心。读了您叙写怀抱之作虽无见猎心喜之感，仍是感到惊叹。这快乐今年不必费心寻找，在矮屋中只能低头真令人感到局促，且去登上山顶高声吟唱。

春晴散步

清晨急雨过林霏，余点烟稍尚滴衣。隔水霞明桃乱吐，沿溪风暖药初肥。物情到底能容懒，世事从前且任非。对眼春光唯自领，如谁歌咏月中归。

译文

清晨急雨洒过林中云雾，残留的雨滴雾气还会沾湿衣裳。霞光隔水桃花吐芬，温暖的风沿着溪水吹来，芍药刚长大。万物有情能许人偷一偷懒，从前的世事且让它那样吧。满眼春光自己享受，月光中唱着歌回家。

又

只用舞霓裳，岩花自举觞。古崖松半朽，阳谷草长芳。径竹穿风磴，云萝绣石床。孤吟动梁甫，何处卧龙冈。

译文

只舞动霓裳，看着山岩上的花自斟自饮，崖壁上的古松已半枯朽，向阳的山谷中草长花开。从竹林中直穿而过，登上石阶，云萝长满石床。我独自吟诵诸葛亮诵过的《梁甫吟》，哪里才是卧龙冈？

次魏五松荷亭晚兴

入座松阴尽日清，当轩野鹤复时鸣。风光于我能留意，世味酣人未解醒。长拟心神窥物外，休将姓字重乡评。飞腾岂必皆伊吕，归去山田亦可耕。

译文

坐在松树荫下，整日感到清爽，窗前野鹤时时鸣叫。我能留心于风光，他人沉醉于世俗未清醒。打算用心神探究物外，休要去看重功名。一定要像伊尹、吕望那样才算飞黄腾达吗？也可回归山林躬耕田园。

又

醉后飞觞乱掷梭，起从风竹舞婆娑。疏慵已分投箕颍，事业无劳问保阿。碧水层城来鹤驾，紫云双阙笑金娥。抟风自有天池翼，莫倚蓬蒿斥鷃窠。

译文

醉后依然畅饮不停杯，风吹竹子如婆娑起舞。我在这隐居之地闲适疏懒，不再去侍奉权贵。碧水绕城有仙鹤为座驾，紫云中天阙传来仙娥的笑声。鲲鹏自有扶摇而上飞向天池的羽翼，不要在蓬蒿间去开拓燕雀的巢穴。

次张体仁联句韵

眼底湖山自一方，晚林云石坐高凉。闲心最觉身多系，游兴还堪鬓未苍。树杪风泉长滴翠，霜前岩菊尚余芳。秋江画舫休轻发，忍负良宵灯烛光。

译文

眼前湖光山色自成一方天地，坐在晚间的山林中高耸的石头上感到凉意。闲适之心才最觉得所受牵绊多，趁着两鬓未白要尽兴游赏。风吹树梢翠绿欲滴，霜前的岩壁上的菊花犹在开放。秋江上画舫不要太快出发，怎么忍心辜负这良宵与烛光?

又

山寺幽寻亦惜忙，长松落落水浪浪。深冬平野风烟淡，斜日沧江鸥鹭翔。海内交游唯酒伴，年来踪迹半僧房。相过未尽青云话，无奈官程促去航。

译文

寻到幽静的山间古寺，可惜来得匆忙，高大的松树亭亭而立，水声浪浪。深冬的原野风烟轻淡，斜阳映着苍茫的江水鸥鹭翱翔。四海之内所交往的唯有酒，一年来大半踪迹在僧房。谈论隐居的话还未说尽，无奈已被催促着启程去赴任。

又

青林人静一灯归，回首诸天隔翠微。千里月明京信远，百年行乐故人稀。已知造物终难定，唯有烟霞或可依。总为迂疏多抵牾，此生何忍便脂韦。

译文

夜深人静提着灯从林中归来，回头看翠绿的山色与昊天相隔。京城音信远相隔千里共赏明月，多年行乐故人少。已经知晓造物难揣测，唯有烟霞可归依。总是因为迂腐疏懒与人多冲突，这辈子不忍违心去谄媚人。

题郭诩濂溪图

郭生作濂溪像，其类与否吾何从辨之？使无手中一图，盖不知其为谁矣。然笔画老健超然，自不妨为名笔。

译文

郭诩画了周敦颐的画像，画得像不像我从何分辨呢？假使手中没有这幅图，不知道画的是谁。但此画用笔老练，刚健超然，不妨碍成为一副名画。

郭生挥写最超群，梦想形容恐未真。霁月光风千古在，当时黄九解传神。

译文

郭诩挥毫作画技艺超群，想象出的想象恐怕未必真切。濂溪先生霁月光风名传千古，当时黄庭坚对他的评价最传神。

西湖醉中谩书

湖光潋滟晴偏好，此语相传信不诬。景中况有佳宾主，世上更无真画图。溪风欲雨吟堤树，春水新添没渚蒲。南北双峰引高兴，醉携青竹不须扶。

译文

《饮湖上初晴后雨》中有“湖光潋滟晴偏好”的诗句，这话所言果然不假。况且美景中还有上佳宾主在，世上没有如此美妙的画图了。溪上风雨欲来，吹动堤岸边的树木作响，春水新涨淹没水边湿地。南北双峰引动人的高昂兴致，醉后拄着青竹不需人扶。

文衡堂试事毕书壁

棘闱秋锁动经旬，事了惊看白发新。造作曾无酣蚁句，支离莫作画蛇人。寸丝拟得长才补，五色兼愁过眼频。袖手虚堂听明发，此中豪杰定谁真。

译文

我主持秋季乡试锁在考场近十天，事后惊奇看到了新添的白发。造作无法写出好诗来，行文支离就不要做画蛇之人了。微末之质需才学来补足，各色内容闪过眼前。垂手坐在堂上听放榜，其中谁是真正的豪杰。

诸君以予白发之句，试观予鬓，果见一丝。予作诗实未尝知也。谩书一绝识之。

译文

各位见我写了新添白发的诗句，来看我鬓间，果见有一丝白发，我作诗的时候实际上还不知道新长白发，聊作一诗记之。

忽然相见尚非时，岂亦殷勤效一丝？总使皓然吾不恨，此心还有尔能知。

译文

忽然与你相见，现在还不该是长白发的时候，难道殷勤地生出来是为了应和我吗？纵使白发苍苍，也不遗憾了，我的苦心你能知晓。

游泰山

飞湍下云窟，千尺泻高寒。昨向山中见，真如画里看。松风吹短鬓，霜气肃群峦。好记相从地，秋深十八盘。

译文

飞瀑从千尺高的岩洞中倾泻而下，寒气逼人。昨日在山中见此，真如看到画中的风景。松间之风吹动鬓角的短发，霜气让群山肃然。记录这游览过的地方，是深秋时泰山的十八盘。

雪岩次苏颖滨韵

客途亦幽寻，窈窕穿谷底。尘土填胸臆，到此方一洗。仰视剑戟锋，剑岏颡有泚。俯窥蛟龙窟，匍伏首如稽。绝境固灵秘，兹游实天启。梵宇遍岩壑，檐牙相角抵。山僧出延客，经营设酒醴。道引入云雾，峻陟历堂陛。石田唯种椒，晚炊仍有米。张灯坐小轩，矮榻便倦体。清游感畴昔，陈李两昆弟。侵晨访旧迹，古碣埋荒荠。

译文

行客所过之途幽深，曲折穿过谷底。尘土填满了胸臆，到此才感到被洗净。仰望剑戟峰，山峰如剑般高耸，我额上渗出汗水，俯身窥视蛟龙窟，匍匐如同要稽首行礼。隔绝之地本就空灵神秘，到此游览实是受到上天指引。寺庙遍布于山谷间，屋檐相接。山寺僧人出来迎接客人，忙着备上美酒。山道隐没在云雾间，陡峭阶梯直达堂上。石间的田地唯种有椒树，晚饭时仍然有米。张灯坐在小窗前，矮榻可让疲倦的身体休息。清游中感叹往昔，想起陈、李两兄弟。清晨去寻访古迹，古石碑掩埋在野荠丛中。

试诸生有作

醉后相看眼倍明，绝怜诗骨逼人清。菁莪见辱真惭我，胶漆常存底用盟。沧海浮云悲绝域，碧山秋月动新情。忧时谩作中宵坐，共听萧萧落木声。

译文

醉酒后彼此相看，看得更清楚，诗作风骨有逼人的清气。承蒙各位拜我为师，实在令我惭愧。如胶漆般亲密无间，何用盟誓？沧海上浮云也为这荒凉之地感到悲伤，碧山秋月也为常新的情谊动容。怀着忧思闲坐到半夜，共听萧萧落叶之声。

再试诸生

草堂深酌坐寒更，蜡炬烟消落降英。旅况最怜文作会，客心聊喜困还亨。春回马帐惭桃李，花满田家忆紫荆。世事浮云堪一笑，百年持此竟何成。

译文

在草堂中饮酒更深夜重，蜡烛燃尽灯花落。旅途中最可欢喜的是以文相会，姑且为乐，困顿中仍亨通。春回书斋中，对着满园的桃李心生惭愧，田园之家中开满花，让人忆起紫荆。世事如浮云可供一笑，人生百年只坚持这些东西最终又会有什么成就呢？

夏日登易氏万卷楼用唐韵

高楼六月自生寒，沓嶂回峰拥碧阑。久客已忘非故土，此身兼喜是闲官。幽花傍晚烟初暝，深树新晴雨未干。极目海天家万里，风尘关塞欲归难。

译文

高楼在六月天仍有寒意，远处重叠回环的山峰拥着碧阑干。客居已久忘记此处并非故乡，可喜的是我只是个闲官。花发出幽香天色渐晚薄雾初起，茂密的树叶在雨过初晴后有水未干。极目远眺海天相接处是万里外的家乡，风尘与关塞阻隔想回家很难。

再试诸生用唐韵

天涯犹未隔年回，何处严光有钓台？樽酒可怜人独远，封书空有雁飞来。渐惊雪色头颅改，莫漫风情笑口开。遥想阳明旧诗石，春来应自长莓苔。

译文

天涯相隔多年未回，不知何处有东汉隐士严光归隐的钓鱼台。这杯中的酒也怜惜游子独自远游，天边空有大雁飞来无书信。惊觉满头黑发已渐白，也渐渐不再随意笑口常开。遥想曾题过诗的石头，春天来了应该长满青苔了吧。

次韵陆文顺佥宪

春王正月十七日，薄暮甚雨雷电风。卷我茅堂岂足念，伤兹岁事难为功。金縢秋日亦已异，鲁史冬月将无同。老臣正忧元气泄，中夜起坐心忡忡。

译文

春正月十七日傍晚时，急风雷雨大作。吹卷我茅屋不值得忧虑，我所伤心的是今年农事难有好收成。秋季不会出现《尚书·金縢》中所说的大丰收，冬季也不会有《春秋》中记载的大有之年。老臣我忧虑不已元气泄去，半夜醒来还是忧心忡忡。

太子桥

乍寒乍暖早春天，随意寻芳到水边。树里茅亭藏小景，竹间石溜引清泉。汀花照日犹含雨，岸柳垂阴渐满川。欲把桥名寻野老，凄凉空说建文年。

译文

乍暖还寒早春天气，随意到河边寻芬芳。树林中的茅草亭藏着小景致，竹林间石头上淌过清冽的泉水。岸边湿地中的花在阳光照耀下如沾带着雨滴，岸边垂柳的树荫逐渐铺满了河川。想要向老者询问“太子栋”桥名由来，老者只凄凉地说起建文帝曾经逃难到此之事。

与胡少参小集

细雨初晴蠛蠓飞，小亭花竹晚凉微。后期客到停杯久，远道春来得信稀。翰墨多凭消旅况，道心无赖入禅机。何时喜遂风泉赏，甘作山中一白衣。

译文

小雨过后初放晴，蠛蠓乱飞，花竹间的小亭在夜晚中令人感到凉意。放下手中的酒杯期待客人到来，春天以来很少得到远方的音讯。旅途中以文墨来消遣，道心愁闲入于禅机。何时才能得遂所愿去听风赏泉呢？甘愿做山林之中一介白衣。

再用前韵赋鹦鹉

低垂犹忆陇西飞，金锁长羁念力微。只为能言离土远，可怜折翼叹群稀。春林羞比黄鹂巧，晴渚思忘白鸟机。千古正平名正赋，风尘谁与惜毛衣。

译文

双翅低垂仍然记得在陇西飞翔，长期被金锁链束缚信念微弱。只因为会说人话而远离故土，可怜折断了翅膀悲叹再少群类。春来羞于与黄鹂比嘴巧，晴日里见水中小洲上白鸟，忘记曾可以自由飞翔。三国的祢正平作《鹦鹉赋》千百年来得了正直的名声，风尘中谁真正爱惜你的羽毛呢？

送客过二桥

下马溪边偶共行，好山当面正如屏。不缘送客何因到，还喜门人伴独醒。小洞巧容危膝坐，清泉不厌洗心听。经过转眼俱陈迹，多少高厓漫勒铭。

译文

从马上下来沿着溪边和客人同行，迎面而来的山犹如屏风。不是因为送客怎会到此，又喜还有门人陪伴。小洞正巧容我端身正坐，清泉洗心令人百听不厌。已发生的事情已成为陈迹，此处有多少崖壁可供任意刻石题名。

复用杜韵一首

濯缨何处有清流，三月寻幽始得幽。送客正逢催驿骑，笑人且复任沙鸥。厓傍石偃门双启，洞口萝垂箔半钩。淡我平生无一好，独于泉石尚多求。

译文

何处有清泉可洗涤帽缨，三个月来寻找清幽之地终于找到。送客人时正好遇见人在催促驿马，可笑他们和我都像沙鸥一样漂泊。山崖边的石坝两扇门都敞开，洞口藤萝垂下好似半钩起的帘子。我生性平淡没什么爱好，唯独对山水胜景有追求。

先日与诸友有郊园之约是日因送客后期小诗写怀

郊园隔宿有幽期，送客三桥故故迟。樽酒定应须我久，诸君且莫向人疑。同游更忆春前日，归醉先拼日暮时。却笑相望才咫尺，无因走马送新诗。

译文

隔天和朋友约定到郊园探幽，因为送客到三桥所以迟到了。杯中之酒一定等了我很久，诸君不要有什么疑虑。一同游赏回忆起了以前的春日时光，醉后归来已是日暮时分。相视而笑近在咫尺，不需打马送新诗。

自欲探幽肯后期，若为尘事故能迟。缓归已受山童促，久坐翻令溪鸟疑。竹里清醅应几酌，水边相候定多时。临风无限停云思，回首空歌《伐木》诗。

译文

我想探访清幽之地又怎肯延误时间？只是因为些俗事所以来迟了。晚回已被待童催促，久坐反令溪边鸟儿生疑。竹筒里的清酒应该斟了好几次，在水边等候定然已经多时了。把酒临风想起陶渊明的《停云》诗，回头空唱一曲《伐木》诗。

三桥客散赴前期，纵辔还嫌马足迟。好鸟花间先报语，浮云山顶尚堪疑。曾传江阁邀宾句，颇似篱边送酒时。便与诸公须痛饮，日斜潦倒更题诗。

译文

将客人送至三桥，分别后来赴约，挥动鞭子尤嫌马跑得慢。花间飞翔的鸟儿先行去报告我的消息，山顶浮云尚有疑问。曾传诵杜甫“江阁邀宾许马迎”的诗句，也颇像陶渊明在篱边种菊，有人送酒来。我便与诸位痛饮，夕阳西下醉倒还要再题诗。

待诸友不至

花间望眼欲崇朝，何事诸君迹尚遥。自处岂宜同俗驾，相期不独醉春瓢。忘形尔我虽多缺，义重师生可待招。自是清游须秉烛，莫将风雨负良宵。

译文

整个早上坐在花间等待朋友望眼欲穿，因何事还不见各位踪影？独处时怎能像世俗人那般随意，既已约定就不会独自喝醉。你我虽常不拘形迹，但师生之间情义重可等候相邀。从此清赏之游要秉烛至夜，莫要因风雨辜负良宵。

夏日游阳明小洞天喜诸生偕集偶用唐韵

古洞闲来日日游，山中宰相胜封侯。绝粮每自嗟尼父，愠见还时有仲由。云里高厓微入暑，石间寒溜已含秋。他年故国怀诸友，魂梦还须到水头。

译文

闲来每天都来到古洞游玩，做个山中宰相胜过封侯。嗟叹像孔子困于陈、蔡一样缺少粮食，愠怒时见跟随我的人有像子路那样的。云霄中的高崖刚入盛夏，山石间寒水已有秋天的气息。日后在故乡怀念诸位友人，魂梦还会牵挂这个地方。

将归与诸生别于城南蔡氏楼

天际层楼树杪开，夕阳下见鸟飞回。城隅碧水光连座，槛外青山翠作堆。颇恨眼前离别近，惟余他日梦魂来。新诗好记同游处，长扫溪南旧钓台。

译文

望见高耸入天际的层楼，楼外树枝舒展，夕阳之下见鸟儿正飞回。城边碧波闪耀映照在座间，楼外青山翠色堆积。颇遗憾的是离别近在眼前，他日只能在梦中相会。作新诗记下同游过的地方，常去打扫溪南边的钓鱼台。

诸门人送至龙里道中二首

蹊路高低入乱山，诸贤相送愧间关。溪云压帽兼愁重，峰雪吹衣着鬓斑。花烛夜堂还共语，桂枝秋殿听跻攀（跻攀之说甚陋，聊取其对偶耳）。相思不用勤书札，别后吾言在订顽。

译文

小径高低不平乱入山中，有劳诸位远送，我心感惭愧。溪水上云层压顶离愁深重，山峰上吹落雪花沾满衣服鬓角。何时还能燃着花烛在夜堂中谈天，等着你们蟾宫折桂、科举成功的好消息（跻攀的说法甚为鄙陋，只是为了对偶）。相互思念无须太多书信，分别后望你们勤于学问。

雪满山城入暮天，归心别意两茫然。及门真愧从陈日，微服还思过宋年。樽酒无因同岁晚，缄书有雁寄春前。莫辞秉烛通宵坐，明日相思隔陇烟。

译文

大雪铺满山城已黄昏，归乡之意与离别愁绪令我茫然。惭愧各位从旧日起就跟从于我，想起了孔子微服过宋的故事。岁暮时大家畅饮无需理由，来年春天会有大雁带来书信。莫要推辞秉烛通宵而坐，明日后只能隔着陇上烟霞寄相思了。

赠陈宗鲁

学文须学古，脱俗去陈言。譬若千丈木，勿为藤蔓缠。又如昆仑派，一泻成大川。人言古今异，此语皆虚传。吾苟得其意，今古何异焉。子才良可进，望汝师圣贤。学文乃余事，聊云子所偏。

译文

学文要向古人学习，脱去凡俗抛弃陈词。譬如千丈高的树木，不受藤蔓纠缠。又如昆仑之水，一泻汇成大川。有人说古今有差异，这都是虚妄之传。假如能领会真意，古今又有何不同。你有良才大有可为，望你以圣贤为师，学文是行有余力后的事，望你不要偏离正道。

醉后歌用燕思亭韵

万峰攒簇高连天，贵阳久客经徂年。思亲谩想斑衣舞，寄友空歌《伐木》篇。短鬓萧疏夜中老，急管哀丝为谁好。敛翼樊笼恨已迟，奋翮云霄苦不早。缅怀冥寂岩中人，萝衣薝佩芙蓉巾。黄精紫芝满山谷，采石不愁仓菌贫。清溪常伴明月夜，小洞自报梅花春。高闲岂说商山皓，绰约真如藐姑神。封书远寄贵阳客，胡不来归浪相忆。记取青松涧底枝，莫学杨花满阡陌。

译文

万峰相簇拥高耸接天，客居贵阳已很久。思念父母只能空想老莱子斑衣娱亲，记挂友人空吟《伐木》篇。鬓角短发萧疏，在夜间感到人已老，奏响管弦寄托哀思有谁来听？收拢双翼摆脱牢笼遗憾已经迟了，可叹没有早早展翅冲入云霄。身着薜萝衣，头戴芙蓉巾，缅怀山岩中长眠的古人。黄精和紫芝布满山谷，不担忧仓中的菌类贫乏。月明照夜，有清溪常相伴，小洞中梅花绽放自报春来之信。清高闲适岂用说商山四皓，风姿绰约确如藐姑射之山的神人。远来的书信寄给我这贵阳客居之人，信中说为何不归来令让人想念。记住要学涧底青松，莫要学杨花飘满阡陌。

题施总兵所翁龙

君不见所翁所画龙，虽画两目不点瞳。曾闻弟子误落笔，即时雷雨飞腾空。运精入神夺元化，浅夫未识徒惊诧。操舵移山律回阳，世间不独所翁画。高堂四壁生风云，黑雷紫电日昼昏。山崩谷陷屋瓦震，雨声如泻长平军。头角峥嵘几千丈，倏忽神灵露乾象。小臣正抱乌号思，一堕胡髯不可上。视久眩定凝心神，生绡漠漠开嶙峋。乃知所翁遗笔迹，当年为写苍龙真。只今旱剧枯原野，万国苍生望沾洒。凭谁拈笔点双睛，一作甘霖遍天下。

译文

君不见陈所翁所画的龙，虽然画了双目，却不点睛。曾经听说他的弟子误下笔点了眼睛，立刻雷雨大作画中龙腾空飞起。运笔出神巧夺造化，见识短浅的人只能惊诧。操船移山律回春转，世间奇事不只所翁画龙。高堂四壁生风云，黑雷紫电白昼昏暗。山崩谷陷屋瓦震动，雨声如注，击毁了长平的赵军。龙头额角峥嵘几千丈长，忽然之间神灵异象显现。小吏正抱着神弓出神，胡须都惊掉。看了很久，凝心定神，意识到是绘于绢上骨角嶙峋的龙，才知道这是陈所翁遗留下来的真迹，是当年描绘的真苍龙。只是今日旱情严重，原野多枯萎，万国众生都期盼着雨水沾溉。谁能执笔为龙点睛，让甘霖遍洒天下。

卷之三十　续编五

三征公移逸稿

德洪昔裒次师文，尝先刻奏疏、公移凡二十卷，名曰《别录》，为师征濠之功未明于天下也。既后刻《文录》，志在删繁，取公移三之二而去其一。沈子启原冲年即有志师学，搜猎遗文若干篇，录公移所遗者类为四卷，名曰《三征公移逸稿》，将增刻《文录续编》，用以补其所未备也。出以示余，余读而叹曰：吾师学敦大源，故发诸政事，澜涌川决，千态万状，时出而无穷。是稿皆据案批答，平常说去，殊不经意，而仁爱自足以沦人心髓，思虑自足以彻人机智，文章又足以鼓舞天下之人心，若金沙玉屑，散落人世，人自不能弃之，又奚病于繁耶？乃为条揭其纲以遗之，使读者即吾师应感之陈迹，可以推见性道之渊微云。隆庆庚午八月朔日，德洪百拜识。

译文

因为我的老师征讨宁王朱宸濠的功绩未于天下扬名，所以学生我过去收集编次老师的文章，曾先刊刻奏疏、公文总共二十卷，取名《别录》，完成后又刊刻《文录》，旨在删除繁复，只取公文的三分之二，去掉三分之一。沈启原幼年就有志于我老师的学问，搜集我遗漏的若干篇文章，再收录遗漏的公文并分为四卷，取名叫《三征公移逸稿》，又将刊刻增补《文录续编》，来补充遗缺的部分。他出示给我看，我读了之后感叹道：我老师学问敦行本源，所以在政治事功上的作为如波澜涌动，川流分决，千姿百态，按时而动，应变无穷。他的文稿都是案语批复，平常说辞。虽是不经意的言语，但其中所体现的仁爱足以浸透人心深处，思虑足以启发人的智慧，文章又足以鼓舞天下人心，就像散落人间的金沙玉屑，人们都不能弃之不顾，又哪里会嫌弃它的繁琐呢？我于是分条揭示其纲要，来给读者领略我老师应对时事的行迹，可以以此推而见得性命天道的幽深。隆庆庚午年八月初一，钱德洪百拜识。

南赣公移

凡三十三条

批漳南道教练民兵呈

正德十一年十一月二十五日

据兵备佥事胡琏呈：将各县民快，操练教习颇成。看得事苟庇民，岂吝小费；功有实效，何恤浮言！参据呈词，区画允当，仰该道依拟施行。再照，兵不在多，惟贵精练；事欲可久，尤须简严。所募打手等项，更宜逐一校阅。必皆技艺绝伦，骁勇出众，因能别队，量材分等，使将有余勇，兵有余资，庶平居不致于冗食，临难可免于败师。批呈缴。

译文

收到兵备佥事胡琏的呈文称：各县的差役，操练教导颇有成效。假如认真庇佑民众百姓，哪里会吝惜小的费用；功绩有实效，何必担心流言！参考上呈的文辞，规划得当，命令漳南道依照施行。而且兵不在多，贵在精心训练；事情想要持久，特别需要简练严整。所招募打手等事项，更应逐一校对检阅。选拔的人一定都要是技艺绝伦，骁勇善战，能力出众，按照才能区分等级，使得有充足的将帅、士卒，希望太平时候不至于有冗官食禄，危难时候可以免于战败。批文上呈缴回。

批漳南道进剿呈

十一月二十六日

据兵备佥事胡琏呈：卢溪等洞贼首詹师富等，势甚猖獗，备将画图贴说，待期攻剿。看得兵难遥度，事贵乘时，今打手民快等兵既已募集，仰该道上紧密切，相机剿扑。惟在歼取渠魁，毋致横加平善。其大举夹攻行详议。呈缴。

译文

收到兵备佥事胡琏的呈文：卢溪等洞贼的首领詹师富等，气焰嚣张，准备画图附上说明，等待时机攻灭围剿。士兵难以远程前往，事情贵在时机。如今打手、差役等士兵已经募集完成。命令漳南道军队要保守机密，抓紧相机围剿扑杀。只歼取渠魁，不要殃及良善平民。大举夹击进攻的行动再详细讨论。上呈缴回。

教习骑射牌

十二年五月十六日

看得五兵之用，弓矢为先，南方之技，骑射所短，最宜习演，以修长技。今南、赣诸处军兵所操弓矢，类皆脆弱，十步之外，不穿鲁缟，以是御敌，真同儿戏。访得福建省城弓矢颇胜他处，合行选取。为此牌仰福建漳南道转行福建都司，选取精巧惯习弓兵四名，该道量给口粮、脚夫，送赴军门，成造弓矢事完，仍发原伍着役。

译文

五种兵器的功用，以弓弩箭矢为首，南方战术，骑马射箭是他们的短处，最应该演习，来练习长距离作战技术。如今南昌、赣州地区军队士兵所操持的弓弩箭矢大多脆弱，甚至不能射穿十步之外极薄的鲁缟，靠这个抵御敌人，真是如同儿戏。探访得知福建弓矢比别的地方好很多，应当选取使用。为此，我下达信牌，命令福建漳南道转送福建都司，选取擅长制作弓箭的士卒四员，该道按量供给口粮、脚夫，送去军门，完成制造后，仍回到原来的队伍服役。

批南安府请兵策应呈

六月初十日

据知府季敩呈：各巢贼党众多，本府兵力寡弱，乞添兵协剿。该岭北道议，将南康二班赖养介兵，拨补县丞舒富，兴国谢庄兵、雩都张英才兵，拨补冯廷瑞统领。其本府仍用添兵营策应。及行该府起立军营二处，听候官兵到彼安插。其南康、上犹二县，俱该一体起立回报。看得赖养介、谢庄、张英才所统，准令与峰山、双秀等兵更补，预建营房，议尤适当。即行该府议行，务要地势雄壮，沟堑深高，虽系一时之谋，亦为可久之计。看得南安、上犹所聚兵众，每处不下二千，防遏剿袭，略已足用。各官犹以兵少为辞，不能运谋出奇，亦已可见。今可行令各官，分部原领各兵，一意防遏。另调坎字营一千二百人，令指挥来春统领，往屯南安。又调艮字营一千二百人，令指挥姚玺统领，往屯上犹。二营人马专以相机剿袭为事，声东击西，务使踪迹靡定，倏聚复散。每念变态无常，该道即将该去各兵查给口粮，二十四日巳时起营前去。仍行该府县官，务要协力同心，相为犄角之势，共成夹剿之功。呈缴。

收到知府季敩呈文：各地贼党众多，本府兵力寡少，乞求增加兵力协助剿匪。岭北道议，将南康二班赖养介的士兵，调拨补充县丞舒富；兴国谢庄、雩都张英才的兵，由冯廷瑞统领。本府仍用增加的兵营策应。等到该府建立两处军营，听候的官兵到那儿安插入队。其中南康、上犹二县，都应一起建立军营，回复禀报。批准赖养介、谢庄、张英才统领，命令峰山、双秀等士兵补充，预先营建营房，奏议尤为恰当。立即执行该府动议，务求在地势雄壮、沟堑深高营建。虽然是一时之计谋，但也可以为长久之计。南安、上犹所聚集的兵众，每处不下两千人，防止贼人偷袭，大概已经足够。然而各地官兵仍旧以兵少为借口，不能运筹帷幄，出奇制胜，也已经可以看出。如今可以命令各处官兵，分部领导原来各自的士兵，一心防止遏制敌军。另外调遣坎字营一千二百人屯兵上犹。两营人马专门相机围剿袭击敌军，声东击西，务求行军踪迹不定，聚散迅速，每一动念皆变化无常。该道将要前往各兵营普查供给的口粮，二十四日巳时出发前去。该府县官依旧要务求同心协力，互为犄角之势，共同完成剿匪之功。上呈缴回。

批岭北道攻守机宜呈

六月二十六日

批兵备副使杨璋呈称：访得前项贼徒，俱被逃往横水、桶冈大巢屯聚，所平巢穴，未免复来营给。合行知府季敩统领巽字营兵一千二百名，防遏大庾县贼巢。县丞舒富仍统震字营兵一千二百名，防遏上犹、南康二县贼巢。看得各巢贼党，虽已溃散，计其势穷食绝，必将复出剽虏。所议防遏事理，照议施行。仍行县丞舒富，务要在于贼巢总会处所屯扎，多遣乖觉乡导，分路爪缉，探知贼徒将出，即便设伏擒剿，务竭忠诚，以副委任，毋得虚文粉饰。此后但有推托坐视，定行治以军法。再照前项贼徒，今皆聚于横水、桶冈，若遣重兵直捣其地，示以必攻之势，彼将团结自守不暇，势必不敢分众出掠，不过旬余，两巢之贼可以坐取。仍仰该道密议直捣方略，呈来定夺。呈缴。

译文

批复兵备副使杨璋呈文，文称：之前探访得知前项贼人，都逃往了横水、桶冈大巢屯聚，所平定的巢穴，还没有回来军营报告。于是和知府季敩统领的巽字营一千二百名士兵会合，防范大庾县的贼兵。县丞舒富仍旧统领震字营一千二百名士兵，防范上犹、南康二县的贼兵。各地贼人虽然已经溃败逃散，但估计他们声势困穷，粮食断绝后，必然又要复出掳掠。之前商议的防范事项，要依照遵行。县丞舒富仍旧务求在贼党汇集的地方屯兵驻扎，多多派遣机警灵敏的向导，分路捕捉缉拿，探明贼人出没之地，以便设计埋伏，擒拿剿灭。务必竭尽忠诚，完成职守，不能虚报粉饰。此后只要有推托任务，坐视不理，一定按军法处置。之前的贼党，如今都在横水、桶冈聚集。假若派遣重兵直捣他们的地盘，向他们展示必然进攻的威势。他们将会团结一处，各自防守都来不及，势必不敢再分兵出来掳掠。不过十几天，两地的贼党就可以坐而破之。希望该道秘密商议直捣贼人的策略，上呈来定夺。上呈缴回。

批漳南道给由呈

十二年六月二十八日

据佥事胡琏呈给由事。看得本官才器充达，执履坚方，始因军机重务，以致考满过期。今盗贼既靖，合准给由。但久安之图，尚切资于经理，招抚之众，方有待于缉绥。仰本官给由事毕，即便作急回任，勿为桑梓之迟，有孤闾阎之望。呈缴。

译文

收到佥事胡琏上呈给由之事。本官才华充沛、器量广达，坚守礼节，开始因为军机重任，以至于超出履职时间。如今盗贼都平定，本应准许给由。但长久安定仍需要经营，招抚来的人还有待安抚。依照本官给由之事完毕，就要马上回任，不能迟迟不回故地，有负当地百姓的期望。上呈缴回。

批兵备道奖励官兵呈

七月初一日

据副使杨璋呈，据知府季敩等依奉本院方略，攻破禾沙、石路坑等巢一十九处，擒斩首从贼人陈曰能、钟明贵、唐洪众，及杀烧死贼从，俘获贼属，夺获马牛骡羊器械等项。为照各贼肆毒无厌，名号不轨，若使遂其奸谋，得以乘虚入广，其为患害，何可胜言？副使杨璋乃能先事运谋，潜行剿袭，一夕之间，攻破巢穴，扑燎原之火于方燃，障溃岸之波于已决。知府季敩、指挥冯翔等亲领兵众，屡挫贼锋，相应奖励，以旌功能。其各营将士，俱能用命效力，奋勇擒斩，亦合一体赏劳。为此仰赣州府官吏，即便支给商税银两，买办后开礼物，及将发去银牌羊酒，就委府卫掌印官备用彩亭鼓乐，迎送各官，用旌剿袭之功，以明奖励之典。仍将发去赏功银两，照名给赏。其阵亡射伤兵夫，亦各查给优恤。各官务要益竭忠贞，协谋并勇，大作三军之气，共收万全之功。

译文

收到副使杨璋呈文，据知府季敩等依照本院的策略，攻破禾沙、石路坑等十九处敌人巢穴，擒拿斩首贼党陈曰能、钟明贵、唐洪众，并杀戮烧死贼党随从，俘获贼党属下，以及马、牛、骡、羊、器械等战利品。因为知道贼人放肆歹毒、贪得无厌，图谋不轨。假若他们得以实现奸诈鬼谋，乘虚而入，那么他们所做的祸患就不可胜数了。副使杨璋竟能事先谋划，潜伏袭击，一夜之间攻破敌人巢穴，在燎原之火在刚燃烧的时候就扑灭它，在堤岸决堤之前就堵塞它。知府季敩、指挥冯翔等亲自率领兵众，屡次挫败贼人锋芒，应该奖励，以表彰他们的功劳能力。他们手下各营将士，都能拼命效力，奋勇斩杀贼人，也应一同赏赐犒劳。为此，要赣州府官吏支付供给银两，买来置办礼物，然后发送银牌、羊酒，委派府卫掌印官准备使用的彩亭和鼓乐，迎送官兵，以此表彰讨贼的功劳，彰显奖励的重大。要发放赏赐的银两，论功行赏。那些阵亡、被射伤的士兵，也各自查明，提供救济金。各官兵务必竭尽忠贞，同心协力，振作三军士气，共同取得最后的胜利。

调用三省夹攻官兵

七月十五日

准兵部咨，该湖广巡抚都御史秦题云云。已经开陈两端，具本上请去后。今准前因，除南、赣二府兵粮事宜另行外，所据领兵等官，俱在得人，必须先委。访得九江府知府汪隶、吉安府知府伍文定、汀州府知府唐淳，久习军旅。惠州府知府陈祥，器度深沉，俱各才识练达。程乡县知县张戬，近征大伞等处，独统率新民，奋勇当先，功劳尤著。抚州府东乡县知县黄堂、建昌府新城县知县黄文鸑、袁州府萍乡县知县高桂、吉安府龙泉县知县陈允谐，素有才名，堪以领兵。但事干各府，各官之中，或有违抗推托，临期必致误事。除具本题请，但有不遵约束，许以军法从事，合就通行知会。为此仰抄案回府，即行本官，密切整备衣装。及将上杭县义官李福英名下打手，再行拣选，务要骁勇精悍者一千名，给与资装器械，听候命下。另有公文至日，即便不分星夜，兼程前进军门，以凭调用施行。

译文

接奉兵部咨文，湖广巡抚都御史秦题本的内容。已经陈述了两边的事项，写题本向上级请示。现在收到前面的汇报，除了南昌、赣州两府的兵粮事项另外执行，领兵等官员要选恰当的人选，必须先行委派。访求得九江府知府汪隶、吉安府知府伍文定、汀州府知府唐淳，三人久习军旅。惠州府知府陈祥，器度深沉，都是才识练达之人。程乡县知县张戬，近期征讨大伞等处，独自统率军民，奋勇当先，功劳卓著。抚州府东乡县知县黄堂、建昌府新城县知县黄文鹭、袁州府萍乡县知县高桂、吉安府龙泉县知县陈允谐，向来有才气名望，可以领兵。但事情关乎各府、各官，假如有人违抗军令、推托责任，临期必定误事。除了写题本请示外，只要有不遵守约定，允许以军法处置，应该通报知会。抄录案卷回送到府，立即施行。本官整备衣装，将再拣选上杭县义官李福英名下的打手，一定募集一千名骁勇精悍的成员，给予辎重器械，听候命令下达。假如有公文送达，收到那天也要日夜兼程前往军门，来听候调用行动。

夹攻防守咨

十月

准湖广巡抚都御史秦咨云云。看得龙泉一县，与上犹县诸巢接境，将来三省夹攻，使龙泉所守不固，则吉安属县俱被骚扰。必须大兵一哨，就从此路进剿，方可止贼奔冲。已行吉安府知府伍文定，备行所属龙泉、万安、太和等县，永新、安福等所，精选民间打手，或在官机兵，共二千名，编成队伍，督同知县陈允谐等分统，俱赴龙泉县屯劄。该县乡夫，即日起集，守把隘口，听候刻期夹剿外。今准前因，合就咨报，为此备由移咨前去，烦为查照施行。

译文

接奉湖广巡抚都御史秦咨文云云。龙泉与上犹县的敌人巢穴相邻，将来三省官兵夹攻，会使得龙泉县的防守不牢固，那么吉安下属的县都会被敌人骚扰。必须派一哨人马，从此路进军剿匪，方可制止贼党冲击。现在已经派遣吉安府知府伍文定。龙泉、万安、太和等县，永新、安福等所，要精选民间打手或者在官府的机动部队共二千人，编成队伍，由知县陈允谐等分别统率，一起前往龙泉县屯扎。该县的乡夫即日起集结，把守隘口，听候命令在严格规定的时间内夹击剿灭。如今根据前面的情况，与之前汇报的咨文一并全部移送，劳烦审查执行。

行岭北道催督进剿牌

十月初十日

案照先经行仰该道守巡官，分投先往上犹、大庾等处住劄，听候各哨官兵至日，即便催督进剿去后。今照领兵等官，已该本院坐委，合行分投催督。为此仰抄案回道，即便催督各哨官兵，遵照方略，依期星夜直抵巢穴，务将前贼扫荡扑灭，以靖地方，毋遗芽蘖，致贻后患。本官仍行各官，详察地里险易，相度机宜，慎重行事，毋得轻率寡谋。及逗遛退缩，致误事机，定行军法从事。军中未尽事宜，亦听随机应变施行，仍呈本院知会，俱毋违错。

译文

先经当地的守巡官，分别前往上犹、大庾等处驻扎，等到各哨官兵到达的日子，就督促进剿。领兵等官，已经我委任，应该分别催促到任。命令抄写案卷发回岭北道，立即催督各哨官兵，遵照计划，按期日夜兼程直接前往敌人巢穴，务必将贼党扫荡扑灭，以安定地方，不能遗留残党，以致后患。当地官员仍各安本事各官，详细勘察地理险要，审时度势，慎重行事，不能轻率寡谋。假如逗留退缩，以致延误军机，定按军法处置。军中未能详细说明的事宜，亦应该随机应变地施行。仍上呈知会本院，不能有错。

刻期会剿咨

十月二十一日

准巡抚湖广都御史秦咨：议照会剿事情，已该兵部议奉钦依，刻期于九月中进兵。职等督理兵粮，粗有次第。近因杨总兵病故，又为两广路远，约会颇难，只得改期十月初旬，衡州取齐，听候分哨会兵具题，及差官约会进剿。即今所调汉土官兵，不旬日间俱集。若令住劄候至闰十二月方行会剿，非惟粮饷不敷，亦恐地方骚扰，况贼情狡诈，必致乘虚奔逸。除移文两广总镇军门查照，作急会议，一面严督布守官兵，谨把贼路，防其奔逸，一面督发兵粮，委官分哨，相机策应剿杀外。备咨贵职，查照事理，至期督发各哨夹剿，仍希由咨报等因。案照先为紧急军务事，本职看得进攻次第，江西惟桶冈一处，该与湖广之兵会合。其长流左溪、横水等处，皆深入南安府所属三县腹心之内。见今不次，拥众奔冲，势难止遏。欲将前项贼巢，以次相机剿扑。候贵治之兵齐集，夹攻桶冈，又经移咨贵职外。续据县丞舒富等呈称，各夆贼首，闻知湖广土兵将到，欲奔桶冈，集众拒战，战而不胜，奔入范阳大山。乞急为区处等因到院。随将领兵知府邢珣等，指受方略，刻期于十月十二日子时发兵进兵。本院即日进屯，亲临南康督战，遂破横水、左溪等巢。但贼首未获，方行各哨追袭。今准前因，照得江西兵粮粗已齐集。及照十一月初一日之期，亦已不远。除行兵备等官监督各哨，一面分投追袭未获贼徒，一面行令，务在十一月初一日移兵径趋桶冈等处，分布夹攻，不许后期误事。及行兵备副使杨璋移文参将史春知会外。为此合咨前去，烦请贵院查照，早为督发，切勿后时。

译文

接奉巡抚湖广秦都御史咨文：此前商议会剿的事情，已上报兵部商议，奉旨依行，计划于九月中进兵。我们监督处理兵粮之事，大致有计划顺序。近来因杨总兵病故，又因两广路途遥远，约定相会颇难，只能改进兵的时间为十月上旬，衡州调取全部人马，等到分哨会兵写题本上奏，以及差官约定相会再进剿。即使如今所调度的汉地官兵，不到十日间都能集结。假若令驻扎等到闰十二月才进军会剿，不但粮饷不能跟上，亦恐怕有地方的骚乱，何况贼党狡诈，一定会被乘虚而入。除了查验两广总镇军队移文，开紧急会议，一方面严格督查布置防守的官兵，谨慎把守贼党的途径之路，防止他们逃逸，另一方面督查派发兵粮，委派军官分哨发放，相机策应，剿杀贼党。全部事情写明咨文送到秦巡抚处，以作查看参照，到指定日期监督各哨人马发兵夹击，围剿贼党。希望通过咨文上报。先处理紧急军务事，当地官员要了解进攻的先后次第，江西的敌人只有桶冈寨一处，应该与湖广之兵会合。其左溪、横水寨等地，都深入到南安府所属的三县腹地之内。敌人看到现在兵戎不整，一定起兵冲击，势难阻挡。要将前面提到的贼党巢穴，按顺序相机剿灭。等候贵治的士兵集结，夹攻桶冈寨的敌人。移送咨文到贵职。县丞舒富等呈文称：各地畲族的贼党首领，听闻湖广的土兵将到，想跑到桶冈寨，集合众人抵抗，却没有胜利，逃入了范阳大山。乞求紧急将规划的详情送到我这儿。随从将领领兵知府邢珣等，领命计划于十月十二日子时发兵进军。本院即日进驻，亲临南康县督战，于是攻破横水、左溪等贼人巢穴。但贼党首领未擒获，令各哨人马追击。现在批准之前命令，江西兵粮已聚集完备。离十一月初一的期限也已经不远了。先命令兵备等官监督各哨人马，一方面分兵追击未擒获的贼徒，一方面下达命令，一定要在十一月初一日率兵直奔桶冈寨等处，分兵排布夹攻，不许延期误事。及行兵备副使杨璋移文、参将史春知会外，与咨文一同发送，烦请贵院查验，早日监督发送，切勿延误战机。

横水建立营场牌

十月二十七日

照得本院亲督诸军，进破横水等巢，贼徒已就诛戮。但山高林密，诚恐漏殄之徒，大军撤后，仍复啸聚，必须建立营场，委官防守。为此牌仰典史梁仪，协同千户林节统领宁都机兵四百名，信丰机兵六百名，就在横水大村，砍伐木植，相视地势雄阜去处，建立营场一所。周围先竖木栅，逐旋修筑土城，听候本院回军住劄，以凭委官留兵防守。各官务要同力协谋，精勤干理，工完之日，照依军功论常。所领兵众，如有不听约束，许以军令责治。其合用夫匠等项，听于南安所属上犹、南康等县取用。该县俱要即时应付，毋得迟违误事。

译文

本院亲自督战各军，攻破横水等贼巢，贼徒已被诛杀。但山高林密，只怕漏网歹徒，在大军撤退后，又重新聚集。必须建立营寨，委派官兵防守。为此，我下达信牌命令典史梁仪，协同千户林节，统领宁都的四百名机兵，信丰六百名的机兵，在横水大村砍伐树木，在地势雄峻的地方建一处营寨。营寨周围先树木栅，然后在外围修筑土城，听候本院回军驻扎，再委派官员留兵防守。各位官员一定要同心协力谋，精心勤勉地完成事务。工程完成之日，按照军功行赏。你们所统领的士兵，如果有不听军令，允许以军法处置。要用到力夫、工匠等人，则从南安所属的上犹、南康等县取用。该县都要即时答复前者需求，不得迟误。

搜扒残寇咨

十一月十一日

据知府邢珣、唐淳会呈：各职近奉本院调发，于本年十一月初一日，依湖广刻期夹攻桶冈峒诸巢，遵依攻破茶寮等处，擒斩贼党已尽。见今各兵四散搜扒，无贼可捕。访得官兵未进之先，各贼带领家属逃往桂东县连界大山藏躲，及将捕获贼人黄顺等备细研审相同。但今彼处官兵未见前来，若不移文催督，诚恐先遁各贼，乘虚在彼奔窜，各营官兵，难于过境搜扒。呈乞照详等因到院。查卷先为前事，已经通行湖广、江西、广东三省该道兵备、守巡等官，调集官军，把截夹攻。及严督府、卫、所、州、县等官，起集兵快乡夫，各于贼行要路，昼夜把截，若贼奔遁，就便相机擒捕去后。今据前因，照得桶冈贼徒陆续潜逃，所据守隘等官，未暇参究。但今各贼，久在彼处藏躲，若不速行搜扒，将来大兵既撤，诸贼必将复归桶冈，重贻后患。为此合咨贵院，烦将原调官兵，量摘三四千前来桂东连界大山，逐一搜扒，必使果无噍类，然后班师，庶几一劳永逸，而彼此两无遗憾。及请戒令各兵，止于连界大山搜扒，不得过境深入，尤为地方之幸。

译文

收到知府邢珣、唐淳会呈文：各地职官近期奉本院之命调配，于本年十一月初一，按照湖广的军队规定的日期夹攻桶冈峒等地的贼党巢穴，领命依次攻破茶寮等地，尽数擒获斩杀贼党。各地贼兵四散，如今已无贼可捕。经了解得知在官兵未进攻之前，各贼党就带领家属逃往桂东县连界大山躲藏，等到将捕获的贼人黄顺等详细审问发现情况相同。但如今那里的官兵还没前来，假如不移文催促监督，只怕先行逃跑的贼党，乘虚在那里奔窜。各营的官兵很难越过县界境搜捕。上呈查照详文的内容到我这儿。查阅先前事项的卷宗，已经命令湖广、江西、广东三省该道的兵备、守巡等官调集官军，把守拦截，夹攻贼党。而且严格督促府、卫、所、州、县等官，集结军队、乡夫，各自在贼党通行的险要道路，昼夜把守。假如贼党奔逃，就相机擒获。如今根据先前汇报，知道桶冈寨贼党陆续潜逃，把守隘口的官兵，没来得及细究。但如今各贼在那里躲藏日久，假如不迅速出动搜捕，将来大兵撤退，那些贼党一定复归桶冈寨，重新留下后患。为此，向贵院递送咨文，烦请将原来调遣的官兵，选拔三四千人前来桂东连界大山，逐一搜捕贼党。一定要赶尽杀绝，然后才班师回府，希望一劳永逸，而两地都没有遗憾。而且请警戒命令士兵，只在连界大山搜捕，不得越过县境深入腹地，这样的话地方才能幸免于贼党之患。

批准惠州府给由呈

正德十三年二月二十四日

据知府陈祥申给由事。看得知府陈祥，政著循良，才堪统驭，近因兴师之举，且迟考绩之行。今本官亲从本院征剿叛贼，效劳备至，斩获居多，巢穴悉皆扫平，地方已就宁靖，既喜奏功于露布，允宜上最于天曹，除赏功之典另行外，仰该府即便照例起送给由。申缴。

译文

收到知府陈祥申给由事。知府陈祥，政绩显著，品行循良，才华能统治一方。近来因为兴师讨贼的行动，延迟了考核绩效。如今本官亲自跟从本院征讨剿灭叛贼，功劳很大，斩获贼党很多，贼党巢穴都已经被扫平，地方已恢复安定。已经在捷报中报喜，应该上报吏部。除赏功的典礼之外，该府应该照例递送给由。申报缴回。

批攻取河源贼巢呈

三月二十三日

据佥事王大用呈：河源朱峒吴天王、曹总兵、邓都督等一十三围，并上下二山，共有先锋三千余兵，五府六部俱全，声言起城立殿，势诚猖獗。看得所呈各贼，聚众三千，设官僭号，即其事势，亦岂一朝一夕之故？而各该府、县等官，前此曾无一言申报，据法即合拿究。但称所呈亦据传闻，未委虚的，又虑万一果如所呈，各该官吏正在紧关剿截之际，姑且俱未参提。仰该道再行查勘的实，果如前情，即便一面严督各该官司，加谨防遏，一面议处机宜，或移夹剿之回师，或促候调之狼卒，度量缓急，相机而行。如其事未猖扬，情犹可抚，亦要周防安插，区处得宜。俱仰火速具由呈来，以凭议奏。仍呈总督巡按等衙门，公同计议施行。呈缴。

译文

收到佥事王大用呈文：河源朱峒吴天王、曹总兵、邓都督等十三围，加上上下二山，一共有三千余名先锋兵，五府六部俱全，声言要建立城池，修筑宫殿，声势十分猖獗。呈文汇报的贼党聚众三千余人，设立职官，僭越名号，这些势力岂是一朝一夕就产生？然而各该府、县等官员，此前没有申报一句话，根据法律应该追究。但呈文也只是依据传闻，未核查虚实，又害怕万一果然如呈文所说，各官吏正在剿灭贼党的紧急关头，姑且都不追究。希望该道再次勘查实情，果如前情，就要一方面立即严格督查各该有关部门，加紧防范遏制贼党，另一方面商议处置的合适时机，或移动夹击剿灭贼党的回师，或督促候调的狼卒，衡量轻重缓急，相机行事。假如事态尚未恶化，敌情尚可安定，也要防守周备，处置得当。都要火速呈报信息，以听候奏议。上呈总督巡按等衙门，共同计议再施行。上呈缴还。

批赣州府赈济呈

四月二十八日

据赣州府呈：本府赣县等七县，将在仓稻谷粜银赈济。看得兵革之余，民困未苏，加以雨水为灾，农务多废，虽将来之患，固宜撙节预防，而目前之急，亦须酌量赈济。据该府所申，计处得宜，合行各县照议施行。仍仰各掌印官，务须严禁富豪之规利，痛革奸吏之夤缘，庶官府不为虚文之应，而贫民果沾实惠之及。各具由回报。申缴。

译文

收到赣州府呈文：“本府赣县等七个县将储存在仓的稻谷拿出来赈济。”

战争之余，民众的困穷生活尚未复苏，加上雨水灾患，农业生产大多废弛。即将来临的祸患，本应节省支出以预防。然而目前情况危急，也需要酌情赈济。据该府所申请的计划得当，各县应该依照施行。希望各掌印官，一定要严禁富豪牟利，革除奸吏之间的裙带关系。官府或许可以不应付不切实际的条文，而贫民大众都能获得实惠。各地要回报情况。申报缴还。

批岭北道修筑城垣呈

五月十五日

据副使杨璋呈：所属府、卫、县城垣倒塌数多，而石城一县尤甚，应该估计修理。合委知府季敩、邢珣，不妨府事，督修本府城垣。龙南县署印推官危寿、兴国县知县黄泗、瑞金县知县鲍珉，各委督修本县城垣。惟石城县知县林顺，柔懦无为，合行同知夏克义估计督修。看得城垣倒塌，地方急务，幸兹盗贼荡平，正可及时修筑。若患至而备，则事已无及。该道即行各该承委官员查照，估算工程，措置物料，一应事宜，各自从长议处呈夺。各官务要视官事如家事，惜民财如己财，因地任力，计日验功，役不逾时而成坚久之绩，费不扰民而有节省之美，庶称保障之职，以副才能之举。呈缴。

译文

收到副使杨璋呈文：我所属的府、卫、县城墙大多倒塌，而石城一县尤甚，应该测量修理。应委派知府季敩、邢珣，在不妨碍府事的情况下督修本府城墙。龙南县署印推官危寿、兴国县知县黄泗、瑞金县知县鲍珉，应各自委任督修本县城垣。只有石城县知县林顺，懦弱无能，应该让同知夏克义督修。城墙倒塌是地方的头等需要解决的急务，万幸盗贼已经被荡平，正好可以及时修筑。假若贼患到来而有防备，那么事也不会来不及。该道立即执行此事，各个承担工作的官员查收核验，估算工程，购置物料，一切事宜各自从长计议，商议处上呈定夺。各官员一定要把官事视作家事，珍惜民众财物像自己的财物，按照具体情况，按日验收工程，不超出规定时间的同时能成就久远之功绩，不需要竭尽民众财力的同时能有节省的美名。如此或可称得上保障民众的职位，以配得上才能的壮举。上呈缴回。

查访各属贤否牌

六月十九日

节该钦奉敕谕：军卫有司官员中政务修举者，量加奖劝。其有贪残畏缩误事者，文职五品以下，武职三品以下，径自拿问发落。钦此。钦遵。切照当职抚临赣州等处，向因亲剿群贼，多在军前，所据大小衙门官员中间，志行之贤否，政务之修废，类皆未暇采访，拟合通行查报。为此除布按二司，本院自行询访外，牌仰本道官吏，即便从公查访所属军卫有司官员。要见某官廉勤公谨，某官贪婪畏缩，某官罢软无为，某官峻刑酷暴，备细开造小册，就于前件下填注，印封密切，马上差人赍报，以凭复奏，黜陟拿问施行。毋得循情，查报不公，致有物议，自取参究。仍行本道各将掌印佐贰等官年甲籍贯，到任年月日期，亦开前件，揭帖一本，印信各令，差人赍报，不得稽迟。

译文

奉皇帝敕书：军卫的官员里面政务干得好的人，加以奖赏劝勉。贪婪残暴、畏缩误事的人，文职五品以下，武职三品以下，直接发落处置。钦此。钦遵。本职管理赣州等地，过去因亲自剿灭群贼，多在军队里，所依靠的大小衙门官员是否贤能，政务干得好不好，都没来得及采访，本打算通行考查汇报。为此，除了布政司、按察司，我亲自查访外，本道的官吏应该即刻查访所属的军卫有关部门官员。要查清楚哪些官员廉洁奉公，哪些官员贪婪怕事，哪些官员懦弱无能，哪些官员严酷残暴，准备小册注明所做的事件，密封后再马上派人送报到我这里，来作为升迁、罢黜、问责实行的依据。如果徇私枉法，隐瞒不报，以致有争议，必将被追究。本道各个掌印官及其副职的当年年份日期、籍贯，到任的年月日期，另开一本记录，印信等各个命令，派人上报，不得迟误。

一仰广东守巡岭东、岭南道，福建守巡漳南道，湖广守巡上湖南道同。

译文

广东守巡岭东、岭南道，福建守巡漳南道，湖广守巡上湖南道同样遵循以上命令。

行漳南道禁支税牌

照得上杭河税，原系本院钦奉敕谕，军马钱粮，径自便宜区画事理，专为军饷而设，自来非奉本院明文，分毫不许擅自动支，与该省各衙门原无干预。牌仰该道官吏，今后凡有相应动支，止许具由呈禀本院，听候批允，不得一概申请，有乖事体，渐开多门之弊，反生侵渔之奸。具依准。缴牌。

译文

上杭河运的赋税，原本是我奉圣旨，可以直接调用作军马钱粮，专门为军饷设置的，自来不是遵照我明文命令，不能擅自动用分毫，与该省各衙门原本互不干涉。我下达信牌，命令该道的官吏，以后凡事要动用相应的税收，只允许向我禀报，听候批准，不得一概申请，这违背了规定，导致滥用税收的问题，产生侵吞税收的邪念。具依准。缴牌。

禁约驿递牌

照得水西驿递旧例，每遇公差，验有真正关文，随即送赴军门挂号，此乃防奸革弊定规。本院抚临赣州未几，即因盗贼猖獗，屡出剿平，尚未清查。访得近来多有奸诈之徒，起一关文，辄就洗改。或改一名为二三名者，或改红船为站舡者，或改口粮为廪给者，或改下等马为中等上等马者，或该有司支应而夤缘驿递应付者。又有或看望亲朋，或经过买卖，因与驿递官吏相识，求买关文，诈伪百端。若不挂号清查，非惟奸人得计，抑且有乖事体。为此牌仰本驿所官吏，即便印钤厚白申纸，装钉方尺文簿，一样二本，送赴军门。每遇公差关文，验无前项奸弊，就与誊换，随送军门挂号给付。如或本院出巡，就赴该道兵备挂号。中间若有交通，私与关文，或不经本院挂号，潜行应付者，定行拿问赃罪，决不轻贷。仍仰今后差拨舡只迎送，止许各至交界驿递倒换，立限回还。敢有贪图过关米粮，或权要逼勒过界者，就便指实申来，以凭拿问。仍行岭北道一体查照施行。

译文

水西驿递旧时惯例，遇到公差，检验有真正的通关凭证，就立即送到军门挂号，这是防止奸邪之徒违规的法律。我巡视赣州不久，就因为盗贼猖獗，屡次出兵剿灭，还没来得及清查。了解到近来多有奸诈之徒，修改通关凭证。有人把一个人改作两三个人，有人把红船改为站船，有人把口粮改为俸禄津贴，有人把使用的下等马改为中等、上等马，有官吏与驿递官员狼狈为奸。还有人因为通过看望亲戚朋友或者买卖，认识驿递官员，买来通关凭证，滋生腐败。假如不挂号清查，不只是奸人得逞，而且会破坏正常的制度。为此，我下达信牌命令本地驿所的官吏，即刻刊印厚白申纸，装订成方尺大小的文簿，一式两份，送到军门。如遇公差关文，核验没有此前记录，有违规舞弊，就要替换，随即送到军门挂号登记。如果碰上我外出巡守，就到该道的兵备道挂号。中间如果没有经过我的挂号，私下交付通关凭证，暗地交付的人，一定缉拿问罪，决不姑息。今后差遣调拨船只，只允许各自到交界的驿递进行，限期归还。胆敢有贪图过关的米粮，或者威逼勒索过界的人，就立即汇报罪证，缉拿问罪。岭北道一并依此信牌命令施行。

申明便宜敕谕

节该钦奉敕："广东清远、从化、后山等处，与尔所辖南韶等府，壤地相接，事体互相有关。近该彼处镇巡官奏称，盗贼生发，师行有日，如遇彼处行文征兵协剿，亦要随即发兵前去防剿应援，以收全功。毋得自分彼此，致失事机，钦此。"钦遵。照得南府界连南赣大庾、信丰、龙南等县，而惠州、河源、兴宁亦各逼近贼巢，俱系紧关，奔遁潜匿之处，进攻防截之路。访得前贼为患日久，虽奉成命征兵协剿，诚恐贼计狡猾诈变，东追则西窜，南捕则北奔，若不早为查处，未免有误军机。为此仰抄案回司，会同三司掌印，及各该守巡、兵备等官，上紧调集兵粮，听候克期防剿，并将应剿贼巢，通行查出。行拘熟知地利险易乡导，责令画图贴说。要见某处贼巢，连近某处乡落；某巢界抵某处，系是良善村寨，某处系是善恶相兼；某处平坦，可以直捣；某处险阻，可以把截；某处系贼必遁之路，可以设伏邀击；某处贼所不备，可以间道掩扑；何处官军可以起调，何官可以委用，可以监统；粮饷何处措办，住劄何处；听候各要查处停当，备由马上差人飞报本院，以凭遵照钦奉敕谕，与各该镇巡官计议而行。其有军中一应进止机宜，亦要明白呈报，毋分彼此，致有疏虞。国典具存，罪难容恕。仍呈总督、镇守、巡按衙门知会。

译文

持节敬奉皇帝敕令："广东清远、从化、后山等地和你所管辖的南韶等府，地界相接，事情互相关联。近来各处镇巡官上奏称，盗贼频出，军队出动已经有一段时间了，如果遇到广东等地出兵讨贼需要你协助的，也要立即发兵前去支援，以完成所有公务。不能分别彼此，以致延误战机，钦此。"钦遵。南韶府界连接南赣的大庾、信丰、龙南等县，而惠州、河源、兴宁等地也临近贼党巢穴，都是紧要的关卡，贼党容易逃遁匿藏的地方，也是我们进攻堵截的要路。调查了解到之前贼党作恶的日子已经很久，虽然奉命派兵协助征讨，但怕贼党诡计多端、狡猾善变，东奔西逃。假若不尽早查处，未免延误军机。下令抄录案卷回送司，会同三司掌印官，以及各地守巡、兵备等官吏，马上调集兵粮，听候命令按期防守，并将通行查出应剿灭的贼巢。寻找熟知地利险要的向导，命令他们绘画地形图。要画出哪处贼巢邻近哪处乡落，哪处巢穴的边界邻接哪处是良善的村寨，哪处是善恶兼有的可疑村寨；哪里平坦，可以直接进攻捣毁；哪里险阻，可以把守拦截；哪里是贼党逃遁的必经之路，哪里可以设下埋伏袭击；哪里是贼党所没有防备的地方，可以偷袭；哪里的官军可以调用，哪个官员可以委任，可以监军统领；粮饷从哪里筹措，驻扎在什么地方；这些都要清查得当，派人马上向我飞报，以此遵照钦差御旨的敕令，与各镇的长官计议行事。军中如有进退的事宜，也要明白清楚地呈报，不能分别彼此，以致有疏漏。国家命令在此，若有大罪难容宽恕。一并呈送知会总督、镇守、巡按衙门等部门。

犒赏新民牌

据招抚新民张仲全、陈顺珠等呈，解擒斩贼首池满仔、屠天佑等八名颗到院。为照张仲全等，始能脱离恶党，诚心向善，已为可取。又能擒斩叛贼，立功报效，即其忠勇，尤足嘉尚。所据张仲全合升授以百长，陈顺珠合升为总甲，各给银牌，以酬其功。其兵众三百余人，皆能齐心协力，擒捕叛贼，俱合犒赏。为此，牌差百户周芳前去龙南县，着落当该官吏，即将赍去银牌给与张仲全、陈顺珠，牛酒及赏功银两，照数给与部下有功兵众。仍仰督同张仲全等，整束部下兵众，会同王受、郑志高等并力夹剿残贼，务要尽数搜擒，照例从重给赏。其屠天佑手下走散兵夫，原由牵引哄诱，皆可免死。仍仰张仲全遣人告谕，但能悔恶来归，仍与安插。或能擒斩同伙归投者，准其赎罪，仍与给赏。各役俱听推官危寿等节制调度，务要竭忠尽力，愈加奋勇，期收全功，以图报称。

译文

收到招安的张仲全、陈顺珠等人呈文，斩获池满仔、屠天佑等八名贼党的首级到这里。张仲全等，最终能脱离恶党，诚心向善，行为可取。又能斩获叛贼，立功报效国家，就他们的忠义勇猛特别值得嘉许赞赏。张仲全应提拔授予为百长，陈顺珠提拔授予为总甲，各给可以发兵的银牌，以酬谢他们的功劳。他手下三百余名士兵都能齐心协力，擒获叛贼，都应该犒赏。为此，我下达牌文命令百户周芳前去龙南县，命令当地官吏，给张仲全、陈顺珠送去银牌，以及牛羊、美酒、银两，依照人数犒赏他们有功劳的部下。监督张仲全等整饬部下士兵，会同王受、郑志高等合力夹击，剿灭残党，一定要尽数缉拿擒获，照例从重赏赐。他们手下屠天佑走散的兵夫，原因为被贼党哄骗劝诱，都可免死。命令张仲全等派遣人马告诉贼党，只要能悔过自新，仍能从宽收容。能擒获、斩杀同伙投奔的人，批准赎罪，还给赏赐。各路人马都要听从推官危寿等调度，一定要尽心尽力，奋勇争先，希望能彻底解决贼党，报答恩赐。

行岭北等道议处兵饷

节该钦奉敕谕："一应军马钱粮事宜，俱听便宜区画，以足军饷，钦此。"钦遵。照得，近因夹剿上犹、桶冈等贼，粮饷无措。当时仰赖朝廷威德，两月之间，偶速克捷，不然，必致缺乏。今各巢虽已扫定，而遗党窜伏，难保必无。况广东后山等处，方议征剿，万一奔决过境，调兵遏剿，粮饷为先。查得见行措置军饷，以防民患事例：今后江西南、赣等府有兵备去处，各该军卫有司所问囚犯，审有家道颇可者，不拘笞杖徒流并杂犯死罪。各照做工年月，每日折收工价银一分，送府收贮，以备巡抚衙门军情缓急之用。虽有别项公务，不得擅支，仍要按季申报，合干上司，以凭稽考，等因。照得，近来官吏因循不行，查照概将问追工价等银，俱称类解买谷，遂致军饷无备，甚属故违。具访前项银两，埋没侵渔甚众。今姑未查究，再行申明，仰抄案回道，着落当该官吏，并行南、赣二府卫、所、县。今后奉到问理等项，笞杖徒流杂犯斩绞罪。除有力纳米照旧外，其家道颇可者，俱要查照先行事例，折纳工价，俱收贮该府，以备本院军情缓急。敢有故违者，定行参以赃罪，决不轻贷。仍仰各置文簿二扇，按季循环开报查考，毋致隐匿。仍呈抚按衙门知会。

译文

敬奉皇帝敕令："军马钱粮的事情，听从随机调度，来补充军饷，钦此。"钦遵。近来因为夹击剿灭上犹、桶冈寨等地的贼党，粮饷没有筹措。仰赖朝廷的威德，两月之间迅速获得胜利，不然一定导致物资缺乏。如今各地的巢穴虽然已经荡平，但是残党仍然逃窜，难保万无一失。况且广东后山等地，才开始商议如何征剿。万一贼党过境逃窜，那么调兵遏制剿灭，就需要先准备粮饷。查考了解到现在措置军饷，以防民患的事例：今后江西南康、赣州等府有兵备道去处，各地军卫部门审问的囚犯，假如有家境还可以的，不必施加拘留、笞、杖、徒流、杂犯死罪等罪名。可以要他们服劳役，每天收一分银的工价，并送归官府收藏，以备巡抚衙门军情紧张时使用。即使有别的公务，也不能随便支出，仍然要按季度向上司申报，以做记录查考。近来官员没有遵守法令，按照规定追查工价银两，都说用于购买粮食，于是导致没有军饷，这属于违背规定。调查之前的银两，发现贪赃的人很多。如今姑且不追究，现再次声明，抄录案卷送回岭北等道，要落实到南康、赣州二府卫、所、县的官吏。今后如果收到审理的事项，一律判笞、杖、徒流、杂犯斩绞罪。除了有能力缴纳米粮的照旧外，其他家境尚可的人，都要按照先前的事例，折算工价，收归官府，以备我们军情紧张时使用。胆敢有违背的，一定判处罪刑，绝不轻饶。制作收支簿籍两册，按季度循环查验，不得隐匿。呈交知会抚按衙门。

再批攻剿河源贼巢呈

据广东岭东道佥事朱昂等会呈："河源县贼巢一十三处，势相联络，互为应援。贼首吴何俊等，并帽子峰贼首谭广护等，招亡纳叛，不止二千余众，累岁荼毒生灵。况又僭称天王、总兵、都督等号，罪恶滔天，人神共怒。必须请调大兵，剿绝根由，庶足以雪军民之冤。但此黠贼，性尤凶强。必藉狼兵，可以捣巢攻寨。大约以军兵二万有余，方克济事。"合行布政司查议粮饷，并赏功银两等项。又据惠州府云云。看得，贼众兵寡，委难集事。但动调狼兵，亦利害相伴。况开报贼巢，前后不同。合用粮赏，俱合预行查处。为此仰抄案回道，会同各守巡、兵备等官，将各巢穴再行备细查访。若果贼巢众多，官兵分哨不敷，必须添调狼兵，仰即径自呈请该省总督等衙门，上紧起调。若见在官兵略以足用，可以不调狼兵，亦免骚扰地方，就仰选委谋勇官，督同府、卫、县、所等官，将各汉达官军、兵快、乡夫，预先起集选练，于该府及近贼县分，密切屯扎，勿令张扬，候克期已定，然后昼伏夜行，出其不意，并击合剿。合用粮饷赏功等银，备行广东布政司查照上年大征事体，及时措备，毋致临期误事。如是兵粮措置，俱已齐备，仰即马上差人飞报军门，以凭亲临督战。或差官赍报令旗令牌，分督进剿。其各贼奔遁关隘，相应江西防截者，亦要上紧查报，以凭调发，各毋稽违，致有失误。国典具存，决难轻贷。先选熟知贼情三四人，赴军门听用。军中一应进止，或未尽机宜，应呈报者，亦就上紧呈报。仍呈总镇、镇守、巡按等衙门查照知会。

译文

收到广东岭东道佥事朱昂等呈文："河源县有十三处贼巢，势必狼狈为奸，相互联络，互相照应。贼党头目吴何俊等人，加上帽子峰头目谭广护等，招纳亡命叛贼，人数已不止二千余，连年荼毒生灵。况且又僭越自称天王、总兵、都督等，罪恶滔天，人神共怒。必须调动大军，剿灭根绝，希望可以一雪军民之冤屈。但这些贼党狡诈，品性凶狠。一定要借助地方武装，才可以捣毁敌人巢穴。大约要军兵二万余，才能成事。”布政司应该清查粮饷，以及赏赐的银两等事项。又据惠州府的呈报。贼党众多，我军寡少，实在难以集中力量。但调动地方武装，也是有利有弊。况且报告的贼巢位置前后不同。要使用的粮草赏金，都应预先清查。为此，抄送回道，会同各守巡、兵备等官员，再仔细查访各贼巢的地点。假若贼党巢穴过多，官兵兵力分布不均，必须增添调遣地方武装，立即上呈请该省总督等衙门调兵。假若官兵大略足以调用，可以不调用地方武装，也可以免于骚扰。应立即选拔委任有勇有谋的官员，同府、卫、县、所等官吏一起，预先集结训练汉人、达官军、兵快、乡夫，在当地以及靠近贼党的地方分兵屯扎，密切把守，不得张扬。等候攻克的日期确定，然后昼伏夜行，出其不意，一起出击围剿。广东布政司应按照上年大征的相关事项，及时筹措准备使用的粮饷、赏功银两等物品，切勿延误时机。像上述那样兵粮筹措，都已经准备好，就立即马上派人马飞报军门，按凭证亲临督战。再差遣官员令旗令牌送报各地，分别督战进兵剿贼。各处贼党会逃跑的关隘，要相应在江西堵截，同时立即上报，按凭证调兵，不得违规，以致失误。国家法典具存，违反者决不轻饶。先选熟知敌情的三四个人，前往军门听候调用。军中一切动静，假如未能裁决的、要上呈禀报的都应迅速上报。一并上呈知会总镇、镇守、巡按等衙门。

优礼谪官牌

照得本院奉命提督军务，征剿四省盗贼，深虑才微责重，惧无以仰称任使，合求贤能，以资谋略。访得潮州府三河驿驿丞王思，志行高古，学问渊源，直道不能趋时，长才足以济用。惠州府通衢马驿驿丞李中，坚忍之操，笃实之学，身困而道益亨，志屈而才未展，合就延引，以匡不及。为此牌仰该府，照牌事理，措办羊酒礼币，差委该县教官赍送本官处，用见本院优礼之意，仍照例起关应付。以礼起送前赴军门，以凭谘访，该驿印记，别行委官署掌。先具依准及礼过缘由。缴牌。

我奉命管理军务，征剿四省的盗贼，考虑到自己才能浅薄，责任重大，恐怕无法胜任，希望访求贤能之士，来帮助辅佐参谋。我了解到潮州府三河驿驿丞王思志向高大，学问渊博，坚守正道不趋利避害，能力才华足堪重任。惠州府通衢马驿驿丞李中，有坚忍不拔的操守，笃实的学问，虽处困穷但道义亨通，受屈而才华未得施展，应该提拔，以匡救时世。为此，我下达信牌命令该府照牌文事项，置办羊酒礼物，差遣委派该县的教官送去，来显示我优待礼贤的用意，按照常例写凭证，把礼品送到军门，作为查访的凭证。当地驿站的印记，另外委派官员掌管。先上报缘由。缴牌。

批漳南道设立军堡呈

据兵备佥事周期雍呈："深田、半砂等处，负山滨海，地僻人稀，以致贼徒诱结，势渐猖獗。今虽议立军堡，一时未得完工，合行署都指挥佥事侯汴，暂且住扎南韶，设法擒捕。候军堡已完，行令遵照钦奉敕谕，前往武平县驻扎。"看得，所呈深田等处，盗贼日渐猖炽，各该巡捕等官，因循坐视，致令滋蔓，俱合拿赴军门。但当用人之际，姑且记罪。仰该道严加督捕，在目下靖绝，以功赎罪。及照该道原议，设立军堡十处。每堡军兵不过二三十人，势分力弱，恐亦不足以振军威，而扼贼势。仰该道会同守备官，再加酌量。如果军堡工费浩大，且可停止，将各堡该戍军兵分作两营，选委勇官二员分统，于各该盗贼出没地方，络绎搜捕，每月限定往来次数。就仰经过县分，按月开报兵备官处，不时考较督责。其该设军堡，止于每日程途所到去处，建立一所，以备宿歇。非独省费易举，亦且势并力合，地方可恃以无恐，盗贼闻风而自息矣。但事难遥度，该道仍须计审详议，一面呈报，务求至当，亦无苟从。再照前项地方，盗贼日盛，备御未立，准议暂委守备侯汴前往南韶住扎，严剿捕以靖地方。稍候武备既设，施行有次，仍旧还归武平住扎。该道照议批呈事理，即便备行本官查照施行，俱毋违错。

译文

收到兵备佥事周期雍呈文：“深田、半砂等地，背靠山岳、濒临海岸，地处偏僻，人烟稀少，以至于盗贼集结，声势猖獗。如今虽然建议设立军事堡垒，一时间还没完工。行署都指挥佥事侯汴，暂且驻扎在南韶，应设法擒拿贼党。等候堡垒已经建完，遵照钦差大臣奉皇帝敕谕，前往武平县驻扎。”所呈深田等地的情况，盗贼日渐猖獗，各地巡捕等官因循守旧，坐视不理，以致贼党滋生蔓延，照理都应该拿来军门问罪。但正当用人之际，姑且记罪。该道应严加督察，铲除眼前的贼党，带功赎罪。该道原来的计策，设立十处军事堡垒。每处军兵不过二三十人，势单力薄，恐怕也不足以振奋军威，扼制贼党势力。该道会同守备官，应重新商量。如果军事堡垒工程耗费过大，暂且可以停工，将各堡垒戍守的军兵分作两营，委任英勇的两名官员分别统领。在当地盗贼出没的地方搜捕，每月设置往来的次数。经过的县，每月报告到兵备道的官员那儿，不时考核督查。只在每日路程所要抵达的去处建立军事堡垒，方便歇脚留宿。非这不只是为了节省费用，而且可以合并势力。地方就可以有所凭依无须恐惧，盗贼闻风而灭亡。但世事难料，当地仍须从长计议，有事就呈报，一定要恰当完成，不得随便。地方盗贼日盛，防御还没建立起来，批准暂且委派守备侯汴前往南韶驻扎，严格剿灭逮捕，以使得地方安定。等到当地武装已经安顿好，仍旧回到武平驻扎。该道要审批上呈的事项，即刻上报给我查看审核施行，不得有误。

再申明三省敕谕

节该钦奉敕：“该兵科给事中周文熙奏，湖广郴、衡地方瑶贼，不乘时处置，抑恐遗孽复滋，重贻后患。乞要推举抚治宪臣一员前去，会同湖广、广东、江西镇巡三司等官，相度事宜。或设添卫所县治，或置立屯戍屯堡，或仍敕尔每年春夏在南、赣等处，秋冬在郴、衡等处，住扎整理。庶几委任专一，有备无患等因，该部议谓宜如所奏施行。今特敕尔亲诣郴、衡等处地方，照依周文熙所奏，并查照御史王度、唐濂及佥事顾英等建言事理，从长议处，定立长治久安之法。应施行者，径自会同各该镇巡等官，从长施行。事体重大者，奏请定夺。尔为风宪大臣，受兹委托，尤宜广询博访，择善而行。务使盗息民安，地方有赖，钦此。”钦遵。卷查先准兵部咨为图议边方后患事。该兵科给事中周文熙奏，该本部覆题，已经案仰湖广都、布、按三司，即行该道守巡、兵备等官，一体钦遵。各诣郴、桂、衡州等处，督同各该掌印等官，相度山川险易之势，谘访贼情起伏之由，查照各官建言事理，从长议处方略。要见某处可以开建县治，某处相应添设卫所，某处营堡宜修，某处道路宜开，备询高年有识，务宜土俗民情。如或开建添设等项，有劳于民，无补于事，亦要明白声说，毋拘成议，附和雷同。别有防奸御患长策，俱要备细呈夺，毋惮改作。仰惟朝廷采纳群策，非徒苟为文具。谅在各官，协心承委，决无了塞公移，务竭保民安土之谋，共图久安长治之策。应施行者，就便具由呈来，以凭会议施行。若有事体重大，该具奏者，亦即呈来，奏请定夺去后。今奉前因，拟合通行。为此，仰抄案回司，即行掌印，并各该道守巡、兵备、守备等官，一体查照钦遵。作急议报施行，毋得稽违。仍行镇守、巡抚、总督、总镇、巡按衙门知会。

译文

敬奉皇帝御旨：兵科给事中周文熙上奏，湖广地区郴州、衡阳地方瑶贼，假如不及时处置的话，惟恐余党滋生，将后患无穷。现要求推举一名抚治宪臣前去，会同湖广、广东、江西镇巡三司等官员，商量事情。增添卫所县治，设立屯戍的军事堡垒，敕令你每年春夏在南康、赣州等地，秋冬在郴州、衡州等地驻扎整顿。希望可以专心工作，有备无患。该部讨论说应该像上奏所说的一样施行。如今特别敕令你亲自到郴州、衡阳等地，按照周文熙所奏那样，并与御史王度、唐濂及佥事顾英等商量事务，从长计议，确定长治久安的治理办法。要执行任务的人，直接会同该镇巡等官，从长计议去施行。重大的事项要上奏请我定夺。你是受我委托的监察官，特别应该广泛征求大家的意见，择善而行。务必做到让盗贼消失，民生安定，地方有赖你的努力作为，钦此。”钦遵。先接奉兵部咨文，商议边疆的祸患。兵科给事中周文熙上奏，本部再上题本，已经抄送湖广都、布、按三司，该道守巡、兵备等官员一并遵照实行。各自到郴、桂、衡州等地，和各地掌印等官员，根据山川险易的地势，考察敌情出没的路线，分别建言献策，从长计议讨伐敌人的策略。要知道哪里可以建立县政府，哪里可以相应地增设卫所，哪里可以修建堡垒，哪里可以开通道路，向年纪大的有见识的人请教，一定要合乎风土人情。如果有增设官方机构等事项，劳民伤财，无补于事，也要明白地说出来，不能拘泥于成见，齐声附和。另外有防范奸贼、抵御祸患的长久之策，都要仔细商议，不要害怕更改方案。希望朝廷采纳大家的策略，不只是拘泥于行政公文。希望各位官员，齐心协力，绝不对公文命令敷衍了事，一定要竭尽才智思考怎么安土保民，谋划长治久安的策略。要施行的事，都要上呈来，以作为商讨施行的依据。若有重大的事情要上奏的，也要立即进呈，奏请我定夺。如今根据前面的敕令，应施行。为此，要抄录案卷送回司，立即送到掌印官处，并各该道守巡、兵备、守备等官员一并遵照施行。紧急上报施行，不得延误。抄送知会镇守、巡抚、总督、总镇、巡按衙门。

批赣州府给由呈

据知府邢珣申给由事。照得，知府邢珣久劳郡政，屡立战功。合有赏功之典，出于报最之外。今三年之考，既因事久稽，而六载之期，亦计日非远。况地方盗贼虽平，疮痍未起。仰行本官照旧支俸，益弘永图。苟有善可及民，何厌久于其道！微疾已痊，即起视事，给由一节，六年并考。申缴。

译文

收到知府邢珣申报的给由事。知府邢珣长久地治理地方政务，屡立战功。理应奖赏，上报朝廷。三年考核期限已到，因为事情繁重遗漏了，如今离第六年的考核日期已经不远。何况当地盗贼虽然已经平定，但地方上满目疮痍，尚未复苏。命令当地官员照旧领取原来俸禄，更好地施展自己的宏图大业。假如你们真的愿意为百姓带来好处，又哪里会因久在官位上厌烦！小疾病已经痊愈，立即办事，给由之事六年合起来考查。申报缴回。

行岭北道裁革军职巡捕牌

访得南、赣巡捕军职官员，有名无实。每遇火盗生发，坐视观望，曾不以时策应。中间更有不守法律，在于私宅接受词讼，吓取财贿纸米。或捕获一贼，则招攀无干之人，乘机诈骗。佥充总小甲，则需索拜见；更换铺夫，则索要年例；稍或不从，百般罗织。又如前往所属巡逻，则索要折干，刻取酒食。甚至容隐贼徒，窃分赃贿。欲便拿究，缘无指实查行间。为此，仰抄案回道，即将巡捕军职官员，就便裁革。一应地方事宜，俱令府、县捕盗等官管理。中间倘有未尽事宜，该道再行议处呈夺。仍候考选之日，备呈镇巡等衙门查照知会。

译文

据了解，南康、赣州巡捕军职官员，有名无实。每次遇到盗贼起兵，都坐视不理，没有及时应对。更有不守法律的情况，在私宅接受审讯，恐吓百姓，收取贿赂。假如捕获一个盗贼，则牵连无关的人，乘机诈骗。都冒充军队小吏，拜见时索取贿赂；更换铺夫，则索要费用；假如不听话，就百般罗织罪名。又比如前往属地巡逻，就索要保护费，要地方上交酒食。甚至容忍贼徒作恶，偷偷分赃。本来想缉拿归案，可惜因为没有实际证据。为此，命令抄录案卷送回岭北道，命令巡捕军职官员，立即裁撤革职。地方事宜都命令府、县捕盗等官员管理。中间倘若有不能确定的事项，该道再商议上呈后裁夺。等候考核选拔的日子，再上呈知会镇巡等衙门查看。

遵奉钦依行福建三司清查钱粮

准兵部咨云云。查得，先准本部咨题，奉钦依备行前来，已经案仰福建都、布、按三司，并行所属一体钦遵。

译文

接奉兵部咨文内容。先收到兵部咨文题本，奉钦差大臣之命而来，已经抄送福建都指挥使、布政、按察三司，三司所属部门应一并遵从。

仍查各该府、县、卫、所每年额征各项秋屯粮米各计若干。中间起运，每石折银若干，鱼课折银若干。存留数内，应否输纳本色，折收银两。见今小民拖欠者已征若干，未征若干，有无已征捏作未征。其各卫、所军士该支月粮，某卫、所若干石，见今某卫、所已缺支若干，月共该补给米若干石。起运秋屯粮米，要查是何年月，奉何事例，分派某府、卫、所解京。今经几年，是否已为定例。设若存留，必须先查各属官吏、师生、旗军人等，岁用钱粮，大约共计若干，有无足勾。及查该司并各府、州、县见贮库内银两，某项共计若干。中间可以借支，俟后追补，如是扣算不敷，应否将前起运存留。并查汀、漳二府用兵之时，所用粮饷，系何项钱粮，曾否将官军月粮借辏。

译文

应查考各府、县、卫、所每年征收各项秋收屯储粮米的额度。期间运送的每石粮食折合多少银两，鱼税折合多少银两。留存数量内的，是否应输送实物税，或折合银两。调查现在小民拖欠税收的人已经征收了多少，还没征收多少，没有征收了的却捏造成未征收的情况。调查现在哪个卫、所缺少支付月粮的数目，每月应该供应补给的数目。运送秋天屯放的粮食稻米，要调查是何年何月，奉什么事例，分派给哪个府、卫、所押送京师。如今经过了多少年，是否已成为定例。假设还有留存，必须先调查各属地的官吏、师生、旗军人等人，每岁用的钱粮大约一共有多少，是否足够。并调查该司以及各府、州、县现在储存库内的银两，各项一共有多少。期间可以借用，以后再追补。如果是扣算不补，应否将前起运存留。一并调查福建汀、漳二府用兵的时候，需要用到的粮饷，是哪些项目的钱粮，是否曾将官军月粮借来凑数。

务要备查明白，具由差人马上赍报。一面会同三司、掌印、守巡各官，将一应利弊，相应兴革者，逐一查议停当，俟本院抚临之日呈夺去后。今准前因，合再通行查处。为此，仰抄案回司，即行掌印并各道守巡等官，公同本院委官，速将前项事情，再加用心查议，务要事体稳当，以便经久；明白具由开呈，以凭会处。中间若有未尽事宜，亦就查议呈夺，毋得虚应故事。苟且目前，复遗后患，罪有所归。

译文

一定要调查明白，要派遣人马上送报。一面会同三司、掌印、守巡各级官员，将大体的利弊，相应要改革的事情，要逐一查考妥当，等我巡视之日上呈定夺。依据前面的呈文内容，应该再查处。为此，命令抄录案卷送回福建三司，以及掌印并各道守巡等官员，和我委任的官员，迅速将前项的事情，再用心查考商议，务必要处理得当，以便日后不会发生问题；商议清楚的事情要呈报，以作为凭据。中间如果有未尽的事宜，也要立即商量，上呈定夺，不得拿旧事敷衍。办好眼前的事，如果再留后患，那就是罪有应得。

议处添设县所城堡巡司咨

准兵部咨云云。续据湖广按察司呈，奉巡抚湖广都御史秦案验，为计处地方，以弭盗贼事。准兵部咨："该本院题，备由呈报。及移咨到院案候间。今准前因，为照添设县所，查处更夫，并设屯堡置巡司等项事宜，俱奉有成命。况皆经巡抚衙门悉心区画，各已虑无遗策，岂能别有议处。惟称分割乳源、乐昌二县，里分节行广东，该道会勘未报，尚恐两省各官，未免互分彼此，不肯协和成事，必须贵院不惮一行，亲临其地，约会总督两广军务都御史杨，面会一处，庶几两省之事，可以一言而决。”

译文

接奉兵部咨文内容。后续收到湖广按察司的呈文，接奉巡抚湖广都御史秦查询验证，安排地方平定盗贼的事情。接奉兵部的咨文说道：“我写的题本，全部上呈汇报。移送咨文等候。添设县所，查处吏夫，连同设置堡垒、安置巡司等事项，都奉了上面的命令。何况都经过巡抚衙门悉心规划，各项事宜已经没有遗漏的地方，哪里还能有别的商量余地。只有分割乳源、乐昌二县，分别在广东施行，当地勘探尚未上报，还恐怕两省各官未免会互分彼此，不肯合作办事。请您一定不怕麻烦走一趟，亲临其地，约同会晤总督两广军务杨都御史，希望两省的事情，可以一句话就解决。”

及照建立三屯，摘发湖广各卫所官军，协同巡检弓兵守把一节，以今事势而论，亦为久长之防。但访得各卫所官军，皆有安土重迁之怀，无故摘拨，必致奏告推搪，非惟无补于防御，兼且徒益于纷扰，似须更为一处，必使人情乐从，庶几事功易集。本职见奉朝令，前往福建巡视地方，处置军人作乱事情，不日启行，必须遵照敕旨，候事完回日，方可亲诣郴衡地方，面会贵院议处。但恐旷日弥久，行事益迟，为此合咨贵院，烦请先为查处施行。

译文

建立三屯，调拨湖广各卫所官军，协同巡检弓兵把守，以如今的事势而论，也是长久的防守之计。但各卫所官军都安土重迁，不想被调拨，一定导致相互推托搪塞，不但对防守没有帮助，而且徒增纷扰。看似应该聚集到一处，一定使人情愿意服从，大概事情就能解决。我奉从朝廷命令，前往福建巡视地方，处置军人作乱的事情，不日就启程。必须遵照敕令圣旨，等到事情办完回来的那天，才可以亲自造访郴、衡等地，与您当面商议。但恐旷日弥久，行事缓迟，为此递送给您咨文，烦请先查处施行。

督责哨官牌

照得本院见往福建公干，所有调来赣州教场操备宁都等县兵快，虽分四哨，管领已有定规。惟恐本院远出，因而懈怠废弛，头目人等，亦或受财放逃，必须委官管领整肃，武艺精通。中间若有拒顽不听约束者，轻则量情责治，重则论以军法断处。其各兵快义官百长人等口粮，各照近日减去五分则例。每月人各二钱，义官百长各三钱五分，总小甲各二钱五分，俱仰前去赣州府支给，亦不许冒名顶替关支，查访得出，定行追给还官，仍问重罪发落。承委各官，务称委托，不得假此生奸扰害未便。

译文

我前往福建办理公务，所有调来赣州教场操备的宁都等县的兵快，虽然分为四哨，但管理已经有规定。只怕我外出远行，就因而懈怠废弛，兵快头目等人，假如收受财物逃跑，必须派武艺精通的官员管理整肃。期间如果有顽固不听命令约束的人，轻则根据实情责罚惩治，重则以军法处置。各兵快、义官、百长人等的口粮，近日按条例减去五分。每月人各给二钱，义官、百长各三钱五分，总小甲各二钱五分，都要前去赣州府领取，也不允许冒名顶替，假如查到，一定追缴还给官府，还要从重治罪发落。命令各官一定要胜任委托，不得借此生出奸邪之心，扰乱秩序。

委分巡岭北道暂管地方事

据副使杨璋呈："奉兵部札付题称：'福建军人作乱事情，请教提督南、赣等处军务都御史王前去处置。其南、赣等处地方事情，合行兵备副使杨璋暂且代替管理，一应紧急贼情，悉听杨璋径自从宜施行，不许失误。候处置福建事宁之日照旧'等因。题奉钦依，备由札仰钦遵外。今照本职升任本司按察使，启行在迩，缺官管理，合就通行呈详"等因。看得，本官既已升任，本院不日又往福建公干，南、赣贼情，及该道印信，必须得人经理。已经案仰江西按察司速委风力老成堂上官一员，毋分星夜，前赴该道，暂且管理去后。今照前因，为照本院已奉敕书，的于本月初九日启行。但分巡该道官员未至，所有各处递报一应公文，多系地方事务。若待议置停当前去，未免顾此失彼，愈加积滞，合行处置。为此仰仰差人送赴分巡该道议处，径自施行，仍呈本院知会。其余地方盗息民安缴报批申呈词招由不急之务，就便收候，类赍本院。仍仰作急备行该道查照施行，俱毋违错。

译文

收到副使杨璋呈文："接奉兵部题本公文，写道：'福建军人作乱的事情，请让提督南、赣等地的军务王都御史前去处置。南、赣等地方的事情，应该让兵备副使杨璋暂且代替管理，所有紧急贼情，都听从杨璋直接施行，不许失误。等候处置福建事完毕之前的日子都这样'等事。我接奉题本的命令，把它完整转抄给您遵照执行。如今我要升任本司按察使，近日启程，缺少官员管理，所以就上呈给您详细情况。"阅毕，我已经升任，没几天又要前往福建办理公务，南康、赣州的敌情，以及该道的印信必须得有人处理。已经让江西按察司迅速委任老成有谋的一员堂上官，不分昼夜，前赴该道，暂且代理。我已奉敕书，一定于本月的初九日启程。但分巡该道的官员没到，各处递报所有的公文，多关乎地方事务。若等到商议妥当再去，未免顾此失彼，事物愈加积压，应该处置。为此，要差遣人送赴分巡该道商议，直接施行，然后仍要上呈给我。其余地方的盗贼平息、民众安定等需要批复的、不是紧急事务的上报呈文，收到就先等着，分类送到我这儿。命令当地紧急查验施行，不得有误，不得出错。

思田公移

行广西统领军兵各官剿抚事宜牌

先据领兵、参政等官龙诰等禀称：湖兵已至，已经行令相机行事去后，近访得各兵已入深地，利在速战，若旷日持久，未免师老气衰，且临敌易将进退之间呼吸成败。是以本院沿途且行且访，而传闻不一，未有的报。为此牌仰统兵各官，公同计议。若已在进兵之际，则宜遵照旧任提督军门约束，齐心并力，务在了事，方许旋回军门参谒。若犹在迟疑观望之地，而王受、卢苏等尚有可生之道，朝廷亦岂以必杀为心，则宜旋军左次，开其自新之路，听候本院督临审处。俱毋违错。仍行提督、总镇、总兵及巡按等衙门知会，务在进退合宜，不得轻忽误事。

译文

先收到领兵、参政等官龙诰等禀报称：湖兵已经到了，已派人相机行事，近来调查得知各地兵马已深入敌军腹地，宜速战速决，若战事旷日持久，未免力竭气衰，况且临敌换将，进退之间关乎成败。所以我沿途一边行进一边走访，但传闻不一，还没有得到准确的消息。为此，下达信牌要统兵的各级官员，共同商议。如果在进军的时候，则应该遵照受前任提督的军门约束，齐心协力，务必完成事情，才允许回到军门参见。如若还在迟疑观望，那么王受、卢苏等叛贼尚有可以生存的办法，朝廷未必想着一定要杀他们，那么就应回撤驻扎在高险之地，放他们一条改过自新的活路，听候我亲自处置。全部人不得有误。抄送提督、总镇、总兵及巡抚、按察使等衙门知会，一定要进退妥当，不得轻慢草率以致误事。

行南韶二府招集民兵牌

十一月十二日

牌仰韶州、南雄府当该官吏，即于该府地方及所属各县，不拘机兵打手各色人内，访求武艺骁勇，胆力之士，超群出众，以一当百者。每府三名或四名，每县二名或三名，无者于别县通融取补。务要年齿少壮，三十岁以下者。每月给与工食八钱，就于机快工食内顶贴，仍与办衣装器械。各名备开年貌亲族邻里，限一月之内送赴军门应用，毋得迟违。

译文

下达信牌命令韶州、南雄府当地的官吏，不限机兵、打手各色人等，立即在该府地方以及所属各县里面访求武艺高强，胆大有力、能力出众，能以一敌百的人。每府选三名或四名，每县选二名或三名，没有的话从别的县通融补充。一定要选年少力壮三十岁以下的人。每月给八钱工食，就从机快工食内扣除补贴，给他们置办衣物，装备器械。开具招募人员的名单，写明年龄、相貌、亲族邻里，限一月之内送到军门使用，不得误期。

奖留佥事顾溱批呈

十一月二十三日

看得士大夫志行无惭，不因毁誉而有荣辱。君子出处有义，岂以人言而为去留？况公论自明，物情已睹。本官素有学术涵养，正宜动心忍性，以增益其所不能。岂可托疾辞归，以求申其愤激？此缴。

译文

士大夫志向品行没有惭愧，不因毁誉而有荣辱之心。君子处世有仁义，难道因为旁人言语就决定去留？何况公理自明，事物实情已经了解。本官素来有学术涵养，正应使自己的心惊动，使自己的性格更坚韧，来增益他做不到的事情。难道可以用疾病作为托辞回去，来求得发泄自己的愤激之情？此缴。

批岭西道议处兵屯事宜呈

十一月二十三日

据佥事李香呈。看得财匮于兵冗，力分于备多，此是近日大弊，相应议处。所呈打手，且不必添募。仰将该道屯哨，分布打手，通行查出，大约共有若干。再加精选，去其劣弱，大约共得骁勇若干。及查某处屯堡可裁，某处关隘可革，大约共用打手若干。某哨堪备操演，分聚开阖，若何而力不分，若何而财不费，若何而免于屯兵坐食，若何而可以运谋出奇？该道会同分守道，通融斟酌，务求简易可久之道，呈来施行。

译文

收到佥事李香的呈文。财政因士兵过多而匮乏，力量经常被过多而分散，这是近来最大的问题，应商量讨论。呈文提到的打手，不必继续招募。命令查出该道上屯驻哨岗分布的打手，大约一共有几个。再加精选，解聘其中能力差的，大约得到数个骁勇善战的。再查考哪些地方屯堡打手可以裁撤，哪些关隘打手可以革除。查出哪些哨岗可以操练演习，可以聚集或分散兵力。要考虑怎么样力量才不会被分散，怎么样财力才不会被浪费，怎么样才能避免屯驻士兵坐吃山空，怎么样才能运筹帷幄，出奇制胜。该道会同分守道，要通融斟酌，一定找到简易可长久的办法，上呈来施行。

批广州卫议处哨守官兵呈

十一月二十五日

据指挥赵璇呈。看得军门哨守官军，两班共该一千余名，类皆脆弱，不堪征调。兼亦远离乡土，往往多称疾故逃亡，非徒无益于公家之用，而抑未便于军士之情。仰苍梧守巡道，公同会议，酌量利害之多寡，审察人情之顺逆，务求公私两便，经久可行之策，呈来定夺施行。

译文

收到指挥赵璇的呈文。了解到军门守哨的官军，两班一共一千余名，大概都身体孱弱，不能被征发调用。而且又远离乡土，往往多以有病为由逃亡，不仅对朝廷公家的调用无益，又不体贴军士的人情。命令苍梧守、巡道，一同商议，斟酌考量利弊多少，审察人情，一定要求得公私都合宜，可经久实行的计策，上呈来给我定夺再施行。

批都指挥李翱操演哨守官兵呈

十一月二十七日

看得都指挥李翱所呈，足见留心职任，不肯偷惰苟安，有足嘉尚。仰分巡苍梧道，公同坐营官张锐，将见在哨守军兵打手人等，分立班次，发与李翱，在于教场轮班操演，使兵识将意，将识士情，庶职任不虚，缓急可用，仰行各官查照施行。

译文

都指挥李翱呈文，足以看出他留心职务，不肯马虎应付，苟求安逸，有值得嘉赏的地方。命令分巡苍梧道，和坐营官张锐一起，将现在的哨守军兵、打手人等，分别设立班次，发配给李翱调度，在教场轮班操演，使士兵知道将帅的用意，将帅知道当地风土人情，这样大概任职就不会虚浮，有缓急不同情况都可调用，命令各级官员遵照施行。

行两广都布按三司选用武职官员

十二月初七日

准兵部咨云云。为照两广地方广阔，武职官员数多，当爵镇临之初，贤否一时未能备知，拟合通行询访。为此仰抄案回司，备云该部题奉钦依内事理，合行掌印、守巡等官钦遵，严加询访。不拘已用未用，曾否减革武职官员，但有谋勇素著，雄才大略，堪任将领者，从公举保，以凭具奏推用。不许徇情滥举，赃犯人员，自贻玷累，毋得违错。都司仍转行总兵等官，一体钦遵，查照施行。

译文

接奉兵部咨文内容。两广地方广阔，武职官员人数众多，当时刚来的时候，一时间不能知晓这些官员是否贤能，打算询访一遍。为此，命令抄案卷送回两广三司，详细说该部所奏题本奉旨行事，掌印、守巡等官员钦遵，要严加询访。不限于是否曾经被任用，是否被革除武职，只要有勇有谋，有雄才大略，能胜任将领的人，一定公平地举荐保送，凭上奏推举任用。不许徇私情，滥用职权举荐。收赃犯法之人，自负罪行，不得有误。都指挥使司转送总兵等官员，一并钦遵，遵照旨意施行。

行两广按察司稽查冒滥关文

十二月十二日

准兵部咨云云，拟合通行。为此仰抄捧回司，照依案验备奉钦依内事理，即行都、布二司一体钦遵。仍转行镇守、主副参将等官，今后除地方机密重情，应该会奏者，各具本共差一人，于批文列会奏职衔。其余常行事务，各自行奏报者，必须积至二三起以上，方许差人，亦于批文开坐朱语，以便稽考，毋得泛填公务字样。若是专为己私，假借公干，擅便分给符验关文挂号，并承委人等，越例索要应付，定行从公参究治罪，俱毋违错。

译文

接奉兵部咨文内容，打算实行。为此，命令抄录咨文送回两广按察司，核验遵照施行，都指挥使、布政使二司一并遵照立即施行。还要转送镇守、主副参将等官员，今后除了地方机密以及重要情况，各自写一个本子只派遣一人上奏，并在批文列明一同上奏人员的职衔，其余常规事务必须积累到二三起以上才允许派人，各自上奏通报。也要在批文写朱书，以便查考，不可以滥填公务的字据画押。如果专为一己之私，借用公务，擅自分给别人符验关文挂号，并委托给闲人等，超出常例索要，敷衍了事，一定从公治罪，所有人都不得有误。

给思明州官孙黄永宁冠带札付牌

据左江兵备佥事吴天挺呈：据思明府族目王瑙等状告先蒙军门行取思明州官孙黄永宁领兵听调，乞给冠带，管辖夷民等情。勘得官孙黄永宁被占年久，今奉断明，若非宠异，无以示信。合请照依黄泽冠带事理，使地方知为定主，实心归向。呈详到院，相应给与。为此牌仰官孙黄永宁遵照本院钦奉敕谕内便宜事理，就彼暂行冠带，望阙谢恩。该袭之时，具告抚按衙门，另行具奏施行。本官孙黄务要持身律下，谦以睦邻，修复州治，保安境土。凡遇征调，竭忠效命，以报国恩。毋得因此辄兴越分之思，自取侵凌之祸。苟违法制，罚罪难逃。戒之敬之。

译文

收到左江兵备佥事吴天挺呈文：收到福建思明府的族目王瑠等状告，先前收到军门调用思明府的州官孙黄永宁领兵，乞求授予官职管辖地方民众等情形。调查了解到官员孙黄永宁常年被占，如今奉命断案，假如不是受宠，没有办法树立威信。应上请依照黄泽冠带的情况办理，使地方知道他是主管，使民心归附。详细呈文送到我这儿，会给予官职。为此，下达信牌命令官员孙黄永宁遵照我的旨意，随机行事，暂时穿上官服冠带任职，感谢上级恩施。正式上任的时候，一并禀告抚按衙门，另行上奏实行。孙黄一定要保守贞节操守，约束下属，谦逊地和睦友邻，恢复州府的治理，保护土地，安定边境。凡是遇到朝廷征调，要竭尽忠诚效命皇帝，以报答国恩。不得因此就有了非分之想，自取灭亡祸患。假如违背法制，罚罪难逃。要时刻警戒，敬重地对待事情。

省发土官罗廷凤等牌

十二月十七日

看得那地等州土官罗廷凤，泗城州土舍岑施东，兰州知州韦虎林，南丹州土舍莫振亨等，带领兵夫，屯守日久，劳苦良多。即今岁暮天寒，岂无室家之念？牌至，仰本官径自前来军门，面听发放。

译文

广西那里州郡的土官罗廷凤，泗城州土舍岑施东，兰州知州韦虎林，南丹州土舍莫振亨等人，带领士兵，屯守日子很久了，功劳苦劳都很多。如今年末天气寒冷，难道不思念家人？信牌到后，命令本官直接前来军门，当面听候发令。

给迁隆寨巡检黄添贵冠带牌

嘉靖七年正月初八日

据广西左江道佥事吴天挺呈称：查得《方舆胜境》内开，思明路下有迁隆州，缘无志书案卷可考沿革。但查递年黄册，及审各目老，皆称迁隆洞黄添贵果系官户宗枝。凡有征调，黄添贵亦果领兵立功。其地界广有百里，虽止征粮四十石，而烟爨多逾二千。虽额属思明，而征兵则各自行管束。委因失其衙门印信，以致地方怀疑生奸。合无准行暂立为思明府迁隆寨巡检司，就授黄添贵职事，听其以后立功积效，渐次升改。庶人心知劝，地方可定等因到院。查得先该前巡抚都御史张，累经案仰广西都、布、按三司，及该道兵备、守巡等官，查勘相同，设立巡司，似亦相应。除另行具题外。缘黄添贵正在统兵行事，合无遵照钦奉敕谕便宜事理，先与冠带，以便行事。为此牌仰黄添贵就彼冠带，望阙谢恩，暂署土巡检司事，候命下之日，方许实授。本官务要奉法，严束下人，辑和邻境，保守疆土。每遇调遣，即便出兵报效，立有功劳，赏升不吝。如或贪残恣肆，国典具存，罪亦难逃。

译文

收到广西左江道佥事吴天挺呈文称：《方舆胜境》提到思明路下有迁隆州，但没有地方志书案卷可供考查其沿革。只能查考每年的黄册，及审问各个寨主，都说迁隆洞的黄添贵果然是官员的同宗支属。凡是有征调，黄添贵也果然能领兵立功。他的地界有百里之大，虽然只征四十石粮草，但户口多达两千多户。虽然户额属于思明府，但征兵却各自管理。因失去了衙门的印信，以致地方怀疑有奸细。没有办法领命办事，所以暂时设立思明府迁隆寨巡检司，授予黄添贵职务，等到他以后立功，积累功劳，再慢慢升迁改任。希望人心可以被劝导，地方可安定，等到消息到本院。先送到前巡抚张都御史，再抄送广西都指挥、布政、按察三司，以及当地兵备、守巡等官员查看，意见相同，似乎才应该设立巡检司。除了另行写题本上奏外，因为黄添贵正在统兵行事，无须遵照命令，随机行事，先给予官服冠带，以便他办事。为此，下达信牌，希望黄添贵穿官服冠带任职，感谢上级恩施，暂时主管土巡检司的事情。等候命令下达的日子，才允许实际上上任。我一定奉公守法，严格地管束下面的人，与毗邻的地区和睦相处，保卫疆土。每次遇到调遣，立即出兵报效朝廷，建立功劳，不吝惜赏赐升迁的机会。如果有人贪婪残暴、肆意妄为，大明律法还在，罪责难逃。

批左州分俸养亲申

正月十八日

据左州申，知州周墨分俸回太仓州养亲。看得本官发身科甲，久困下僚，虽艰苦备尝，而贫淡如故。虽折挫屡及，而儒朴犹存。凡所施为，多不合于时尚。而原其处心，终不失为善人。即其分俸一事，亦岂今之仕宦于外者所汲汲，而本官申乞不已。虽屡遭厌抑之言，而愈申恳切之请，固流俗共指以为迂，而君子反有取焉者也。案照先任军门，盖已屡经批发，而公文至今未到，想亦道途修阻，不易通达之故。本官近该给由，道经原籍，合就批仰亲自赍递。仰苏州府太仓州当该官吏，查照军门先今批行事理，即将本官分回俸给，照数查考，以慰其一念孝亲之诚，具由缴报。仍行太平府及该州知会。此缴。

译文

收到左州申，知州周墨分薪俸回太仓州拿来赡养亲人。本官以科举起家，长时间担任下级官僚，虽然受尽艰苦贫困，但仍然淡然处之。虽然屡经挫折，但儒雅简朴的作风还在。凡是做的事情，大多不合当时的趋势。

从本心来看，终究不失为一个好人。分薪俸养亲这件事，难道只是如今在外任职的官员热衷于做吗，但本官我却乞求辞官不做。虽然屡次遭受到厌弃的闲言碎语，但愈发恳切地请求，这固然是流俗之辈一起所指的迂腐，但反而是作为君子有可取的地方。先任军门，大概已屡次批准，但公文至今未到，想来也是路途漫长险阻，不容易到达的缘故。当地官员的给由文书途经原来本籍，应该亲自递送批文。命令苏州府太仓州主管官吏，按照军门先批准事项，将本官我分回的俸禄照数查考，使孝亲的诚意得到心安，全部上缴上报。抄送太平府及该州知会。缴回。

批右江道断复向武州地土呈

正月二十六日

据参议邹輗、佥事张邦信呈：勘处都康、向武二州争占安宝峒地土，合断还向武州管业缘由。看据所呈，官男冯一执称：安宝峒深入地方都康界内，远隔向武六十余里。以近就近，应该都康管业。其言于人情似亦为便。王仲金又执称：国初设立郡州，原要犬牙相制。今安宝地方深入都康，正是祖宗法制。其言于国典又为有据。况博访民间物论，亦多是向武而疑都康。今该道又审得王仲金旧藏吏部勘合，奉有圣旨，安宝峒村庄，还着向武州管是实。先年都康州又曾有印信吐退文书。今以此地断还向武，其于天理人心，公论国法，悉已允当。事在不疑，不必再行后湖查册，往复劳扰。该道又审得王仲金先年混将都康州村峒人畜杀虏，要依土俗，责令赔偿，亦于事理相应。悉照所议，取具王仲金、冯一情愿赔偿吐退归一亲笔供词备写札付，用印钤，连送赴军门，重加批判，给付各州，永为执照，以杜后争。此缴。

收到参议邹輗、佥事张邦信呈文：查看处理都康、向武二州争占安宝峒

土地争议，应该还归向武州管理的缘由。收到所上的呈文，官男冯一称：安宝峒深入都康州界之内，与向武州远隔六十余里。以近就近，应该由都康州管理。他说到人情似乎也更有理。王仲金又称：国初设立郡州，原来边界就要犬牙交错，相互钳制。如今安宝峒深入都康地界之内，正是祖宗的法度。他说到国家旧典又更有依据。何况广泛地查访民间的讨论，也多认为归向武州管而不是都康。如今那儿又查得王仲金旧藏的吏部勘探地界文件，奉有圣旨，安宝峒村庄，还得归向武州管。去年都康州又曾有印信退还文书。如今把这块地还归向武州，于天理人心、公理国法，都已经妥当。事情贵在不疑惑，不必再让后湖查典册，劳心烦扰。当地又查得王仲金去年杀虏将都康州村峒的人畜，要依据当地习惯，责令赔偿，也符合事理。都按照上述所议论的那样，拿王仲金、冯一情愿赔偿退还的亲笔供词，缮写札子，钤印后送到军门，重新加以批复，再给各州，永远遵照执行，以杜绝以后的争端。此缴。

批左江道推立土官呈

二月初一日

据参议汪必东呈称：武靖州缺官管事，乞推相应上官子孙一员，仍授该州职事，理办兵粮。仰布政林富会同各守巡、兵备、副参等官，再行从公酌量计议。采诸物论，度诸人情，务要推选素有为该州人民信服爱戴者，坐名呈来，以凭上请。不得苟避一时之嫌疑，不顾百年之祸患，轻忽妄举，异时事有乖缪，追咎始谋，责亦难辞。此缴。

译文

收到参议汪必东呈文称：武靖州缺乏官吏管事，希望推举符合要求的一员上官子孙，授予武靖州的职事，负责办理兵粮。命令布政林富会同各守巡、兵备、副参等官员，再公正地斟酌商量计划好。兼采多人意见，揆度人情，一定要推选素来为武靖州人民信服爱戴的人，写好名字呈上来，以作为凭据向上请示。不得苟且躲避一时的嫌疑，不顾百年后可能产生的祸患，轻率妄自自行事，到时事情有错缪，一定追咎始作俑者，责任也难以推辞。此缴。

批遣还夷人归国申

二月十四日

据兵备副使范嵩呈称：番人奈邦等不系番贼，又无别项为非重情。合行琼州府查支官银，买办船只，量给米饭，送回该国。若有便舡搭附随宜。其原搜获葫芦五个，给还收领。枪镖等物入官，以防在海劫夺之患。看得各夷既审进贡是实，又无别项诈伪。相应听其回还本国，却淹留日久，致令死亡数多。而郡县徒增供馈之扰，处置失宜，贻累不少。仰该道即如所议，行令琼州府查支官银，买办船只，及措与粮米等项，趁此北风未尽，上紧送发回国。若再会议往复，则愈加迟误，备行合干衙门知会施行。缴。

译文

收到兵备副使范嵩呈文称：番人奈邦等不是番贼，又没有别的为非作歹的严重情节。理应琼州府查考支付俸禄官银，以及购买办置船只，按量供给米饭，送回他们的国家。若能顺便搭船随从更好。原来搜获收领的五个葫芦交还。枪镖等器物则收归官府，以防止在沿海抢劫掠夺的后患。各夷人已经审明实是来进贡，又没有别的欺诈行为。理应让他们回本国，却没想到逗留时间太久，以致死亡人数增多。而郡县只会增加供给的困扰，处置失当，连累不少。命令当地立即如我们所商议那样，令琼州府支付官银，购买办置船只，及筹措粮米等事，趁此北风还没停，赶紧送他们回国。假如再往复商议，就越加迟慢，一并知会衙门施行。缴。

批苍梧道修理梧州府城呈

三月十一日

据佥事李杰呈：梧州府城垣修复串楼等项，合用木石砖瓦，于府库抽收竹木银两动支。看得城上串楼虽有风雨崩塌之备，亦有兵火焚毁之防。得失相半，诚有如该道所虑者。今议修复，虽亦旧贯之仍，若损多益少，则亦终为浪费。该道再行计处，或将见在串楼间节拆卸，每隔二三十丈则存留三四间，或四五间，以居防守之兵夫，而拓其空地，以绝延烧之患。一以便人马往来之奔突，旗鼓刀枪之运用。以其拆卸之材料，修补焚烧之空缺，当亦绰然有余，而更楼火铺之类，亦可藉此以修理矣。但地利土宜，随处各异，未可以本院一时之见悬断遥度。仰该道广询博访，如果有益无损，即查本院所议斟酌施行。若是得失相半，准如该道所呈，一面动支银两修理，一面会同各官再加量度计议，具由呈报。缴。

译文

收到佥事李杰的呈文：修复梧州府城墙串楼等事项，应用木石砖瓦，在府库抽收竹木银两要事前审批。城上串楼虽然能防备因风雨而崩塌，但也要防兵火的焚毁。得失参半，假如有像当地所考虑的那样，现在虽然仍按惯例修复，但假如损多益少，也终究是浪费。当地要再商议规划，或者拆卸在串楼的间节，每隔二三十丈就存留三四间，或四五间，来让防守的兵夫居住，拓宽空地，以防绝蔓延烧毁的祸患，又便于人马奔走往来，运用旗鼓刀枪。用拆卸的材料，修补焚烧空缺之处，当绰绰有余，而报更的楼、候望敌情的岗亭等地，也可以借此修理。但地形土地各处不同，不可以凭本院我一时的想法就在远处判断。命令当地广泛征询意见，如果有益无损，就按本院我所商议的斟酌施行。若是得失参半，收到当地上呈后，一方面审批银两修理，一方面会同各官再加商议，一并呈报。缴。

批永安州知州乞休呈

三月十四日

据佥事申惠呈：永安州知州陈克恩，立心持己，举无可议。委因感岚瘴，心气不时举发。仍称母老在家，久缺奉侍，情甚恳切。看得知州陈克恩虽患前病是实，然其年力尚强，才器可用，非可准令休致之时。但以母老多病，固求归养，情词恳迫，志已难夺。其恬退之节，孝母之心，诚有可尚。合照所议，准令致仕还乡。仰该道仍备行本官原籍官司，务要以礼相待，以崇奖恬退孝行之风。

译文

收到佥事申惠呈文："永安州知州陈克恩，品行端正，行为没有可以非议的地方。因为感染山林的瘴气，心病不时发作。称自己老母在家，缺少侍奉，情感甚为恳切。"知州陈克恩虽患然先前患病是事实，然而他年轻，能力强，才器可用，还不是到准许他退休的时候。但他以老母多病为由，坚持求侍奉赡养，情真意切，已经难以改变他的志向。他恬然谦退的气节，孝敬老母的用心，的确值得嘉奖。应照商议，准许他退休还乡。命令当地官员处理原来本籍的公务，一定要以礼相待，以推崇嘉奖恬然谦退和孝道的风气。

行参将沈希仪守八寨牌

三月二十三日

为照八寨巢穴，及断藤峡等贼，素与柳、庆所割地方瑶、僮村寨连络交通，诚恐乘机奔突，亦合督兵防捕。为此牌仰参将沈希仪照牌事理，即便督率官兵人等，于贼冲要路，严加把截，如遇奔突，相机擒捕，毋容逃遁。仍要严禁下人，惟在殄除真正贼徒，不得妄杀无辜，及侵扰良善一草一木。敢有违犯者，即照军法斩首示众。所获功次，解送该道分巡官纪验，听候纪功御史覆验造报。军中事宜，牌内该载不尽者，亦听本官径自酌量而行。一面禀报，俱毋违错。

译文

为查八寨的巢穴，以及断藤峡等地的贼党，素来与柳、庆所割地方的瑶、僮村寨联络，只怕贼党乘机偷袭，也与督兵一起防守搜捕。为此，下达牌文命令参将沈希仪按照牌文要求，立即监督率领官兵人等，在贼党出没的险要路口，严加把守拦截，如遇强行突破的，就相机擒获捕捉，不得纵容他们逃跑。要严格约束下面的人，只剿灭铲除真正的贼徒，不得滥杀无辜以及侵扰良善人家的一草一木。胆敢有违法的人，立即按军法斩首示众。所获得的功绩的大小，送到当地分巡官处纪录检验，听候纪功御史复核检验上报。军中的事情，牌文内记载不详尽的地方，也听从本官的意思斟酌着实行，并迅速禀报，不得延误犯错。

行左江道剿抚仙台白竹诸瑶牌

三月二十四日

照得白竹、古陶、罗凤、仙台、花相、石马等巢诸贼，皆稔恶多年，在所必诛，已经牌仰各官督兵进剿。近据参将张经续禀：仙台、花相、石马等瑶，一月之前，皆各出投抚，愿给告示，从此不敢为恶。看得各瑶投抚，诚伪虽未可料，但既许其改恶，若复进兵袭剿，未免亏失信义，无以心服蛮夷。亦合暂且宽宥，容其舍旧图新。其白竹、古陶、罗凤等贼，负险桀骜，略无忌惮，若不加剿，何以分别善恶，明示劝惩。为此牌仰左江道守巡守备等官，参议汪必东，佥事吴天挺，参将张经，会同湖广督兵佥事汪溱，都指挥谢珮，督同各宣慰等官，俟牛肠等处事完之日，即便移兵进剿白竹、古陶、罗凤诸贼。其领哨官员，及引路向导人等，俱听参将张经督同指挥周胤宗等，分俵停当，照例逐一讲明，然后分投速进。纵使诸贼先已闻风逃避，亦要严兵深入，捣其巢穴，以宣明本院声罪致讨之义。一剿不获，至于再；再剿不获，至于三；至四，至五，至绝终祸根。不得以今次斩获之少，或遂滥及已招贼巢，亏失信义，所损反多。经过良善村分，尤要严禁官土军兵，不得侵犯一草一木，有犯令者，即以军法斩首示众。

译文

白竹、古陶、罗凤、仙台、花相、石马等巢穴的贼党，都多年作恶，一定要诛灭，已经下达信牌命令各官督兵进剿。近日收到参将张经续禀报：仙台、花相、石马等瑶寨，一个月之前，都各自出来投降接受招安，愿给告示，从此不敢作恶。各瑶寨投降接受招安，真伪虽然不可预料，但既然允许他们改过，假若还进兵围剿，未免损失信义，没法让蛮夷心服。而且应暂且从宽处置，容许他们改过自新。白竹、古陶、罗凤等地的贼党，生性桀骜不驯，肆无忌惮。假若不追剿，怎么能分别善恶，惩恶扬善？为此，下达信牌命令左江道守巡守备等官员，参议汪必东、佥事吴天挺、参将张经，会同湖广督兵佥事汪溱、都指挥谢珮、同各宣慰司等官员，等到牛肠等处理事项完毕的日子，立即率兵进剿白竹、古陶、罗凤等贼党。领哨官员以及引路向导人等，都听从参将张经以及指挥周胤宗等人，人员分配妥当后，照例逐一讲明，然后分兵进军。纵使贼党已经闻风逃窜，也要整兵深入，直捣巢穴，以宣示我们兴师问罪的大义。一次剿灭不成，就再次发动围剿；再次剿灭不成，就来三次、四次，甚至五次，直至杜绝祸根。不得因今次斩获较少，就滥用职权去杀已经招安的贼巢，损失了信义，亏损的反而更多。经过遵纪守法的村落地方，要严格约束官土军兵，不得侵犯人家一草一木。有违反军令的人，立即按军法斩首示众。

委土目蔡德政统率各土目牌

四月初一日

为照前项城头兵粮等项，虽经行令各目暂行管理，但在流官知府处，必须通晓事体土目一人，专一在府听候传布政令，通达土情，不然，未免上下之情，亦有扞格。查得土目蔡德政，平日颇能通晓事情，相应选委。为此牌仰本目统率各土目供应人役，专一在府听候答应，凡遇差遣及催督公事等项，就便遵照传布督催各管城头土目人等。或有未便情由，亦与申达本府，务通上下之情，以成一府之治。就将七处一城头拨与本目，永远食用，流传子孙。本目务要奉公守法，尽心答应。其或违犯节制，轻则该府官量行究治，重则具由三府军门治以军法。

译文

为了检查之前城头兵粮等事项，虽然令各头目暂行管理，但在朝廷派的地方官知府那儿，必须有一人通晓事情的当地头目，专门在知府那儿待命，传布政令，通达当地民情，不这样的话，上下的情况就会有隔膜。据了解，当地头目蔡德政平日颇能通晓事情，应该选出来委任。为此，下达牌文命令当地官员统率各个当地头目提供人选，专门在知府待命。凡是遇到差遣以及催促公事等事情，就遵照指令传布到督促各个管理城头的当地头目那儿。假如有不便的理由，也要申报到本府，一定让上下的情况畅通，以达成实现当地的安定。立即将七处一城头调拨给本目，永远享有俸禄，子孙世袭。当地本目一定要奉公守法，尽心报答。假如有人违犯律令，轻则当地官员量刑追究，重则交给三府军门以军法处置。

批左江道查给狼田呈

四月十一日

据佥事吴天挺呈称：遵奉军门方略，剿平牛肠、六寺、磨刀等贼，所有贼田，合行清查，免致纷争。宜选委府卫贤能官亲查，酌量应给还狼民者，明立界至；给还原主耕种系贼开垦者，丈量顷亩，均给各里十名，招狼佃种，俱候成业一年，方行起科纳粮免差。本院之意，正欲如此区处。据呈，足见该道各官用心之勤，悉准照依所议。就仰行委该府卫贤能官各一员，亲临踏勘，清查明白，酌量给派招佃，具由呈报。

译文

收到佥事吴天挺呈文称：奉军门之命令，剿灭荡平了牛肠、六寺、磨刀等地盗贼，所有的贼田都清查，避免导致纷争。应该选派委任贤能的府卫亲自查收，酌量还给当地居民，要明确设立地界；还给原主耕种的田地已经被盗贼开垦过的，尧丈量田亩大小要平均分配，各里招佃户十人，都等到耕作有一年收成之后，才免税征收粮食。我的意思，正想这样处置。收到呈文，足见当地各个官员勤于政务，都可以遵照你们商议的执行。立即下令向各地委任一名贤能的府卫，亲自临踏勘地界，清查明白，酌量分派土地招募佃户，全部仔细上呈汇报。

行浔州府抚恤新民牌

照得浔州等处稔恶瑶贼，既已明正讨伐，其奔窜残党，亦合抚处。但其惊惧之余，未能遽信，必须先将附近良善厚加抚恤，使为善者益知劝勉，然后各贼渐知归向，方可以渐招抚。除行守巡该道施行外，牌仰知府程云鹏等，即行会同指挥等官周胤宗等，及各县知县等官，分投亲至良善各寨，照依案验内开谕事情，谆复晓谕。就将发去告示，鱼盐量行分给，务使向善之心愈加坚定，毋为残贼所扇诱。则良民日多，而恶党日消，又因而使之劝谕各贼，令各改过自新，果有诚心来投者，即与招抚。就便清查侵占田土，以绝后争。推选众所信服之人，立为头目，使各统领，毋令散乱，以渐化导。务使日益亲附，庶几地方可安，而后患可息。各官务要诚爱恻怛，视下民如己子，处民事如家事，使德泽垂于一方，名实施于四远，身荣功显，何所不可。如其苟且目前，虚文抵塞，欺上罔下，假公营私，非但明有人非，幽有鬼责，抑且物议不容。

译文

浔州等地罪恶深重的瑶贼，已经名正言顺地讨伐了，他们奔逃的残党，也应该安抚。但他们在惊惧的时候说的话，不能直接相信，必须先将附近厚加抚恤良民，劝导勉励好人，然后各地贼党慢慢知道归顺，才可以逐渐招安。除了当地守巡官员施行外，下达牌文命令知府程云鹏等，立即会同指挥官周胤宗等，以及各县知县等官员，分别亲自到归顺的各个瑶寨，按照劝告的事项，恳切不倦地告诉他们。立即发送告示，鱼盐酌量分配，一定要使他们更加坚定向善之心，不再被残党煽动。这样良善的人民就日益增多，而贼党就会日益减少。派人规劝贼党，令他们改过自新，果真有诚心投奔的，立即招安。立即清查侵占的田地，杜绝后来的争端。推选大家信服的人当头目，使他们各自统领手下，不得散乱，要渐渐教化劝导。一定要使他们日益亲近团结，大概这样地方就可以安定，平息后患。各地官员一定要真诚爱护，把百姓当作自己的儿女，把百姓的事当作自己的家事，使仁德泽及当地，名声事业遍布四方。光耀声誉、功名显赫，有什么不可？假如对目前的事得过且过，应付了事，欺上瞒下，假公济私，这样就不只是明里有人非议，暗里有鬼责备，而且公众也不会容许的。

批兴安县请发粮饷申

四月十三日

据兴安县申称：本县库内，并无军饷银两，亦无堪以动支官钱，诚恐湖兵猝至，不无误事。合无请给发军饷银两下县。先顾船马，参看湖兵归途合用廪给口粮下程犒劳等项，已经各有成议，自南宁府至梧州止，又自梧州至桂林府止，又自桂林至全州止，各经过几县几驿，每县驿扣算该银若干，各于该府军饷银内照数一并支给，各州县止是应付人夫数十名，再不许别项科派劳扰，已行该道守巡等官，通行各该府县查照施行去后。今已两月有余，而各州县尚罔闻知，不知该道各官所理何事，似此紧急军务，尚尔迟慢，其余抑又可知。姑记未究外。仰按察司将该吏先行提问，仍备行各道守巡官，今后该行职务，各要自任其责，可行即行，可止即止，悉心计处，事体重大，自难裁决者，即为定议呈禀，必使政无多门之弊，人有画一之守，毋得虚文委下，推避傍观。州县小官，无所遵承，纷然申扰，奔走道路，延误日月，旷职废事，积弊滋奸，推厥所由，罪归该道，各具不违依准回报查考。缴。

译文

收到兴安县申告称：本县库内并无军饷银两，也没有办法审批官钱，害怕湖兵突然到，可能会误事。请不要分配军饷银两到兴安县里面。先顾及船马，查明湖兵归途要用到口粮以及犒劳他们等事项。从南宁府到梧州，又从梧州到桂林府，又从桂林到全州，期间经过几个县几个驿站，每个县、驿扣多少银两等事项已经商量确定。当地县府的军饷银两要照数一并支付给湖兵。各州县只能支付给数十名人夫，不再允许另外设立派遣的劳务。已经对当地守巡等官下达命令，当地府县要遵照施行。如今已经过了两个多月，但各州县竟仍不知晓，不知当地各等官员都在干什么，像这样紧急的军务尚且迟慢，自然就知道其他事也差不多。姑且记录下尚未追究的人。再命令按察司先行提问当地官吏，各道守巡官同样要遵照施行，今后的职务各自要自己担负责任，可以做就做，可以停止就停止，要悉心计划处置。事情重大，难以自己裁决的事，要立即商议上呈禀报。一定要使得政务没有部门间掣肘的弊端，每个人都遵守统一的规定。不得随便委派下人做事，袖手旁观。州县的小官，没有遵守纪律，纷然混乱。四处奔波，延误日期，玩忽职守，积累弊病，滋生奸邪之事，追究起来，罪行应当归于当地，不得违法，要依准则回报查考。缴。

行廉州府清查十家牌法

四月十六日

案照本院先行十家牌谕，专为息盗安民。访得各该官员，因循怠惰，不行经心干理，虽有委官遍历城市乡村查编，亦止取具地方开报，代为造缴，其实未曾编行。且承委人员反有假此科取纸张供给，或乘机清查流民，分外骚扰，是本院之意务要安民，而各官反以扰民也。本欲拿究，缘出传闻，姑候另行。所有前项牌谕，必须专委贤能官员督查清理。为此牌仰廉州府推官胡松，先将该府及所属州县原编牌谕，不论军民，在城在乡，逐一挨查，务着实举行，仍须责令勤加操演。若各官仍前虚文搪塞者，指实参究。果有科罚骚扰等项，仰即拿问究治。仍行各官，务将牌谕讲究明白，必使胸中洞彻，沛然若出己意，然后施行，庶几事有条理，而功可责成。各府、州、县以次清理，非独因事以别勤惰，且将旌罚以示劝惩，各具讲究过依准缴报查考。又访得各处军民杂居之地，多有桀骜军职，及顽梗军旗，不服有司清查约束，妨碍行事者，仰行重加惩治。应参职官，指名申来，以凭拿究，断不轻恕。

译文

我先前发布的十家牌谕，目的是平息盗贼，安定百姓。近来调查得知各地官员因循守旧，行政怠惰，漫不经心。虽然有委派官员走遍城市、乡村统计编户，但也只是拿地方上报的来做缴文，其实未曾亲自统计编户。而且承担的工作人员，反有借此事捞取好处，或乘机清查流民，在本职之外骚扰百姓。我本来的用意是一定要安定居民，但各地官员反而以此扰民。本来想捉拿追究，因为消息是出自传闻，姑且等候另外执行。前面下达的所有牌文命令，必须专门委任贤能的官员督查清理。为此，下达牌文命令廉州府推官胡松，先逐一排查当地廉州府及所属州县原来编户牌谕，不论是军是民，还是在城在乡，都一定要落实执行。还要命令他们勤加操演。若各地官员仍然像之前那样推诿搪塞，一定追究。假如真的有罚款骚扰百姓等事项，下达命令立即捉拿追究。各地官员一定要弄明白牌谕作用，一定使自己心中了解透彻，像自己想出来的一样，然后才施行。这样大概事情就有条理，任务可以完成。各府、州、县依次清理编户，不只是按事情来分别谁勤奋谁懒惰，还要有赏有罚来展示劝导与惩戒，各自追究过失，按照收到的缴报查考。又了解到各地军民杂居的地方，多有桀骜不驯的军人，以及顽固的军兵不服有关部门的清查与管理，这些妨碍行事的人，一定要从重惩治。参与的军官，申报具体姓名，以作追究凭证，绝不轻易饶恕。

行右江道招回新民牌

五月初六日

仰右江道副使翁素，即便选委的当官员，带同上林县知因晓事之人，将一十八村搬移上山者，通行招回复业，给与良民旗榜，使各安村寨。仍谕以其间有与贼交通结亲往来者，但能搜捕贼徒，立功自赎，即不追论既往，一体给赏。仍要催督分差各官，上紧搜捕，毋令各贼奔逃渐远。晓谕各该地方良善，向化村寨，务将逃躲各贼，尽数擒斩，以泄军民之愤，获功解报，一体给赏。若是与贼通谋，容留隐蔽，访究得出，国宪难逃。如是各贼果有诚心悔罪，愿来投抚立功报效者，亦准免其一死，带来军门，抚谕安插。各官务要尽心竭力，上报国恩，下除民患，副军门之委托，立自己之功名。仍督平日与贼交通之人，令其向导追捕，痛加惩改，及此机会，立功自赎。果能奋不顾身，多获真正恶贼，非但免其既往之罪，抑且同受维新之赏。若犹疑贰观望，意图苟免，定行斩首示众，断不虚言。各官舍目兵人等，若有解到功次，即与纪验明白，以凭照例给赏，事完之日，通送纪功御史衙门覆验奏报。一应机宜，牌谕所不能尽者，就与副总兵张祐计议施行，一面呈报。本院不久亦且亲临各该地方，躬行赏罚，仰各上紧立功，毋自贻悔。

译文

命令右江道副使翁素，立即选任委派合适的官员，带上上林县晓事的人，将搬移上山的十八个村，都招回来悔复产业。给良民标有名号的旗子与榜文，使他们各安村寨。仍下令要他们中与贼党交通结亲往来的人，只要能搜捕贼党，就能立功赎罪，既往不咎，全部给予赏赐。催促分有差事的各等官员，立马搜捕，不得让各贼党逃跑到远处。命令各地良民，愿意归顺的村寨，一定要将逃跑躲藏的贼党尽数擒获斩杀，以泄军民之愤。擒获有功的，全部给予赏赐。若是与贼党通信，收留隐藏他们，一旦追究，难逃国法处置。如果贼党真的有诚心悔过，愿意来投奔归顺，立功报效的话，也准许免其一死。将他们带来军门，安抚教导。各地官员一定要尽心竭力，对上报答国恩，对下铲除祸患。接受军门的命令委托，树立自己的功名。命令平日与贼党有往来的人，要他们做向导，帮助追捕贼党。严加整改，借此机会，戴罪立功。假如真的能奋不顾身，帮助擒获真正的恶贼，非但免他们过往的罪名，还一同领受新的赏赐。假若犹豫观望，想苟且免罪，一定斩首示众，这绝不是假话。各级官舍兵卒头目人等，如果有功劳，立即记录明白，作为日后照例给赏赐的凭证。事情结束的日子，一并送报纪功御史衙门核验再上奏报告。所有紧急的事情，牌文命令说不明白的地方，要立即与副总兵张祐商议施行，同时要呈报。本院我不久也要亲临各地，亲自赏罚。希望各位勇于立功，不留遗憾。

委官赞画牌

五月初七日

今差知州林宽赍文前往宾州、思恩等处公干，就仰本官在右江道守巡官处，随军赞画，一应机宜，不时差人前赴军门禀报。其领兵头目卢苏等，亦要遣人催促上紧剿捕，立功报效，毋得怠惰放纵，玩废日月，徒劳无功。本官务要尽心竭虑，以副委托。

译文

如今差遣知州林宽带文书前往宾州、思恩等地办公差，立即命令你在右江道守巡官的地方，随军参赞。所有紧急的事情，要派人前来军门禀报。也要遣人催促领兵头目卢苏等抓紧搜捕剿灭贼党，立功报国，不得怠惰放纵，玩忽职守，徒劳无功。你一定要尽心竭力，不负重托。

行参将沈希仪计剿八寨牌

五月初九日

近因八寨瑶贼稔恶，已经调发思、田目兵攻破贼巢，方在分投搜捕。访得八寨后路，潜通柳州，又有一路与韦召假贼巢相通，皆未委虚的，合行密切查处。为此牌仰参将沈希仪即行密访，若果有潜通贼路，就仰本官从宜相机行事。或从彼地掩袭韦召假贼巢，就从彼巢径趋八寨后路。或以迎候本院为名，径来宾州督调别项军兵，就从八寨取道。然须将勇兵精，又得知因向导，可以必胜。本院亦无意必之心，俱听本官相机行事，量力可行即行，可止即止。牌至，务在慎密，毋令一人轻泄。

译文

近来因八寨瑶贼为非作歹、罪恶深重，已经调遣思、田的士兵攻破贼巢，现在还在分头行动搜捕贼党。了解到八寨瑶贼的后路暗通柳州，又有一路瑶贼与韦召假贼巢相通，这些都还不知虚实，一定要密切调查。为此，下达牌文命令参将沈希仪，立即秘密查访，假如真的有暗通的贼路，要随机应变，相机行事。或从那里掩袭韦召假的贼巢，从他们的巢穴直接进军八寨的后路。或者以迎候我的名义，直接来宾州调遣别的军兵，从八寨取道进军。这需要精兵勇将，又有熟悉当地的向导，一定可以获胜。我也没有固执的想法，手下都听你的命令相机行事，量力而为，能做就做，不能做就停止。牌文到了，一定要慎密行事，不得让任何一个人轻敌松懈。

调发土官岑瓛牌

五月初十日

牌仰归顺州官男岑瓛，挑选部下骁勇惯战精兵二千名，各备锋利器械，亲自统领，前赴军门，面授约束，有事差委。所带兵夫，但在精勇，不许徒多。军门不差旗牌官员，正恐张扬事势，骚扰地方，故今止差参随百户扈濂前去，密切督调。前月官男赴军门参见，已曾当面分付。牌至，限三日内即便起程，星夜前来，毋得循常迟慢。违误刻期，定行究治，决无虚言。

译文

牌文命令归顺州官男岑瓛，挑选部下二千名骁勇善战的精兵，各自准备锋利的器械，亲自统领，前往军门，当面接受调遣，有事情要委派给你们。带的兵夫只要精勇的，不需要太多。军门不差遣有旗牌命令的官员，正是怕事情张扬，骚扰地方百姓。所以现在只差遣随从的百户扈濂前去，秘密调拨人马。上个月官男前往军门参见，已经当面吩咐。牌文到了后，限三日内立即启程，星夜前来，不得拖延迟慢。误了规定的日期，一定追究，绝无假话。

分调土官韦虎林进剿事宜牌

五月十五日

除行守备参将沈希仪相机行事，及差南宁镇抚朱钰赍捧令旗令牌前去督调外。牌仰东兰州知州韦虎林，挑选骁勇惯战精兵三四千名，亲自统领，就于该州附近三旺、德合等处，取道密切进兵，扑剿下邑中寨，寻令东乡、马拦、南岭、新村、莫村、落村等寨贼首韦召蛮、召旷、召假、召僚、召号、召旺、天腊公、线仲、言转周、韦马、覃广、覃文祥等，务要尽数擒斩，以靖地方。所获功次，通行解赴军门，以凭纪验给赏。如遇参将沈希仪已到地方，仍听节制行事。若是尚未来到，仰即火速进剿，不必等候，以致张扬泄漏，失误事机，罪有所归。

译文

授予守备参将沈希仪相机行事的权力，并差遣南宁镇抚朱钰带着令旗令牌前去督战。此外，下达牌文命令东兰州知州韦虎林，挑选三四千名骁勇善战的精兵，亲自统领，在东兰州附近三旺、德合等地，抄近道秘密进军，剿灭扑杀下邑中寨，一定要尽数擒获斩杀东乡、马拦、南岭、新村、莫村、落村等寨的贼首韦召蛮、召旷、召假、召僚、召号、召旺、天腊公、线仲、言转周、韦马、覃广、覃文祥等人，使地方安宁。获得的功劳，全部送报军门，作为记录核验给予赏赐的凭证。如果经过参将沈希仪已经到了地方，仍然听他的命令行事。如果尚未来到，就立即火速进剿，不必等候参将沈希仪，避免张扬泄漏。贻误战机，有罪必罚。

行通判陈志敬查禁田州府私征商税牌

五月十五日

据委官通判陈志敬呈称：查得田州府旧例，盐每百斤税银一分，本府河埠税银四分半，经纪税银三分，槟榔每百斤税银一钱，本府税课并经纪各税银二钱，其杂货亦各税不一，除买办应用，年终俱归本府，此岑猛之余烈也，今尚因之而未除。要行照依南宁府事例，止容一税等因到院。参看得思、田二府，近该本院会议，设立流官知府，控制土官，各以土俗自治。其官吏合用柴薪马匹，及春秋祭祀等项，仍许商课设于河下，薄取其税，以资给用。而本院明文尚未有行，乃敢辄先私立抽分，巧取民利，甚属违法，合当拿问，缘无指实，合行查究。为此牌仰本官，即查前项抽分，奉何衙门明文，惟复积年奸猾，私立巧取，侵骗税银肥己，务要从实查明，具由星驰呈报。一面密切差人访拿，解赴军门究治，以军法论，毋得容情回护，自取罪戾。

译文

收到委官通判陈志敬呈文称：调查得知田州府的旧例，每百斤盐税收一分银，本府的河埠税收四分半银，经纪税收三分银，每百斤槟榔税收一钱银，本府税课并经纪各收二钱银，其他杂货税收额度不一，除买来置办应用的东西，年终都收归本府，是岑猛留下的苛政，如今还是因袭而尚未革除。要依照南宁府的事例，只容许一种税送到本院。参看思、田二府，近来应该召开本院的会议，设立流官知府，控制土官，各自用土俗自治。当地官吏应使用的柴薪马匹，以及春秋祭祀等事项，仍允许在河下设商课收取薄税，以资使用。本院明文尚未实行的时候，胆敢就先私立税目收税，巧取豪夺民众利益，实属违法，应当拿来问罪，没有指实缘由，应该查究。为此，下达牌文命令本官立即查处之前税收，到底是奉哪个衙门的明文进行，多年来官员奸诈狡猾，巧立名目，骗取税金，以公肥私的情况，一定要从实查明，全部星夜上呈禀报。同时秘密差遣人查访缉拿，押解到军门追究，以军法论处，不得徇私回护，自取罪过。

批南宁卫给发土官银两申

五月十八日

据南宁卫申：原收王仲金赔偿都康州银二百两，令官男冯一差头目黄淰等四人来领。看得王仲金赔偿银两，既该冯一差有的当头目黄淰，赍有该州印信领状前来关领，仰卫审验是实，即将银两照数给与黄淰等带领回州，付与冯一收受，取收过日期回报。仍行该道守巡官备行冯一、王仲金，务要洗涤旧嫌，讲信修睦，各保土地人民，安分守己，同为奉法循礼之官，共享太平无事之乐。如其不能自为主张，听信小民扇惑，规图近利，怀挟前仇，徒使利分下人，恶归一己，贯满罪极，灭身亡家，前车可鉴，后悔何及？各遵照奉行。此缴。

译文

收到南宁卫申报：原来收取王仲金赔偿都康州的二百两银子，命令官男冯一差遣头目黄淰等四人来领取。王仲金赔偿的银两，先让冯一差遣头目黄淰，把都康州印信与领取字据送来，命令南宁卫审验是否真实，确定后立即将银两照数给黄淰等带领回都康州，交给冯一收取，然后按日期回报。当地守巡官备行冯一、王仲金，一定要不计前嫌，讲信修睦，保护各自的土地人民，安分守己，一起做奉法守礼的清官，共享太平无事的快乐。假如他们不能有自己的主见，听信小人煽动迷惑，图谋不法之利，怀有旧日仇怨，把利益分给下人，罪恶归于自己，恶贯满盈，就身败名裂，满门抄斩，前车可鉴，哪来得及后悔？各自要遵照命令奉行。此文缴回。

批左江道纪验首级呈

五月二十八日

据佥事吴天挺呈：获过牛肠、六寺、古陶、罗凤等处山巢贼级，中间无小功者，应否纪验？看得各处用兵，多因贪获首级，不肯奋勇破敌，往往多致失事。是以前月发兵之日，本院分付督兵各官，务以破巢诛恶为事，不以多获首级为功。今若以无小功之故，不与纪验，即与前日号令自相矛盾矣。其湖兵破巢首级，虽无小功，仰该道仍与纪验。至于官军人等剿捕所获，仍照常规施行。缴。

译文

收到佥事吴天挺呈文：斩获牛肠、六寺、古陶、罗凤等地山巢贼党的首级，其中没有小功的将士，是否应该记录？各处的战事大多因为贪图斩获贼党首级，不肯奋勇破敌，往往导致失败。所以上个月发兵的时候，我吩咐各督军的官员，一定要以攻破贼巢，诛杀恶党为要务，不以斩获更多的首级作为功劳。如今假如因为没有小功的缘故就不记录，自然与之前的命令自相矛盾。湖兵攻破贼巢斩获首级，虽然没有小功，但命令当地仍然要记录。至于官军等人剿灭捕杀贼党的功劳，仍按照常规实行记录。缴回。

行左江道犒赏湖兵牌

六月初十日

照得湖广永、保二州官舍头目土兵，先该本院撤放回还。道经浔州等处，已经行仰该道守巡等官，督押前进，乘便剿除稔恶瑶贼，随已破荡巢穴，擒斩数多，回报前来，就经牌仰各官，仍押各兵，直抵桂林地方交替。

及行参议汪必东，就于梧州府库，量支军饷银一二千两，带去省城，听候本院亲行犒赏。今照本院因地方有事，兼患肿毒，未能亲往，行委该道佥事吴天挺前去省城，代行赏劳。为此牌仰本官，即查前项银两，若未动支，就于该府军饷银内照数动支二千两，委官管领，随带广西省城，听候支给犒赏湖兵等项应用，完日，开数查考。

译文

湖广永、保二州官舍头目的土兵，先于我撤还。途经浔州等地，已经命令当地守巡等官员督军前进，顺便剿灭作恶多端的瑶贼。现在已经荡平巢穴，擒拿斩获很多瑶贼。捷报送来，立即下达牌文命令各官仍然监督各路官兵，直抵桂林交接。等到参议汪必东在梧州府库，调拨一二千两银军饷带去省城，听候我亲自犒赏。如今我因地方有事，兼患毒疮之病，不能亲自前往，现在委任当地佥事吴天挺前去省城，代我赏赐。为此，下达牌文命令他们，立即查明之前的银两款项，假如尚未审批，就在梧州府军饷内照数审批二千两银子，委派官员管理领取，带去广西省城，听候用于支付犒赏给湖兵等事项。完毕之日全部查考。

奖劳督兵官牌

六月初十日

照得先因广西思、田等处土酋倡乱，征调湖广永、保二司宣慰舍目人等，坐委佥事汪溱，都指挥谢珮，统领前来，听调剿杀。后因各酋自缚投顺，班师回还，又该军门行委各官统领，乘便征剿浔州、牛肠、六寺，及平南、仙台、花相等山积年稔恶贼寇，遂能攻破坚巢，多有斩获。虽各宣慰素抱报国之心，舍目人等，并心协力，奋勇效命，亦由监督各官，设策运谋，用能致有成功。今师旋有日，所据宴劳之礼，相应举行。但本院见征八寨瑶贼，未能亲至省城，大享军士，合就先行奖劳。为此仰本官即便亲诣省城，公同布、按二司掌印等官，将军门发去彩段银花等物，照数备用鼓乐导送佥事汪溱等收领，用见本院嘉奖宴劳之意。仍行镇巡衙门知会。

译文

先前因为广西思、田等地的少数民族酋长带头叛乱，现征调湖广永、保二司宣慰人等，委派佥事汪溱、都指挥谢珮统领前来，听从命令剿杀叛贼。后来因各地酋长亲自归顺，所以班师回来，军门委派各级官员统领，顺便征剿浔州、牛肠、六寺，以及平南、仙台、花相等长年在山上流窜、罪恶深重的贼寇，就能一举攻破坚固的贼巢，多有斩获。各宣慰素来抱有报国之心，将士人等齐心协力，奋勇效力，各级监督官员，设计策略，运筹帷幄，才能实现这般成功。如今班师回乡有些日子了，理应举行犒赏的宴饮之礼。但我征讨八寨的瑶贼，没能亲自到省城，犒赏军士，就先行赏赐。为此，命令本官立便亲自拜诣省城，会同布政、按察二司掌印等官员，发给军门彩段银花等物品。鼓乐照数送给佥事汪溱等收取，来显示我嘉奖宴劳的用心。抄送知会镇巡衙门。

计开：

佥事汪溱：

盘盏一副十两 段二匹十两

银花二枝二两 席面一桌银十两

都指挥谢珮：

盘盏一副十两 段二匹十两

银花二枝二两 席面一桌银十两

部押指挥二员：

每员银牌五两 银花一枝五钱

席面银二两

分押千户八员：

每员银牌三两 银花一枝五钱

席面银一两

译文

名单逐项开列：

佥事汪溱：

饮器一副十两 缎两匹十两

银花两枝二两 酒席一桌银十两

都指挥谢珮：

饮器一副十两 缎两匹十两

银花两枝二两 席面一桌银十两

部押指挥二员：

每员银牌五两 银花一枝五钱

席面银二两

分押千户八员：

每员银牌三两 银花一枝五钱

席面银一两

土舍彭荩臣军前冠带札付

六月初十日

据湖广上湖南佥事汪溱呈：据辰州卫部押指挥张恩呈，据舍目彭九皋等告称：嘉靖五年，奉调征剿田州，有荫袭官男彭虎臣同弟彭良臣，自备衣粮报效，蒙授彭虎臣冠带杀贼。后因阵亡，蒙军门奏奉钦依勘合内开，彭虎臣殁于王事，情可矜怜，赠指挥佥事，移恩弟彭良臣，就彼冠带，袭替宣慰使职事，免其赴京。伊父彭九霄仍升湖广布政司右参政，准令致仕。除遵依外，近奉军门复调征剿，行令致仕宣慰彭九霄亲统启行。不意宣慰使彭良臣在任病故，有彭荩臣系宣慰的亲次男，见年一十四岁，与故兄彭良臣同母冉氏所生，应该承袭，别无违碍。乞比照永顺土舍彭宗舜事例，赐给冠带，抚管地方等情。为照土官袭替，必经原籍该管衙门委官重覆查勘。今彭荩臣不在随征之列，未经结勘，但伊父彭九霄见在统兵，本舍又称选带家丁三千名前往报效，似应俯从。呈详到院。为照彭荩臣本以章一，早著英风，自选家丁，随父报效，即其一念报国之诚，已有可嘉。况有查系应袭次男，近日报效家丁于浔州、平南诸处，又能奋勇破贼，斩获数多，则荩臣身虽不出户庭，而功已著于异省。除别行具题外，合就遵照钦奉敕谕内便宜事理，给与冠带。为此札仰官舍彭荩臣先行冠带，就彼望阙谢恩。抚管地方，仍须立志持身，正己律物，顾章服之在躬，思成人之有道，念传世之既远，期绍述于无穷，益竭忠贞，以图报称。先具冠带日期，依准缴报。仍径行本省镇巡衙门知会，毋得违错。

译文

收到湖广上湖南佥事汪溱的呈文：收到辰州卫部押指挥张恩呈文，文中说收到舍目彭九皋等人报告称，嘉靖五年（1526），奉调征剿田州，有荫袭官男彭虎臣同弟彭良臣自备衣物粮草，报效朝廷，授予彭虎臣官服衣带，让他征剿杀贼。后来因他阵亡，军门上奏奉命检验，彭虎臣死于战事，属实可怜。应该赠予指挥佥事职务，转给他的弟弟彭良臣，接受官服衣带，继承宣慰使的职事，不必再来京城。他的父亲彭九霄仍然升任湖广布政司右参政，批准他退休。除遵照上述命令外，近来奉军门的调令征剿贼党，命令准备退休的宣慰使彭九霄亲自统领。没想到宣慰使彭良臣在任上病故，彭荩臣是宣慰使彭良臣的亲弟弟，现年十四岁，与已故的兄长彭良臣同是母亲冉氏所生，应该承袭他的职务，没有不妥的地方。乞求参照永顺土舍彭宗舜的案例，赐给彭荩臣官服衣带，管理地方的事情。土官更换的程序，必须经过原籍地的衙门委派官员查看。如今彭荩臣不在随从出征的队列，没有经过检验核查，但他的父亲彭九霄现在在统领兵马，本舍又称选派三千名家丁前往帮忙，应该跟从。呈文详细情况送到这儿。彭荩臣早年英勇，自己选拔家丁，随父出征，报效军队，是他报国的诚心已有值得嘉奖的地方。况且又了解到他弟弟继承职务，近日又和家丁一起在浔州、平南等地，奋勇杀贼，斩获颇多。虽然彭荩臣出身不是大户人家，但他的功劳已经在别的省昭著扬名。除了另外上题本上奏外，应奉钦差之命，随机行事，给予他官服衣带。为此，下达札子命令官舍彭苳臣先就职履行军务，答谢皇上恩赐。管理地方事务，仍然要树立志向，秉持操守，端正自己，管束他人。顾念官服在身，思考成人之道。考虑到自己的功名在后世流传，希望好好地继承先辈功业，竭尽忠诚，以图报国。正式就职的日期，按照命令缴报。直接抄送本省镇巡的衙门，不得有误。

奖劳永保二司官舍土目牌

六月初十日

照得先因思、田等处土酋倡乱，复调永、保二司宣慰彭明辅、彭九霄各统领舍目，听调剿贼。后因各酋自缚投顺，班师回还。又该军门行委各官统领，乘便征剿浔州、牛肠、六寺，及平南、仙台、花相等山稔恶贼寇，遂能攻破坚巢，多有斩获。是皆各宣慰及伊官男平日素抱忠诚报国之心，故能身督各舍目人等，并心协力，奋勇效命，致有成功。今师旋有日，所据宴劳之礼，相应举行。但本院见征八寨瑶贼，未能亲至省城，大享军士，合就先行奖劳。为此牌仰本官，即便亲诣省城，公同布、按二司掌印等官，将军门发去礼物，照依后开数目，各用鼓乐送发宣慰彭明辅、彭九霄等收领，用见本院嘉奖宴劳之意。各宣慰官舍目兵人等，查照单开等项，逐一支出赏犒，就彼督发各兵回还休息。支过数目，开单查考，俱仍行镇巡衙门知会。

译文

先前因思、田等地的土酋叛乱，又调永、保二司的宣慰使彭明辅、彭九霄各统领舍目听从调用剿灭贼党。后又因各地土酋贼党自行投奔归顺，班师回朝。军门应委派各级官兵统领，乘机征剿浔州、牛肠、六寺，以及平南、仙台、花相等罪恶深重的贼寇，一举攻破他们坚固的巢穴，多有斩获。这都是因为各级宣慰使以及官男平日抱有忠诚报国的热心，所以能身先士卒，督促各舍目人等，齐心协力，奋勇效命，最终成功。如今班师凯旋有些日子了，应该举行宴享犒劳的盛礼。但我还在征剿八寨的瑶贼，不能亲自到省城，犒赏军士，那就现在先奖赏。为此，下达牌文命令当地官员立即亲自到省城，会同布政、按察二司掌印等官员，到军门发送礼物。根据统计的数目，把各自要用的鼓乐送发到宣慰彭明辅、彭九霄等人那里收取，以展示我嘉奖宴享军士的心意。各级宣慰使官舍目兵人等，查看单子等事项，逐一支付犒赏的物品，立即督促发放给各级士兵，回乡休息。支付过的数目，开具清单查考，一并抄送知会镇抚、巡抚衙门。

计开：

保靖宣慰司：

宣慰彭九霄：

盘盏一副十两 段二匹

一两重金花一枝 一两重银花一枝

席面银五十两

官男彭荩臣：

银花二枝各一两 段二匹

席面银二十两

永顺宣慰司：

宣慰彭明辅：

盘盏一副十两 段二匹

一两重金花一枝 一两重银花一枝

席面银五十两

官男彭宗舜：

银花二枝各一两 段二匹

席面银二十两

冠带把总头目每名三两重银牌一面。

领征管队冠带头目每名二两重银牌一面。

旗甲小头目洞老每名一两重银牌一面。

随征土兵每名银二钱。家丁银一钱。

病故头目每名银四两。

病故土兵每名银二两。

首级每颗银一两。贼首银三两。生擒每名银二两。

译文

名单逐项开列：

保靖宣慰司：

宣慰彭九霄：

饮器一副十两 绸缎二匹

一枝重金花一两 一枝重银花一两

酒席五十银两

官男彭荩臣：

二枝银花各一两 绸缎二匹

酒席二十银两

永顺宣慰司：

宣慰彭明辅：

酒席一副十两 绸缎二匹

一枝重金花一两 一枝重银花一两

酒席五十银两

官男彭宗舜：

二枝银花各一两 绸缎二匹

酒席二十银两

冠带把总头目每名三两重银牌一面。

领征管队冠带头目每名二两重银牌一面。

旗甲小头目洞老每名一两重银牌一面。

随征土兵每名二银钱。家丁一银钱。

病故头目每名四两银。

病故土兵每名二两银。

首级每颗一两银。贼党首级三两银。生擒每名二两银。

调发武缘乡兵搜剿八寨残贼牌

六月十八日

先该本院进剿八寨，贼巢已破，但余党逃遁，尚须追捕。访得各处乡民，素被前贼劫害，多有自愿出力杀贼报雠。及访得武缘县地方婴墟等处乡兵，素称骁勇惯战，皆肯为民除害。已经牌差经历罗珍等前去起调，诚恐各官因循，姑未究治。看得通判陈志敬莅官日久，前项婴墟等处乡兵，曾经训缉，颇得其心，合委催督。为此牌仰本官速往婴墟等处，即将前项乡兵，量行选调，多或一千五百名，少或八九百名，各备锋利器械，仍督经历罗珍等分统前赴宾州，照名关支行粮等项，就彼相机搜剿前贼，仍听参将沈希仪调度节制，获有功次，一体重加旌赏。仍谕以当此农忙暑月，本院亦不忍动劳尔民，但欲为尔民除去地方之害，不得已而为此。尔等各宜仰体此情，务要尽心效力，以报尔雠。是亦一劳永逸之事，先将调过名数并起程日期，随牌回报查考。

译文

先前我亲自进兵剿灭八寨瑶贼，贼党巢穴已被攻破，但余党仍在逃窜，还需要追捕。调查到各处乡民，素来被之前的贼党劫掠侵害，多有人自愿出力杀贼报仇。又调查到武缘县地方婴墟等地的乡兵，素来号称骁勇善战，都愿意为民除害。已经下达牌文命令经历罗珍等前去调用，只怕各级官员因循守旧，不想治理。我了解到通判陈志敬为官多日，前面提到的婴墟等地的乡兵，曾经受过他的训练，颇得人心，应委派他督军。为此，下达牌文命令当地官员火速前往婴墟等地，立即按量选调前面提到的乡兵，多可达一千五百名，少的话八九百名，备齐锋利的器械，仍然派经历罗珍等分别统领前往宾州。支付给他们粮草等，到当地相机行事，搜捕前面提到的贼党，仍然听从参将沈希仪的调度，假如获得功劳，一并重加赏赐。在此农忙的暑季，我也不忍心惊动百姓，但想着为了百姓除去地方的祸害，不得已做这件事。你们应该体察我的情意，一定要尽心效力，报仇雪恨。这也是一劳永逸的大事，先确定调集人数以及起程的日期，随时等牌文回报查考。

行右江道犒赏卢苏王受牌

七月初三日

看得思、田头目卢苏、王受等，率领部下兵夫，征剿八寨，搜屯日久，劳苦实多，合行量加犒劳。为此牌仰右江道分巡官，即行宾州，起拨夫役人等，将见贮军饷粮米，照依后开数目，运赴三里地方，各目扎营去处，分给各兵，以见本院犒赏之意。开数缴报查考。

译文

我了解到思、田州的头目卢苏、王受等人，率领部下兵夫，征剿八寨的瑶贼，搜捕屯驻多日，苦劳实在很多。理应按功劳犒赏。为此，下达牌文命令右江道分巡官，立即去宾州，调拨夫役人等，将现在贮存的军饷粮米，按照开具的数目，运赴到三里各头目驻扎营寨的地方，分给各级将士，以表示我犒赏的用心。开具的数目要上报，以备查考。

计开：

卢苏二百石 王受一百五十石

译文

名单逐项开列：

给卢苏二百石粮食，给王受一百五十石粮食。

给土目行粮牌

七月初八日

照得本院见在进兵征剿八寨瑶贼，而镇安头目岑瑜等，率领目兵四百五十名前赴军门，自愿随军杀贼报效，意有可嘉。除量行犒赏外，仰分巡右江道官，将各目兵即行照名给与行粮一月，就发都指挥高崧哨内，听凭督调杀贼。获有功次，一体解验，以凭给赏施行。

译文

我现在在进兵征剿八寨的瑶贼，而镇安头目岑瑜等人，率领四百五十名目兵前往军门，自愿随从军队杀贼报国，值得嘉奖。除按功劳犒赏之外，命令分巡右江道官，立即给各目兵发放一个月行军的粮草，直接发到都指挥使高崧的哨内。听从命令调度，督军杀贼。获得功劳的人，一并核验，按凭证给予赏赐。

批右江道移置凤化县南丹卫事宜呈

八月初十日

据副使翁素呈：议得南丹卫城垣，并凤化县城垣合用银两。看得该道议于八寨地方移立南丹卫，三里地方移设凤化县，俱各查访相应，人心乐从。其筑立城垣，起造公廨等项，料价工食，一应合用银两，既经该道守巡官公同计议停当。南丹卫该银三千六百四十五两，凤化县该银三千一百七十六两，其食米南丹卫一万石，凤化县八千石，每石价银三钱，共该银五千四百两。见今各处仓廒贮有粮米，尚够支给。候缺米之日，照数给价。先各量支一半，收贮听用，南丹卫一千五百两，凤化县一千二百两，准议于南宁府库贮军饷银内支给。该道各官，仍要推选力量廉能官各一员，委同该卫指挥孙纲及该县掌印哨守官，亲至南宁府照数支出，三面秤对匣收，领付宾州库寄贮。置立支销文簿，该道用印钤记，各付一本收执，每用银两，即同该州官开封动支，照数登记，务在实用，不得花费分毫，工完之日，开数缴报，通将各支销簿会合查考。该道守巡官仍要不时亲诣调度督促，工程务在精致坚牢，永久无坏，当兹盗贼荡灭之余，况又秋冬天气，正可及时工作。各官务在上紧催督，昼夜鸠工，不日而成，一则可以速屯防守之官兵，二则可以不妨来岁之农作。城完之日，本院自行旌保擢用，决不虚言。各官视官事须如家事，刻刻尽心，仰称朝廷之官职，中副上司之委任，内以建自己之功劳，外以垂一方之事业，岂不事立身荣，功成名显，垂誉无穷者哉？若其因循玩愒，瘝绩废事，非独自取败坏，抑且罪责难逃。仰该道备行各官查照施行，期务体勤勤嘱付之意，毋负毋负！此缴。

译文

收到副使翁素的呈文：讨论得知南丹卫的城墙，以及凤化县城墙修治应用到的银两。当地商议在八寨地方的转移建立南丹卫，在三里地方转移设置凤化县，查看访查了解到，这符合人心。当地筑立城墙，建造官署等事项，用料、工资等全部要花费的银两，已经经过当地守巡官会同商议妥当。南丹卫要三千六百四十五银两，凤化县要三千一百七十六银两，南丹卫要一万石食米，凤化县要八千石食米，每石价格三银钱，一共要五千四百银两。现在各地储藏粮食的仓库贮存的粮米尚够支付。等到缺米的日子，再按数目补价格。先各自按量支出一半，听候调用。南丹卫用一千五百两，凤化县用一千二百两，批准从南宁府库贮存的军饷银钱内支付调用。当地各级官员，要推举有能力又廉洁的官员各一人，会同当地南丹卫指挥使孙纲以及当地掌印的哨守官，亲自到南宁府按计划支出，三方用秤核对验收，领受送到宾州库寄存。建立支出花销的文书簿录，当地要用钤印登记。对各自支付的回执、每次用多少银两、当地州官审批事项一并照数登记，一定要用在实处，不得多花费分毫，工程完结的日子，要开单子上报，并将各支出花销的簿录一同查考。当地守巡官要不时地亲自督促，工程一定要精致坚牢，永远不被毁坏。如今正值盗贼被荡平的时候，况且又秋冬时节，正好可以及时工作。各级官员在上一定要监督催促，昼夜施工，过不了几天就能建成。一则可以快速地派官兵屯驻把守，二则不会妨碍来年的农作。城墙建完那天，我会亲自保举拔擢有功者，绝不说假话。各级官员要把官家的事当作自家的事，时时刻刻尽心而为。对上称得上朝廷的官职，对得起上司的委任，又能建立自己的功劳，对外能成就一方的事业，这岂不是盛名荣耀、事业有成，流芳百世的事吗？假若因循守旧，玩忽职守，怠慢公事，那就不只是自取声名败坏，而且罪责难逃。当地各级官员要查验施行，希望不要辜负我好好嘱咐的心意！此文缴回。

行左江道赈济牌

八月初十日

案照先因南宁府军民困苦骚扰二年有余，况天道亢旱，青黄不接，已经行仰同知史立诚将停歇湖兵之家，量行赈给。然各色军民人等同被骚扰，均合行赈。为此牌仰本道官吏，会同分巡道，即行南宁府，备查府城内外大小人户，照依后开等第，就于军饷米内照数通行赈给。务使各沾实惠，毋容奸吏斗级人等作弊克减，有名无实。事完开报查考。

译文

案照先因南宁府军民困苦骚扰二年有余，况天道亢旱，青黄不接，已经行仰同知史立诚将停歇湖兵之家，量行赈给。然各色军民人等同被骚扰，均合行赈。为此牌仰本道官吏，会同分巡道，即行南宁府，备查府城内外大小人户，照依后开等第，就于军饷米内照数通行赈给。务使各沾实惠，毋容奸吏斗级人等作弊克减，有名无实。事完开报查考。

计开：

乡官、举人、监生之家，每家三石。

生员每家二石。

大小人户每家一石。贫难小官，通行查出，量分差等，呈来给赈。

译文

名单逐项开列：

乡官、举人、监生之家，每家三石。

生员每家二石。

大小人户每家一石。贫穷困难的小官，搜索找到，分出等级，给予赈济。

批右江道议筑思恩府城垣呈

八月十五日

据副使翁素呈：估计起造思恩府城池等项，通用银八千五百七十七两零。看得思恩府城垣，仰行知府桂鏊自行督工起筑，合用料价工食等项银两，准照议于南宁府军饷银内动支。就仰桂鏊公同该府掌印官，当堂秤明，匣锁领回，寄贮宾州库内，查明前批南丹卫事理，置立文簿支销。该道守巡官，仍要不时亲至地方料理催督，务要修筑坚固，工程早完。事毕，开报查考。缴。

译文

收到副使翁素的呈文：估算建造思恩府城池等事项，总共要用八千五百七十七银两整。命令知府桂鏊亲自督工建造思恩府的城墙，使用的料价、工食等事项的银两，要在南宁府军饷银内商议审批。命令知府桂鏊会同当地的掌印官，当堂核对款项，账目放在匣内锁住并领回，寄存在宾州库内，查考明确之前审批的南丹卫的事项，建立记录的开销文簿。当地守巡官要不时亲自到地方料理催促，一定要把城墙修筑坚固，早日完成工程。事情完毕，上报查考。缴回。

奖劳剿贼各官牌

八月十九日

照得八寨积为民患，今克剿灭，罢兵息民，此实地方各官与远近百姓之所同幸。昨者敷文之宴，已与百姓同致其喜，而犒赏尚未及行。为此牌仰南宁府官吏，即便动支库贮军饷银两，照依后开则例，买办彩币羊酒，分送各官，用见本院嘉劳之意。开报查考。

译文

八寨的祸患现在已被平定，退兵，让百姓休养生息，这真是各地方官和远近百姓的共同幸事。昨日文章之宴，已经与百姓一同庆祝，但还没来得及犒赏。为此请南宁府官吏动用军饷银两，购买彩币羊酒，分送各位官员，以表示我对大家的慰问。开报查考。

计开：

副总兵张裕、副使翁素：

各花二枝二两 段四匹十两

羊四只三两 酒四埕一两

参政沈良佐、佥事吴天挺、

副总兵李璋，参将张经、冯勋：

各花二枝二两 段二匹六两

羊二只 酒二埕共二两

知府桂鏊，同知陈志敬、林宽，推官冯衡：同上。

译文

名单逐项开列：

副总兵张裕、副使翁素：

各自给两枝花二两 四匹绸缎十两

四只羊三两 四埕酒一两

参政沈良佐、佥事吴天挺、副总兵李璋，参将张经、冯勋：

各自给两枝花二两 两匹绸缎六两

两只羊 两埕酒共二两

知府桂鏊，同知陈志敬、林宽，推官冯衡：同上。

行福建漳州府取回岑邦佐牌

照得田州府土官岑猛稔恶不悛，构祸邻境。该前军门奏奉调兵征剿，并将伊妾子女岑邦相等及各目家属，解京给付功臣之家为奴，及将出继武靖州次男岑邦佐迁徙，已将岑邦佐及母妻人口家当，差委指挥周胤宗等解发福建漳州府安置为民，及将岑邦相等押发南雄府监候听解去后。续照本爵钦奉敕谕：特命尔提督两广及江西、湖广等处地方军务，星驰前去彼处，即查前项夷情，可抚则抚，当剿即剿，公同计议，应设土官流官，何者经久利便，奏闻区处。钦此。钦遵。随据头目卢苏等率众自缚来降军门，仰体朝廷好生之德，俯顺其情，安插复业，及因其告乞怜悯岑猛原无反叛情罪，存其一脉等因。已该本爵议将该府四十八甲内，割八甲降立田州，立其子一人，以承其后云云。合将岑邦佐仍为武靖州知州，保障地方，而立邦相于田州，以安守其宗祀，庶为两得其宜，已经具题外。今照前项地方，抚处宁靖，所据各男，应合取回议处。为此牌仰福建漳州府官吏，即将发去安置为民岑邦佐并母妻人口家当，通取到官，照例起关，沿途给与脚力口粮，差委的当人员，押送军门，以凭面审施行。仍行本省镇巡衙门及布政司知会，俱毋违错。

译文

据了解，田州府土官岑猛怙恶不悛，祸害相邻的乡里。之前军门上奏奉命调兵征剿，并将他的妻妾子女岑邦相等以及各头目的家属，押解到京师交到功臣的家里做奴隶，并将武靖州他的次子岑邦佐出继迁徙，目前已经将岑邦佐以及他的母亲、妻子等人口和家当，委派指挥使周胤宗等押解发配到福建漳州府安置做平民，并将岑邦相等押送发配到南雄府监牢听候发落。本爵奉钦差之命：专门命令你提督两广及江西、湖广等地方的军务，星夜前去那里，立即查明地方敌情，可以安抚就安抚，要剿灭就剿灭，会同大家一起商议。应设置土官、流官，哪些人便于长久管理，上奏他所在的处所。钦此。钦遵。收到当地头目卢苏等率领众人来军门投降，仰赖朝廷好生之德，安抚他们，让他们恢复旧业，而且因为他们乞求怜悯岑猛，他原来没有反叛之罪，希望保留他的一丝血脉。本爵商议从当地四十八甲内，割出归降的八甲设立田州，立他的一个儿子来延续他的血脉。岑邦佐仍担任武靖州知州，保护地方，而命岑邦相在田州守他们家的宗祀，这样大概两边都得到适宜的处置。这些已经上奏题本。如今前面提到的地方已经安抚得当，恢复安定，岑氏各子应回到之前商议的地方。为此，下达牌文命令福建漳州府官吏，立即安置岑邦佐以及他的母亲妻子等人口家当，照例到官属拿通关凭证，沿途要给予他们脚夫与口粮，委派合适的人员，把他们押送到军门，当面审讯。抄送知会本省镇巡衙门及布政司，一切不得有错。

批参将沈良佐经理军伍呈

八月二十四日

看得五屯系远年贼巢要害之处，而备御废弛若此，正宜及此平荡之余，经理修复。今该道各官公同议处，要将城垣展拓，建置守备等衙门，及将该所分调各处哨守旗军，尽数取回调用。广东协守官军，发回原卫，缺伍僮军，清查足数。每年贴贼藤县甲首银一百两，通行除免，查编甲军，务足千名之数。议处悉当，除本院已经依议具奏外，仰该道各官照议施行。仍行总镇、总兵及镇巡等衙门知会，该府、县、卫、所等官，俱仰查照施行。缴。

译文

据了解，五屯是贼巢出没的要害之地，但当地防备防御废弛，正好借此荡平贼党之余，经营修复。如今要同当地各官商议，要将城墙拓宽，设置守备等衙门，并将当地分调各处的哨守旗军，尽数召回调用。广东协助的官军调回到原来的府卫，缺少队伍的僮族军队，要清查补足人数。全部免除每年补贴给广西藤县的里甲头目一百两银子，查编里甲的军队一定要补足一千名的数目。商议妥当后，除了我已经根据商议写题本上奏之外，命令当地各级官员按照商议的实行。抄送知会总镇、总兵及镇巡等衙门，以及当地府、县、卫、所等官员，全部要遵照实行。缴回。

告谕新民

八月

告谕各该地方十冬里老人等，今后各要守法安分，务以宁靖地方为心，不得乘机挟势，侵迫新旧投抚僮、瑶等人，因而胁取财物，报复旧雠，以至惊疑远近，阻抑向善之心。有违犯者，官府体访得出，或被人告发，定行拿赴军门，处以军法，决不轻恕。

译文

下达通告：各地方十冬里老人等，今后都要安分守法，一定要致力于稳定地方，不得乘机胁迫侵占先后投靠的僮族、瑶族人，劫取财物，报复旧日仇怨，以至于惊吓、疏远他们，阻止他们向善的心。有违犯法令的人，只要被官府查访得到，或被人告发，一定要缉拿到军门，以军法处置，绝不轻易饶恕。

批佥事吴天挺乞休呈

八月二十五日

据佥事吴天挺呈：乞要致仕。看得本官识见练达，才行老成，且于左江一道，夷情土俗，熟谙久习。今地方又在紧急用人之际，本院方切倚任，况精力未衰，偶有疾患，不妨就医调理，岂得遽尔恳辞求归？近因征剿浔州诸处贼巢，冒暑督兵，备历艰阻，功劳茂著，不日朝廷必有旌擢之典。仰本官且行安心管理该道印信，勉进药饵，暂辍归图，以慰上下之望，毋再固辞，有孤重委。此缴。

译文

收到佥事吴天挺的呈文：乞求要退休。吴天挺你做事练达，为人老成，而且熟悉左江一道的夷情土俗。如今地方又在紧急用人之际，我十分倚仗你，况且你精力未衰，只是偶尔有疾病，不妨找医生调理，哪里需要立即就恳求辞职还乡呢？近来因为你征剿浔州等地的贼巢，冒着暑热督兵，历经艰阻，功劳显著，过不了几天朝廷一定有旌奖拔擢的赏赐。我命令你安心管理当地印信，坚持就医吃药，暂时别想着退休归乡，以满足上下的期望，一定不要再固执地推辞，辜负委托。此缴。

批苍梧道创建敷文书院呈

九月初六日

据佥事李杰呈：据梧州府并苍梧县学生员黎瞰、严肃等连名呈，欲于县之侧，照依南宁书院规制，鼎建书院一所。看得崇正学以淑人心者，是固该道与有司各官作兴人才之盛心，亦足以见该学师生之有志，举而行之，夫岂不可？但谓本院能讲明是学，而后人心兴起，则吾岂敢当哉？该学师生既称号房缺少，不足以为讲论游息之地，合准于旧书院之傍，开拓地基，增建学舍。该道仍为相度经理，合用银两，亦准于该府库内照数动支，务速成功，以底实效，毋徒浪费，以饰虚文。完日缴报。

译文

收到佥事李杰的呈文：收到梧州府连同苍梧县学生员黎瞰、严肃等人联名呈文，想在县的旁边，按南宁书院的规制建一所书院。这推崇正学、使人心向善的行为，看得出当地有关官员有培养人才的拳拳之心，也足以看出当地师生有志向，做这样的事，难道不可以吗？但说我能讲明道理，然后使人心振作，那我哪里担当得上呢？当地师生既然称缺少门房，没有足够的讲论休息的地方，应准许在旧书院的旁边，开拓地基，增建学舍。当地经营书院要用的银两，也准许在当地库内照数审批，一定要尽快完成，以实现实效，不要浪费了银两，只是做做样子。完成时再上报。

改委南丹卫监督指挥牌

先该本院分道进剿八寨，及于八寨周安堡，移设南丹卫以控制要害。查将迁江等所通贼指挥王禄等明正典刑，斩首示众，及将各该目兵通发烟瘴地方哨守。后因王禄等哀求免死，容令各领目兵杀贼赎罪。该道守巡兵备等官亦为恳请，遂遵照钦奉敕谕，便宜事理，容令报效赎罪。就委南丹卫指挥孙纲、监督王禄等各头土目兵夫人等，与同该卫所官军前去八寨周安堡，相兼屯札搜剿，及将移设卫所，估算合用木石砖瓦匠作人夫工食等项，一面择日兴工，先筑土城，设立营房，以居民众。又委南宁府同知陈志敬支领官饷银两，前去协同督理，俱具奏行事外。今访得王禄等与孙纲旧连姻娅，而该卫各官，又皆亲旧，狎恩恃爱，不听约束。所据违梗各官，俱合从重究治，姑且记罪，合行改委。看得指挥李楠，年力富强，才识通敏，颇有操持，能行纪律。为此牌仰本官即便前去守备宾州及新改南丹卫地方，遵照本院钦奉敕谕便宜事理，暂以都指挥体统行事，仍听副总兵及该道守巡兵备官节制。该卫各官及土官王禄等，敢有违犯约束者，当即治以军令。本官务要殚忠竭力，展布才猷，与同南宁府同知陈志敬上紧起筑城垣，相机抚剿余贼，务建奇功，以靖地方，以副委任。事完之日，奏功推用，决不相负。若玩愒日月，苟且因仍，事无成效，罪亦难逃。一应机宜，牌内该载不尽者，俱听从宜区处，就近于该道守巡等官处计议施行。事体重大者，一面申禀军门。本官合用廪给等项，听于宾州军饷银内支给。指挥孙纲仍照旧掌管卫印。通行总镇、总兵及镇巡衙门知会。

译文

先前我分道进剿八寨，并在八寨的周安堡移设南丹卫来控制地形要害。打算将迁江等通贼的指挥使王禄等人处以正法，斩首示众，并将目兵调到烟瘴地方哨守。后来因王禄等哀求免死，才允许命令各目兵杀贼赎罪。当地守巡兵备等官也为他们求情，于是就遵照钦差谕旨，随机行事，容许他们立功赎罪。委派南丹卫指挥使孙纲、监督王禄等各目兵头领及夫人等，会同当地卫所官军前往八寨周安堡，兼理屯驻搜捕剿灭贼党，打算移设卫所的时候，要估算要用到的木石、砖瓦、匠作、人夫、工食等款项，一方面择日兴工，先筑土城，设立营房，使民众居住。另一方面委派南宁府同知陈志敬支取官饷银两，前去协同督办，上奏进行的事情。现在了解到王禄等与孙纲旧有姻亲关系，而当地各官又都是亲人故旧，亲亲相隐，不听约束。违法的各级官员，都应该从重追究，姑且先记下罪责，以后再另行委任。指挥李楠年富力强，才识聪敏，颇有操守，能遵守纪律。为此，下达牌文命令他立即前去守备宾州及新改的南丹卫，遵照我奉钦差的旨意，随机行事，暂时以都指挥的身份统领行事，但仍然受到副总兵以及当地守巡兵备官的约束管理。当地各级官员以及土官王禄等，胆敢有违法的人，立即军令处置。李楠你一定要殚精竭虑，施展你的才华，与南宁府同知陈志敬等尽快筑起城墙，相机安抚或剿灭剩余的贼党。一定要建立奇功，安定地方，当得起我的委任。事情完毕的日子，上奏你的功劳，推举任用，绝不辜负你的功绩。若玩忽职守，因循守旧，事情毫无成效，罪责难逃。所有机密之事，牌文内记载不详尽的地方，都应随机应变，就近到当地守巡等官处商议实行。事关重大的，一方面上报军门，要用的俸禄等事项，则由宾州军饷银内支出。指挥孙纲仍然照旧掌管卫印。抄送一并知会总镇、总兵及镇巡衙门。

卷之三十一　续编六

征藩公移上

凡二十九条

行吉安府收囤兑粮牌

正德十四年六月二十日

据赣县、兴国、永新等县县丞等官李富、雷鸣岳等呈称："各蒙差押粮里装运，正德十三年兑淮米到于吉安水次，听候交兑，经今数月，未见粮船回还。况今省城变乱，被将各处兑米尽行搬用，恐被奸人乘机越来搬抢。"等因到院。为照所呈，系于兑淮钱粮，合行处置。为此抄案仰回府，即便处置空闲仓廒，或宽敞寺观去处，令各粮里暂将运来兑淮粮米收囤，候官军回日，听其交兑，毋得迟误，致有他虞。仍行管粮官知会。

译文

收到赣县、兴国、永新等县县丞李富、雷鸣岳等官员的呈文称："各人受命押解粮草，装载运输，正德十三年（1518）拿淮南的粮米运送到江西吉安一带水域，听候交付兑换，但历经数月，未见粮船回来。况且如今省城发生动乱，各处要兑换的粮米被全部搬用，恐怕被奸邪之徒乘机抢劫搬走。”上述情况送达到我这儿。所上呈的情况，事关淮南地区钱粮的兑换问题，理应处置。为此，抄录案卷送回吉安府，立即处置空闲的仓库，或者腾出宽敞的寺庙道观，命令将运来的准备兑换的淮南粮米暂且收纳到那儿囤放，等官军回来，再听候命令交换，不得有误，以免有别的麻烦。抄送知会管粮的官员。

行吉安府禁止镇守贡献牌

六月二十日

据吉安府守御千户所旗甲马思禀称“蒙所批差，领解镇守江西太监王发买葛布银三封，及本所出备葛布折银并贡礼银三千两，前赴本镇。今因途阻，不敢前去”等情。参照该所掌印官，既该镇守衙门发银买布，若势不容已，只合照价两平收买为当。乃敢不动原封，分外备办礼银馈送。若非设计巧取，必是科克旗军，事属违法，本当参拿究问。但今江西变乱，姑行从轻查理。为此牌仰吉安府，即查前项布价并贡献礼银，务见的确。如称各军名下粮银，就仰会同该所，唱名给散，取领备照。若是各官自行出备，合仰收入官库，听候军饷支用，毋得纵容侵收入己，及查报不实未便。

译文

收到吉安府守御千户所旗甲马思禀报称“领受上级差遣命令，亲自押解镇守江西太监王发买的三封葛布银，以及本所出的葛布折银，还有贡礼三千银两，前往本镇。如今因路途险阻，不敢前去”等情况。知会当地掌印官，既然命当地镇守衙门花银两买布，假若形势不容许停止交易，就应按照价格公平买卖最为妥当。于是原封不动，额外准备礼银馈送。假若不是投机取巧，一定是克扣了漕运的旗军。这属于违法行为，理应缉拿追究。但如今江西动乱，姑且从轻处置。为此，下达牌文命令吉安府，立即查询之前的布价以及上贡的礼银，数字一定要准确。如果粮银声称出自各军名下，就要会同各部门所点名，分别领取凭证。如若是各级官员自行支付的，应该收归官库，听候军饷的支付使用，不得纵容下属侵吞，中饱私囊，以及拒绝查报不实的情况发生。

行江西按察司知会逆党宫眷姓名

仰抄案回司，着落当该官吏，即便查照施行。仍呈钦差提督军务御马监太监张，钦差提督军务充总兵官安边伯朱知会，俱毋违错。

译文

命令抄录案卷送回江西按察司，落实到当地的官吏，立即施行。一并上呈给钦差提督军务御马监张太监，钦差提督军务充总兵官安边伯朱知会，一切不得有误。

计开：

宁王郡王将军世子共十六名。

见在十四名：宸濠 拱栟 觐铤 拱樤 宸湇 宸瀛 觐镳 宸汲 宸汤 宸沨 宸浐 宸澜 大世子一哥

已故二名：拱樲 二世子二哥

译文

名单逐项开列：

宁王郡王将军世子共十六名。

还在世的十四名：宸濠、拱栟、觐铤、拱樤、宸湇、宸瀛、觐镳、宸汲、宸汤、宸沨、宸浐、宸澜、大世子一哥

已经去世的两名：拱樲、二世子二哥

谋党重犯六十七名：

见在五十九名：刘吉 涂钦 乐平 黄瑞 傅明 陈贤 尹秀 梁伟 沈鳌 熊绶 周瑞 吴松 张嵩 李蕃 于全 秦荣 萧奇 徐辂 贺俊 李琳 丁璜 王储 甘桂 王琪 杨昇 张隆 刘勋 葛江 杨允 徐锐 丁纲 夏振 唐玉 何受 朱煜 冯旻 周勇 周鼎 於琦 张凤 袁贵 闻风 顾正 顾雄 徐纪 倪六 王凤 唐全 闵念八 李世英 徐淦凤 张宣 闵念四 凌十一 万贤一 朱会价 万贤二 熊十四 熊十七

已故八名：万锐 陆程 刘养正 余祥 甘楷 王信 卢铺 刘子达

译文

叛党六十七名重犯：

还在世的五十九名：刘吉、涂钦、乐平、黄瑞、傅明、陈贤、尹秀、梁伟、沈鳌、熊绶、周瑞、吴松、张嵩、李蕃、于全、秦荣、萧奇、徐辂、贺俊、李琳、丁璜、王储、甘桂、王琪、杨昇、张隆、刘勋、葛江、杨允、徐锐、丁纲、夏振、唐玉、何受、朱煜、冯旻、周勇、周鼎、於琦、张凤、袁贵、闻风、顾正、顾雄、徐纪、倪六、王凤、唐全、闵念八、李世英、徐淦凤、张宣、闵念四、凌十一、万贤一、朱会价、万贤二、熊十四、熊十七

已经去世的八名：万锐、陆程、刘养正、余祥、甘楷、王信、卢铺、刘子达

宫眷四十三口：赵氏 万氏 钟氏 徐氏 宣氏 张氏 张氏 陆氏 蒋氏 陆氏 赵氏 王氏 王氏 李氏 朱氏 郑氏

陈氏 徐氏 刘氏 何氏 张氏 祥瑞 王氏 锦英 王氏 徐氏 周氏 周氏 桂祥 陈氏 春受 刘氏 顾氏 陈氏 婆氏 王氏 艾儿 碧云 刘氏 串香 异兰 爱莲 彭氏

译文

宫眷四十三口：赵氏、万氏、钟氏、徐氏、宣氏、张氏、张氏、陆氏、蒋氏、陆氏、赵氏、王氏、王氏、李氏、朱氏、郑氏、陈氏、徐氏、刘氏、何氏、张氏、祥瑞、王氏、锦英、王氏、徐氏、周氏、周氏、桂祥、陈氏、春受、刘氏、顾氏、陈氏、婆氏、王氏、艾儿、碧云、刘氏、串香、异兰、爱莲、彭氏

小火者二口：乐秋 乐萱

马八匹。金册十二副，计二十四叶。

译文

低级宦官二口：乐秋、乐萱

八匹马。十二副金册，共计二十四叶。

行江西按察司编审九姓渔户牌

九月二十四日

为照贼首吴十三、凌十一、闵念四、念八等，俱已擒获，党类亦多诛剿，虽有胁从之徒，皆非得已，节该本院备奉钦降黄榜，通行给发晓谕，许其自首，改过自新，安插讫。数内杨子桥等九姓渔户，又该知县王轼引赴军门投首，审各执称被胁，情有可矜，当该本院量行责治，仍发本官带回安抚外。今访得前项渔户，尚有隐匿未报，及已报在官而乘势为非者。况查沿江湖港等处，亦有渔户以打鱼为由，因而劫杀人财，虽尝缉捕禁约，而官吏因循，禁防废弛，合就通行查处。为此仰抄案回司，即便选委能干官员，会同安义等县掌印、捕盗等官，拘集杨子桥等九姓渔户到官，从公查审，要见户计若干，丁计若干，已报在官若干，未报在官若干，各驾大小渔船若干，原在某处地方打鱼生理，著定年貌籍贯，编成牌甲，每十名为一牌，内佥众所畏服一名为小甲，地方多寡，每五牌或六牌为一甲，内佥众所信服一名为总甲，责令不时管束戒谕。仍于原驾船梢，粉饰方尺，官为开写姓名、年甲、籍贯、住址，及注定打鱼所在，用铁打字号，火烙印记，开造印信手册在官，每月朔望各具不致为非结状，亲自赴县投递，用凭稽考点闸。中间如有隐匿不报者，俱许投首免罪，亦就照前行。若有已报在官，仍前乘机为非，抗顽不行到官，就仰从长计议，应抚应捕，遵照本院钦奉敕谕随宜处置事理，径自施行。今后但有上户官民客商人等被害，就于本处追究，务在得获，明正典刑。仍即通行南昌等一十三府及各州、县一体查处，编立牌甲，严加禁约施行，造册缴报查考。如或故违，定将首领官吏拿问，决不轻贷。

译文

贼党头目吴十三、凌十一、闵念四、念八等人都已经被擒获，同党也大多被剿灭，虽然有被胁迫跟从的贼徒，都是不得已为之，我奉钦旨颁布黄榜，通知百姓，允许贼党自首，改过自新，安排妥当。数内杨子桥等九姓渔户，又命令知县王轼送往军门投首，审各执称被胁，情有可原，我会量刑处治，发配给当地官员带回安抚。现在调查到之前的渔户，尚有隐匿未报的情况。如今已经报告有在官位而乘势为非作歹的人。而且调查到沿江湖港等地，也有渔户以打鱼为名义，乘机杀人越货。虽然曾经缉拿搜捕，但官吏因循守旧，防范不到位，应该一并查处。为此，命令抄录案卷送回江西按察司，立即选派能干的官员，和安义等县掌印、捕盗等官员一起，缉拿杨子桥等九姓渔户送到官府。按公理审查，要查明有多少户，多少丁，多少已经报在官，多少还没报在官，大小渔船有多少驾。原来在某地打鱼为生的人，记录他们的年貌籍贯，编成牌甲，每十名为一牌。群众里面选一名服从的当小吏，地方有大有小，每五牌或六牌为一甲，内佥众所信服一名为总甲，要求命令他们时不时管束教导。还在原驾的船梢，粉饰方尺，开写姓名、年甲、籍贯、住址，以及注定打鱼的地方，用铁打字号，火烙印记，官府要设立印信手册。每月初一、十五各自上报结状，不至于为非作歹，亲自投递到县，以作稽考凭证查点。期间如果有隐匿不报的人，如果自首就允许免罪，按照前面的规则施行。如果已经在官府上报，像前面那样乘机为非作歹，反抗执法闹到官府。就应该从长计议，该安抚还是该搜捕，按照我所奉旨意随机应变，直接施行。今后只要有上户官民、客商等人被害，就在当地追究责任，一定要抓捕犯人，按律典处置。抄送知会南昌等一十三府及各州、县一并查处，设立牌甲，严加约束，建立户册上报查考。如果有故意违法的人，一定将缉拿追问首领官吏，绝不轻易饶恕。

献俘揭贴

九月二十六日

准钦差提督赞画机密军务御用监张太监揭帖开称：今照圣驾亲率六师，奉天征讨，已临山东、南直隶境界。所据前项人犯，宜合比常加谨防守调摄，待候驾临江西省下之日，查勘起谋根由明白，应否起解斩首枭挂等项，就彼处分定夺。若不再行移文知会，诚恐地方官员不知事理，不行奏请明旨，挪移他处，或擅自起解，致使临难对证，有误事机，难以悔罪等因。准此。卷查先为飞报地方谋反重情事云云。本职已将宁王并逆党，亲自量带官兵，径从水路，照依原拟日期，启行解赴京师，已至广信地方外。今又准前因，及该差官留本职并宁王及各党类回省。为照前项人犯，先监按察司，责委官员人等，昼夜严加关防。有病随即拨医调治，数内谋党李士实、王春、刘养正等，已多医治不痊，俱各身故。随差官吏仵作人等前去相验，责付浅殡，拨人看守。其宁王及谋党刘吉等，俱系恶焰久张之人，设若淹禁不行解报，纵有官兵加谨防守，恐或扇诱别生他奸。今若留回省城，中途疏虞，尤为可虑。兼且人犯多生疟痢，沿途亦即拨医调治。又有数内镇国将军拱樤并世子二哥，各行身故。又经差官相明，买棺装殓，责仰贵溪县拨人看守。其余尚未痊可，若更往返跋涉，未免各犯性命愈加狼狈，相继死亡，终无解京人犯，抑恐惊摇远近，变起不测。本职亲解宁王，先已奏闻朝廷，定有起程日期，岂敢久滞因循，不即解献，违慢疏虞，罪将焉逭？及照库藏册籍等项，未准揭帖之先，已会多官封贮在库，待命定夺。况新任按察使伍文定，及戴罪三司官、领兵知府等官，俱各见在，封识明白，别无可疑。除将宁王宸濠等，各另差官分押，宫眷妇女，行各将军府取有内使管伴，俱照旧亲自解京外，所有库藏等项，奉有明旨，自应查盘起解，就请公同三司并各府等官，眼同径自区处，为此合用揭帖前去，烦请查照施行。

译文

准钦差提督赞画机密军务御用监张太监揭帖，开称：现在遵照圣驾亲自率领六师，奉天命征讨逆贼，已经兵临山东、南直隶的境内。之前收到的人犯，应该比往常更加谨慎地防范把守，等待尊驾到江西省下的时候，查明白谋反的根由，商议确定是否应斩首枭挂等事项，到别的地方定夺处分。假若不再发送移文知会，恐怕地方的官员不知事情的具体情况，不上奏请示明确的命令就把人犯挪交到别的地方，或擅自押送犯人，致使难以对证，延误时机，人犯也难以悔罪。收到。先飞报地方谋反的重要案情的卷宗等事。本职已经亲自带领官兵，从水路出发，依照原定的日期出发，将宁王以及他们的逆党押送京师，已经到了广信。如今又收到前面的事项，以及差遣官员留守本职，并宁王以及各党类送回省。先监督按察司，要求委派官员人等，昼夜严加看守前面提到的人犯。有病的，就立即调拨医生救治，里面的逆贼李士实、王春、刘养正等，已经经过医治不得康复，都去世了。就差遣官吏、仵作人等前去验尸，要求交付简单薄葬，再调人去看守。宁王及其谋逆的党羽刘吉等，都是罪恶滔天的人，假若长期监禁，不押送上报，即使有官兵严加防守，恐怕他们会煽动引诱他人生出奸邪的行为。如今把他们留在省城看押，假若中途疏漏，会令人十分忧虑。况且人犯多有疟疾痢病，沿途也立即调拨医生救治。又有镇国将军拱樤以及世子二哥，都已经因病去世。经过官员调查明白，买棺材入殓，要求贵溪县调拨人手看守。其余尚未痊愈的人，假若还往返跋涉，他们的健康状态未免愈来愈差，甚至会相继死亡，最终无有人犯被顺利送到京师，也怕受到惊吓，情况变化莫测。我亲自押解宁王，先前已经上奏朝廷，确定了启程的日期，怎么敢滞留，不立即押解，违犯规定，怠慢命令，哪里逃得过罪罚？库藏册籍等物品，未批准揭帖之前，已叫官员封存在库内，听候上级命令再定夺如何处置。况且新任按察使伍文定以及戴罪三司官、领兵知府等官员，都还在。物品被封得明明白白，没什么可疑的。除了宁王宸濠等，各自差遣官员分别押送宫眷妇女。各将军府有内使管伴的，都按照旧例亲自押送到京师外，所有库藏等事项，奉有明确旨意，应该盘查押送的犯人。请公同三司并各府等官员，看到就直接谋划施行。为此，应使用揭帖公文，烦请施行。

行袁州等府查处军中备用钱粮牌

十月初六日

据吉安府申奉本院钧牌，查得本府在库止有赃罚纸米银一万五千四百三十一两零，其各县寄库银四万六千一百五十九两零，俱系转解之数，似难支动。见今动调各处军快人等数多，诚恐支用不敷。及查庐陵等九县贮库钱粮，亦多称乏，合行邻近府分帮助支用缘由到院。为照江西宁府变乱，虽经本院起调广东、福建二省汉土狼达官军，江西南、赣等处兵快，计有二十余万，合用粮饷大约且计三四月之费。今该府所申，堪支纸米等银止有一万五千四百有零，其余俱系解京之数，就便从权支用，亦有未敷，必须于各府、县见贮钱粮数内查支接济，庶不误事，拟合通行。为此牌仰本府，即将收贮在库不拘何项钱粮，作急通行查出，三分为率，内将二分称封明白，就委相应官员，不分雨夜，领解军门，以凭接支应用。此系征讨叛逆军机重务，毋得稽迟时刻，定以军法论处，决不轻贷。

译文

收到吉安府申奉我的牌文，查得本府在库只有一万五千四百三十一整的赃罚纸米银两，各县寄存在库有四万六千一百五十九整银两，都是转相押送的数目，似乎难以挪用支付。现在调动各地军快人等数目较多，恐怕入不敷出。等到调查庐陵等九县的贮存仓库的钱粮，也较多匮乏。邻近府应分摊钱粮送到我们这儿。江西宁王府叛乱，经过我调用广东、福建两省的汉、土、狼、达官军队，江西南、赣等地的兵快，总共有二十余万人，要用的粮饷大约花了三四个月的费用。如今当地州府所申报的，能支付的纸米等物资只有一万五千四百整的银子。其余都用作押送到京师的费用，就看情况支付使用。有不够的，必须在各府、县现在贮存的钱粮数目内调用支付接济。这样大概不会误事，打算照此安排实行。为此，下达牌文命令本府，不管是哪一项钱粮，都立即贮存在库，作紧急使用一并查出。各取三分，内将二分称封明白，立即委派相应的官员不分昼夜，领来押送到军门，以作接济支付使用。这是征讨叛军的军机大事，不得有片刻耽误。否则一定按军法处置，绝不轻饶。

行江西布按二司清查军前取用钱粮

案照先因宁王变乱，该本部备行南、赣等府，起调各项军兵追剿，合用粮饷等项，就仰听将在官钱粮支给间。随据吉安府申称，动调兵快数万，本府钱粮数少，乞为急处等情。已经通行各府，速将见贮不拘何项钱粮，以三分为率，内将二分解赴军前接济外。续看前项事情，系国家大难，存亡所关，诚恐兵力不敷。又牌行各该官司，即选父子乡兵，在官操练，听将官钱支作口粮，候本院另有明文一至，启行去后。今照前项首恶并其谋党，俱已擒斩，原调各处军兵，久已散归，所据用过粮饷等项，合行查造。为此仰抄案回司，即查各府、州、县自用兵日起，至掣兵日止，要见某项钱粮，差何人役解赴军前，应用若干，有无获奉批回在卷。又将某项钱粮，差何人役解赴某官处，支给官兵口粮等项若干，自某月日期起，至某月日止，各支若干，或系那借，惟复措置之数，务要清查明白，类造文册，星驰差人送院查考。中间如有官吏人等通同作弊，重支冒领，或以少作多，侵欺捏报者，就便拿问，照例发遣，毋得违错。

译文

先前因宁王叛乱，本部巡行南康、赣州等府，调用各地军兵追剿。要使用的粮饷等事项，就听从命令支付。随后收到吉安府申报称，要调动数万名兵快，本府钱粮数量少，恳求紧急处置。已经一并通知各州府，迅速将现在贮存的不管哪项钱粮，将三分之二押解送到军前接济。前面说的事情是国家大事，事关存亡，只怕兵力不够。又下达牌文送到各地官府衙门，立即选拔父子乡兵，在官署操练，调用官署的钱购买口粮。等到我另有明文到达就出发。如今，之前提到的叛贼首领以及他的党羽，都已经被擒获斩杀，原来调拨的各地军兵已经散亡回来，收到用过的粮饷等事项的记录理应检查。为此，命令抄录案卷送回江西布政、按察司，立即查明各府、州、县自用兵之日起，到撤兵之日为止，哪些项目的钱粮是差遣哪些人马押解送到军前的，用了多少，有没有收到批示回文记录在卷宗。还有哪一项钱粮，差遣什么人手押解送到哪个官员那儿，支付给官兵的口粮等若干事项，从某月日期起，到某月日为止，各支付了多少，或者是挪用借调，还说只是筹措的数目，都一定要清查明白。按类制造文册，星夜差遣人送到我这儿以备查考。中间如果有官吏合谋作弊，重复支用，冒名顶替。或者以少做多，欺上瞒下的话，立即拿来审问，照大明律例发配，不得有误。

防制省城奸恶牌

十二月十一日

照得江西省城，近遭宁王之变，巡逻无官，非但军门凋弊，禁防疏阔，兼又军马充斥街巷，难辨真伪，有等无籍小民，因而售奸为恶，恐致日久酿成大患，必须预防早戒，庶使地方有赖。查得江西都司都指挥马骥，素有干材，军民畏服，合就行委。为此牌仰抄案回司，即行本官，不妨原任，严督府、卫、所、县军民兵快，并地方总小甲人等，于省城内外昼夜巡逻。固守城池，保障地方，洁静街道，禁缉喧争。但有盗贼，即便设法擒捕，务在得获解官问招呈详，不许妄拿平人，攀诬无干良善，及纵令积年刁徒，吓诈财物，扰害无辜。仍要严加省谕远近乡村居民，各安生理，毋得非为，及容隐面生可疑之人在家，通诱贼情，坐地分赃。敢有故违，仰即拿赴军门，治以军法。承委官员，务在地方为事，用心管要，以称委用，不得因循怠忽，取究未便。

译文

了解到江西省城近来遭受宁王的叛乱，没有官员巡逻，不只是军门凋敝，防御松懈，而且军马又在街巷充斥，难辨真伪以及小民有无籍贯。因此作奸犯科，恐怕最后经年日久酿成大患，必须尽早防备，大概这样能使地方安定。了解到江西都司都指挥使马骥素有才干，军民都敬畏服从，理应委任要职。为此，下达牌文命令抄录案卷送回省城，当地官员仍任原职，严格督令府、卫、所、县军民兵快，以及地方总小甲人等在省城内外早晚巡逻。固守城池，保障地方，清洁街道，禁止喧闹争吵。只要有盗贼，立即设法擒拿捕获，一定在要擒获押解到官问清楚详情，不允许随便捉拿无辜平民，诬陷无关的良民，同时又纵容长年的刁蛮歹徒，敲诈勒索财物，扰乱无辜平民。还是要严加省察远近乡村的居民，让他们各自安于生计，不得为非作歹。隐匿面生可疑的人在家，通报贼情，坐地分赃，胆敢故意违法的，立即拿来军门，以军法处置。接受委任的官员，一定在地方实心用事，用心管理要务，以配得上委任任用，不得因循守旧，怠慢疏忽，否则追究。

行江西按察司查禁因公科索民财

十二月十一日

照得圣驾南征，所有供应军马粮草并合用器皿等项，已该江西布、按二司分派各府、州、县支给在库官钱，均派经过府、县应用。近访得各该官吏，多有不遵法度，或将官库钱粮，通同侵欺入己，乘机科派民间出办。或取金银器皿银两，或要牛马猪羊等物，辄差多人下乡，狐假虎威，扰害殆遍。中间积年刁徒，又行百般需索，稍有不遂，辄称殴打抗拒，耸信官府，添人捉拿，加以刑辱，重行追索。若不查禁处置，深为民患。为此仰抄案回司，即便会同布政司掌印官，速行计处，先将各应支银两，查解应用，若有不足，就将在库不拘何项银两，给支接济。俱要造册开报，以凭查考，事毕之日，再行议处，作正支销，或设法追补。其各府、州、县科取民间财物，即行查究禁革，未到官者，毋再追并，已在官者，照数给还。中间敢有隐瞒纤毫不发，体访得出，或被人首告，定行拿问赃罪，决不轻贷。仍先出给告示，发仰所属张挂晓谕，务使知悉，俱毋违错。

译文

圣驾南征，所有供应军马粮草以及要用的器皿等事项，已命江西布政、按察二司取用在库的各府、州、县的官钱，经过府、县来使用。近来访得各地官吏，大多不遵法度。有人侵吞官库的钱粮，中饱私囊，乘机摊派民间赋役。有人盗取金银器皿银两，有人差遣人下乡索要牛马猪羊等物品，狐假虎威，骚扰百姓。期间多年的刁蛮歹徒，又百般索取百姓财物。稍有不满，就殴打抗拒的百姓，以官府的名义恐吓百姓，派人捉拿或羞辱百姓，得寸进尺地勒索。假若不查禁处置，肯定是民众的祸患。为此，抄录案卷送回江西按察司，立即会同布政司的掌印官，迅速商议计策，先查明各种要支付的银两。假若有不足的，不管哪一种在库的银两都调度接济。全部要制造册簿上报，以作查考的凭证。事情完成的日子，再商议审查确定开销的数目，不够的就设法追补。严禁各地府、州、县强取民间财物，如果有立即查处。未到任官的，不再追回；已经在任的，照数给还。期间但敢有隐瞒的，假如亲自查访到，或被人告发，一定拿来问罪，绝不轻易饶恕。仍然先出告示，发到各地张贴告示。一定使大家知悉，不得有误。

禁省词讼告谕

十二月十七日

近据南昌等府、州、县人等诉告各项情词到院，看得中间多系户婚田土等事，虽有一二地方重情，又多繁琐牵扯，不干己事，在状除情可矜疑者，亦量轻重准理，其余不行外。为照江西地方，近因宁王变乱，比来官军见省城空虚，况闻圣驾将临，有司官员，俱各公占委用，分理不暇。远近居民，又有差役答应，奔走无休。本院志在抚安地方，休息军民，当此多事之时，岂暇受理词讼？必待地方宁靖，兵众既还，官府稍暇，方从容听断。为此合行出给告示，晓谕各府、州、县军民人等，暂且各回生理，保尔家室，毋轻忿争，一应小事，各宜含忍。不得辄兴词讼，不思一朝之忿，锱铢之利，遂致丧身亡家，始谋不臧，后悔何及？中间果有赃官酷吏，豪奸巨贼，虐众殃民，患害激切者，务要简切直言，字多不过一二行，陈告亦须自下而上，毋致躐越。其余一切事情，俱候地方宁谧，官军班还之日，各赴该管官司告理。若剖断不公，或有亏枉，方许申诉。敢有故违，仍前告扰者，定行痛责，仍照例枷号问发，决不轻贷。

译文

近来我这儿收到来自南昌等府、州、县人等的口供，了解到其中多是户、婚、田、土等事情。虽有一两个地方的重要案情，但又大多繁琐，不关我这边的事，状告除了案情有疑点的，也应按轻重来办理，其他就不管了。江西地方近来因宁王的叛乱，官军见省城空虚，而且听闻圣驾将要来临，有关官员都占领公用，无暇分理事务。远近的居民又有差役要做，奔走无休。我志在安抚地方百姓，让军民休养生息。在此多事之秋，哪里顾得上受理官司？等到地方安定，军兵都回去了，官府稍微闲暇，再从容地断案。为此，告示各府、州、县军民人等，暂且各自谋生计，保护家室，不要轻易纷争。所有小事，都应隐忍。不得轻易起诉讼，不想想一下子的愤怒，小小的利益，最终导致身死家亡。谋划不好，哪里来得及后悔？期间果真有赃官酷吏，豪强奸诈的盗贼，虐待民众，殃及百姓，为祸巨大的人，一定要简单切要地用最多不过一两行的字直接说出来，陈告也需要自下而上，不得僭越。其余一切事情都等候地方安定，官军班师还朝的日子，再各自到当地管辖的官司办理。如若不公正断案，或有冤枉委屈的人才允许上诉。胆敢有故意违法的，仍然前来骚扰的人一定重重地责罚，仍然按照大明律例将犯人上枷标明罪状示众发落，绝不轻饶。

再禁词讼告谕

十二月

照得本院屡出告示，晓谕军民人等，令其含忍宁耐，止息争讼，而军民人等，全不体息，纷纷告扰不已。及看所告情词，多系小事忿争，全是繁文牵扯，细字叠书，殊可厌恶。当此多事，日不暇给，词状动以千百，徒费精神，何由遍览。除已前情词，俱已不行外，为此再行晓谕，敢有仍前不遵告谕，故违告扰者，定行照例枷号，从重问发，的不虚示。

译文

我屡次颁布告示，告诉军民人等，命令他们忍耐，止息争讼，但军民人等都不停止，纷纷扰扰诉讼不止。我看所上报的讼辞，多是小事的纷争。全部是繁琐、相互牵扯的事，叠满了小字的案卷文书，十分令人厌恶。在这个多事之秋，事情繁多，时间不够，来不及做完。诉讼状词动辄成百上千，耗费精神，哪里可以全部浏览？之前的诉讼案件，之后都不办。为此，再发布告示，胆敢有不遵之前告示，故意违背命令的，一定照大明律例将犯人上枷标明罪状示众，从重发落，这绝不是虚假之言。

计开：

一，本院系风宪大臣，职当秉持大体，正肃百僚，非琐屑听理词讼之官。今后军民人等，一应户婚、田土、斗争、债负、钱粮、差役等事，俱要自下而上，府、州、县问断不公，方许告守巡按察衙门。守巡按察问断不公，方许赴本院陈告。敢有越诉渎冒宪体者，痛责。

译文

逐项开列：

一，我是主管风纪法度的大臣，职责当秉持大体，整肃百官，不是处理琐碎诉讼小案的官员。今后军民人等，所有户婚、田土、斗争、债负、钱粮、差役等事，都要自下而上申报，府、州、县判案不公正的，才允许上告守巡、按察司衙门。守巡、按察司判案不公正的，才允许到我这儿陈情告状。但敢有越级诉讼的违法法令的人，一定重重责罚。

征藩公移下

凡二十七条

开报征藩功次赃仗咨

正德十五年三月初四日

准钦差整理兵马粮草等项兵部左侍郎兼都察院左佥都御史王咨，内开烦为查照，将征剿防守有功官军人等，俱照功次，分别明白，造册咨送，以凭查议等因。卷查先为飞报地方谋叛重情事，本职奉命前往福建公干，中途遭遇宁府反叛，谋危宗祀，系国家大难，义不容舍之而往。当即保吉安，随具本奏闻，及星夜行文各府，起调兵快，召募四方报效义勇。适遇巡按两广御史谢源、伍希儒回京复命，又行具本奏留军前，协谋行事，各哨官兵，俱听监督，获有功次，俱凭本职送发各官审验纪录去后。续督官兵，前后攻复省城，俘执宸濠，并其党与剧贼起解间，随准南京兵部咨开称前事云云。照得江西逆贼，既已擒获，逆党已经剪平，所获功次，合行纪验。除原差科道官前来外，烦将征剿逆贼官军民兵，召募义勇，及乡官人等所获功次，分别奇功、头功、次功，造册覆验等因，案经备行江西按察司查照施行去后。今准前因，看得征剿宸濠之时，止是分布哨道，设伏运谋，以攻城破敌为重，擒斩贼徒为轻。且攻城破敌，虽系本职督领各哨官兵协谋并力，缘任非一人，事非一日，各官俱系同功一体，难以分别等第。其擒斩贼徒，虽有等级，自有下手兵夫，难以加于各官之上。止将各哨擒斩贼犯送发御史谢源、伍希儒审验明白，从实直纪。缘各官不曾奉有纪功之命，但照本职钦奉敕谕便宜事理，从权审验纪录，难以分别奇功、头功、次功等项名目。止于造册内开写某人擒斩某贼首、某贼从，重轻多寡，据实造册，中间等第，亦自可见。除行各官再行查照造册径缴外，所据擒获功次总数，及官军兵快报效人等员名数目，合行开造咨报施行。

译文

接奉钦差整理兵马粮草等事项，兵部左侍郎兼都察院左佥都御史王的咨文，劳烦查看，征剿、防守有功的官军人等都分别清楚功劳先后，再按照先后制造簿册送出，以作查考的凭证。案卷先飞报地方叛乱等重要的事情，当地官员奉命前往福建办理公务，中途遭遇了宁王府的叛乱，谋害危及宗庙社稷，是国家的大灾难，义不容辞，舍身前往。立即保卫吉安，随后上奏本子，并星夜抄送通知各级府卫，调用兵快，召募来自四方，报效祖国的义勇士兵。正好遇上巡按两广御史谢源、伍希儒回京复命，又上奏题本希望留他们在军前，协同谋划行事。各哨的官兵都听从上级监督。获得功劳先后都凭当地官员送发到对应的官署记录审核检验。之后继续监督官兵先后攻克光复省城，俘虏捉拿朱宸濠以及他的党羽并押解的时候，随后收到南京兵部咨文，引述前面的事情。了解到已经擒获江西的逆贼，叛党已经被剿灭，所获得的功劳先后应该检验。除了原差科道官前来之外，烦请将参与征剿逆贼的官军民兵、召募的义勇兵，以及乡官人等所获得的功劳大小先后，分为奇功、头功、次功，制造簿册，复核检验。让江西按察司查照施行。如今接奉前面的事项，了解到征剿朱宸濠的时候，只是分布哨道，设置埋伏，以攻城破敌为重任，擒拿斩杀贼党为小事。况且攻城破敌，虽然是我督领各哨官兵协同谋划出力，但并非只任用一个人，事情不只是一天能完成，各级官员都是同心同德，难以分别次第。擒获斩杀贼徒，虽然有等级，自然有下手兵夫，难以把功劳算在各官之上。只将各哨擒获斩杀贼犯送发到御史谢源、伍希儒那儿审核检验明白，如实记录。因为各官不曾奉有记功的命令，只是按照当地官员的命令随机行事，审核检验记录，难以区别奇功、头功、次功等各项名目。只在制造的簿册内逐项写出某人擒斩某贼首、某贼从，功劳的重轻多寡，据实情记录，中间的差别次第，也自然可考见。除了命令各级官员再查考簿册之外，擒获的功劳总数，以及官军兵快报效人等人员数目，都应开造咨文上报。

计开：

一，提督领兵官一员：

钦差提督南、赣、汀、漳等处军务都察院右副都御史王。

译文

逐项开具：

一，提督领兵官一员：

钦差提督南、赣、汀、漳等处军务都察院王右副都御史。

一，协谋讨贼审验功次官二员：

钦差巡按两广监察御史谢源、伍希儒。

译文

一，协谋讨贼审验功次官两员：

钦差巡按两广监察御史谢源、伍希儒。

一，领哨官十员：

冲锋破敌：

吉安府知府伍文定、赣州府知府邢珣、袁州府知府徐琏、临江府知府戴德孺。

邀伏截杀：

赣州卫署都指挥佥事余恩、抚州府知府陈槐、建昌府知府曾玙、饶州府知府林瑊、广信府知府周朝佐、瑞州府通判胡尧元。

译文

一，领哨官十员：

冲锋破敌：

吉安府知府伍文定、赣州府知府邢珣、袁州府知府徐琏、临江府知府戴德孺。

邀伏截杀：

赣州卫署都指挥佥事余恩、抚州府知府陈槐、建昌府知府曾玙、饶州府知府林瑊、广信府知府周朝佐、瑞州府通判胡尧元。

一，分哨官十一员：

邀伏截杀：

吉安府泰和县知县李楫、临江府新淦县知县李美、吉安府万安县知县王冕、南康府安义县知县王轼、瑞州府通判童琦。

守把截杀：

吉安府通判谈储、吉安府推官王暐、南昌府进贤县知县刘源清、南昌府奉新县知县刘守绪、南昌府推官徐文英、抚州府临川县知县傅南乔。

译文

一，分哨官十一员：

邀伏截杀：

吉安府泰和县知县李楫、临江府新淦县知县李美、吉安府万安县知县王冕、南康府安义县知县王轼、瑞州府通判童琦。

守把截杀：

吉安府通判谈储、吉安府推官王暐、南昌府进贤县知县刘源清、南昌府奉新县知县刘守绪、南昌府推官徐文英、抚州府临川县知县傅南乔。

一，随哨官四十六员：

邀伏截杀：

吉安府通判杨昉、吉安守御千户所指挥同知麻玺、赣州府同知夏克义、赣州卫指挥佥事孟俊、永新守御千户所指挥同知高睿、南昌府通判陈旦、南昌府丰城县知县顾佖、袁州府推官陈辂、南昌府宁州知州汪宪、饶州府余干县知县马津、瑞州府上高县知县张淮、瑞州府高安县知县应恩、吉安府永新县知县柯相、南昌府建昌县知县方泽、南昌府靖安县知县万士贤。

守把截杀：

广信府铅山县知县杜民表、广信府永丰县知县谭缙、瑞州府同知杨臣、瑞州府新昌县知县王廷、饶州府安仁县知县杨材、广信府通判俞良贵、广信府通判安节、广信府推官严铠、临江府同知奚钺、临江府通判张郁、广信府同知桂鏊、瑞州府推官金鼎、赣州府赣县知县宋瑢、赣州卫正千户刘镗、赣州卫正千户杨基、广信守御千户所千户秦逊、永新县儒学训导艾珪、瑞州府高安县县丞卢孔光、饶州府余干县县丞梅霖、南昌府靖安县县丞彭龄、吉安府万安县县丞李通、南昌府武宁县县丞张翱、赣州府兴国县主簿于旺、瑞州府高安县主簿胡鉴、饶州府余干县龙津驿驿丞孙天裕、南昌府南昌县市义驿驿丞陈文瑞、吉安府吉水县致仕县丞龙光、赣州府赣县选官雷济、南昌府丰城县省察官文栋材、赣州府赣县义官萧庚、南安府上犹县义官尹志爵。

译文

一，随哨官四十六员：

邀伏截杀：

吉安府通判杨昉、吉安守御千户所指挥同知麻玺、赣州府同知夏克义、赣州卫指挥佥事孟俊、永新守御千户所指挥同知高睿、南昌府通判陈旦、南昌府丰城县知县顾佖、袁州府推官陈辂、南昌府宁州知州汪宪、饶州府余干县知县马津、瑞州府上高县知县张淮、瑞州府高安县知县应恩、吉安府永新县知县柯相、南昌府建昌县知县方泽、南昌府靖安县知县万士贤。

守把截杀：

广信府铅山县知县杜民表、广信府永丰县知县谭缙、瑞州府同知杨臣、瑞州府新昌县知县王廷、饶州府安仁县知县杨材、广信府通判俞良贵、广信府通判安节、广信府推官严铠、临江府同知奚钺、临江府通判张郁、广信府同知桂鏊、瑞州府推官金鼎、赣州府赣县知县宋瑢、赣州卫正千户刘镗、赣州卫正千户杨基、广信守御千户所千户秦逊、永新县儒学训导艾珪、瑞州府高安县县丞卢孔光、饶州府余干县县丞梅霖、南昌府靖安县县丞彭龄、吉安府万安县县丞李通、南昌府武宁县县丞张翱、赣州府兴国县主簿于旺、瑞州府高安县主簿胡鉴、饶州府余干县龙津驿驿丞孙天裕、南昌府南昌县市义驿驿丞陈文瑞、吉安府吉水县致仕县丞龙光、赣州府赣县选官雷济、南昌府丰城县省察官文栋材、赣州府赣县义官萧庚、南安府上犹县义官尹志爵。

一，协谋讨贼乡官十二员：

致仕都御史王懋中、养病痊可编修邹守益、丁忧御史张鳌山、养病郎中曾直、养病评事罗侨、调用佥事刘蓝、致仕按察使刘逊、致仕参政黄绣、闲住知府刘昭、依亲进士郭持平、参谋驿丞王思、参谋驿丞李中。

译文

一，协同讨贼的乡官十二员：

致仕都御史王懋中、养病痊可编修邹守益、丁忧御史张鳌山、养病郎中曾直、养病评事罗侨、调用佥事刘蓝、致仕按察使刘逊、致仕参政黄绣、闲住知府刘昭、依亲进士郭持平、参谋驿丞王思、参谋驿丞李中。

一，戴罪杀贼官一十七员：

九江兵备副使曹雷、九江府知府汪颖、九江府德化县知县何士凤、九江府彭泽县知县潘琨、九江府湖口县知县章玄梅、南康府知府陈霖、南康府同知张禄、南康府通判蔡让、南康府通判俞椿、南康府推官王诩、南康府星子县主簿杨永禄、南康府星子县典史叶昌、南昌府知府郑瓛、南昌府同知何继周、南昌府通判张元澄、南昌府南昌县知县陈大道、南昌府新建县知县郑公奇。

译文

一，戴罪杀贼的官员一十七员：

九江兵备副使曹雷、九江府知府汪颖、九江府德化县知县何士凤、九江府彭泽县知县潘琨、九江府湖口县知县章玄梅、南康府知府陈霖、南康府同知张禄、南康府通判蔡让、南康府通判俞椿、南康府推官王诩、南康府星子县主簿杨永禄、南康府星子县典史叶昌、南昌府知府郑瓛、南昌府同知何继周、南昌府通判张元澄、南昌府南昌县知县陈大道、南昌府新建县知县郑公奇。

一，提调各哨官军兵快人等，除分布把守外，临阵共一万四千二百四十三员名。

译文

一，提调各哨官军兵快人等，除分布把守外，临阵共一万四千二百四十三员名。

一，擒斩首从贼人贼级，并俘获宫人贼属，夺回被胁被虏，招抚畏服官民男妇等项，共一万一千五百九十六名颗口。生擒六千二百七十九名，首贼一百零四名，从贼六千一百七十五名，内审放一千一百九十二名，斩获贼级四千四百五十九颗。俘获官人四十三名，贼属男妇二百三十八名口。夺回被胁被虏官民人等三百八十四员名口。招抚畏服投首一百九十三位名。

译文

一，斩首贼寇，俘获宫人贼属，夺回俘虏，招抚男女，共一万一千五百九十六人。生擒六千二百七十九人，贼首一百零四人，贼从六千一百七十五人，内审放一千一百九十二人，斩首四千四百五十九人。俘获官人四十三人，贼属男女二百三十八人。夺回被俘虏官民人等三百八十四人。招抚畏服投降者一百九十三人。

一，夺获诰命、符验，并各衙门印信关防，金银赃仗等物：

译文

一，夺获诰命、符验，和各衙门印信关防，金银等赃物：

诰命一道，符验一道，印信关防一百零六颗，金并首饰六百二十三两一钱二分，银首饰、器皿八万三千八百九十七两一钱五分八厘五毫，赃仗一千八百九十件，器械一千一百九十九件，牛三十头，马一百零八匹，驴骡一十三头，鹿三只。

译文

诰命一道，符验一道，印信关防一百零六颗，金并首饰六百二十三两一钱二分，银首饰、器皿八万三千八百九十七两一钱五分八厘五毫，赃仗一千八百九十件，器械一千一百九十九件，牛三十头，马一百零八匹，驴骡一十三头，鹿三只。

一，追获金玺二颗，金册二付。

译文

一，追获金玺二颗，金册二付。

一，烧毁贼船七百四十六只。

译文

一，烧毁贼船七百四十六只。

一，阵亡兵六十八名。

译文

一，阵亡士兵六十八名。

进缴征藩钧帖

四月十七日

卷查先奉钦差总督军务威武大将军总兵官后军都督府太师镇国公朱钧帖：节该钦奉制谕，江西宸濠悖逆天道，谋为不轨，欲图社稷，得罪祖宗。兹特命尔统率六师，往正其罪，殄除叛逆，以安地方。其随军内外提督及各处镇巡等官，悉听节制。钦此。钦遵，合行钧帖，仰提督南、赣、汀、漳兼巡抚江西等处右副都御史王守仁，照依制谕内事理，即便转行所属司、府、卫、所、州、县、驿、递衙门，一体钦遵施行等因，已经依奉备行各属钦遵，及具不违依准，备由呈缴去后。本职遵奉总督军门节制方略，领部下官军，克复南昌府城，擒获叛党宜春王拱樤，及将军仪宾从逆守城人等一千有余。随于鄱阳湖等处连日大战，擒获叛首宁王宸濠，并其谋主李士实、刘养正、王春等，大贼首吴十三、凌十一等，及其党与胁从人等共一万一千有奇。除将擒斩缘由先后具奏外，窃照宸濠谋危宗社，阴蓄异图，十有余年。

及其称兵倡乱，远近忧危，海内震动。仰赖总督军门，统领六师，奉天征讨，督率内外提督等官，及运谋设策分布，前来南京、江西等处，相继进剿，故旬月之间，扫平逆党，奠安宗社。此皆总督军门神武英略，奇谋妙算，一振不杀之威，遂收平定之绩，而内外提督等官，协谋赞成，并力效命之所致也。职等仰仗德威，遵奉方略，不过奔走驱逐，少效犬马之劳而已，何功之有？所有原奉钧帖，今已事完，理合进缴。除部下获功官兵人等，备行纪功官径自查审缴报外，缘系十分紧急军情，及奏缴钧帖事理，合行具由呈乞施行。

译文

接奉钦差总督军务威武大将军总兵官后军都督府太师镇国公朱钧帖文案卷：奉钦差谕旨称，江西朱宸濠违反天道，图谋不轨，想获得大明社稷，得罪祖宗。现在命令你统率六军，前往治他的罪，铲除叛党，安定地方。随从的军内外提督及各处镇巡等官都听你的调遣。钦此。钦遵，按帖施行。命令提督南、赣、汀、漳兼巡抚江西等处右副都御史王守仁，依照制谕内容行事。立即抄送所属司、府、卫、所、州、县、驿、递衙门，一并遵照施行，已经命令各下属遵照施行，上呈缴回。本职遵奉总督军门的调遣，率领部下官军光复南昌府城，擒获叛党宜春王拱樤，以及跟从逆贼守城的一千多人。在鄱阳湖等地连日大战，擒获叛党首领宁王朱宸濠、主谋李士实、刘养正、王春等人，大头目吴十三、凌十一等人，以及他们的党羽随从共一万一千多人。除了先后上奏擒获斩杀的事情外，朱宸濠谋害宗庙社稷，暗地积蓄叛乱的意图十多年，等到他起兵作乱，危害远近地区，海内震动。有赖总督军门，统领六军，奉皇帝之命征讨，督率内外提督等官，运筹帷幄，谋划计策，前来南京、江西等地，先后进剿，所以在较短时间内，扫平逆党，安定社稷。此都是总督军门英明神武，奇谋妙算的功劳，不杀而震怒的威势，就收获平定天下的功绩。也有赖内外提督等官员，并肩作战，出谋划策。我们仰仗总督德行威势，遵奉上级策略，不过奔走效劳而已，哪里有什么功劳？所有原来进奉的帖，已经完事，理应进缴。除了部下获功的官兵人等，让纪功官直接审核缴报外，十分紧急的军情以及上奏缴报柬帖事宜，都上呈施行。

行江西三司搜剿鄱阳余贼牌

五月十一日

照得江西鄱阳湖等处盗贼，节行告示晓谕，各安生理，而稔恶不悛者尚多。又有应捕人等，相率同盗，或名虽投首，实阴怀反侧。近因本院住札省城月余，节据官民赴告，盗贼纵横，随行巡捕等官，上紧缉捕，未见以时获报。各官平素怠玩，本当参拿究治，姑且记罪。另行所据前贼，若不速剿，未免酿成大患。为此仰抄案回司，即便备行督捕都指挥佥事冯勋，分守该道，分巡该道，密切赍文，分投近湖各府县该司等衙门，著落掌印捕盗等官，各选骁勇机快人等，各备锋利刀、枪、弓箭、火铳等项，雇惯经风浪船只，及能谙水势水手撑驾，查将在库官钱给作口粮，选委胆略官员管领，俱听都指挥佥事冯勋总统约束，分布哨道，多差知因人役，探贼向往，就便刻期剿杀。务限一月之内尽获，无留芽孽遗患。若违限不获，先将各官住俸杀贼，若怠玩两月之外，通行解赴军门，治以军法。其兵快人等，若有违限逗遛，畏缩误事者，就仰总统官于军前查照本院钦奉敕谕事理，量以军法罚治。仍要戒约应捕，不许妄拿平人，及容贼妄攀，吓诈财物，并卖放真盗，滥及无辜。敢有故违，一体治以军法。承委各官，务要慎重行事，不得轻率寡谋，中贼奸计，所获功次，俱仰解赴该道，从实纪录造报，以凭查考功罪，轻重罚赏，如违节制，国典具存，罪不轻贷。其军中未尽机宜，该道径自处置施行。仍一面先督所属府县，查照本院先颁十家牌式，上紧编举，以为弭盗安民之本，俱毋违错。

译文

据了解，针对江西鄱阳湖等处的盗贼问题，多次发布告示，要百姓各安生计，但恶贯满盈的人还很多。缉捕盗贼的吏役都是盗贼的同伙，有的人名义上归顺，实则心怀鬼胎。近来因为我在省城驻扎了一个多月，了解到官民报告称盗贼纵横。随行巡捕等官，加紧缉捕，但没有按时报告。各级官员素来怠慢政事，本来应当拿来治罪，现在姑且记下罪过。前面提到的盗贼，如果不尽快剿灭，难免酿成大患。为此，命令抄录案卷送回江西三司，立即命令督捕都指挥佥事冯勋，分守、分巡该道，分别投送秘密赍文到近湖各府县等当地衙门。落实掌印捕盗等官，选拔骁勇机快人等，各自准备锋利的刀、枪、弓箭、火铳等物品，雇来经得起风浪的船只，以及能谙熟水势的水手来驾驶。将在库的官钱作为口粮，选派委任有胆略的官员管理，都听从都指挥佥事冯勋调遣，分布在哨道，多差遣人役探明贼党动向。立即在规定时间剿杀，一定限在一个月内尽数剿获，不留遗患。假若违反期限内不斩获，各级官员杀贼时停止发俸禄；假若怠慢政事，玩忽职守两个月，都押解到军门，以军法处置。兵快人等，假若有违反期限逗留，畏手畏脚误事的人，就命令总管的官员在军前查照敬奉谕旨事理，以军法治罚。一定要立法三章，不许随便捉拿平民，纵容贼党攀附，敲诈勒索财物，并放过真的盗贼，滥及无辜。敢有故意违法的，全部以军法处置。接受委任的各级官员，一定要慎重行事，不得轻率少谋，中了贼党的奸计。所获得的功次，都应该押解送到当地，从实记录上报，以作查考功过、赏罚的凭证，如果违背法令，大明律典都在，绝不轻易饶恕。军中未说明的事情，当地直接处置施行。一方面先督令所属府县，查照我先颁发的十家牌式，加紧编举，作为平定盗贼、安定民心的根本，都不要有误。

追剿入湖贼党牌

十五年

据南康府通判林宽呈称：后港逆犯杨本荣等百十余人，掳船逃入鄱阳湖等处，乞行南昌、饶州等府县，及沿湖巡司居民人等截捕。看得贼既入湖，良善已分，正可乘机合兵捕剿。为此牌仰守巡南昌道，即行点选骁勇军快六七百名，各执备锋利器械，给与口粮一月，就行督捕都指挥佥事冯勋统领，星夜蹑贼向往，用心缉捕，获功人役，一体重赏。如有违令退缩者，遵照钦奉敕谕事理，听以军法从事。本官务要申严纪律，相机而行，毋得退避轻忽，有失机宜，致贼远窜，贻患地方，军法具存，罪亦难逭。

译文

收到南康府通判林宽的呈文称：后港反贼杨本荣等一百一十余人，掳掠船只逃入鄱阳湖等地，希望走南昌、饶州等府县的路，后被沿湖巡司居民人等截获。贼党已经入湖，良民已经与他们区别开来，正好可以乘机合兵捕获剿灭。为此，下达牌文命令守巡南昌道，立即点选六七百名骁勇军快，各自准备锋利的器械，供给一个月的口粮，由督捕都指挥佥事冯勋统领，星夜追踪贼党去向，用心缉拿搜捕。获功的军兵，全部重赏。如果有违反军令退缩的人，遵照谕旨施行，以军法处置。当地官员一定要严明纪律，相机行动，不得退避，轻易疏忽，错失良机，以致贼党逃窜，遗患地方。军法都在，罪罚难逃。

行岭北道清查赣州钱粮牌

十月二十三日

照得本院及岭北守巡该道并赣州府、卫、所、县问完批申呈词，囚犯、纸米、工价、赃罚等项，及官厂日逐收到商税银两，俱经该官府追收贮库，以备军饷。年久未经清查，该府官吏更换不常，中间恐有那移、侵渔、隐漏等情。为此仰抄案回道，即便亲诣赣州府库，督同该府官，先将正德十二年二月起至正德十五年九月终止，各项纸米、工价、赃罚、商税等项银两卷簿，逐一清查盘理。要见军前用过若干，即今见在若干，有无侵渔、隐漏若干，及有衣物等项，年久朽坏，相应变贸若干，备查开册，缴报本院查考。

如有奸弊，就便拿究追问，具招呈详，毋得故纵未便。

译文

我以及岭北守巡道以及赣州府、卫、所、县问完关于囚犯、纸米、工价、赃罚等审批申报的呈文，以及官厂这几天收到的商税银两，都经过当地官府追缴收入库存，以充军饷。很多年未经清查，当地官吏变来变去，期间恐怕有挪移、侵吞牟利、隐瞒等情况。为此，抄录案卷送回岭北道，立即亲自拜访赣州府库，督同当地府官，先将正德十二年（1517）二月起到正德十五年（1520）九月为止的各项纸米、工价、罚款、商税等银两的卷册簿录，逐一清查盘点。要查清军前用过多少，现在还剩多少，侵吞牟利、隐瞒了多少；乃至衣物等物品，年久朽坏，相应地处理了多少，都要查明账册，上缴报告给我查考。如果有奸邪舞弊的情况，立即拿来追究。都要详细上呈，不得故意纵容。

申行十家牌法

凡立十家牌，专为止息盗贼。若使每甲各自纠察，甲内之人，不得容留贼盗，右甲如此，左甲复如此，城郭乡村无不如此，以至此县如此，彼县复如此，远近州县无不如此，则盗贼亦何自而生？夫以一甲之人，而各自纠察十家之内，为力甚易。使一甲而容一贼，十甲即容十贼，百甲即容百贼，千甲即容千贼矣。聚贼至于千百，虽起一县之兵而剿除之，为力固已甚难。今有司往往不严十家之法，及至盗贼充斥，却乃兴师动众，欲于某处屯兵，某处截捕，不治其本，而治其末，不为其易，而为其难，皆由平日怠忽因循，未尝思念及此也。自今务令各甲各自纠举，甲内但有平日习为盗贼者，即行捕送官司，明正典刑。其或过恶未稔，尚可教戒者，照依牌谕，报名在官，令其改化自新，官府时加点名省谕，又逐日督令各家，轮流沿门晓谕觉察。如此，则奸伪无所容，而盗贼自可息矣。

译文

总共颁行了十家牌文，专门为了止息盗贼。假若使每甲各自纠察贼党，甲内的人不得容留盗贼，右甲如此，左甲也这样。城郭、乡村无不如此，以至于这个县这样，那个县也这样，远近州县都这样，那么盗贼又从哪里来呢？用一甲的人各自纠察十家之内的人，管理十分省力。假若一甲容留一个贼徒，十甲就容留十个贼徒，百甲就容留一百个贼徒，千甲就容留一千个贼徒了。贼徒集聚以至成百上千，即使动用一县的兵力去剿灭他们，调动已经很难。如今的有关部门往往不严格实行十家之法，以至于州县充斥盗贼，才兴师动众。想要在某处驻屯士兵，某处埋伏截获，不治其本，而治其末，不做简单的事，却做难的事，都是由于平日因循守旧，怠慢政务，未曾想过这个方法。如今一定要令各甲各自举报，甲内只要有平日习惯做盗贼的人，立即抓捕送往有关衙门，以大明律典处置。其中有的罪恶并不深重，还可以劝诫的人，依照牌文所示，记录他们的名字在官府档案，命令他们改过自新，官府时不时点名考察。又每天督令各家，轮流沿着门口晓谕。像这样，奸邪伪善就无所遁形，而盗贼祸患自然可以平息。

大抵法立弊生，必须人存政举。若十家牌式，徒尔编置张挂，督劝考较之法，虽或暂行，终归废弛。仰各该县官，务于坊里乡都之内，推选年高有德，众所信服之人，或三四十人，或一二十人，厚其礼貌，特示优崇，使之分投巡访劝谕，深山穷谷必至，教其不能，督其不率，面命耳提，多方化导。或素习顽梗之区，亦可间行乡约，进见之时，咨询民瘼，以通下情，其于邑政，必有裨补。若巡访劝谕著有成效者，县官备礼亲造其庐，重加奖励。如此，庶几教化兴行，风俗可美。后之守令，不知教化为先，徒恃刑驱势迫，由其无爱民之实心。若使果然视民如己子，亦安忍不施教诲劝勉，而辄加棰楚鞭挞？孟子云：善政不如善教之得民也。况非善政乎？守令之有志于爱民者，其盍思之！

译文

大概法律设立后就会滋生舞弊的情况，所以必须发挥有人监督政策实行。假若十家牌式只是放置张挂，监督劝诫考校的方法即使暂时实行，终归会废弛。命令当地各级县官，一定要于坊里乡都之内，推举选出年高有德行，为众人所信服的人，人数或三四十，或一二十。给予他们优厚的礼节待遇，以示特别优待推崇，使他们分别到地方巡访劝谕，一定要深入到山区穷苦的地方，教导、监督不能守乡约的人，耳提面命，多方面教导。素来有顽固恶习的地区，也可以慢慢推行乡约。进去见乡民的时候，可以咨询民间疾苦，了解下面的民情。这对于乡邑的治理，一定有所补益。假若巡访劝谕，有大的成效，县官要准备礼品亲自造访他们的居所，重加奖励。像这样，大概教化就能兴盛，风俗可以变好。后来的守令，不知道教化是第一要务，只是依仗刑罚驱逐胁迫，是因为他们没有爱民的实心。假若果然把民众当作自己的儿子，又哪里忍得不施加教诲劝勉，反而直接鞭挞惩罚呢？《孟子》说：好的政治不如好的教化得民心。何况不是好的政治呢？有志于爱民的守令，多想想吧！

行江西布政司清查没官房产

十一月二十日

照得逆党没官房屋、田产等项，近经司府出佃与人暂管，候命下之日定夺。近访得官民之家，不论告佃年月先后，地里远近，应否一概混争，若不预为查处，立定规则，将来必致大兴告扰，渐起衅端。为此仰抄案回司，即查前项没官房屋田产，实计若干处所，某月日期经由某衙门与某人，务以年月先后为次，先尽本县人户，然后及于异县。先尽本府人户，然后及于异府。中间多有势豪之徒，不遵则例，妄起争讼，或不由官府，私擅占管占住者，该司通行查出呈来，以凭拿问参究施行，毋得容隐，及查报不清未便。

译文

从叛党那里没收的官家房屋、田产等物品，近来经司府出租给人暂时管理，等候命令下达的日子再定夺。近来查访得知官民之家，不论告佃招租的年月先后，田地的远近，是否应一概混争，假如不预先查处，订立规则，将来一定招致大量的聚讼，渐起争端。为此，抄录案卷送回江西布政司，立即查考前面提到的没收的官家房屋、田产，计算有多少处所，哪一月哪一日经由哪个衙门给了哪个人，一定要按年月先后为次序。先穷尽查询本县的人户，然后再查到别的县。先穷尽查询本府人户，然后再查到别的府。中间多有地方豪强，不遵守规章条例，引起争讼。不经过官府，擅自侵占的人，当地衙门都要查出来上呈汇报，以作缉拿问责的凭据，不得容忍违法行为，拒绝查报不清的情况发生。

批再申十家牌法呈

十一月二十九日

据江西按察司呈，看得盗贼之纵横，由于有司之玩弛。沿流推本，实如所呈，失事各官，俱合提究，以警将来。但地方多事未完，缺人管理，除该府县掌印官，姑且记罪，责令惩创奋励，修败补隙，务收桑榆之功，以赎东隅之失。其巡捕等官，即行提问，以戒怠弛。仍备行各府县掌印巡捕等官，自兹申戒之后，悉要遵照本院近行十家牌谕，及于各街巷乡村建置锣鼓等项事理，上紧着实举行，严督查考，务鉴前车之覆，预为曲突之徙，毋得仍前玩忽怠弛，但有疏虞，定行从重拿究，断不轻贷。此缴。

译文

收到江西按察司的呈文，了解到盗贼纵横出没，由于有关部门玩忽职守，戒备废弛。推本其源，正如所呈报那样。失事的各级官员，都应该问罪追究，警示后来的官员。但地方很多事务没有完成，缺人来管理。除了当地府县的掌印官外，姑且暂时记下罪过，命令他们引以为戒，奋勇立功，修补败绩，一定以功抵过。至于巡捕等官员就立即问罪，以告诫怠政的官员。各府县掌印巡捕等官员，自本次申明告诫之后，都要遵照我近来颁行的十家牌谕。至于各地街巷乡村置立锣鼓等事情，要抓紧实行，严格督查，一定要吸取前车之鉴，预先准备应对措施。不得玩忽职守，怠慢政事。只要有疏忽，一定从重问罪，绝不轻饶。此缴。

批各道巡历地方呈

十二月二十六日

据江西按察司呈，看得南昌、湖西、湖东、九江各道地方，兵荒之余，民穷财尽，盗贼蜂起，劫库掠乡，无月无警。府县各官，事无纲纪，申请旁午，文移日繁，政务日废。仰各分巡官，不时往来该道临督所属，设法调度，用其所长，而不责其备，教其不及，而勿挠其权。兴廉激懦，祛弊惩奸。务以息讼弭盗，康宁小民。毋惮一身之劳，终岁逸居省城，坐视民患，藐不经心。俱仰备行各官查照施行。缴。

译文

收到江西按察司呈文，了解到南昌、湖西、湖东、九江各地，在兵荒马乱之余，民间财富穷尽，盗贼蜂拥而起，抢劫官库，劫掠乡里，没有一个月是不警戒盗贼。府县各级官员，做事没有纪律，申请的事务繁复，公文移文日益繁杂，政务日益荒废。命令各分巡官，时不时要往来当地监督所属部门，设法调度，发挥官员的长处，不追求完备，只是教导他们做不够的地方，同时不干扰他们的权力。振兴廉洁，使他们不再懦弱，去除弊端惩治奸邪。一定要以平息争讼、消灭盗贼，使百姓安康。不要怕自己劳累，终日在省城闲居，坐视民间的祸患，漫不经心。命令各级官员按照规定实行。缴。

禁约释罪自新军民告示

正德十六年正月初五日

告示：一应平日随从逆府舍余军校人等，论罪俱在必诛。虽经自首，奉有诏宥，据法亦当迁徙边远烟瘴之地，但念其各已诚心悔罪，故今务在委曲安全，仰各洗心涤虑，改恶从善，本分生理，保守身家，毋得仍蹈前非。或又投入各王府及镇守抚按三司等衙门，充作军牢、伴当、皂隶、防夫等项名目，挟持复雠，定行擒拿，追坐从逆重刑。知情容留，官司参究，论以窝藏逆党。同甲邻佑不举首者，连坐以罪。除已奏请外，仰各遵照毋违。

译文

告示：所有平日随从来府上住在我们这儿的军校等人，按罪都必须诛灭。虽然都是自首来的，奉诏可以宽恕，依据法律也应当迁徙到边远的烟瘴之地。但及念他们都已经诚心悔罪，所以现在希望能委曲安全，他们能洗心革面，改恶从善，本分做事，保全身家性命，不得重蹈覆辙。有的投入各王府，以及镇守、巡抚、按察三司等衙门，担任军牢、伴当、皂隶、防夫等职务。假如一心想复仇，一定擒拿来从重追究问刑。知情者假如容留他们，官司按窝藏叛党之罪，一并追究。同甲的邻里不举报的人，以连坐罪论处。除了已经上奏请示之外，命令各自遵照法律，不得违反。

某县某坊第几甲释罪自新一户某人

左邻某人 右邻某人

译文

某县某坊第几甲释罪自新一户某人

左邻某人 右邻某人

仰各邻毋念旧恶，务要与之和睦相处。早晚仍须劝化钤束，毋令投入各府及镇守抚按三司等衙门，充当军牢、伴当、皂隶、防夫等项名目，挟势害人，定行坐以知情容隐逆党重罪，决不轻贷。

译文

命令各邻里不要心怀旧恶，一定要与他们和睦相处。早晚仍须劝导教化、管束，不得将他们投入各府，以及镇守、巡抚、按察三司等衙门充当军牢、伴当、皂隶、防夫等职务，依仗威势，祸害百姓，一定要以知情收容叛党连坐处以重罪，绝不轻饶。

批湖广兵备道设县呈

十六年

据整饬郴、桂、衡、永等处兵备湖广按察司副使汪玉呈称：本道接管，看得议奏计处地方以弭盗贼事件，内一件审处贼遗田地，俱经查勘明白。属宜章者，拨与该图领种。属临武者，各归原主。属桂阳者，原议候设立大堰三堡，拨给各堡军兵顶种。续奉巡抚衙门批委同知鲁玘，再行踏勘计处一件，添设屯堡，以严防御。见奉提督衙门案验区处，其第一件设县，所以便抚御，最为紧要重大。县所既设，则更夫有所归着，哨营可以掣散，至于添屯堡、处巡司、并县堡、审田地四事，可以次第兴行。但先因广东守巡兵备等官，所见或异，致蒙该部请命提督大臣亲诣勘处，又缘别有机务，未即临勘，至于今日。本职窃意广东各官，决无不肯协和成事之心，盖因比时多事，未暇细阅文书，及查原经委官，止有同知鲁玘。见在原奉提督衙门行令，径自约会广东各官，速将设县事情及添设屯所事宜查议。除行同知鲁玘前去约会广东该道委官议处，本职仍亲诣适中地方约会外，理合呈详施行等因到院。卷查先为图议边方后患事，准兵部咨云云。续据湖广按察司呈，奉巡抚湖广都御史秦案验云云。候本院抚临至日，会行议处，具奏定夺施行，各无苟且搪塞去后。今呈前因，参照前项立县等事，关系地方安危，远近人心悬望，恨不一日而成。本院虽奉敕旨，别有机务，不暇亲诣，而该道前任守巡各官，皆有地方重责，自当遵照昼夜经营，却乃因循二年之上，尚未完报，纵使国法可以幸免，不知此心亦何以自安？今照接管副使汪玉，久负体用之学，素有爱民之心，据所呈报，既已深明事机，洞知缓急，遂使举而行之，固当易于反掌，合再督催，以速成绩。为此仰抄案回道，即往彼地约会各该道守巡等官，速将设县等项事情，议处定当，具由呈夺。应施行者，一面施行，务为群策毕举之图，以收一劳永逸之绩，毋再因循，仍蹈前辙未便。仍行都、布、按三司一体查照会议施行。

译文

收到整饬郴、桂、衡、永等处兵备湖广按察司副使汪玉呈文称：接管本地，了解到商议上奏计划处理地方平息盗贼的事件，内一件审处贼遗田地，都经过查勘明白。属宜章的，拨给该图领种。属临武的，各归于原主。属桂阳的，原来商议设立大堰三堡，转让各堡的军兵使用耕作。接着收到巡抚衙门批复，与同知鲁玘一起，再踏勘计处一件，增设屯堡，以严加防御。现在收到提督衙门检验处置安排，其中第一件最为紧要的事即设县，为了便于安抚驾驭民众。设立县所之后，更夫就有所归宿，哨营可以解散，至于增加屯堡、处巡司、并县堡、审田地四事，可以一件一件来做。但先前因为广东守巡兵备等官员见到的情况不同，以致接受该部的请命，提督大臣要亲自到踏勘的地方。又因为另有机要事务，没来得及亲临勘查，以至于到了今天。本职认为广东各级官员，绝无不肯合作成事的用心，可能因为那时候事情多，来不及仔细阅览文书。等到查证原来经手的官员，只有同知鲁玘。现在奉提督衙门的命令，直接会见广东各级官员，迅速查议设县以及增设屯所的事情。除了和同知鲁玘一起前去会见广东当地的官员商议，本职亲自到适中地方约见外，理应将施行的详细情况呈报到院。先商议边境后患的事情，接奉兵部咨文。后续收到湖广按察司呈文，奉巡抚湖广都御史秦查询验证云云。等候我亲自到临的日子再商议，全部经上奏再定夺施行，各自不得苟且搪塞。如今呈报前面的事情，参照前面立县等事，关系到地方的安危，远近百姓都观望，希望一天就能完成。我虽然奉上级命令，另有机要事务，没空亲自做。然而当地前任的守巡各官，都负有地方重要责任，自然应当遵照命令，昼夜经营，却仍然因循守旧两年以上，尚未完成上报。纵使可以幸免于国法，不知道又怎样心安？如今接管的副使汪玉，一直学习圣人体用之学，素来有爱民的热心，据他的呈报，既然已经深明事理，洞察事情轻重缓急，于是就使他实行，应当易如反掌，应该再催促，以完成成绩。为此，命令抄录案卷送回湖广兵备道，立即前往当地会同当地守巡等官员，迅速商议确定设县等事项，都上呈定夺。该施行的，一方面施行，一定要群策群力，一举收获一劳永逸的功绩，不再因循守旧，拒绝重蹈覆辙。抄送都指挥、布政、按察三司全部按照会议施行。

督剿安义逆贼牌

二月十一日

牌仰典史徐诚，既行调选罗坊等处骁勇惯战兵夫四百名，各备锋利器械，就仰该县官于堪动银两内先行给与口粮二月，统领星夜前赴安义县，听凭通判林宽调度追剿。获功人员，一体从重给赏。但有不遵号令及逗遛退缩，扰害平人者，仰即遵照本院钦奉敕谕事理，听以军法从事。本官务要申严纪律，整束行伍，必使所过之地，秋毫无犯，所捕之贼，噍类不遗，庶称委任。如或纵弛怠忽，致有疏虞，军令具存，罪亦难贷。

译文

下达牌文命令典史徐诚，调选罗坊等地骁勇善战的四百名兵夫，各自准备锋利的器械，命令当地县官在查勘调动的银两内先行供给两个月的口粮，统领兵夫星夜前往安义县，听从通判林宽的调度，追剿叛贼。获得功劳的人员全部从重赏赐。只要有不遵守号令，或者逗留退缩、骚扰百姓的人，命令立即遵照我钦奉的敕谕办理，按军法处置。当地官员一定要申明纪律，整饬队伍，务必使兵夫所过之地秋毫无犯，不放过抓捕任何一个活着的叛贼，这样才称得上尽责。如果有怠慢疏忽，以致有疏漏纰缪。大明军令都在，罪责难逃。

截剿安义逃贼牌

二月十三日

看得安义逆贼，已经本院严督官兵，四路邀截，诚恐无所逃窜，或归冲县治。除行知县熊价，专一防守县治，以守为战，通判林宽，专一追剿逃贼，以战为守，及行都指挥冯勋，选领南昌府卫军快，督兵截剿外，牌仰饶州、南康、九江府掌印官，知府张愈严、王念等，各行起集兵快，身自督领，于沿湖要害，邀截迎击，仍督令余干、乐平、都昌、建昌、湖口、彭泽等县掌印官，领兵把截沿湖紧关隘路江口，毋令此贼得以出境远遁。一面多差知因乡导，探贼向往，互相传报，合势黏踪追剿，一应机宜，俱听从宜区处。各官务要竭力殚智，杀贼立功，以靖地方。毋得畏缩因循，轻忽疏略，至贼滋漫，军法具存，罪难轻贷。

译文

我已经严格督令官兵四路拦截安义叛贼，不怕他们逃窜，或者划归冲县治理。知县熊价要专心防守县治，以防守为主进行战斗，通判林宽也要专心追剿逃跑的叛贼，以战斗为主进行防御，以及行都指挥冯勋，调选南昌府卫的军快，亲自带兵拦截剿灭，此外下达牌文命令饶州、南康、九江府的掌印官、知府张愈严、王念等人，各自募集兵快，亲自带领，在沿湖的险要之地拦截迎击叛贼。还有命令余干、乐平、都昌、建昌、湖口、彭泽等县的掌印官，领兵在沿湖险要的路口、江口把守，不得令叛贼得以逃跑出境。一方面多差遣熟悉当地情况的向导，探明叛贼的动向，互相传报。应要实事跟踪追剿，所有机密情况宜，都要听从安排。各级官员一定要竭尽全力、倾尽智谋，杀贼立功，以使安定地方。不得畏缩不前，因循守旧，玩忽职守，以至于叛贼滋生。大明军法都在，罪责难逃。

批议赏获功阵亡等次呈

三月初十日

据江西按察司呈，看得获功阵亡等员役，俱查照赣州事例，获贼首者，赏银十两，次贼首七两，从贼三两，老弱二两。奋勇对敌阵亡者十两，杀伤死者七两五钱，被伤者三两。其有军民人等，各于贼势未败之先，自行帅众擒获送官者，仍照出给告示，贼首赏二十两，次贼首十两，从贼首五两。务查的实，一例给赏，毋吝小费，致失大信。俱仰行南昌府，于本县支剩军饷银内公同赏功官照数支给，开数缴报查考。

译文

收到江西按察司呈文，了解到获功、阵亡的士兵，都按照赣州的事例来安排：斩获得叛贼首领的人，赏十两银子，叛贼的小首领赏七两，小叛贼赏三两，老弱赏二两。奋勇杀敌阵亡的人，赏十两银子，杀伤致死的人七两五钱，受伤的人三两。其中有军民人等，在叛贼没战败之先，自行擒获送到官府的人，仍按照告示，叛贼赏二十两银子，叛贼小首领赏十两，小叛贼赏五两。一定要严格核查，一并行赏，不得吝惜费用，以致失信。命令南昌府在本县剩余的军饷银子里面同赏功官一起照数支付开出，数目缴还上报，以备查考。

覆应天巡抚派取船只咨

三月二十四日

据江西布政司呈：据应天府呈开，江西、九江等府原派船五十只，装运营建宫室物料，乞查处督发，奉批查处呈夺。议照江西南康、南昌等府，并无马快船只，虽有额造红船，为因宸濠谋反，被贼烧毁，往来使客及粮运，尚且无船装送，疲困已极，委果无从区处，呈详到院。为照江西各府，师旅饥馑，疲困已极。况兼本职气昏多病，坐视民痍，莫措一筹，前项船只，果难措置。南京素称富庶，今虽亦有供馈之烦，然得贵院抚缉有方，兼以长才区画，何事不济。且江西之疲弊，亦贵院所备知，尝蒙轸念，为之奏蠲租税，江西之民，无不感激。独此数十艘，乃不蒙一为分处乎？为此合咨贵院，烦请查照，悯念疲残之区，终始得惠，别为处拨装运施行。

译文

收到江西布政司呈文：收到应天府呈文，内容开列如下，江西、九江等府原来派了五十只船，装运营建宫室的材料，希望查处监督发出，收到批复呈来定夺。商议了解到江西南康、南昌等府并无马快船只，虽有额外建造的水驿、递运所置备的船只，但因为朱宸濠的谋反，被叛贼烧毁了。往来的客运以及粮运，尚且无船装送，已极度疲困，确实无从安排，所以呈报详情到这儿。江西各府，军队挨饿，已极度疲困。况且当地官员多病，坐视民间疾苦，没有想过一个办法，前面提到的船只，十分难筹措。南京素来号称富庶，如今虽然也有供给的烦扰，然而得到您有方略的统辖，而且妥善安置，哪有事不能解决。而且您也十分了解江西的疲弊。多劳您的挂念，为之减除租税。江西的百姓，没有不感激的。只有这数十艘船只，不能再帮忙安排一次吗？为此，移送咨文到您这儿，烦请查看。希望您可怜这儿疲困的地区，为别处调拨装运船只，最终获得恩惠。

批东乡叛民投顺状词

四月初九日

据东乡县民陈和等连名诉，看得朝廷添设县治，本图以便地方而顺民情，但割小益大，安仁之民既称偏损，亦宜为之处分。在官府自有通融裁制，各民惟宜听顺，果有未当，又可从容告理。而乃辄称背抗，稔恶屡年，愈抚愈甚，不得已而有擒捕之举，亦惟彰国法，禁顽梗，小惩大戒，期在安缉抚定，非必杀为快也。今各民既来投顺，官府岂欲过求？但未审诚伪，恐因擒捕势迫，暂来投顺，以求延缓，亦未可知。仰按察司会同都、布二司，将各情词备加详审，及查立县始末缘由。其各都图，应否归附某县，各县粮差，应否作何区处，各民违抗逃叛之罪，应否作何理断，通行议处呈夺。

译文

收到东乡县民陈和等联名诉状，了解到朝廷增设县治，本来为了方便地方管理，使民情顺服，但损小益大，安于仁德的民众既称偏损，亦宜分别处理。在官府自然通融处理，各地民众应该听从听顺。果真有未妥当的，又可以从容上告。但有地方屡次反抗，长年作恶多端，愈安抚愈反叛，不得已才有擒捕的行动。也只是为了彰明国法，禁绝顽固的刁民，惩小戒大，以期安定地方，不是一定图杀之后快。如今各地民众既然来投顺，官府哪里想过分追求？但没经审讯确实可疑，恐怕因擒获的形势所迫，暂时来投顺，以求苟延残喘，也未可知。命令按察司会同都指挥、布政二司，详细审理各种情辞，并查考设立县所的始末缘由。其中各地是否希望归附某县，各县的粮差要作何处置，各地民众违抗叛逃的罪名应如何判断，都要上呈商议定夺。

批江西布政司清查造册呈

四月十六日

据江西布政司呈，看得造册清查之法，既已详悉备具，但人存政举，使奉行不至，则革弊之法，反为流弊之源。仰布政司照议上紧施行，仍备行总理及各守巡官，同以此事为固本安民之首，各至分地，临督各该府、州、县正官。且将别项职事，牒委佐贰官分理，俱要专心致志，身亲综核，照式依期清量查造，务使积弊顿除，后患永绝，以苏民困。中间但有不行尽心查理，止凭吏胥苟且了事者，即行拿治问发。提调等官，一体参究。其各官分定地方，该司具名开报。缴。

译文

收到江西布政司呈文，了解到制作簿册清查的法案，既然已经详细地上报，但人存政举，假如不遵照实行，那么革除弊病的法度，反而会成为流弊的源头。命令布政司商议后尽快施行，命令总理以及各守巡官，都把这件事视作固本安民的头等大事。各自到分管的地盘，监督各地的府、州、县正官将别的职务，委任给辅佐的官员的管理，正官要专心致志，亲自核对，按照格式依期清查法案，一定要革除积弊，永绝后患，以解决民困。期间只要有不尽心查案的，只是靠下边的胥吏苟且了事的人，立即拿来发问治罪。提调等官通通追究。各级官员分定的地方，当地部门要具名上报缴还。

行丰城县督造浅船牌

十六年

仰抄案回县，即行知县顾佖速差能干官前来樟树，接驾浅船到县，照依该道估价，于官库支给各船旗军收领。就便择日催督县丞沈廷用，遵照本院面授水帘桅等法，兴工修筑。务将前船衔结勾连，多用串关扇束缚坚牢，足障水势，以便施工，毋为摧荡，虚费财力。

译文

命令抄录案卷送回丰城县，知县顾佖要迅速差遣能干的官员前来樟树，接浅船到丰城县。依照当地的情况估算价格，在官库支出费用给各船的旗军收取。择日催促县丞沈廷用，按照我面授的水帘桅等方法，修筑浅船。一定要让船勾连在一起，多用串关扇束缚起来，使之坚固牢靠，足以抵挡汹涌的水势，以便于施工，不被摧毁，白白地耗费财力。

行江西按察司审问通贼罪犯牌

六月十五日

照得本院于正德十四年六月内，因宁王谋反，起兵征剿，具本奏闻，当差赣州卫舍人王鼐赍奏，却乃设计诈病，推托不前，显有通贼情弊。及至擒获逆贼，差赍紧关题本，赴京奏报，却又迂道私赴太监张忠处捏报军中事情，几至酿成大变。及将原领题本，通同邀截回还，所据本犯，罪难轻贷。为此牌仰本司，即将发去犯人王鼐从公审问明白，依律议拟，具招呈详，毋得轻纵未便。

译文

我在正德十四年（1519）六月内，因宁王谋反，起兵征剿，写题本上奏。当差赣州卫舍人王鼐传奏，但是却诈说有病，推托不前往，显然有通贼的问题。等到擒获叛贼，差他送重要的题本前往京城上报，他又绕远道私自去太监张忠那里捏造军中事情，几乎酿成大祸。现将原来上奏的题本，和拦截的题本送回归还。犯罪的证据具在，罪责难逃。为此，下达牌文命令江西按察司，立即将犯人王鼐发去审问，依照大明律例商议处理，详细的招供要上呈，不得轻易饶恕。

行江西按察司清查军前解回粮赏等物

六月十九日

卷查先该本院督解宸濠，中途奉旨仍解回省，随将前项赏功银牌花红彩段及粮饷等项，牌差县丞等官龙光等，解发江西按察司查收贮库，仍候本院明文施行去后。今照前项粮赏等银，已支未支，清查应该起解者，未审曾否尽数解京，拟合查报。为此牌仰本司，即查原发粮赏等银，各计若干，要见于何年月日奉本院批呈或纸牌，支取某项若干，给与某起官军人等行粮或犒劳兵快应用，其应解金册一十二付，上高、新昌玉印二颗，银盆六面，及衣服等件，曾否尽数解京，中间有无遗漏等情，备查明白，具数回报，以凭查对稽考，毋得迟延未便。

译文

查考案卷，我先监督押解朱宸濠，中途奉圣旨仍将其押解回省。随后将之前赏功的银牌、花红、彩缎以及粮饷等物品，下达牌文差遣县丞龙光等官员，押解送到江西按察司查收入藏官库，要听候我明文规定施行。现在了解到之前粮饷赏功等银两，要支出的还未支出，要清查是应押解的人，尚未审讯是否尽数押解京城。上述情况应该查清禀报。为此，下达牌命令江西按察司，立即查明原来发放粮饷赏功等银两各有多少，要查明在何年、月、日奉我批复或纸牌，支出了哪一项的多少钱，给了哪些起官军人等行粮，或犒劳给兵快使用。其中应该押解的一十二付金册，两颗上高、新昌玉印，六面银盆，以及衣服等，是否尽数押解到京城。要查明白中间有无遗漏等情况，全部要上报，以作查对稽考的凭证，不得迟疑。

批广东按察司立县呈

七月二十八日

据副使汪玉呈称云云。卷查先为图议边方后患事，准兵部咨云云。续据湖广按察司呈，奉湖广巡抚都御史秦案验，候本院抚临至日，会行议处具奏定夺施行。随据副使汪玉呈云云。看得立县之举，今且三年，而两省会议，犹是道傍之谈，似此往复不已，毕竟何时定计。自昔举事，须顺人情；凡今立县，专为弭乱。若使两地人心未协，遂尔执己见而行，则是今日定乱之图，反为异时起争之本。今江西安仁、东乡各县，纷纭奏告，连年不息，即今征矣。除行该道兵备官，上紧约会广东各官，亲诣地方，拘集里老年高有识者，备询舆论，务在众议调停，两情和协，就行相度地势，会计财力，监追起工，然后各自回任。若使议终不合，必欲各自立县，亦须酌裁适均。要见广东于高宿立县，都图若干；湖广于笆篱立县，都图若干；城池高广若干；官员裁减若干；异时赋役，两地逃躲，若何区处；盗贼彼时出没，若何缉捕；一应事宜，逐条开议。须于不同之中，务求通融之术，不得徒事空言，彼此推托，苟延目前，不顾后患，异时追论致祸之因，罪亦终有不免。除批行湖广该道兵备官查照外，仰抄案回司，会同布政司各行该道守巡兵备等官，约会湖广各官，面议停当。一面会计工料，委官及时兴工；一面备由开详，以凭覆奏。毋再推延执拗，致有他虞，断行参究不恕。仍行两广提督并巡按衙门查照催督施行。

译文

收到副使汪玉的呈文。查考案卷先商议边方后患的事情，接奉兵部咨文。后来收到湖广按察司呈文，奉湖广巡抚都御史秦查验，听候我到的日子，一同商议定夺上奏。随后收到副使汪玉呈文。设立县治的动议，如今已有三年，而两省的会议，都是不能成功的商谈，像这样往复不停，到底什么时候可以确定。从古以来商议要做某事，都需要顺从人情。如今设立县治，专门为了平定祸乱。假使两地人心未和谐，就固执地按照自己的意见实行，那么今日平定祸乱的意图，反而会成为到时争端的起源。如今江西安仁、东乡各县，纷纷上奏说连年征战不停。除了当地的兵备官外，还要马上会同广东各官，亲自到地方，聚集有见识的长者，平息舆论。一定要调停众议，使两情和悦。立即审度地势，计算财力，监督开始施工，然后各自回任。假若商议终究合不来，一定想要各自立县，也需要斟酌裁度。要预见在广东高宿设立县治，有多少地方基层组织；在湖广笆篱设立县治，有多少地方基层组织；城池要多高多广；要裁减多少官员；不同时期的赋役，两地逃躲要如何处置；盗贼在出没时要如何缉拿拘捕。所有的事情，要逐条商议。要在不同之中，追求通融之术。不得徒说空话，彼此推托，苟延残喘，不顾后患。到时追究致祸的根由，罪责难逃。除了批复湖广兵备官查看外，要抄录案卷送回广东按察司，布政司、守巡兵备等官与湖广各官会同当面商议妥当。一方面商议工料，委派官员及时兴建；另一方面开具详情，以作为回复上奏的凭证。不得再推托延误，固执己见，以致有别的祸患，一定追究，绝不宽恕。抄送两广提督并巡按衙门参考催促监督施行。

行江西三司停止兴作牌

八月初九日

先该本院看得江西兵荒之余，重以洪水为灾，民穷财尽，正当体养抚息。各该衙门一应修理公廨工役，俱宜停止。已经案仰各司，即将工役悉行停止，其势不容已者，亦待秋成之后，民困稍苏，方许以次呈夺去后。近因本院出巡，访得各该官员，不思地方兵变水患，小民困苦已极，方求蠲赋税，出内帑欲赈而未能，辄复纷然修理，事属故违。本当参究，但传闻未的，姑再查禁。为此仰各抄案回司，即查前项工程，前此果否悉行停止，近来是否重复兴工，具由呈报，以凭施行，毋得隐讳，违错不便。

译文

我了解到江西除了兵荒之外，又有洪灾，民众困穷，财物耗尽，正应当体恤民情，休养生息。各地衙门都应修理官署，停止其他工程。已经下达案卷命令江西各司，即日全部停止额外工程。其中不能容许停止的，也要等秋收之后，民众生活稍微复苏，才允许按顺序上呈定夺继续施行。近来因出巡，我了解到当地官员，不考虑地方的兵变与水患，平民已经困苦到极点，才减免赋税。还没能调用国库赈济灾民，就又拿钱来修建其他工程，实属故意违规。本来应当追究，但传闻未能证实的，姑且查考清楚再禁止。为此，命令各自抄录案卷送回江西三司，立即查处前面提到的工程，假如果真如此，都必须禁止。近来是否有重复兴建工程的情况都要上呈报告，以作施行凭证，不得隐讳，不得违背出错。

行岭北道申明教场军令

九月十七日

照得本院调到宁都等县官兵机快人等，见在赣州教场住扎操阅，中间恐有不守军令，罪及无辜，应合禁约。随据副使王度呈开合行事宜，参酌相同。为此仰抄案回道，即行出给告示，张挂教场，晓谕官兵机快，各加遵守。如有违犯，事情重大者，拿送军门，依军令斩首。其事情稍轻者，该道径自究治发落。仍呈本院查考。

译文

我调度的宁都等县的官兵、机快，现在在赣州教场驻扎操练，怕里面的人有不守军令，伤害无辜的，所以都应该严格约束。随后收到副使王度上呈的情况，与他斟酌的事情一样。为此，命令抄录案卷送回岭北道，立即公布告示，张挂在教场，告诉官兵、机快要严加遵守。如果有违法犯罪，情节严重的，要缉拿送到军门，依照军令斩首。如果情节稍轻的，当地直接处置发落。同时仍要上呈给我查阅。

计开：

一，各兵但有擅动地方一草一木者，照依军令斩首示众。

译文

规定开具如下：

一，各官兵只要有擅自动地方一草一木，依照军令斩首示众。

一，各兵但有管哨官总指称神福，馈送打点等项名色，科派银物自一分以上，俱许赴该道面告究治。

译文

一，各官兵只要有管哨官总指称祭品，送礼打点关系等情况，索取一分以上银物，都要送到当地当面追究处理。

一，管哨官凡遇歇操之日，并在营房居住，钤束机兵，教演武艺。敢有在家游荡，及挟妓饮酒，朋伙喧哗者，访出捆打一百。

译文

一，管哨官凡是不操练的时候，要一同在营房和官兵居住，约束机兵，教演武艺。胆敢有在家游荡，乃至狎妓饮酒，聚众喧哗的，调查到就捆起来打一百下。

一，各兵但有疾病事故，许管哨官禀明医验，不许雇人顶替。如有用财买求地方光棍替身上操，仰该管总小甲拿获首送该道枷号，如隐情不首，事发，连总小甲一体枷号。

译文

一，各官兵只要有疾病，允许管哨官禀告医生查验，不许雇人顶替。如果有用钱财雇用地方的光棍顶替上操，就命令管理的军吏抓来将木枷套在颈上，如果隐瞒情况不自首，事情被发现，连同军吏一同将木枷套在颈上。

一，各兵在市买办柴米酒肉等项，俱要两平交易，如有恃强多占分两，被人告发，枷号示众。

译文

一，各官兵在市场买柴米酒肉等事项，都要公平交易。如果有恃强凌弱多占分两便宜，被人告发的话，将木枷套在犯人颈上，标明罪状，号令示众。

一，管哨官凡遇各兵斗殴喧闹等项，小事量行惩治，大事禀该道拿问，不许纵容争竞嚣乱辕门。

译文

一，管哨官凡是遇到各官兵斗殴喧闹等情况，小事量刑惩治，大事禀报上级追究问罪，不许纵容争吵扰乱军纪。

一，各歇操之日，各将随有器械，务在整刷锋利鲜明，毋得临时有误。如平日懒惰，不行修理，上操之际，弦矢断折，铳炮不响，旗帜不明，查出捆打一百。

译文

一，不操练的时候，各将领随身带的器械，一定要刷锋利，不得临时出差错。如果平日懒惰，不修理武器，上场操练的时候，弓弦箭头断折，铳炮不响，旗帜不明，查出来就捆起来打一百下。

一，各兵遇上班之日，不许因便赴该道府告家乡户婚田土等项事情，查出痛责四十。

译文

一，各官兵遇到上班的日子，不许顺便到当地府办理家乡婚礼、土地等事情，查出来痛责四十。

一，各兵上街行走，俱要悬带小木牌一面，上写某哨官总下某人，年甲籍贯辨别。如有隐下兵打名色，另著别样衣冠，暗入府县，挟骗官吏，及来军门并道门首打听消息，访出枷号不恕。

译文

一，各官兵上街行走，都要悬带一面小木牌，上面要写着某哨官总下某人，年甲籍贯以示区别。如果有隐瞒下属士兵搞关系，另外穿别的衣冠，暗自潜入官衙府县，骗当地官吏，等到军门并道门打听消息，查出来就将木枷套在颈上送监狱，绝不宽恕。

一，各兵领到工食银两，俱要撙节用度，谨慎收放。如有奢侈用尽，及被人偷盗，纵来诉告缺失，俱不准理，仍重加责治。

译文

一，各官兵领到工食银两，都要省着用，谨慎地花费。如果有人奢侈消费，很快用尽，乃至被人偷盗，即使来上诉缺了银两，都不准受理，甚至要重加责罚治罪。

一，各该上班兵夫，如有限期未满，先行逃回者，差人原籍拿来，用一百斤大枷枷号教场门首三个月，满日，捆打一百，仍依律问发边远充军。

译文

一，上班的兵夫，如果有未满规定期限，就先行逃回原籍，就差遣人从原籍捉拿归来。用一百斤的大木枷套在颈上送到教场门口示众三个月，期满再捆起来打一百下，依旧按大明律例发配边远地区充军。

一，各哨官并兵夫，有军门一应便宜，及利所当兴，害所当革者，许赴军门及该道直白条陈，不许诸人阻当。

译文

一，各哨官以及兵夫，假如觉得对君门有利的事情应该兴起，有害应当革除，都允许到军门以及当地直接上陈，不许旁人阻挡。

行雩都县建立社学牌

十二月二十七日

照得本院近于赣州府城设立社学乡馆，教育民间子弟，风俗颇渐移易。牌仰雩都县掌印官，即于该县起立社学，选取民间俊秀子弟，备用礼币，敦请学行之士，延为师长。查照本院原定学规，尽心教导。务使人知礼让，户习《诗》《书》，丕变偷薄之风，以成淳厚之俗。毋得违延忽视，及虚文搪塞取咎。

译文

我最近在赣州府城设立社学乡馆，教育民间的子弟，当地风俗渐渐改变。下达牌文命令雩都县掌印官，立即在当地也建立社学，选取民间优秀的子弟，准备用礼物，聘请有学问德行的人当作师长。按照我原来设定的教学规定，尽心教导学生。一定要让人知道礼让，学习《诗》《书》，大力改变轻薄、不庄重的世风，来养成淳厚的社会风俗。不得延误忽视，玩忽职守，搪塞一定追咎。

卷之三十一下　山东乡试录　弘治甲子 前序已刻前卷

四书

所谓大臣者以道事君不可则止

负大臣之名，尽大臣之道者也。夫大臣之所以为大臣，正以能尽其道焉耳，不然，何以称其名哉？昔吾夫子因季子然之问以由、求可为大臣，而告之以为大臣之道，未易举也。大臣之名，可轻许乎？彼其居于庙堂之上，而为天子之股肱，处于辅弼之任，而为群僚之表帅者，大臣也。夫所谓大臣也者，岂徒以其崇高贵重，而有异于群臣已乎？岂亦可以奔走承顺，而无异于群臣已乎？必其于事君也，经德不回，而凡所以启其君之善心者，一皆仁义之言，守正不挠，而凡所以格其君之非心者，莫非尧、舜之道，不阿意顺旨，以承君之欲也，必绳愆纠缪，以引君于道也。夫以道事君如此，使其为之君者，于吾仁义之言说而弗绎焉，则是志有不行矣，其可诎身以信道乎？

于吾尧、舜之道，从而弗改焉，则是谏有不听矣，其可枉道以徇人乎？殆必奉身而退，以立其节，虽万钟有弗屑也，固将见机而作，以全其守，虽终日有弗能也。是则以道事君，则能不枉其道，不可则止，则能不辱其身，所谓大臣者盖如此，而岂由、求之所能及哉？尝观夫子许由、求二子以为国，则亦大臣之才也。已而于此独不以大臣许之者，岂独以阴折季氏之心？诚以古之大臣，进以礼，退以义，而二子之于季氏，既不能正，又不能去焉，则亦徒有大臣之才而无其节，是以不免为才之所使耳。虽然，比之羁縻于爵禄而不知止者，不既有间矣乎！

译文

既然背负了大臣的名号，就要尽到大臣的责任。大臣之所以为大臣，正是因为他能尽到大臣的责任，不这样的话，又怎么称得上大臣呢？以前孔子因为季子然问仲由、冉求算不算得上大臣，所以告诉他们什么是大臣之道，这并不容易做到。大臣之名号，又岂可轻易称许呢？其于庙堂之上，是天子的左膀右臂，处于辅佐的位置，是群僚的表率的人，才是大臣。所谓大臣，难道只是因为地位崇高，与群臣不同吗？难道和群臣一样唯唯诺诺地奉承吗？他们侍奉君上，道德耿直，凡是可以启发君上善心的事情，都仗义执言，守正不屈；凡是可以格正君上错误的，莫过于尧、舜之道。他们绝不阿谀奉承，满足君上的私欲，一定纠正他们的错误，引导国君走上正道。以仁义之道侍奉君上就像这样。假使做君主的却不听从我的仁义之言，那么就是我的志向得不到施展，要委屈自身伸张道义吗？我对于尧、舜之道矢志不渝，那么假如进谏，君上不听，难道要迎合他吗？我大概会退下来保护自己的名节，不屑于有优厚的俸禄。见机行事的以保全己身的事情绝不会做。那么就能以仁义之道侍奉君上，不会违背大道。做不到就停止下来不做，就能不辱没自己的意志，称得上大臣的人大概如此，这难道是仲由、冉求能达到的吗？孔子曾赞许仲由、冉求二人治理国家的事，那么他们也算有大臣的才干。但在这里唯独不以“大臣”的称号称许他们，难道只是为了折服季子然？古时候的大臣，进退符合礼义，而仲由、冉求既不能匡正季氏，又不能离开他，那么他们也只是徒有大臣的才能却无大臣的气节，不能免于被才华所困。即使这样，与沉溺于高官厚禄而不知满足的人相比，不还是有差别的吗！

齐明盛服非礼不动所以修身也

尽持敬之功，端《九经》之本。夫修身为《九经》之本也，使非内外动静之一于敬焉，则身亦何事而修哉？昔吾夫子告哀公之问政，而及于此，若曰：《九经》莫重于修身，修身惟在于主敬。诚使内志静专，而罔有错杂之私，中心明洁，而不以人欲自蔽，则内极其精一矣。冠冕佩玉，而穆然容止之端严，垂绅正笏，而俨然威仪之整肃，则外极其检束矣。又必克己私以复礼，而所行皆中夫节，不但存之于静也；遏人欲于方萌，而所由不睽于礼，尤必察之于动也。是则所谓尽持敬之功者如此，而亦何莫而非所以修身哉？诚以不一其内，则无以制其外；不齐其外，则无以养其中，修身之道未备也。静而不存，固无以立其本；动而不察，又无以胜其私，修身之道未尽也。今焉制其精一于内，而极其检束于外，则是内外交养，而身无不修矣。行必以礼，而不戾其所存，动必以正，而不失其所养，则是动静不违，而身无不修矣。是则所谓端《九经》之本者如此，而亦何莫而不本于持敬哉？大抵《九经》之序，以身为本，而圣学之要，以敬为先。能修身以敬，则笃恭而天下平矣。是盖尧、舜之道，夫子举之以告哀公，正欲以兴唐、虞之治于春秋，而子思以继大舜、文、武、周公之后者，亦以明其所传之一致耳。后世有能举而行之，则二帝、三王之治，岂外是哉！斯固子思之意也。

译文

竭尽持敬的功夫，端正《九经》的根本。修身才是《九经》的根本。假如动静举止都不懂得持敬，那么又如何修身呢？先秦时候孔夫子回答鲁哀公就这么说的，就像说理解《九经》最重要的是修身，而修身最重要的在于持敬。假如内心志向安静专一，没有错综复杂的私欲，内心干净不会被人欲遮蔽，那么内心就能极尽专精唯一。戴冠冕、佩玉，而使自己容仪举止端正肃穆，垂下衣带的末端,恭敬地拿着朝笏，而使自己的威仪整肃俨然，那么外在就能极尽严肃。又一定做到克制自己私欲，恢复礼义，而行为都合乎节度，不单保持恭敬；在人欲将要萌动的时候遏制它，那么即使动机不以礼义为根据，必然也能通过动作观察出来。因此，又怎么能不像这样保持恭敬的功夫来修身呢？确实不使内心专一，就没有办法约束外在，不使自己的外在整齐庄重，就没有办法修养内心，修身的道理就不完备。不保持内心的安静，就没有办法树立自己的根本。不观察自己的日常行为，就没有办法战胜自己的私欲，修身的大道就没有办法穷尽。现在使自己的内心使其专一，然后约束自己的外在。这样就能内外两方面修养，没有做不到修身的。行为一定符合礼节，同时不违背它的存在；日常行为一定端正，同时保持修养，那么就能做到动静不相互违背，这样就没有做不到修身的。因此，所谓端正《九经》的根本，哪有不本于持敬的呢？大概学习《九经》的次第，以修身为根本，而学习圣贤的关键，以持敬为首要任务。假如能持敬修身，那么笃守恭敬天下就能太平。大概是夫子拿尧、舜的道理来告诉鲁哀公，想要在春秋时代复兴唐、虞的圣治，而子思继承大舜、文王、武王、周公，也彰明他所传大道的一致性。后世假如有能举尧舜大道而行，那么二帝、三王的盛世，一定能实现！这才是子思的本意啊。

禹思天下有溺者由己溺之也
稷思天下有饥者由己饥之也

圣人各有忧民之念，而同其任责之心。夫圣人之忧民，其心一而已矣。所以忧之者，虽各以其职，而其任之于己也，曷尝有不同哉？昔孟子论禹、稷之急于救民而原其心，以为大禹之平水土也，虽其所施，无非决川距海之功，而民可免于昏垫矣。然其汲汲之心，以为天下若是其广也，吾之足迹既有所未到之地，则夫水之未治者，亦必有之矣。水之泛滥，既有所不免之地，则夫民之遭溺者，亦容有之矣。夫民之陷溺，由水之未治也，吾任治水之责，使水有不治，以溺吾民，是水之溺民，即吾之溺民也。民之溺于水，实吾之溺之也，吾其救之，可不急乎？后稷之教稼穑也，虽其所为无非播时百谷之事，而民可免于阻饥矣。然其遑遑之心，以为万民若是其众也，吾之稼穑，固未能人人而面诲矣，能保其无不知者乎？民之树艺，即未能人人而必知矣，能保其无不饥者乎？夫民之有饥，由谷之未播也，吾任播谷之责，使谷有未播以饥吾民，是饥之厄民，即吾之厄民也，民之饥于食，实吾之饥之也，吾其拯之，可以缓乎？夫禹、稷之心，其急于救民盖如此，此其所以虽当治平之世，三过其门而不入也欤！虽然，急于救民者，固圣贤忧世之本心，而安于自守者，又君子持己之常道。是以颜子之不改其乐，而孟子以为同道于禹、稷者，诚以禹、稷、颜子莫非素其位而行耳。后世各徇一偏之见，而仕者以趋时为通达，隐者以忘世为高尚，此其所以进不能忧禹、稷之忧，而退不能乐颜子之乐也欤！

译文

圣人有各自关心民众的想法，但有相同的责任心。圣人关心民众，他们的用心是一致的。他们忧虑的事情，虽然各有各的职责，但他们自己肩上的责任，何尝有不一样的地方。过去的时候，孟子谈论大禹、后稷急于救民的本心。他认为大禹治理洪水，虽然他的做不过是与山川海洋对抗的功劳，但民众已经能免于被困于水灾。但他非常积极地努力追求目标，他认为天下那么大，只要我足迹有到不了的地方，那里就会有洪水泛滥。假如有洪水泛滥的地方，那么民众就会处于水深火热之中。群众之所以处于水深火热之中，就是因为洪水还没有得到治理，我的责任是治理洪水，假如洪水没有被治理，那么我的民众就会受难。既是水使民众受难，也是我使民众受难。民众受困于洪灾，也受困于我，所以我能不着急去救他们吗？后稷教民众耕作，虽然他所做的事不过是按时播种百谷，但民众就可以因此免于灾荒。他迫切的用心，他认为假如老百姓那么多，而我教人耕种，固然不能每个都教到，能确保大家都知道吗？不能做到人人都知道如何耕作，能确保不挨饿吗？所以民众有灾荒是因为谷种没有播种，而我的责任在于教民播种，假如谷种没有播种，导致民众挨饿，这既是饥荒导致民众受难，也是我导致民众受难。所以我怎么能慢慢地去拯救他们呢？大禹、后稷他们着急救人民的用心就像这样。这就是他们即使在太平盛世，但依然三过家门而不入的原因。虽然着急拯救民众，是圣贤忧虑时世的本心。而安于自己的操守，则是君子秉持操守的常道。所以颜回不改变他的快乐，而孟子就认为他和大禹、后稷是一样的。他们都确实是安于现在所处的地位，并努力做好应当做的事情。后世的人固执自己的偏见，当官的人把追慕时尚当作通达，隐居的人，把忘记时世当作高尚，这就是他们进不能忧虑大禹、后稷所忧虑的东西，退不能以颜回快乐的东西为快乐的原因。

易

先天而天弗违后天而奉天时

大人于天，默契其未然者，奉行其已然者。夫大人与天，一而已矣。然则默契而奉行之者，岂有先后之间哉？昔《文言》申乾九五爻义而及此意，谓大人之于天，形虽不同，道则无异。自其先于天者言之，时之未至，而道隐于无，天未有为也。大人则先天而为之，盖必经纶以造其端，而心之所欲，暗与道符，裁成以创其始，而意之所为，默与道契。如五典未有也，自我立之，而与天之所叙者，有吻合焉；五礼未制也，以义起之，而与天之所秩者，无差殊焉。天何尝与之违乎？以其后于天者言之，时之既至，而理显于有，天已有为也，大人则后天而奉之，盖必穷神以继其志，而理之固有者，只承之而不悖，知化以述其事，而理之当行者，钦若之而不违。如天叙有典也，立为政教以道之，五典自我而敦矣；天秩有礼也，制为品节以齐之，五礼自我而庸矣。我何尝违于天乎？是则先天不违，大人即天也；后天奉天，天即大人也。大人与天，其可以二视之哉？此九五所以为天下之利见也欤？大抵道无天人之别，在天则为天道，在人则为人道，其分虽殊，其理则一也。众人牿于形体，知有其分而不知有其理，始与天地不相似耳。惟圣人纯于义理，而无人欲之私，其礼即天地之体，其心即天地之心，而其所以为之者，莫非天地之所为也。故曰：循理则与天为一。

译文

圣人之于天道。对没有显现的东西保持沉默，对已经显现的东西则奉行。圣人与天道是一体的。对没有显现的东西保持沉默的人，难道有先后的差别吗？过去《文言传》申述乾卦九五爻辞就涉及到这个意思。圣人之于天道，外形虽然不一样，但大道是一样的。对于先于天道的人来说，时机还没有达到，大道隐藏在虚无之中，天道还没有作为。圣人则先于天道而行动，大概治理天下先设计开端，内心所想的与天道暗合，据以制作，开创开端，心中意念所想的，与天道默契。比如五典还没有的时候，自己就先创造，而五典所叙述的与天道有吻合的地方；五礼没有制作的时候，就按礼义制作，与天道的秩序没有差别，这又何尝与天道违背呢？对于晚于天道的人来说，时机已经到来，道理已经显现，天道已经有所作为，所以圣人在此之后奉行天道。大概一定要穷尽自己的精神来继承天道的意志，道理本来就有，只要继承天道，而不违背它。知道天道造化，按照它的意志去做；应该施行的道理，要恭敬地顺从。比如天道要叙述法典，建立政教引导民众，所以五典从我开始遵守施行；天道要建立礼仪，作为整齐秩级节度的制度，所以五礼从我开始施行运用。我何尝违背了天道？因此，不违背天道，那么圣人就是天道的代表；奉行天道，天道就是通过圣人显现。天道与圣人，难道可以当做两样不同的东西吗？这大概就是乾卦九五爻辞所说的对天下有利的意思吧。大概大道是没有天人的区别，在天的时候就是天道，在人的时候就是人道。他们的分别虽然不同，但道理是一样的，大家受形体桎梏，以为他们有分别，但不知道他们有共通的道理，才开始觉得天地不相似。唯有圣人精通义理，没有私心人欲，他所行的礼就是天地的本体，他们的内心就怀有天地之心，所以他们的所作所为无不体现天地的所作所为，所以说要遵循道理，与天合一。

河出图洛出书圣人则之

天地显自然之数，圣人法之以作经焉。甚矣！经不徒作也。天地不显自然之数，则圣人何由而法之以作经哉？《大传》言卜筮而推原圣人作《易》之由，其意盖谓《易》之用也不外乎卜筮，而《易》之作也则法乎《图》、《书》。是故通于天者河也。伏羲之时，天降其祥，龙马负《图》而出，其数则以五生数统五成数而同居其方，是为数之体焉。中于地者洛也。大禹之时，地呈其瑞，神龟载《书》而出，其数则以五奇数统四偶数而各居其所，是为数之用焉。《图》《书》出矣，圣人若何而则之？彼伏羲则图以画卦，虚五与十者，太极也；积二十之奇，而合二十之偶，以一二三四而为六七八九，则仪象之体立矣；析四方之合以为乾、坤、坎、离，补四隅之空以为兑、震、巽、艮，则八卦之位定矣。是其变化无穷之妙，何莫而不本于图乎？大禹则《书》以叙畴，实其中五者，皇极也；一五行而二五事，三八政而四五纪，第于前者，有序而不乱也；六三德而七稽疑，八庶征而九福极，列于后者，有条而不紊也。是其先后不易之序，何莫而不本于《书》乎？吁！圣人之作《易》，其原出于天者如此，而卜筮之用所以行也欤！大抵《河图》《洛书》相为经纬，八卦九章相为表里，但伏羲先得乎《图》以画卦，无所待于《书》，大禹独得乎《书》以叙畴，不必考于《图》耳。若究而言之，则《书》固可以为《易》，而《图》亦可以作《范》，又安知《图》之不为《书》，《书》之不为《图》哉？噫！理之分殊，非深于造化者，其孰能知之！

译文

天地显现自然的数字，圣人效法它制作了经书。哎呀！六经不是凭空制作的！假如天地不显现自然的数字，那么圣人又效法什么去制作经书呢？《易大传》说根据卜筮来推测圣人制作《易经》的缘由，他的意思大概是说《易经》的功用无外乎卜筮，《易经》的制作是效法《河图》《洛书》的。

因此，通于天道的是《河图》。伏羲的时候，上天降下了祥瑞，龙马背着《河图》出现，它的数字是用五生成构成的，居于东方，这就是数字的本体。符合地道的是《洛书》。大雨的时候，地面呈现了祥瑞，神龟背着《洛书》出现，它的数字是用以奇数五统摄偶数四，各居其所，这就是数字的功用。《河图》《洛书》出现了，圣人又是怎么效仿他们的呢？那个时候伏羲用图来画八卦。十以内的数，取出五、十，据以制作“太极”。积累二十以内的奇数，加上二十以内的偶数，把一二三四当作六七八九，那么两仪、四象的体例就建立了。分析四方，以合于乾卦、坤卦、坎卦、离卦。用兑卦、震卦、巽卦、艮卦补四方的空缺，那么八卦的位置就确定了。八卦变化无穷的奥妙，哪有不本乎《河图》的呢？大禹根据《洛书》叙述九畴。其中最实在的五个就是皇极。第一五行、第二五事、第三八政、第四五纪，在前次第相列有序而不紊乱；第六三德、第七稽疑、第八庶征、第九福极，列在后，有条不紊。因此先后不更易的次第，哪有不本乎《洛书》的呢？啊！圣人制作《周易》源出天道，那卜筮的应用也是由此施行的。大概《河图》《洛书》互相作为经纬，八卦、九章互为表里，只是伏羲先得到《河图》来画八卦，不需要等到《洛书》，大禹独得《洛书》来叙九畴，不必考究《河图》。若深究来说，固然可以根据《洛书》制作《周易》，也可以根据《河图》制作《洪范》，又哪里知道《河图》《洛书》互不相关呢？呀！道理的区别，不深明造化，谁能知道呢！

书

王懋昭大德建中于民以义制事以礼制心垂裕后昆予闻曰能自得师者王

大臣告君，即勉其修君道以贻诸后，必证以隆师道而成其功。夫君道之修，未有不隆师道而能致者也。大臣之论如此，其亦善于告君者哉！吾想其意，若谓新德固所以属人心，而建中斯可以尽君道，吾王其必勤顾諟之功，以明其德，求此中之全体，而自我建之，以为斯民之极也，操日跻之敬，以明夫善，尽此中之妙用，而自我立之，以为天下之准也。然中果何自而建邪？彼中见于事，必制以吾心之裁制，使动无不宜，而后其用行矣；中存于心，必制以此理之节文，使静无不正，而后其体立矣。若是，则岂特可以建中于民而已邪？本支百世，皆得以承懿范于无穷，而建中之用，绰乎其有余裕矣。子孙千亿，咸得以仰遗矩于不坠，而建中之推，恢乎其有余地焉。然是道也，非学无以致之。盖古人之言，以为传道者师之责，人君苟能以虚受人，无所拂逆，则道得于己，可以为建极之本，而王者之业，益以昌大矣。考德者师之任，人君果能愿安承教，无所建拒，则德成于身，足以为立准之地，而王者之基，日以开拓矣。是则君道修，而后其及远，师道立，而后其功成。吾王其可以不勉于是哉！抑尝反覆仲虺此章之旨，懋德建中，允执厥中之余绪也；制心制事，制外养中之遗法也。至于能自得师之一语，是又心学之格言、帝王之大法。则仲虺之学，其得于尧、舜之所授受者深矣。孟子叙道统之传，而谓伊尹、莱朱为见而知者，而说者以莱朱为仲虺，其信然哉！

译文

大臣告诫君主，勉励国君要他修习君道为后代作基础，一定要兴隆尊师之道才能成就功业。修习君道，没有不兴隆尊师之道就能达到的。大臣既然这样，也是善于劝诫国君啊。我猜想他的意思，他的意思像是说更新道德可以使人心归附，建立中庸之道，可以竭尽为君之道。我们的君上一定要勤于敬奉天命，以此彰明道德，追求中庸之道。自我修养道德，是为天下苍生尽责的极致；每日操持持敬，以彰明善道，竭尽中庸之道的妙用。自我修身立本，作为天下的准则。然而中庸之道要从哪里开始建立呢？中庸之道在事情中显现时，一定要用自己的内心来裁决，使动作没有不适宜的，然后再施行中庸之道；中庸之道保存在内心时，一定要用天理来节制，使静的时候没有不端正的，然后才能建立本体。假如能做到这样，哪里仅仅会取信于民呢？

子孙后代都可以不断地继承他好的典范，建立中庸之道的功用更是绰绰有余。千万子孙，都得以仰赖先辈的规矩而不崩溃，建立中庸之道推而广之，更是有广阔的余地。然而中庸之道，不通过学习是没有办法达到的。大概古人说传授道理是老师的责任，国君假如能虚心接受，不违背道理，那么自己就能得到道理，可以作为建立政治的根本，而王者的事业也能愈发变得广大。考察道德是老师的责任，国君假如能真的愿意接受教育而不抗拒，那么自身就能实现道德，足以有立身之地。王者的基业，也可以日益得到开拓。因此国君要先修行自己的道德，然后推己及远，建立师道，然后实现功业。我们国君怎么能不在这些事情上勤勉呢？反覆体悟“仲虺”这章的要旨，是勉行大德、建立中道、言谈举止讲求诚信，保持不偏不倚的中庸之道的余绪；也是反思内心、制约用事、约束外在、修养内心的遗法。至于能得到老师一句话的指点，又是心学的格言，成就帝王之道的大法了。所以“仲虺”的学问深受尧舜影响。孟子叙述道统的传承，说伊尹、莱朱是见到、知道的人，后世讨论的人说莱朱就是仲虺，应该是可信的吧！

继自今立政其勿以憸人其惟吉士

大臣勉贤王之为治，惟在严以远小人，而专于任君子也。盖君子小人之用舍，天下之治忽系焉，人君立政，可不严于彼专于此哉？周公以是而告成王，意岂不曰，立政固在于用人，而非人适所以乱政？彼吉士之不可舍，而憸人之不可用，盖自昔而然矣。继今以立政，而使凡所以治其民者不致苟且而因循，则其施为之详，固非一人所能任也，而将何所取乎？继此以立政，而使凡所谓事与法者，不致懈怠而废弛，则其料理之烦，亦非独力所能举也，而将何所用乎？必其于憸人也，去之而勿任；于吉士也，任之而勿疑，然后政无不立矣。盖所谓憸人者，行伪而坚，而有以饰其诈，言非而辩，而有以乱其真者也。不有以远之，将以妨吾之政矣。必也严防以塞其幸人之路，慎选以杜其躁进之门，勿使得以戕吾民，坏吾事，而挠吾法焉。所谓吉士者，守恒常之德，而利害不能怵，抱贞吉之操，而事变不能摇者也。不有以任之，无以成吾之治矣。必也推诚信而彼此之不疑，隆委托而始终之无间，务使得以安吾民，济吾事，而平吾法焉。吁！严以去之，则小人无以投其衅；专以任之，则君子有以成其功。国家之治也，其以是欤！抑考之于《书》，禹、益、伊、傅、周、召之告君，至君子小人之际，每致意焉。盖君德之隆替，世道之升降，其原皆出于此，非细故也。秦、汉以下，论列之臣，鲜知此义，惟诸葛孔明之言曰：亲君子远小人，先汉所以兴隆也。其意独与此合。故论者以为三代之遗才云。

译文

大臣勉励贤君王施行政治，关键在于远离小人，专门任用君子。任用君子还是小人，关乎天下的治理。君主建立政治，怎么能不在这个问题上严肃对待呢？周公拿这件事情告诉成王，他的意思岂不是说：建立好的政治，关键在于任用人才。选用不适合的人才就会扰乱政治。不能舍弃好的人才，不可以任用奸邪的人，大概自古以来都是这样。如今建立好的政治，只要是治理民众不至于苟且做事而因循守旧，那么认真详细施政本来就不是一个人能胜任的，那么要怎么办呢？如今建立好的政治，要使得事情和法律不至于懈怠而废弛，料理这些事本来就很繁琐，也不是一个人能完成的，那么要怎么办呢？所以一定要抛弃奸邪的人，不任用他们；而对于好的人才要没有疑虑地任用他们，那么好的政治就能建立起来。所谓奸邪的人，他们行动虚伪，来掩饰他们的欺诈；说话巧舌如簧，以假乱真。假如不远离他们，那么就会妨碍我们的政治。一定要严格防止他们通过宠幸而升任；谨慎选择，以此杜绝他们进入政治，不得使他们戕害我们的百姓，败坏我们的事业，扰乱我们的法律。所谓好的人才，能够恒常保持他们的道德，利害关系不能使他们害怕，保持贞洁的操守，事情的变幻莫测不会动摇他们。假如不任用他们，就无法成就我们的事业。一定要推心置腹地相信他们，使得君臣之间没有疑虑，要事无巨细地委托他们重任，这样才能安定我们的百姓，助益我们的事业，稳定我们的法律。啊！严格去除奸邪之人，那么小人就没有办法投机取巧；专门任用有才能的人，那么君子就能实现功业，国家的长治久安，大概就是这样的吧！参考《尚书》，大禹、益、伊尹、傅说、周公、召公他们告诫君上，每次都会讨论君子、小人的区别。君主道德的兴废，世道的升降变化，大概都出于此，这不是什么小的事情。秦汉以来，大臣很少知道这个意思，只有诸葛亮说过：亲近君子远离小人，是先汉兴隆的原因。只有他的意思和上述相合。所以后世讨论的人都认为诸葛亮是保留上古三代美德的人才。

诗

不遑启居猃狁之故

戍者自言劳之未息，由患之未息也。夫猃狁之患，不可以不备，则戍役之劳，自有所不免矣。王者于遣戍之时，而代为之言若此，所谓叙其情而风之以义者欤！此诗之意，盖谓人固有不能忘之情，然亦有不容已之义。彼休息之乐，吾岂独无其情乎？启居之安，吾宁独无其念乎？诚以王命出戍，则此身既已属之军旅，而势不容于自便耳，是以局促行伍之间，奔走风尘之下。师出以律，而号令之严其敢违？军法有常，而更代之期何敢后？则吾虽有休息之情，而固所不暇矣。虽怀启居之念，而亦所不遑矣。然此岂上人之故欲困我乎？岂吾君之必欲劳我乎？诚以猃狁猾夏，则是举本以卫夫生灵，而义不容于自已耳。彼其侵扰疆埸之患虽亦靡常，而凭陵中国之心实不可长，使或得肆猖獗，则腥膻之忧，岂独在于廊庙？如其乘间窃发，则涂炭之苦，遂将及于吾民。是我之不遑休息者，无非保乂室家，而猃狁之是备也；我之不暇启居者，无非靖安中国，而外寇之是防也。吁！叙其勤苦悲伤之情，而风以敌忾勤王之义，周王以是而遣戍役，此其所以劳而不怨也欤！大抵人君之为国，好战则亡，忘战则危，故用兵虽非先王之得已，而即戎之训亦有所不敢后也。观此诗之遣戍，不独以见周王重于役民，悯恻哀怜不容已之至情，而亦可以见周之防御猃狁于平日者，盖亦无所不至。故猃狁之在三代，终不得以大肆其荼毒。后世无事懈弛，有事则张皇，戎之不靖也，有由然哉！

译文

镇守边疆的人说自己劳动没有休息，是因为边患没有停止。猃狁的边患，不得不防备，那么镇守边疆的劳役，就自然不能免除。君王在派遣劳役的时候，说这样的话，大概就是陈述实情，阐明义理吧。这首诗的意思大概就是说人固然有不能忘记的情感，但也有义不容辞的道义，在休息时候的快乐，我难道没有情感吗？安乐的居处我难道不会思念吧？假如奉王命出去镇守，那么我的身躯就已经属于军队，势必不能自己决定自己，因此跻身在军队之中，在风尘下奔走。军队假如有严格的纪律，那么谁又敢违背号令呢？假如有固定的军法，那么之后哪敢有变更的日期呢？那么我即使有休息的想法，也没有空余的时间。即使我怀有安居的念想，也没有闲暇的时间。难道是君上故意要困住我吗？难道是我们的君上一定要使我们操劳吗？假如真的是猃狁十分狡猾，那么就是要保卫百姓生灵，义不容辞。他们侵扰我们疆土的祸患虽然长期不定，但是不可助长他们欺凌中国诸夏的用心。假如他们猖獗得势，那么战争的破坏，难道只会在朝廷吗？假如他们乘机侵夺，那么我们的百姓就会生灵涂炭，所以我没有时间休息，不过是为了保护我们的国家，防备猃狁的祸患；我没有空闲安居，无非是想让诸夏稳定，防备外来的敌寇。啊！叙述勤苦悲伤的实情，而讽诵同仇敌忾勤王的大义。周王因此派遣士兵镇守边疆，这正是士兵劳而不怨的原因吧。大概君主统治国家，喜好战争就会灭亡，忘记战争就会危亡，所以发动战争虽然是不得已，但训练士兵却不敢为人后。读这首诗，不单能看见周王重视管理人民的兵役，哀怜悯惜他们的心情，也能看到他在平日对猃狁无所不至的防备。所以猃狁在上古三代，终究没有能够大肆荼毒生灵。但是后世在没有事情的时候懈怠松弛，有事情的时候才张罗，不平定战乱，大概就源于此吧！

孔曼且硕万民是若

新庙制以顺人心，诗人之颂鲁侯也。夫人君之举动，当以民心为心也。鲁侯修庙而有以顺乎民焉，诗人得不颂而美之乎？鲁人美僖公之修庙而作是诗及此，谓夫我公之修庙也，材木尽甫、来之良，经画殚奚斯之虑。意以卑宫之俭，可以自奉，而非致孝乎鬼神，则新庙之作，虽甚曼焉，亦所宜矣。茅茨之陋，可以自处，而非敬事其先祖，则新庙之修，虽甚硕焉，亦非过矣。是以向之卑者，今焉增之使高，而体制极其巍峨。盖斯革斯飞，孔曼而长也；向之隘者，今焉拓之使广，而规模极其弘远，盖闲如奕如，且硕而大也。然庙制之极美者，岂独以竭我公之孝思，实所以从万民之仰望。盖以周公皇祖，德洽下民，而庙之弗称，固其所愿改作也。今之孔曼，亦惟民之所欲是从耳。泽流后世，而庙之弗缉，固其所愿修治也。今之孔硕，亦惟吾民之所愿是顺耳。是以向之有憾于弗称者，今皆翕然而快睹，莫不以为庙之曼者宜也，非过也；向之致怨于弗缉者，今皆欣然而满望，莫不以为庙之硕者，非过也，宜也。吁！庙制修于上，而民心顺于下，则其举事之善，于此可见，而鲁公之贤，亦可想矣。抑考鲁之先君，自伯禽以下，所以怀养其民人者，无非仁爱忠厚之道，而周公之功德，尤有以衣被而渐渍之，是以其民久而不忘，虽一庙之修，亦必本其先世之泽而颂祷焉。降及秦、汉干戈之际，尚能不废弦诵，守礼义，为主死节，而汉高不敢加兵。圣人之泽，其远矣哉！

译文

诗人歌颂鲁侯建立新的宗庙，顺从人心。君主的行为举止应当以百姓的用心，为自己的用心。鲁侯修建宗庙，顺从民意，诗人能够不歌颂赞美他吗？鲁国人赞美鲁僖公修建宗庙，所以创作这首诗，说道：我们鲁西宫修建这座宗庙，用甫山、来山的精良的木材。规划经过奚斯的深思熟虑。希望简陋的宫室可以自己使用，而不是用来祭祀鬼神，建立新的宗庙虽然很长，但也十分适宜；简陋的房舍可以自己拿来居住，而不是用来祭祀先祖，修建新的宗庙虽然很大，但也不过分。所以过去低矮的地方如今增高，使他的体型变得巍峨高大，宫室飞檐变得修长；过去狭隘的地方，如今拓宽它，使它的规模变得宏大，宫室之内可以悠闲自得。建造极其壮美的宗庙，难道只是我们鲁僖公孝顺的心思吗？这实际也是万千民众所希望的。大概是因为周公作为祖上，德行泽被百姓，鲁国的宗庙难以配得上，所以愿意改建。如今广阔的宗庙是民众愿意顺从的。周公的道德施于后代，鲁国的宗庙还欠修葺，所以愿意休整。如今广大的宗庙是民众愿意顺从的。因此过去觉得配不上感到不满的人，如今都一起来看，没有不觉得这合适的，并不觉得过分；过去讨厌修葺宗庙的人如今都感到十分满意，也没有人觉得宗庙太大而不适宜的。啊！君上修建宗庙，民众在下服从，做这件事的好处能看见，而鲁僖公的贤能也可以想见。回顾鲁国历代的君主。自从伯禽以来都心怀有百姓，没有不遵奉仁爱忠厚的君道。而周公的功德，更是泽及后代，所以民众很久都不会忘记。即使修建一座宗庙，也一定以先代国君的道德恩泽为基础，然后歌颂祝祷。到了秦汉战乱的时候，尚且能不废弃弦歌，遵守仁义道德，为君主殉节，而汉高祖不敢在这里用兵。圣人的恩德泽及后代，真是久远啊。

春秋

楚子入陈（宣公十一年） 楚子围郑 晋荀林父帅师及楚子战于邲晋师败绩 楚子灭萧 晋人宋人卫人曹人同盟于清丘（俱宣公十二年）

外兵顺，而伯国自亵其威，既可贬；外兵黩，而伯国徒御以信，尤可讥。此楚以争伯为心，而晋失待之之道，《春秋》所以两示其法也。自夫晋景无制中夏之略，而后楚庄有窥北方之图，始焉县陈，以讨罪也，而征舒就戮，继焉入郑，以贰已也，而潘尪遂盟。一则讨晋之所未讨，一则平郑之所欲平，是虽未免以力假仁，然其义则公，其辞则顺矣。晋欲强之，必修德以俟，观衅而动，斯可也。顾乃兴无名之师，而师之以林父，楚子退师矣，而犹欲与之战，先縠违命矣，而不能行其辟，遂致邲战既北，而晋遂不支。则是主晋之师者，林父也，弃晋之师者，林父也，责安所逃乎？《春秋》于陈书入，于郑书围者，所以减楚之罪，而于邲之战，则独书林父以主之，用以示失律丧师之戒也。自夫晋人之威既亵，而后楚人之势益张，伐萧不已，而围其城，围萧不已，而溃其众，以吞噬小国之威，为恐动中华之计，是其不能以礼制心，而其志已盈，其兵已黩矣。晋欲御之，必信任仁贤，修明政事，斯可也。顾乃为清丘之盟，而主之以先縠，不能强于为善，而徒刑牲歃血之是崇，不能屈于群策，而徒要质鬼神之是务，故其盟亦随败，而晋卒不竞。则是主斯盟者，丧师之縠也，同斯盟者，列国之卿也，责安所归乎？《春秋》不称萧溃，特以灭书者，所以断楚之罪。而清丘之盟，则类贬列卿，而人之用，以示谋国失职之戒也。吁！楚庄之假仁，晋景之失策，不待言说，而居然于书法见之，此《春秋》之所以为化工欤！抑又论之：仗义执言，桓、文之所以制中夏者也。晋主夏盟，虽世守是道，犹不免为三王之罪人，而又并其先人之家法而弃之，顾汲汲于会狄伐郑，而以讨陈遗楚，使楚得风示诸侯于辰陵，则是时也，虽邲之战不败，清丘之盟不渝，而大势固已属之楚矣。呜呼！孔子沐浴之请，不用于哀公而鲁替，董公缟素之说，见用于高帝而汉兴，愚于是而重有感也。

译文

外面的军队顺从，但霸主仍然亵渎他们的威严，自然被贬责；外面的军队轻率妄动，而霸主只是信，自然被讥讽，这就是楚国争霸的用意，而晋国没有很好地对付它，所以《春秋》从两方面显示褒贬大义。晋景公没有统治诸夏中原的策略，但楚庄王有窥伺北方的意图，开始在陈国设县，来讨伐有罪的诸侯，同时因为陈、郑背叛自己，入陈国杀夏征舒，入侵郑国，然后楚国大夫潘尪与郑国结盟。一方面讨伐晋国没有讨伐的国家，另一方面与郑国达成他们想要的盟约，因此，楚国未免依仗武力推行仁道，但他们的道义出于公心，他们的言辞恭顺。晋国假如想让楚国屈服，一定要先修德，等候时机，静观其变，才可以。晋国本来没有兴师问罪的名义，但荀林父却带领军队出征楚国，被击退后还想和楚国战斗，先縠违反命令，导致在邲战败，晋国于是力不能支。至于领导晋国军队的是荀林父，抛弃晋国军队的也是荀林父，责任又怎么逃脱呢？《春秋》宣十一年写“楚子入陈”，宣十二年写“楚子围郑”，是为了减少楚国的罪过。而在邲之战只写荀林父率领，是以此彰显他丧失军纪的教训。自此以后，晋国的威严被亵渎，而后楚国人日益嚣张，讨伐萧地之后，围困他的城池，进而灭掉它。以吞噬小国的威势来恐吓中原诸侯国，这是他们不能用礼仪来约束内心，他们的志向已经盈满，他们用兵已经轻率晋国想要抵御楚国，一定要任用贤能的人才，修明政治，才可以做到。之后的清丘之盟，由先縠主持，不能做善事，只是推崇刑牲歃血。不能群策群力，只是谄媚鬼神。所以会盟随后失败，而晋国最终霸业终结。那么主持这次会盟的是兵败的先縠，参与这次会盟的是诸国的公卿，责任应该归在谁头上？《春秋》不称“萧溃”，特意写“萧灭”是为了断定楚国有罪。清丘之盟，则一律贬责列国公卿，以此告诫诸侯国任用人才的失职。啊！楚庄王的假仁假义，晋景公的失算，不需要言说就能见诸《春秋》的笔法，这就是春秋的造化神工吧！仗义执言是齐桓公、晋文公能够在中原诸夏之国中称霸的原因。晋文公主持诸夏诸侯国的联盟，即使世世守护，尚且不至于成为三王的罪人。然而它摒弃了先代的家法，热衷于与夷狄会盟，讨伐郑国，讨伐陈国以至于招惹楚国，使得楚国在辰陵会盟，威慑诸夏。在这个时候，即使邲之战晋国不战败，清丘之盟不改变，大势已经属于楚国。哎呀！孔子沐浴后请见鲁哀公，最终因不得用而鲁国衰落；董仲舒以缟素之说，被汉武帝使用最终汉朝兴盛，我因此而有深深的感受。

楚子蔡侯陈侯许男顿子沈子徐人越人伐吴（昭公五年）

《春秋》纪外兵而特进夫远人，以事有可善，而类无可绝也。盖君子与人为善，而世类之论，亦所不废也。然则徐、越从楚伐吴，而《春秋》进之者，非以此哉！慨夫庆封就戮，楚已见衔于吴东，鄙告入，吴复致怨于楚，至是楚子内搂诸侯，外连徐、越，而有伐吴之役。然何以见其事有可善邪？盖庆封之恶，齐之罪人也，吴子纳而处之，是为崇恶，楚子执而戮之，是为讨罪，彼曲此直，公论已昭于当时矣。夫何吴子违义举兵，困三邑之民，报朱方之憾，岂非狄道哉？楚子率诸侯以伐之，声崇恶之过，问违义之由，是乃以有名而讨无名，以无罪而讨有罪也。揆之彼善于此之义，固有可善者矣。又何以见其类无可绝邪？盖徐、越之夷，夏之变于夷者也。徐本伯益之后，越本大禹之后，元德显功，先世尝通于周室矣。惟其后人渎礼称王，甘心于僭伪，得罪于典常，故为狄道耳。君子正王法以黜之，上虽不使与中国等，下亦不使与夷狄均，盖以后人之僭伪，固法所不贷，而先世之功德，亦义所不泯也。揆之赏延于世之典，殆非可绝者欤！夫事既有可善，类又无可绝，故越始见经，而与徐皆得称人，圣人以为楚之是伐，比吴为善，其从之者，又皆圣贤之后，则进而称人可也。春秋之慎于绝人也如是。夫抑论吴、楚，在春秋亦徐、越而已矣。吴以泰伯之后而称王，楚以祝融之后而称王，故春秋亦以待徐、越者待之，猾夏则举号，慕义则称人，及其浸与盟会，亦止于称子，曾不得以本爵通焉，盖待之虽恕，而其法固未始不严也。然则僭伪者，其能逃于春秋之斧钺邪！

译文

《春秋》记录国外的士兵，但却褒奖外面的人，是因为他们有值得称赞褒奖的地方，作为同类也无需贬绝。大概君子与人为善，当时的评论不会觉得没有意义而废弃。然而徐国和越国跟从楚国讨伐吴国《春秋》之所以褒奖他们，并不是因为这个原因。庆封慷慨赴死的时候，楚国已经占领了吴国的东边，吴国还继续与楚国结怨，所以楚国对中原诸侯国笼络诸侯，对外连接徐国与越国，故而才有讨伐吴国的战役。然而怎么能从这件事情中看出值得称善的地方呢？大概是因为庆封十恶不赦，是齐国的罪人，但吴国却收留了他，这么做是在推崇邪恶；楚国捉拿他，然后杀掉，这么做是为了讨伐罪恶。吴国不义楚国正直，这在当时已经是公认的事实。吴国违背道义发动战争，困住三邑的居民，报朱方之仇，这难道不是夷狄的做法吗？楚国率领诸侯讨伐它，声明它推崇邪恶的过错，问责它违背道义的因由，这是以大义来讨伐不义，以无罪来讨伐有罪。拿他们的善行和这比较，自然是有值得称赞的地方。那么又怎么看出同类事情无需贬绝呢？大概徐国和越国是夷狄，他们是从诸夏的中原诸侯国变成夷狄的。徐国本是伯益的后代，越国本是大禹的后代，他们有着显赫的功劳，硕大的德性，他们先祖曾经与周王室有交流。只是他们的后人不守礼乐，僭越称王，得罪了周礼宪章，所以才被当做夷狄。君子用正确的周王法典来贬黜他们，对上虽然不使他们与中原诸侯国等同，对下也不认为他们和夷狄一模一样。大概是因为他们的后人僭越礼制，所以法律不可饶恕；但先祖的功德很大，所以按理来说也不宜抹去。参考当时赏赐朝聘的法典，大概不是可以贬绝的吧。这件事情值得称赞，作为同类无需贬绝，所以越国开始见于经书，而徐国可以被称作“徐人”。圣人认为楚国讨伐夷狄，是比吴国更好的，而跟从楚国的人又都是圣贤的后代，所以也可以称作“人”。《春秋》就是像这样十分谨慎地贬绝旁人。讨论涉及到吴国和楚国，在《春秋》里面也就只有徐国和越国而已。吴国以泰伯后代的身份而称王，楚国以祝融后代的身份称王，所以《春秋》也拿对待徐国和越国的态度来对待他们。扰乱华夏就列举他的名号，追慕大义在经书中就可以称“人”。等到他们慢慢与华夏各国会盟，也可以称“子”，但不能用本来的爵位相通，大概是因为虽然对待他们很宽容，但史法未尝不严格。即便是僭越诈伪的人，又怎么能逃脱《春秋》褒贬的斧钺呢！

礼记

君子慎其所以与人者

君子之所谨者，交接之道也。夫君子之与人交接，必有其道矣，于此而不谨，乌能以无失哉！记礼器者，其旨若曰“观礼乐而知夫治乱之由”，故君子必慎夫交接之具。君子之与人交接也，不有礼乎？而礼岂必玉帛之交错？凡事得其序者皆是也。礼之得失，人之得失所由见，是礼在所当慎矣。不有乐乎？而乐岂必钟鼓之铿锵？凡物得其和者皆是也。乐之邪正，人之邪正所从著，是乐在所当慎矣。君子于和序之德，固尝慎之于幽独之地，而于接人之际，又和序之德所从见也，其能以无慎乎？君子于礼乐之道，固尝谨之于制作之大，而于与人之时，亦礼乐之道所由寓也，其可以不谨乎？故其与人交接也，一举动之微，若可忽矣，而必竞竞焉常致其检束，务有以比于礼而比于乐；其与人酬酢也，一语默之细，若可易矣，而必业业焉恒存夫戒谨，务有以得其序而得其和。所与者乡邦之贱士，而其笑语率获，肃然大宾是接也，况其所与之尊贵乎？所对者闾阎之匹夫，而其威仪卒度，严乎大祭是承也，况其所对之严惮乎？君子之慎其所以与人者如此，此其所以动容周旋必中夫礼乐，而无失色于人也欤！抑论礼乐者，与人交接之具；慎独者，与人交接之本也。君子戒慎于不睹不闻，省察于莫见莫显，使其存于中者，无非中正和乐之道，故其接于物者，自无过与不及之差。昔之君子，乃有朝会聘享之时，至于失礼而不自觉者，由其无慎独之功，是以阳欲掩之，而卒不可掩焉耳。故君子而欲慎其所以与人，必先慎独而后可。

君子最谨慎看待的是与他人交接的方法。君子与旁人交接一定有他的方

法，假如不谨慎怎能不失误呢？记录《礼记·礼器》这篇的人，他的大意是“通过观察礼乐就知道治乱的根由”，所以君子一定要谨慎对待交接之道。君子和别人交接能够不用礼吗？难道礼仪就一定是要通过玉帛吗？只要事情有序就可以了。通过礼仪的得失就能看出人的得失，这就是礼仪要慎重对待的原因。君子与人交接，难道能不通过乐吗？难道音乐就一定是要铿锵的钟鼓声吗？只要是物与物之间能够和谐就可以了。通过音乐的正邪就能看出人的正邪，这就是要谨慎对待音乐的原因。君子会在孤独幽静的地方，慎重地修养和谐的德性，而在与人交接的时候，也能看出是否有和谐的德性，所以能够不谨慎对待吗？君子对待礼乐，固然要谨慎考虑其制作的根本，但在与人交流的时候，礼乐之道就寄托在其中，能够不谨慎对待吗？所以与旁人交接的时候，假如在短暂的时间内，一举一动也一定会恭恭敬敬地约束自己，一定要使得自己合乎礼乐；在与别人互相敬酒宴飨时，在短时间言谈沉默的细节上也一定会保存慎重的恒心，一定要使得自己符合秩序、与人和谐。假如与乡下的卑贱士人交接的时候，可以坦率的言笑，严肃地像对待贵宾一样对待他们，那么又何况对待尊贵的客人呢？假如与身份尊贵的大夫交接的时候，他的礼仪节度就像参与大型的祭祀一样，那么又何况面临畏惧害怕的情况呢？君子与他人交接谨慎的程度就像这样，所以他们的一动一静都一定要符合礼乐，而不会在别人面前大惊失色。礼乐是与他人交接时候的载体，而慎独是与他人交接的根本。君子切忌不看不听，要在看不见、没有显现的地方自我省察，使内心中保留中正平和的大道，所以他们与外物交接的时候自然既不会过分，又不会不及。过去时候的君子在朝聘相会的时候，失礼也不自觉，是因为他们没有慎独的功夫而想强行掩盖，最终却无法掩盖。所以君子想谨慎地与他人交接，必须要自己先做到慎独，然后才可以做到。

心好之身必安之君好之民必欲之

内感而外必应，上感而下必应。夫君之于民，犹心之于身也，虽其内外上下之不同，而感应之理何尝有异乎？昔圣人之意，谓夫民以君为心也，君以民为体也，体而必从夫心，则民亦必从夫君矣。彼其心具于内，而体具于外，内外之异势，若不相蒙矣；然心惟无好则已，一有所好，而身之从之也，自有不期然而然。如心好夫采色，则目必安夫采色；心好夫声音，则耳必安夫声音；心而好夫逸乐，则四肢亦惟逸乐之是安矣。发于心而慊于己，有不勉而能之道也；动于中而应于外，有不言而喻之妙也。是何也？心者身之主，心好于内，而体从于外，斯亦理之必然欤！若夫君之于民，亦何以异于是？彼其君居于上，而民居于下，上下之异分，若不相关矣，然君惟无好则已，一有所好，而民之欲之也，亦有不期然而然。如君好夫仁，则民莫不欲夫仁；君好夫义，则民莫不欲夫义；君而好夫暴乱，则民亦惟暴乱之是欲矣。倡于此而和于彼，有不令而行之机也；出乎身而加乎民，有不疾而速之化也。是何也？君者民之主，君好于上，而民从于下，固亦理之必然欤！是则内外上下本同一体，而此感彼应，自同一机，人君之于民也，而可不慎其所以感之邪？抑论之，身固必从乎心矣，民固必从乎君矣，抑孰知心之存亡有系于身，而君之存亡有系于民乎？为人君者，但知下之必从夫上，而不知上之存亡有系于下，则将恣己狥欲，惟意所为，而亦何所忌惮乎？故夫子于下文必继之曰："君以民存，亦以民亡。"噫，可惧乎！

译文

内心有感受，外物一定会相应。上面有感受，下面也一定会相应，君上之于人民就像内心之于身体，即使他们内外上下都不同，但相互感应的道理何曾有差异呢？过去圣人的意思就是说，百姓把君上当作自己的内心，君上把民众当作自己的身体，身体一定跟从内心，那么民众也一定会跟从君上。内心在体内，而身体在身外，内外之不同，就像不会相互蒙蔽。内心没有好恶还好，假如一旦有所喜欢，那么身体就会跟上，自然就会有不能预期的情况发生。比如内心喜欢色彩，那么眼睛就一定会安于色彩；内心喜欢声音，耳朵就一定会安于声音；内心喜欢放纵娱乐，那么四肢也会安于娱乐。发自内心，满足自身，是有不需要努力就能实现的道理；内心活动，身体呼应，是有不言而喻的奥妙。那到底是什么呢？内心是身体的主宰，内心有所喜好，身体就会在外面跟上，道理就是这样的。君上至于民众又和这个有什么差别呢？君主居于上，民众居于下，上下不同，就像不相关一样，然而君主没有好恶还好，一旦有所喜好，那么民众就会跟从，自然也会有不能预期的情况发生。就像君上假如喜好仁爱，那么民众就没有不喜好仁爱的；君上喜好正义，那么民众就没有不喜欢正义的；君上喜好暴乱，那么民众就没有不喜欢暴乱的。在此倡导，在彼就会响应，有不命令就会行动的时机；出于自身，加诸百姓，就有迅速的变化。那到底是什么呢？君上就是民众的主宰，君上在上喜好什么，民众在下面就会跟从，道理就是这样的，因此内外上下本来就是一体的，彼此相互感应，本来就是一起的，君上之于百姓，能够不谨慎地感接外物吗？或者说，身体一定要跟从内心，民众一定要跟从君上，又哪里知道内心的存亡关乎身体，而君上存亡关乎百姓呢？作为君上，只知道下面的百姓一定会跟从自己，但却不知道自己作为君上的存亡也与百姓息息相关，就想着放纵自己，实现私欲，随心所欲，又忌惮什么呢？孔夫子定会接着说：“君上因民众而生存，也会因民众而灭亡。”啊！真是可怕啊！

论

人君之心惟在所养

人君之心，顾其所以养之者何如耳。养之以善，则进于高明，而心日以智；养之以恶，则流于污下，而心日以愚。故夫人君之所以养其心者，不可以不慎也。天下之物，未有不得其养而能生者，虽草木之微，亦必有雨露之滋，寒暖之剂，而后得以遂其畅茂条达，而况于人君之心，天地民物之主也，礼乐刑政教化之所自出也，非至公无以绝天下之私，非至正无以息天下之邪，非至善无以化天下之恶，而非其心之智焉，则又无以察其公私之异，识其邪正之归，辩其善恶之分，而君心之智否，则固系于其所以养之者也，而可以不慎乎哉？君心之智，在于君子之养之以善也；君心之愚，在于小人之养之以恶也。然而君子小人之分，亦难乎其为辩矣。人心惟危，道心惟微，尧、舜之相授受而所以丁宁反复者，亦惟以是，则夫人君之心，亦难乎其为养矣。而人君一身，所以投间抵隙而攻之者，环于四面，则夫君心之养，固又难乎其无间矣。是故必有匡直辅翼之道，而后能以养其心。必有洞察机微之明，而后能以养其心。必有笃确精专之诚，而后能以养其心。斯固公私之所由异，邪正之所从分，善恶之所自判，而君心智愚之关也。世之人君，孰不欲其心之公乎？然而每失之于邪也；孰不欲其心之善乎？然而每失之于恶也。是何也？无君子之养也。养之以君子，而不能不间之以小人也，则亦无惑乎其心之不智矣。昔者太甲颠覆典刑，而卒能处仁迁义，为有商之令主，则以有伊尹之圣以养之；成王孺子襁褓，而卒能祗勤于德，为成周之盛王，则以有周公之圣以养之。桀、纣之心，夫岂不知仁义之为美，而卒不免于荒淫败度，则其所以养之者，恶来、飞廉之徒也。呜呼！是亦可以知所养矣。人虽至愚也，亦宁无善心之萌？虽其贤智也，亦宁无恶心之萌？于其善心之萌也，而有贤人君子扩充培植于其间，则善将无所不至，而心日以智矣；于其恶心之萌也，而有小夫憸人引诱逢迎于其侧，则恶亦无所不至，而心日以愚矣。故夫人君而不欲其心之智焉斯已矣，苟欲其心之智，则贤人君子之养，固不可一日而缺也。何则？人君之心，不公则私，不正则邪，不善则恶，不贤人君子之是与，则小夫憸人之是狎，固未有漠然中立而两无所在者。一失其所养，则流于私，而心之智荡矣；入于邪，而心之智惑矣；溺于恶，而心之智亡矣，而何能免于庸患之归乎？夫惟有贤人君子以为之养，则义理之学足以克其私心也，刚大之气足以消其邪心也，正直之论足以去其恶心也。扩其公而使之日益大，扶其正而使之日益强，作其善而使之日益新，夫是之谓匡直辅翼之道，而所以养其心者有所赖。然而柔媚者近于纯良，而凶憸者类于刚直，故士有正而见斥，人有憸而获进，而卒无以得其匡直辅翼之资，于是乎慎释而明辩，必使居于前后左右者无非贤人君子，而不得有所混淆于其间，夫是之谓洞察几微之明，而所以养其心者无所惑。然而梗直者难从，而谄谀者易入也；拂忤者难合，而阿顺者易亲也。则是君子之养未几，而小人之养已随；养之以善者方退，而养之以恶者已入。故夫人君之于贤士君子，必信之笃，而小人不得以间；任之专，而邪佞不得以阻。并心悉虑，惟匡直辅翼之是资焉，夫是之谓笃确专一之诚，而所以养其心者，不至于有鸿鹄之分，不至于有一暴十寒之间，夫然后起居动息无非贤士君子之与处，而所谓养之以善矣。夫然后私者克而心无不公矣，邪者消而心无不正矣，恶者去而心无不善矣。公则无不明，正则无不达，善则无不通，而心无不智矣，夫然后可以絶天下之私，可以息天下之邪，可以化天下之恶，可以兴礼乐，修教化，而为天地民物之主矣，而此何莫而不在于其所养邪！何莫而不在于养之以善邪！人君之心，惟在所养，范氏之说，盖谓养君心者言也，而愚之论，则以为非人君有洞察之明、专一之诚，则虽有贤士君子之善养，亦无从而效之，而犹未及于人君之所以自养也。然必人君自养其心，而后能有洞察之明、专一之诚以资夫人，而其所以自养者，固非他人之所能与矣。使其勉强于大庭昭晰之时，有放纵于幽独得肆之地，则虽有贤人君子，终亦无如之何者，是以人君尤贵于自养也。若夫自养之功，则惟在于存养省察，而其要又不外乎持敬而已，愚也请以是为今日献。

译文

人君的内心，主要看他怎么去修炼养护。用善良去养护，那么就会变得高明，变得更有智慧；用邪恶去养护，那么就会流于低贱而更愚钝。所以人君修养他的内心，不能不慎重。天下万物，没有不得到养护而能生长的，即使是像草木这样微小的事物，也一定要有雨露的滋润，寒暖的调剂，之后才能枝繁叶茂。更何况人君的内心是天地万物的主宰，是礼乐、刑法、政治、教化的来源。假如不能做到大公无私就不能灭绝天下的私欲，不能做到正直就不能平息天下的邪恶，不能做到善良就不能教化天下的恶人，内心没有智慧就无以分辨公司的差异。辨别正邪的归属，分辨善恶的区别，人君的心智是否智慧，就在于他是否能修养得当，这能不慎重吗？人君内心聪明，在于君子用善良来修养它；人君内心愚钝，在于小人用邪恶修养它，然而君子与小人的区别，是很难分辨的。“人心变化莫测，道心中正入微”，尧、舜相互传授，反复叮咛的也就是这句话。人君的内心实在难以修养啊。人君的身体在间隙之间就会被四面环绕攻击，所以人君的内心很难无时无刻在修养。必须要有匡正辅助的大道，之后才能修养他的内心，必须要有洞察精微的英明，之后才能养护他的内心。必须要有笃定精诚的专注，之后才能修养他的内心。所以公私的差异，正邪的分别，善恶的判断，是人君内心分别智慧与愚钝的关键。当今之世的君上，谁不想内心公正、善良呢？然而每次都因为邪恶的诱惑而沦丧。这是为什么呢？因为没有君子修养，必须要用君子来修养内心，但不能在期间没有小人，这样就不会对内心不智慧的情况有所困惑。过去殷商的时候，太甲颠覆了刑法，然而最终都能处于仁义之间，成为有商代的圣主，是因为有伊尹这样的明君去养护他；周成王自襁褓即位，最终能勤于德政，成为周代的圣王，是因为周公这样的圣人去养护他。夏桀、商纣王的内心，难道不知道仁义是好的吗？然而最终不能免于荒淫无度，是因为养护他的人是恶来、飞廉这样的人。哎呀！这样也就可以知道要怎么修养了。人即使十分愚钝，难道没有为善之心萌动吗？虽然极其贤德有智慧，难道没有作恶之心萌动吗？在为善之心萌动的时候，假如有贤能的君子扩充它，那么善良将无所不至，而内心日益聪明；假如在作恶之心萌动的时候，有小人逢迎左右，引诱作恶，那么将无恶不作，内心也日渐愚钝。所以君上不想他内心变得智慧，假如想内心变了智慧，那么贤人与君子的养护就一日都不可缺失。为什么呢？人君的内心，不公正就会自私，不正直就会邪恶，不善良就会作恶，不亲近贤人君子，就会接近小人，所以没有中立而不在这二者之中的。一旦失去君子的养护，就会堕入私欲，而内心智慧荡然无存；一旦堕入邪恶，那么内心就会困惑；一旦沉溺于罪恶，那么内心智慧就会丧失。那要怎么样才能免于这种祸患呢？只有用贤人君子来养护，那么义理之学才能战胜私欲，刚正的浩然之气才能消灭邪念，正直的论断才足以去除作恶之心，扩充自己的公心使他日益壮大，扶植自己的正直使他日益强大，做善事使自己日益更新，这就是匡正辅助的大道，这样养护自己的内心就有所依靠。然而柔弱的人与纯良的人很像，凶狠奸邪之辈与刚直的人很像，所以士人有正直却被贬斥的，有奸邪却被提拔晋升的，最终人君没有办法得到匡正辅助。所以需要谨慎地辨别，使在自己前后左右的人都是贤人君子，不得有小人混于其间，这才是洞察细微的英明之举，这样修养他的内心才没有困惑。然而耿直的人难以服从，谄媚的人容易接近；忤逆的人难以相合，阿谀奉承的人容易亲近，所以君子的养护还没到，小人的养护就已经来了。用引人向善的贤者方才退却，恶人就已经进来了。所以君上对于贤能的君主一定要笃信它，使小人没有空子可以钻。对于贤能的人一定要专门任用，使奸邪的人不能阻碍他们。要细心考虑，取资于匡正辅助之道，这就是所谓的专一笃行之诚心，这样子去养护内心就不至于有飞鸿、鹄鸟之分别，不至于有晒一天冻十天的差异，起居动作之间都与贤能君子在一起，这就是所谓的用善人来养护自己。这样私欲就能被克制，而内心没有不公正的；邪念就能消失，内心就能正直；邪恶的念头就会去除，而内心没有不向善的。这样的话，公正没有不显明的，正直没有不阔达的，善良没有不通达的，内心没有不聪颖的。这样就能断绝天下的私欲，平息天下的奸邪，化解天下的罪恶，可以复兴礼乐，修行教化，成为天地万物的主宰，上述的一切无不在修养这件事上，无不在用善人来养护这件事上。人君的内心，关键在于修养，范氏的话，大概是说养护人君内心的是外在的语言。而我认为的是，假如人君没有英明的洞察，专一的诚心，即使有贤能君子这种善人来养护，也没有办法效法，还比不上人君自己养护。人君一定要自己先养护内心，然后才能有英明的洞察、专一的诚心来对待他人。人君他自己修养，自然不是别人能够参与的。假如他在大庭广众勉强而为，在幽静孤独的地方放纵，即使有贤能的君子，最终也没有办法。所以人君修养的关键在于自修。自我修养的功夫，只在于存养省察，而它的关键无外乎持敬。我请求拿这篇文章作为今天的进献。

表

拟唐张九龄上千秋金鉴录表

开元二十四年

开元二十四年八月五日，具官臣张九龄上言：恭遇千秋圣节，谨以所撰《千秋金鉴录》进呈者。臣九龄诚惶诚恐，顿首顿首。伏以古训有获，成宪无愆，自昔致治之明君，莫不师资于往典，故武王有《洪范》之访，而高宗起旧学之思，兹盖伏遇□□□□。乃武乃文，好问好察，赤龙感唐尧之瑞，白鱼兆周武之兴，是以诞应五百载之昌期，而能起绍亿万年之大统。时维八月，节届千秋，凡兹鼎轴之臣，皆有宝镜之献，祝颂所寓，恭敬是将。臣九龄学本面墙，忠存自牖，窃谓群臣所献，虽近正冠之喻，揆诸事君以礼，尚亏懋德之规。顾瑰奇之珍，则尚方所自有，而珠玉是宝，虽诸侯以为殃。仰窥文皇"以人为鉴"之谟，窃取伏羲制器尚象之义，覃思古昔，效法丹书，粗述废兴，谬名金鉴。盖搜寻旧史，无非金石之言；而采掇前闻，颇费陶镕之力。躬铅椠以实录，敢粉饰乎虚文？鼓铸尧舜之模，炉冶商周之范。考是非之迹，莫遁妍媸；观兴替所由，真如形影。彼六经之道，夫岂不明？而诸子之谈，亦宁无见？顾恐万机之弗暇，愿摅一得而少裨，虽未能如贾山之至言，或亦可方陆生之新语。善可循而恶可戒，情状具在目前；乱有始而治有源，仪刑视诸掌上。公私具烛，光涵阳德之精；幽隐毕陈，寒照阴邪之胆。盖华封之祝，未罄于三，而魏征所亡，聊献其一。若陛下能自得师，或亦可近取诸此，视远亦维明矣，反观无不了然。诚使不蔽于私，自当明见万里；终能益磨以义，固将洞察纤毫。维兹昧爽所需，用为缉熙之助。伏愿时赐披阅，无使遂掩尘埃。宜监于殷，励周宣之明发；顾諟天命，效成汤之日新。

永惟丕显之昭昭，庶识微衷之耿耿。月临日照，帝德运于光天；岳峙川流，圣寿同于厚地。臣无任瞻天仰圣激切屏营之至！谨以所述《千秋金鉴录》随表上进以闻。

译文

开元二十四年（736）八月五日，张九龄上言：恭逢千秋圣节，谨以所撰写的《千秋金鉴录》上呈。臣下我诚惶诚恐，以头叩地。古来的训告有所收获，既定的法度没有过错。古往今来实现盛世的明君，没有取法于过往典章的，所以周武王有访得《洪范》，而唐高宗兴起旧学，这些大概是遇到□□□□。既擅长武又擅长文，爱好提问又爱好观察，赤龙是感应唐尧的符瑞，白鱼昭示周武王的兴起，因此它的诞生预示了五百年的兴昌，而能昭示亿万年的大一统。时间到了八月，季节到了秋天。这些重臣都有宝镜要进献，歌颂寄寓在其中，以此表达恭敬。臣下我学问本来浅薄，忠义寡少。我觉得大臣们所敬献的东西，虽然没有嫌疑，但是从侍奉君上的礼仪来考虑，就还欠缺道德的规范。奇珍异宝，君上自然是有的，但珠玉宝贝，即使是诸侯，也认为是灾殃。回想唐太宗以人为鉴的告诫，窃取伏羲根据万物画卦的要义。回顾历史，效法古代法律，叙述历代的兴废，斗胆以“金鉴”为名。搜寻过去的历史，无非是金石上的文字；采集过去的见闻，则颇费融汇的功力。亲自如实地记录历史，哪里敢以虚浮的文字粉饰真相。铸造上古尧、舜之道的模型，冶炼商周之世的模范。考察历史上是非的功绩，没有超过美好与丑恶的；观察历史上兴废的因由，正如形影不相离。那些六经的道理，难道不明白吗？诸子的谈论，难道看不见吗？只怕打扰您日理万机的空暇时间，希望能发表有价值的见解，提供小小的帮助。虽然未必能像贾谊《新书》那般有至道妙言，但或许可以像陆贾的《新语》那样有些价值。应该顺从善良，警戒邪恶，事情的状况都在眼前；混乱与长治久安都有他的缘由，礼仪与刑法都在股掌之间。公私都明明白白，包涵阳德的精华；幽隐的东西都陈列出来，照耀阴邪的内胆。华地封人的对唐尧的祝福，不只是有三个；只献上魏征进谏所没有的一条计策。假如陛下您可以自己得到老师，或许可以就近吸取经验，远处的地方也能看得清，反观自身也一目了然。假如陛下您能够不被私欲遮蔽，自然可以看得清万里之外的事情；能够更加磨练自己的道义，自然也能洞察纤微之地方。抓住黎明的时机，实现政治的光明正大。希望您可以时时批阅《千秋金鉴录》，不要让他封尘了，应该借鉴殷代的治理经验，学习周宣王，励精图治，敬奉天命，效法成汤，每日自省更新。希望您能彰显大唐的光明磊落，了解到我微小、由衷的忠心。日月照临天下，皇帝的德行运行于天地之间；山岳矗立，川流不息，圣上的年寿与大地相同。臣下瞻仰圣上激切、惶恐之极！谨以所写的《千秋金鉴录》随表奉上。

第五道

问：王者功成作乐，治定制礼，故功大者乐备，治遍者礼具，而五帝不沿乐，三王不袭礼也。自汉而下，礼乐日衰，既不能祖述宪章，以复三代之旧制，则亦不过苟且因循，以承近世之陋习而已。盖有位无德，固宜其然也。惟我太祖、太宗，以圣人在天子之位，故其制作之隆，卓然千古，诚有不相沿袭者，独其广大渊微，有非世儒所能测识耳。夫合九庙而同堂，其有仿于古乎？一郊社而并祭，其有见于经乎？声容之为备，而郊祭之舞，去干戚以为容，雅颂之为美，而燕享之乐属教坊以司颂，是皆三代所未闻而创为之者。然而治化之隆，超然于三代之上，则其间固宜自有考诸三王而不谬者，而非圣人其孰能知之？夫鲁，吾夫子之乡，而先王之礼乐在焉。夫子之言曰：“吾学周礼，今用之，吾从周。”斯固鲁人之所世守也。诸士子必能明言之。

译文

问：先王实现功业之后制礼作乐，所以功劳越大，礼乐越完备。所以三王五帝不沿袭先代的礼乐。从汉代以来礼乐日渐衰败，既不能效法前代的宪章，恢复三代过去的制度，也不过是因循守旧，继承了近世以来的陋习。大概有位无德的人就是这样。只有我们太祖、太宗，以圣人的身份居于天子的位置，所以他们的礼乐制作十分隆重，彪炳千古。确实有不沿袭先代的地方，只是他广大精微，不是当事的俗儒可以理解的。把九庙合在一起同堂，是效仿古代吗？把郊祭、社祭合在一起祭祀，能够在经典中见到吗？礼乐与礼容完备，郊祭的舞蹈，礼容去掉干戚，雅颂虽然美，但却以教坊来执掌燕享之乐，这都是上古三代未曾听闻的创设。所以当今之事的礼乐之隆重，已经超越了上古三代。这之中自然有与上古三王不相违背的地方，假如不是圣人又有谁能知道呢？鲁国是孔夫子的故乡，是先王礼乐所在的地方，所以孔夫子说“我学习周礼，假如任用我，我将使之变成周那样的盛世”。这固然是鲁人世代守护的，士子一定也能说清楚。

圣人之制礼乐，非直为观美而已也，固将因人情以为之节文，而因以移风易俗也。夫礼乐之说，亦多端矣，而其大意，不过因人情以为之节文，是以礼乐之制，虽有古今之异，而礼乐之情，则无古今之殊。传曰：“知礼乐之情者能作，识礼乐之文者能述。作者之谓圣，述者之谓明”，故夫“钟鼓管磬、羽龠干戚者，乐之器也；屈伸俯仰、缀兆舒疾者，乐之文也。簠簋俎豆、制度文章者，礼之器也；升降上下、周旋裼袭者，礼之文也”。夫所谓礼乐之情者，岂徒在于钟鼓、干戚、簠簋、制度之间而已邪？岂徒在于屈伸、缀兆、升降、周旋之间而已邪？后世之言礼乐者，不本其情，而致详于形器之末，是以论明堂，则惑于吕氏《考工》之说；议郊庙，而局于郑氏、王肃之学。钟吕纷争于秬黍，而尺度牵泥于周天，纷纷藉藉，卒无一定之见，而礼乐亦因愈以废坠。是岂知礼乐之大端，不过因人情而为之节文者乎？《传》曰：“礼也者，义之实也。协诸义而协则礼，虽先王未之有，可以义起也。”《孟子》曰：“今之乐，犹古之乐也。今夫行礼于此，而有以即夫人心之安焉，作乐于此，而使闻之者欣欣然有喜色焉，则虽义起之礼，世俗之乐，其亦何异于古乎？使夫行礼于此，而有以大拂乎人之情，作乐于此，而闻之者疾首蹙额而相告也，则虽折旋周礼，而戛击《咸》《韶》，其亦何补于治乎？”即是说而充之，则执事之所以下询者，虽九庙异制可也，合而同堂亦可也，郊社异地可也，一而并祭亦可也。声容之备固善矣，而苟有未备焉，似亦无伤也。雅颂之纯固美矣，而苟有未纯焉，或亦无患也。呜呼！此我太祖、太宗之所以为作者之圣，而有以深识夫礼乐之情者欤！窃尝伏观祖宗之治化功德，荡荡巍巍，蟠极天地之外，真有以超越三代而媲美于唐虞者。使非礼乐之尽善尽美，其亦何以能致若是乎？草莽之臣，心亦能知其大，而口莫能言之，故尝以为天下之人，苟未能知我祖宗治化功德之隆，则于礼乐之盛，固宜其有所未识矣。虽然，先王之制，则亦不可以不讲也。《祭法》天子七庙，三昭三穆，与太祖之庙而七，益以文武世室而为九，庙门皆南向，主皆东向，各擅一庙之尊，而昭穆不紊焉，则周制也。郊社之礼，天尊而地卑，郊以大报天，而社以神地道，故燔柴于泰坛，祭天也，瘗埋于泰折，祭地也。其不并祭久矣。祭天之用乐，则吕氏《月令》以仲夏命乐师修鞀鞞鼓，均琴瑟管箫，执干戚戈羽，调竽笙篪簧，饬钟磬柷敔，而用盛乐以大雩帝。则祭天之乐，有干戚戈羽矣。子夏告魏文侯以古乐，以为进旅退旅，和正以广，弦匏笙簧，会守拊鼓，始奏以文，复乱以武，治乱以相，讯疾以雅，而所谓及优侏儒者，谓之新乐。夫国家郊庙之礼，虽以义起，固亦不害其为协诸义而协矣。虽然，岂若协于义而合于古之为尤善乎？国家祀享之乐，虽不效古，固亦不害其为因人情而为之饰矣。虽然，岂若因人情而又合于古之尤善乎？昔者成周之礼乐，至周公而始备，其于文武之制，过者损之，不及者益焉，而后合于大中至正。此周公所以为善继善述，而以达孝称也。儒生稽古之谈，固未免于拘滞，所敢肆其狂言，则恃有善继善述之圣天子在上也。

译文

圣人治理作乐不只是为了好看而已，是根据人的情感来制作礼仪，通过礼乐来移风易俗。对于礼乐的讨论有很多，但他最重要的意思，不过就是根据人情来制作礼仪。所以制作礼乐虽然古今不同，但礼乐的实情古今没有差异。所以《礼记·乐记》说“知礼乐之情的才能制礼作乐，识得礼乐表现形式的只能记述修习先王所作不能自制。能自制作的称为圣，记述修习先王制作的称为明”，所以“钟鼓、管磬、羽龠、干戚，只是乐所用器具；屈伸、俯仰、聚散、舒展，是乐的表现形式。而簠簋俎豆制度文章，是礼所用器具；礼仪升堂、下堂与服饰，只是礼的表面”。所谓礼乐的内核，难道只在于钟鼓、干戈、簠簋、制度之间而已吗？难道只在于屈伸、缀兆、升降、周旋之间而已吗？后世讨论礼乐的人，不以其内核为根本，却详究于形器的枝末。所以讨论明堂，就被《吕氏春秋》考工的说法迷惑；讨论郊庙，就局限于郑氏、王肃的学说。钟吕声律却在量度标准上争论不休，尺规量度则又拘泥于天文，纷纷扰扰，最终无一确定的见解，而礼乐也因此愈加废弛。这又哪里知道礼乐最重要的，不过是因循人情而制作节度呢？《礼记·礼运》说："礼是义的内核。吻合义那么就吻合礼。即使先王没有这种礼，也可以根据义来制定。"《孟子》说："如今的音乐，犹如古代的音乐"。如今在这里行礼可以安定人心，在这里作乐可以使听到的人有欣喜的面貌。那么即便根据义来制定的礼、世俗的音乐，它们又与古代的有何差异呢？假如在这里行礼，却违背人情，在这里作乐，却使听到的人厌恶痛恨而相互告发，那么即便做符合礼的行为，又敲击《咸》《韶》这些雅乐，这又哪里对治理国家有补益呢？就以这种说法而扩充来说，您向民众教导具体礼乐制度，即使九庙制度都不一样是可行的，合在一起同堂也是可行的；郊祭、社祭在不同地方是可行的，一并祭祀也是可行的。美备的礼乐声容固然很好，假若有未完备的，好像也无妨。纯净《雅》的《颂》音乐固然很美，假若有未纯净或许也没有问题。啊！这就是我们明朝的太祖、太宗之所以是制作礼乐的圣人，又可以深知礼乐的内核的原因吗！我曾观摩祖宗的治理天下的功德崇高浩大，遍及天地之外，真是有超越上古三代，媲美唐尧虞舜的地方。假如不是有尽善尽美的礼乐，又哪里能到达这样的境界？草莽的臣下，心虽然能知礼乐之大但口不能言说。所以我认为天下之人，假如不知我朝祖宗治理化育天下的崇高功德，那么自然不知道礼乐的盛大。即便如此，先王的制度，也不可以不讲。《礼记·祭法》天子七庙，三昭三穆，加上太祖之庙共七座，再加上文、武世室共九座，庙门皆向南，神主皆向东，各占一庙之尊位而昭穆关系不紊乱，就是周代的制度也。郊社之礼，天尊地卑。郊祭向上天祷告，而社祭则向地祷告，所以于都城南郊泰坛燔柴祭天，于都城南郊泰折瘗埋祭地。它们不一起进行祭祀很久了。祭天的用乐，按照《吕氏春秋·十二纪》的"月令"，是在仲夏之月命乐师修鞀鞞鼓，调节琴瑟管箫，拿着干戚戈羽，调整竽笙篪簧，整饬钟磬柷敔，以此用盛大的礼乐来祭祀天帝。那么祭天的礼乐，是有干戚戈羽的。东周时候子夏告诉魏文侯古乐，认为舞蹈时同进同退，整齐划一。唱歌时曲调平和中正而宽广，各种管弦乐器都在静候拊鼓的指挥，柑鼓一响，众乐并作。开始表演时击鼓，结束表演时击铙。用《相》来调节收场之歌曲，用《雅》来控制快速的节奏。而所谓俳优侏儒所演奏的就称之新乐。国家郊庙的典礼，根据义来制作，固然也不妨碍它本来是为了协助义的性质。虽然这样，难道既顺乎礼义而又合于古礼就更好吗？国家祭祀宴享的音乐，不效法古礼，固然也不妨碍它是因循人情而做的修饰。虽然这样，难道既因人情而又合于古礼就更好吗？过去周代的礼乐，到周公才开始完备，他对于文王、武王的制度，过度的就减损，达不到标准的就增益，然后合于中庸中正的标准。这是周公善于祖述前代而又获得孝道之称的原因。儒生考究古礼的说法，固然未免拘泥，我之所以敢于放肆狂言，是因为有善于祖述前代的圣朝天子在上。

问：佛、老为天下害，已非一日，天下之讼言攻之者，亦非一人矣，而卒不能去，岂其道之不可去邪？抑去之而不得其道邪？将遂不去，其亦不足以为天下之患邪？夫今之所谓佛、老者，鄙秽浅劣，其妄初非难见，而程子乃以为比之杨、墨，尤为近理，岂其始固自有说，而今之所习者，又其糟粕之余欤？佛氏之传，经传无所考，至于老子，则孔子之所从问礼者也。孔子与之同时，未尝一言攻其非，而后世乃排之不置，此又何欤？夫杨氏之为我，墨氏之兼爱，则诚非道矣，比之后世贪冒无耻，放于利而行者，不有间乎？而孟子以为无父无君，至比于禽兽，然则韩愈以为佛、老之害甚于杨、墨者，其将何所比乎？抑不知今之时而有兼爱、为我者焉，其亦在所辟乎？其将在所取乎？今之时不见有所谓杨、墨者，则其患止于佛、老矣。不知佛、老之外尚有可患者乎？其无可患者乎？夫言其是，而不知其所以是，议其非，而不识其所以非，同然一辞而以和于人者，吾甚耻之。故愿诸君之深辨之也。

译文

问：佛教、老庄是天下祸害已不止一日，全天下攻击责备他们的人也不止一个，然而终究不能被革除，是因为他们的道理不可去除吗？抑或革除他们的方法不对？假如不革除，他们也不足以成为天下的祸患吗？如今所谓传习佛教、老庄的人，品行卑鄙污秽、学问浅显恶劣，他们的狂妄并不难查见，所以宋儒程子才拿他们比作杨朱、墨子，这特别有道理。难道是他们刚开始还有一定的道理，如今传习这些学说的人，只得到其中的糟粕吗？佛教传入中国，经传并无记载，至于老子，则是孔子请教礼的人。孔子与老子处于同一时代，还没有一句话攻击他的不合理之处，然而后世的人却排斥老子的学说，这又是为什么呢？杨朱提倡为我，墨子提倡兼爱，确实不是正道，但与后世贪婪无耻、追名逐利的人相比，不是有差别吗？而孟子认为墨子提倡无父无君，甚至将之与禽兽作比，韩愈则认为佛教、老庄的祸害更甚于杨朱、墨子，韩愈又拿什么和杨朱、墨子相比呢？也不知道当今的时代是否还有兼爱、为我的人，这些人他们也要排斥吗？他们将要从这些人中取得什么呢？如今的时代不见有所谓的杨朱、墨子等人，那么祸患就只限于佛教和老庄。不知佛教和老庄之外还有没有别的祸患呢？还是说没有祸患呢？那些谈论是非，却不深究其中原因，随波逐流、附和他人的人，我深以为耻。所以希望大家明辨。

天下之道，一而已矣，而以为有二焉者，道之不明也。孔子曰：道之不明也，我知之矣，知者过之，愚者不及也；道之不行也，我知之矣，贤者过之，不肖者不及也。呜呼！道一也，而人有知愚贤不肖之异焉，此所以有过与不及之弊，而异端之所从起欤？然则天下之攻异端者，亦先明夫子之道而已耳。夫子之道明，彼将不攻而自破。不然，我以彼为异端，而彼亦将以我为异端，譬之穴中之斗鼠，是非孰从而辨之？今夫吾夫子之道，始之于存养慎独之微，而终之以化育参赞之大；行之于日用常行之间，而达之于国家天下之远。人不得焉，不可以为人，而物不得焉，不可以为物，犹之水火菽帛而不可一日缺焉者也。然而异端者，乃至与之抗立而为三，则亦道之不明者之罪矣。道苟不明，苟不过焉，即不及焉。过与不及，皆不得夫中道者也，则亦异端而已矣。而何以攻彼为哉？今夫二氏之说，其始亦非欲以乱天下也，而卒以乱天下，则是为之徒者之罪也。夫子之道，其始固欲以治天下也，而未免于二氏之惑，则亦为之徒者之罪也。何以言之？佛氏吾不得而知矣，至于老子，则以知礼闻，而吾夫子所尝问礼，则其为人要亦非庸下者，其修身养性，以求合于道，初亦岂甚乖于夫子乎？独其专于为己而无意于天下国家，然后与吾夫子之格致诚正，而达之于修齐治平者之不同耳。是其为心也，以为吾仁矣，则天下之不仁，吾不知可也；吾义矣，则天下之不义，吾不知可也。居其实而去其名，敛其器而不示之用，置其心于都无较计之地，而亦不以天下之较计动于其心。此其为念，固亦非有害于天下者，而亦岂知其弊之一至于此乎？今夫夫子之道，过者可以俯而就，不肖者可以企而及，是诚行之万世而无弊矣。然而子夏之后有田子方，子方之后为庄周，子弓之后有荀况，荀况之后为李斯，盖亦不能以无弊，则亦岂吾夫子之道使然哉？故夫善学之，则虽老氏之说无益于天下，而亦可以无害于天下；不善学之，则虽吾夫子之道，而亦不能以无弊也。今天下之患，则莫大于贪鄙以为同，冒进而无耻。贪鄙为同者曰：吾夫子固无可无不可也。冒进无耻者曰：吾夫子固汲汲于行道也。嗟乎！吾以吾夫子之道以为奸，则彼亦以其师之说而为奸，顾亦奚为其不可哉！今之二氏之徒，苦空其行，而虚幻其说者，既已不得其原矣。然彼以其苦空，而吾以其贪鄙；彼以其虚幻，而吾以其冒进。如是而攻焉，彼既有辞矣，而何以服其心乎？孟子曰：经正则庶民兴。庶民兴，斯无邪慝矣。今不皇皇焉自攻其弊，以求明吾夫子之道，而徒以攻二氏为心，亦见其不知本也夫！生复言之，执事以攻二氏为问，而生切切于自攻者，夫岂不喻执事之旨哉？《春秋》之道，责己严而待人恕；吾夫子之训，先自治而后治人也。若夫二氏与杨、墨之非，则孟子辟之于前，韩、欧诸子辟之于后，而岂复俟于言乎哉？执事以为夫子未尝攻老氏，则夫子盖尝攻之矣，曰：乡愿，德之贼也。盖乡愿之同乎流俗而合乎污世，即老氏之所谓和其光而同其尘者也。和光同尘之说，盖老氏之徒为之者，而老氏亦有以启之。故吾夫子之攻乡愿，非攻老氏也，攻乡愿之学老氏而又失之也。后世谈老氏者皆出于乡愿，故曰夫子盖尝攻之也。

译文

天下的大道只有一个，认为有两个的都是不明大道的人。孔子说：“天下的大道不能被实行，我是知晓的啊！有智慧的人做得太过，愚昧的人达不到它；天下的大道不能被发扬，我是知晓的啊！贤明的人做得太过，不贤明的人达不到它。”哎呀！天下的大道只有一个，但人有聪明、愚笨、贤明、不贤明的差异，这大概是有做得太过或达不到、异端产生的问题吧。然而天下攻击异端的人，也都是先明白孔子的大道的。孔子的大道明白，其他学说就将不攻自破。不这样的话，我就以别人为异端，而别人也将把我当作异端，譬如洞穴中争斗的老鼠，是非又跟从谁来辨别呢？如今我们孔夫子的大道，从细微的修养、慎独开始，而以化育天地、参赞万物而告终。在日用平常的行为之间施行，又能达到国家天下治理。人假如不得大道焉就不可以为人，物假如不得大道也不可以为物，犹如水火、粮食、衣帛，一天都不可或缺。然而那些与大道对抗而立多的异端甚至有三个，那么这也是大道不明的罪过啊。大道假如不明白，假如不过分推广，就会达不到。假如过分或达不到都是不得中庸大道，那么也算作异端。那么为什么攻击佛教、老庄呢？如今他们两者的学说，一开始也不是想扰乱天下，然而最终扰乱天下，就是这些学说的门徒的罪过了。孔夫子的大道，一开始固然是想用于治理天下，然而不能免于佛教、老庄学说的迷惑，也是传习儒家学说的门徒的罪过。为什么这么说？佛教我不清楚，至于老子，他以通晓礼而闻名，所以孔子曾向他请教礼。那么他的为人也不是平庸低下的，他修身养性以追求合乎大道，一开始难道有违背很多孔子的学说吗？只有他专于为己而无意于治理天下国家，与我们孔夫子的格物致知、诚意正心，从而达到修身、齐家、治国平天下的理论不同而已。老子的心里觉得只要我实现了仁德，那么我就可以不知道天下的不仁；只要我实现了义，那么我就可以不知道天下的不义。获得实在的道德，摒弃其虚名，收敛工具而不出示它的功用，把自己的心放置于不计较的境地，更不因为计较天下而动心。这样的念想固然并不对天下有害，但哪里知道它的弊端竟会由此产生呢？如今孔夫子的大道，使得过分的人可以低下来跟上，不贤明的人可以够得着，这才是行之于万世而无弊病的。然而孔子弟子子夏之后有田子方，子方之后有庄周，子弓之后有荀况，荀况有弟子李斯，大概也不能免于弊病，那么难道是我们孔夫子的大道使之变成这样吗？所以善于学习的人，即使学无益于天下的老子的学说，也可以对天下无害；不善于学习的人，即使学孔夫子的大道，也不能说毫无弊病。如今天下的祸患，没有比贪婪卑鄙、冒失无耻更大的。贪婪卑鄙的人说：我们孔夫子本来没有规定可以怎样，不可以怎样。冒失无耻的人说：我们孔夫子固然热衷于推行大道。唉！我把我们孔夫子的大道当作奸邪，那么他们也把他们的师说当作奸邪，又为什么认为它不可以呢！如今佛教、老庄的学徒，使他们的行为艰苦空虚，学说虚幻，已经不能恢复他们学说的原貌。然而他们以为的艰苦空虚，我认为是贪婪卑鄙；他们以为的虚幻，我认为是冒失。假如像这样攻击他们，他们已经有反驳的说辞了，又怎么使他们心服？孟子说："六经经义得以确定，那么平民就会振兴。平民振兴，就没有奸邪。"如今不堂堂正正切实地反思自己的弊病，追求孔夫子的大道，只是想着攻击佛教、老庄，也可以看出这样的人不知道问题的根本！我再次重申，您拿攻击佛老这件事来问，而我则切实地反省自身，难道是我不明白您的提问吗？《春秋》的道理是对自己要求严格而对待别人宽容；孔夫子的教训是先反省自己然后治理他人。孟子早已驳斥澄清佛老与杨朱、墨子的错误，韩愈、欧阳修等思想家紧随其后反驳，这些事难道还等到现在才知道吗？您以为孔夫子未曾攻击老子，实际上孔夫子曾经有攻击过他，孔子说："好好先生是道德上的逆贼。"大概同流合污的好好先生，就是老子所谓的"和其光而同其尘"。不过和光同尘的说法，大概老子的徒弟说的，而老子只是启发了他们。所以我们孔夫子攻击的好好先生，不是攻击老子，只是攻击学老子不到家的好好先生。后世谈论老子的思想都出于好好先生，所以才说曰孔夫子大概曾攻击他。

问：古人之言曰：志伊尹之所志，学颜子之所学。诸君皆志伊学颜者，请遂以二君之事质之。夫伊尹之耕于有莘之野，而乐尧、舜之道也，固将终身尔矣。汤之聘币三往，而始幡然以起，是岂苟焉者？而后世至以为割烹要汤，斯固孟子已有明辩。至于桀则固未尝以币聘尹也，而自往就之，至再至五，昔人谓其急于生人而往速其功也，果尔，其不类于以割烹要之欤！颜渊之学于孔子也，其详且要，无有过于四勿之训。兹四言者，今之初学之士皆自以为能知，而孔门之徒以千数，其最下者宜其犹愈于今之人也，何独唯颜子而后可以语此乎？至于箪瓢陋巷而不改其乐，此尤孔子之所深嘉屡叹而称以为贤者，而昔之人乃以为哲人之细事，将无类于今之初学自谓能知四勿之训者乎？夫尹也，以汤之圣，则三聘而始往，以桀之虐，则五就而不辞。颜之四勿，孔门之徒所未闻，而今之初学自以为能识箪瓢之乐。孔子以为难，而昔人以为易也，兹岂无其说乎？不然，则伊尹之志荒，而颜子之学浅矣。

译文

问：古人说，以伊尹的志向作为自己的志向，学习颜回所学习的东西。大家都向伊尹、颜回看齐，所以我拿两人的事情来请教。伊尹在有莘氏的田野耕作，喜欢上古尧、舜的世道，本来将终身如此生活。成汤三次前往拜访聘请，他才彻底地出山，他难道是随便的人吗？后世却以为伊尹要通过学习烹饪才接近成汤，所以孟子对这种说法已有辩驳，至于夏桀就更加未曾聘请伊尹。说伊尹自己三番五次地接近，过去的人说他急于实现功业也，假如果真这样，这说法不就和他通过学习烹饪接近成汤一样吗？颜渊向孔子学习的事情十分详细。精要之处莫过于“四勿”的教训。如今的初学者都以为自己知道“四勿”的教训，然而孔门的徒子人数以千计，其中水平最低的人也应该比今天的人优秀，为何唯独到颜回问，孔子才告诉他这个道理呢？颜回一箪食物，一瓢汤水，住简陋的房子却不变改他自己的快乐，所以孔子深为嘉许，屡屡称叹他为贤者。然而过去的人以为只是哲人的小事，这无异于如今的初学者说自己就能知晓“四勿”的教训。伊尹因为成汤是圣主，所以成汤三次聘问才出山，因为夏桀是暴君，所以五次亲自不辞劳苦去劝谏。颜回的“四勿”，孔子的门徒未曾听闻，而如今的初学者却自以为能体悟一箪食物、一瓢汤水就能自得其乐的道理。孔子以为难的事，过去的人却以为容易，这难道不需要解释吗？假如不解释的话，大家就会认为伊尹的志向荒诞、颜回的学问浅显了。

求古人之志者，必将先自求其志，而后能辨其出处之是非；论古人之学者，必先自论其学，而后能识其造诣之深浅。此伊尹之志，颜子之学，所以未易于窥测也。尝观伊尹耕于有莘之野，而乐尧、舜之道，固将终其身于畎亩，虽禄之以天下，有弗顾者。其后感成汤三聘之勤，而始幡然以起，是诚甚不易矣。而战国之士，犹以为割烹要汤，向非孟氏之辩，则千载之下，孰从而知其说之妄乎？至于五就桀之说，则尚有可疑者。孟子曰：往役，义也；往见，不义也。夫尹以庶人而往役于桀，可也；以行道而往就于桀，不可也。尹于成汤之圣，犹必待其三聘者，以为身不可辱，而道不可枉也。使尹不俟桀之聘而自往，则其辱身枉道也甚矣，而何以为伊尹乎？使尹之心以为汤虽圣臣也，桀虽虐君也，而就之，则既以为君矣，又可从而伐之乎？桀之暴虐，天下无不知者，彼置成汤之圣而弗用，尚何有于伊尹？使尹不知而就之，是不知也；知而就之，是不明也；就之而复伐之，是不忠也。三者无一可，而谓伊尹为之乎？柳宗元以为伊尹之五就桀，是大人之欲速其功。且曰：吾观圣人之急生人，莫若伊尹，伊尹之大，莫大于五就桀。苏子瞻讥之，以为宗元欲以此自解其从叔文之非，可谓得其心矣。然五就之说，孟子亦尝言之，而说者以为尹之就桀，汤进之也，则尹惟知以汤之心为心而已，是在圣人固必自有以处此。而愚以为虽诚有之，亦孟子所谓有伊尹之志则可耳。不然，吾未见其不为反覆悖乱之归也。至于颜子四勿之训，此盖圣贤心学之大，有未易以言者，彼其自谓能知，则譬之越南冀北，孰不知越之为南而冀之为北？至其道理之曲折险易，自非所尝经历莫从而识之也。今以四勿而询人，则诚未见其有不知者。及究其所谓非礼，则又莫不暗然而无以为答也。今夫天下之事，固有似礼而非礼者矣，亦有似非礼而实为礼者矣。其纤悉毫厘至于不可胜计，使非尽格天下之物而尽穷天下之理，则其疑似几微之间，孰能决然而无所惑哉？夫于所谓非礼者既有未辨，而断然欲以之勿视听言动，是亦告子之所谓不得于言而勿求于心耳，其何以能克己复礼而为仁哉？夫惟颜子博约之功已尽于平日，而其明睿所照，既已略无纤芥之疑，故于事至物来，天理人欲，不待议拟，而已判然，然后行之，勇决而无疑滞，此正所谓有至明以察其几，有至健以致其决者也。孔门之徒，自子贡之颖悟，不能无疑于一贯，则四勿之训，宜乎唯颜子之得闻也。若夫箪瓢之乐，则颜子之贤尽在于此，盖其所得之深者。周子尝令二程寻之，则既知其难矣。惟韩退之以为颜子得圣人为之依归，则其不忧而乐也岂不易？顾以为哲人之细事，初若无所难者，是盖言其外而未究其中也。盖箪瓢之乐，其要在于穷理，其功始于慎独。能穷理，故能择乎中庸，而复理以为仁；能慎独，故能克己不贰过，而至于三月不违。盖其人欲净尽，天理流行，是以内省不疚，仰不愧，俯不怍，而心广体胖，有不知其手舞足蹈者也。退之之学，言诚正而弗及格致，则穷理慎独之功，正其所大缺，则于颜子之乐，宜其得之浅矣。嗟乎！志伊尹之志也，然后能知伊尹之志；学颜子之学也，然后能知颜子之学。生亦何能与于此哉？顾其平日亦在所不敢自暴自弃，而心融神会之余，似亦微有所见，而执事今日之问，又适有相感发者，是以辄妄言之，幸执事不以为僭而教之也。

译文

要追求古人的志向的人，一定要先自己追求志向，然后才能辨别古人志向的是非；讨论古人的学问的人，一定要先自己独立思考，然后才能知道古人学问造诣的深浅。这就是伊尹的志向、颜回的学问，不容易窥探的原因。伊尹在有莘国的田野耕种，喜爱上古尧、舜的世道，本来将终身在农田生活，即使让它管理天下，也不愿去。之后有感于成汤三次殷勤的聘请，才幡然醒悟要出山，是多么不容易啊。然而战国时候的士人，还以为伊尹想通过烹饪来接近成汤，假如不是孟子反驳这种说法，那么千年以后，谁又这知道这说法的荒谬呢？至于说伊尹曾五次亲自去见夏桀的说法，尚有可疑之处。孟子说："庶人去服役是恰当的，去见诸侯是不恰当的。"伊尹以庶人的身份去夏桀那儿服役是可以的，以替天行道的名义去接近夏桀是不可以的。伊尹对于成汤这样的圣主，尚且觉得自己的身份不可以被贬低，自己的大道不可以扭曲，一定要等他三次聘请才出山。假使伊尹不等夏桀的聘请就亲自前往，那么必然自贬身价、扭曲大道了，这又怎么可能是伊尹呢？假使伊尹内心以为成汤是显明的臣子，夏桀是暴虐的君主，然后去接近他们，那么既然把夏桀当作君主，又怎么可以讨伐他呢？天下无人不知夏桀的暴虐，成汤如此贤明还不去追随他，这怎么可能是伊尹呢？假使伊尹不知道夏桀的暴虐而接近他，那是他的无知；假使伊尹知道夏桀的暴虐还接近他，那是不英明；亲附他还讨伐他，是不忠诚也。三样东西没一样是可以的，还能说是伊尹做的吗？柳宗元认为伊尹五次攀附夏桀，是大人物急着实现他的功业。他还说：我看圣人之急着成就功业，莫过于伊尹。伊尹的大意，莫过于五次攀附夏桀。苏轼讥讽他，觉得柳宗元想以此为自己跟从王叔文的错误找借口，苏轼可谓了解柳宗元的用意啊。然而五次接近夏桀的说法，孟子也曾说过，而后来讨论的人以为伊尹接近夏桀，是成汤引荐的，那么伊尹只是听从成汤的命令，我想圣人也有这样做的吧。然而我觉得即使真的有这种可能，也只是孟子所谓有伊尹那般志向才可以这么做。不这样的话，我没有看出他没有违逆大道的用意。至于颜回“四勿”的教训，这大概是圣贤最大的心法，有不容易说出来的地方。他们说自己能知道，就像说知道越在南面，冀在北面，谁不知道越在南面，冀在北面呢？至于其中曲折艰难的道理，没有经历过就自然不知道了。如今没有见到有人说不知道用“四勿”来教训别人的情况。但深究其中所谓非礼的地方，又没有人不默不作声不回答的。如今天下的事情，固然有看似符合礼实际非礼的，也有看似非礼实际符合礼的。其中细微之处不可胜数，假如不研究尽天下的事物，穷尽天下的道理，那些疑似合礼与非礼之间的东西，谁又可以决然分辨没有疑惑呢？对于非礼的地方还没有仔细分辨，就断然认为不要看、听、说、动，这也是告子所说的言语上没有获得就不要在心中追求，这又怎么可以反省自己恢复周礼，然后实现仁义之道呢？颜回博观约取的功夫已经时刻在平日践行，他聪明智慧，观照到的地方已经涉及到各种细微的疑惑之处，故于事物到来，天理人欲，不需要商业就可以分别。然后勇敢决绝，没有疑虑地实行。这正是所谓的有极大的智慧，能察觉细微处，有极大的魄力，能判别疑惑的地方。孔子的门徒，除了聪明的子贡之外，没有人能在“一贯”的道理上没有疑虑，而“四勿”的教训，只有颜回听到。则颜回的贤得都在一箪一瓢的快乐之中，大概因为他理解得深。周敦颐曾经命令程颐、程颢去寻找颜回的快乐之道，当时已知道这很难。韩愈觉得颜回得到圣人的境界，觉得颜回不忧而乐的境界不难。认为哲学家的小事一开始以为不难，是因为只看到它的表面，没有深究其中的道理。一箪、一瓢的快乐之道的要诀在于穷尽天理，而功夫要从慎独开始。可以穷尽天理才能选择中庸之道，然后恢复天理，实现人道。做到慎独，才能反省自己，以至于三个月不重复犯错。去除干净人的欲望，使天理流行，才能反省自己的时候不感到愧疚，做什么事情都不后悔、惭愧，然后心情舒畅，身体健康，有手舞足蹈的快乐。韩愈的学问只说到诚意正心，没有说到格物致知。穷尽天理、慎独的功夫，正是他最大的缺陷，对于颜回快乐之道，理解得很浅显。哎呀！以伊尹的志向，作为自己的志向，才能知道伊尹的志向是什么？学习颜回所学的事情，才能知道颜回的学问是什么？我又怎么能做到呢？只是平日不敢自暴自弃，在心领神会之余，有一点点微小的见解。而您今天问到，恰好有感而发。所以狂妄地说几句，希望您不要觉得我是僭越了身份教训您。

问：风俗之美恶，天下之治忽关焉。自汉以来，风俗之变而日下也，犹江河之日趋于海也，不知其犹可挽而复之古乎？将遂往而不返也，孔子谓齐一变至于鲁，鲁一变至于道，而说者以为二国之俗有美恶，故其变而之道也有难易。夫风俗之在三代也，不知其凡几变矣，而始为汉。其在汉也，又不知其凡几变矣，而始为唐为宋。就使屡变而上焉，不过为汉而上耳，为唐而止耳，而何以能遂复于三代乎？今之风俗，则贾谊之所太息者有之矣。皇上之德，过于汉文诸士，苟有贾生之谈焉，固所喜闻而乐道也。

译文

问：社会风俗的好坏是治理天下的关键。自汉代以来，风俗逐渐恶劣，江河日下，不知道还能不能恢复到古时候的样子，或许一去不复返，孔子说“齐国的政治一有改革，便可以达到鲁国的这个样子；鲁国一有改革，就可以达到合乎大道的境界了。”后世讨论的人认为，两国的社会风俗有好有坏，所以改革到大道的境界，难度不同。上古三代到汉代的风俗，不知道变了几次。汉代到唐宋的风俗，也不知道变了几次。只有汉代的风俗是越变越好，到唐代就停止了，又怎么可能恢复到上古三代的样子呢？如今的风俗，就是贾谊所叹息的那样。当今皇上您的德行超过了汉文帝等人，假如贾谊在世讨论，也是他喜闻乐见的大道。

天下之患，莫大于风俗之颓靡而不觉。夫风俗之颓靡而不觉也，譬之潦水之赴壑，浸淫泛滥，其始若无所患，而既其末也，奔驰溃决，忽焉不终朝而就竭。是以甲兵虽强，土地虽广，财赋虽盛，边境虽宁，而天下之治，终不可为，则风俗之颓靡，实有以致之。古之善治天下者，未尝不以风俗为首务。武王胜殷，未及下车，而封黄帝、尧、舜之后。下车而封王子比干之墓，释箕子之囚，式商容之闾。当是时也，拯溺救焚之政，未暇悉布，而先汲汲于为是者，诚以天下风俗之所关，而将以作兴其笃厚忠贞之气也。故周之富强不如秦，广大不如汉，而延世至于八百年者，岂非风俗之美致然欤！今天下之风俗，则诚有可虑者，而莫能明言之，何者？西汉之末，其风俗失之懦；东汉之末，其风俗失之激；晋失之虚，唐失之靡，是皆有可言者也。若夫今之风俗，谓之懦，则复类于悍也；谓之激，则复类于同也；谓之虚，则复类于琐也；谓之靡，则复类于鄙也。是皆有可虑之实，而无可状之名者也。生固亦有见焉，而又有所未敢言也。虽然，圣天子在上，贤公卿在位，于此而不直，是无所用其直矣。请遂言之：孔子曰：乡愿，德之贼也。孟子曰：非之无举也，刺之无刺也，居之似忠信，行之似廉洁，同乎流俗，合乎污世，自以为是，而不可与人尧、舜之道，阉然媚于世者，是乡愿也。盖今风俗之患，在于务流通而薄忠信，贵进取而贱廉洁，重儇狡而轻朴直，议文法而略道义，论形迹而遗心术，尚和同而鄙狷介。若是者，其浸淫习染既非一日，则天下之人固已相忘于其间而不觉。骤而语之，若不足以为患，而天下之患终必自此而起；泛而观之，若无与于乡愿，而徐而察之，则其不相类者几希矣。愚以为欲变是也，则莫若就其所藐者而振作之。何也？今之所薄者，忠信也，必从而重之；所贱者，廉洁也，必从而贵之；所轻者，朴直也，必从而重之；所遗者，心术也，必从而论之；所鄙者，狷介也，必从而尚之。然而今之议者，必以为是数者未尝不振作之也，则亦不思之过矣。大抵闻人之言，不能平心易气，而先横不然之念，未有能见其实然者也。夫谓是数者之未尝不振作之也，则夫今之所务者，果忠信欤？果流通欤？所贵者，果进取欤？果廉洁欤？其余者亦皆以是而思之，然后见其所谓振作之者，盖亦其名，而实有不然矣。今之议者，必且以为何以能得其忠信廉洁之实而振作之？则愚以为郭隗之事，断亦可见也。为人上者，独患无其诚耳。苟诚心于振作，吾见天下未有不翕然而向风者也。孟子曰：伯夷，圣之清者也；柳下惠，圣之和者也。故闻伯夷之风者，顽夫廉，懦夫有立志；闻柳下惠之风者，鄙夫敦，薄夫宽。夫夷、惠之风所以能使人闻于千载之下而兴起者，诚焉而已耳。今曰：吾将以忠信廉洁振作天下，而中心有弗然焉。则夫乡愿之所谓居之似忠信，而行之似廉洁者，固亦未尝无也。

译文

天下的祸患莫过于风俗萎靡不振而不自觉，所谓风俗萎靡不振而不自觉，就像沟渠的小水奔流至沟壑，逐渐积蓄以至泛滥。一开始没有祸患。到最后奔涌决堤，忽然一天就干涸枯竭。所以士兵虽然强壮，土地虽然广阔，财政赋税收入虽然丰盛，边境虽然安宁，但是最终无法实现太平盛世，就是风俗萎靡不振导致的。古时候善于治理天下的人，未尝不是把风俗作为首要解决的问题。周武王战胜殷商，还没下战车，就分封了黄帝、尧舜的后代。下战车后，就建了王子比干的墓，释放被囚禁的箕子，礼遇殷商的贤哲商容。这个时候一般的政治事务还没来得及做，就先急于改变风俗，这正是因为天下的风俗非常关键，可以提倡笃厚、忠诚的社会风气也。所以周代虽然不及秦朝富强，地域不及汉朝辽阔，却延续了八百年，这不正是美好的社会风俗所造成的吗？如今天下的风俗，确实有值得忧虑的地方，但却说不明白。为什么呢？西汉末年的社会风俗过于懦弱，东汉末年的社会风俗过于激烈，晋代的社会风俗过于虚浮，唐代的社会风俗过于奢靡，这些都说得清楚。如今的风俗，说它懦弱，又更像彪悍；说它激烈，又更像停滞；说它虚浮，又更像繁琐；说它奢靡，又更像卑劣。现在的社会风俗都有值得忧虑的实情，但却没有准确描述的名词概念。我固然有一些见解，但又不敢随便说。即使这样，有圣明的天子在上，有贤德的官员在岗位。在这里不秉持正直，就没有地方直言进谏了。请允许我解释清楚吧。孔子说“好好先生，是道德的贼子”，孟子说：“你要说他不对，又举不出例证来；你要指责他却又无可指责，看上去品行忠信，行为廉洁，实际上他只是同流合污，自以为是，这种人是不可能符合尧、舜的大道的。”谄媚世俗的人，就是好好先生。如今社会风俗的问题就在于，追求左右逢源却轻薄忠信，以急功好利为贵却以廉洁为低贱，重视狡猾，却轻视质朴的品性，议论法律却忽略道义，只看行为却遗漏心术是否得正，崇尚和同却鄙视廉洁耿直。假如这样那么受污染，已经不是一天的事了，那么天下的人都已经忘记了，好的风俗却不自知。假如现在这些问题还不足以成为祸患，那么天下的大患就很快从这里产生。假如现在还没有好好先生，那么慢慢观察，和好好先生不相似的人会越来越少。我认为假如想改变，就应该重视被忽视的地方，是什么呢？如今轻薄的忠信，一定要重视他，如今所看低的廉洁，一定要推崇它；如今所轻视的质朴品性，一定要重视它；如今遗漏的心术，一定要讨论它；如今看低的廉洁品性，一定要崇尚它。然而如今讨论的人，一定说上述的没有不被重视，这也是没有深思熟虑的过错啊。大概不能平心静气地听别人说话，心里先有着“不是这样”的念头的人，不能看到问题的本质的。那些说上述的东西未尝没被重视的人，我问问你们，如今追求的，真的是忠信吗？还是左右逢源？如今推崇的真的是急功好利吗？还是廉洁？其他的情况都用这种方法去思考，然后就能发现，所谓重视的只是名词概念而不是本质。如今讨论的人，尚且觉得忠信廉洁的品行又怎么能得到重视？我认为郭隗的事迹，也是可以参见的。唯独担心处于上位的人没有诚意，假如他们诚心去振作重视，我看天下没有不像风一样归顺我们的。孟子说：“伯夷是达到清廉境界的圣人，柳下惠是达到和谐境界的圣人。听说过伯夷那种高尚的风范，再贪婪的人也会变得廉洁，再懦弱的人也会立志改变自身；听说过柳下惠那种正直的风范，再刻薄的人也会变得敦厚，气量再狭小的人心胸也会变得宽广。”伯夷、柳下惠的风范可以使千年以后的人振作起来，确实是这样啊。如今有人说，我将用忠信廉洁的品行来使天下振作，但内心却不愿意做的人，就是那些所谓看上去行为符合忠信、品行廉洁的好好先生，这样的人固然也不是没有。

问：明于当世之务者，惟豪杰为然，今取士于科举，虽未免于记诵文辞之间，然有司之意，固惟豪杰是求也。非不能钩深索隐以探诸士之博览，然所以待之浅矣，故愿相与备论当世之务。夫官冗矣而事益不治，其将何以厘之？赋繁矣而财愈不给，其将何以平之？建屏满于天下而赋禄日增，势将不掉，其将何以处之？清戎遍于海内而行伍日耗，其将何以筹之？蝗旱相仍，流离载道，其将何以拯之？狱讼烦滋，盗贼昌炽，其将何以息之？势家侵利，人情怨咨，何以裁之？戎、胡窥窃，边鄙未宁，何以攘之？凡此数者，皆当今之急务，而非迂儒曲士之所能及也。愿闻其说。

译文

问：唯有豪杰可以明白当今的事务。如今通过科举制度选拔官员，虽然不能避免要通过背诵文章来进行选拔，但是官府的目的肯定是要寻找能治理国家的豪杰。不是不能通过钩沉古书、考据索隐，所以来考察他们的博学，但这样对待他们过于浅显，应该和他们详细讨论当今时代的要务。假如官员越多，那么事情就更加难办，将如何处理呢？赋税越来越多，但是财政收入却越来越少，那么将如何解决呢？分封藩王遍布天下，而赋税越来越多，势必没有办法去掉，那么将如何处置呢？世袭军户遍布天下，但军队耗费却日益增多，钱财要怎么筹措呢？蝗灾、旱灾相继发生，百姓流离失所，将要如何拯救他们呢？官司越来越多，盗贼猖獗，将要如何平息呢？世家大族互相侵犯利益，相互怨恨嗟叹，要如何裁夺呢？少数民族窥伺，边疆不安定，要怎么攘除呢？上述种种都是当今的要务，不是迂腐的儒生可以解决的。想听您解答。

执事询当世之务，而以豪杰望于诸生，诚汗颜悚息，惧无以当执事之待。然执事之问，则不可虚也，生请无辞以对。盖天下之患，莫大于纪纲之不振，而执事之所问者，未及也。夫自古纪纲之不振，由于为君者垂拱宴安于上，而为臣者玩习懈弛于下。今朝廷出片纸以号召天下，而百司庶府莫不震栗悚惧，不可谓纪纲之不振。然而下之所以应其上者，不过簿书文墨之间，而无有于贞固忠诚之实。譬之一人之身，言貌动止，皆如其常，而神气恍然，若有不相摄者，则于险阻烦难，必有不任其劳矣，而何以成天下之亹亹哉？故愚以为当今之务，莫大于振肃纪纲，而后天下之治可从而理也。是以先进纪纲之说，而后及执事之问。夫官冗而事不治者，其弊有三：朝廷之所以鼓舞天下而奔走豪杰者，名器而已。孔子曰：惟名与器，不可以假人。今者不能慎惜，而至或加之于异道憸邪之辈，又使列于贤士大夫之上，有志之士，吾知其不能与之齿矣。此豪杰之所以解体，而事之所以不治者，名器之太滥也。至于升授之际，不论其才之堪否，而概以年月名次之先后为序，使天下之人皆有必得之心，而无不可为之虑。又一事特设一官，或二人而共理一职，十羊九牧，徒益纷扰。至于边远疲弊之地，宜简贤能特加抚缉，功成绩著，则优其迁擢，以示崇奖，有志之士，亦亦无不乐为者，而乃反委之于庸劣，遂使日益凋瘵，则是选用太忽之过也。天下之治，莫急守令，而令之于民，尤为切近。昔汉文之时，为吏者长子孙居官，以职为氏，今者徒据纸上之功绩，亟于行取，而责效于二三年之间。彼为守令者，无是亦莫不汲汲于求去，而莫有诚确久远之图，此则求效太速之使然耳。赋繁而财不给者，此无益之费多，而冗食之徒众也。去是二者，而又均一天下之赋，使每郡各计其所入之数，而均之于田，不得有官民三则之异，则诡射之弊息，而赋亦稍平矣。至于建屏之议，尤为当今之切务，而天下之人莫敢言者。欲求善后之策，则在于朝廷之上，心于继志，而不以更改为罪；建议之臣，心于为国，而不以获罪自阻，然后可以议此。不然，虽论无益矣。盖昔者汉之诸侯，皆封以土地，故其患在强大而不分，分则易弱矣。今之藩国，皆给以食禄，故其患在众多而不合，合则易办矣。然晁错一言，而首领不保，天下虽悲错之以忠受戮，其谁复敢言乎？清戎之要，在于因地利而顺人情。盖南人之习于南，而北人之习于北，是谓地利。南之不安于北，而北之不安于南，是谓人情。今以其清而已得者就籍之于其本土，而以其清而不得者之粮馈输之于边，募骁勇以实塞下，或亦两得之矣。蝗旱相仍而流离载道者，官冗而事益不治之所致也；狱讼繁滋而盗贼昌炽者，赋繁而财愈不给之所起也。势家侵利而人情怨咨，则在于制之以礼，而一转移于向背之间而已。昔田蚡请考工地以益宅，武帝怒曰：何不遂取武库？蚡惧而退。夫以田蚡之横，而武帝一言不敢复纵，况未及蚡者，诚有以禁戒惩饬之，其亦何敢肆无忌惮也哉？胡戎窥窃而边鄙未宁，则在于备之不预，而畏之太深之过也。夫戎虏之患，既深且久，足可为鉴矣。而当今之士，苟遇边报稍宁，则皆以为不复有事，解严弛备，恬然相安，以苟岁月。而所谓选将练兵，蓄财养士者，一旦置之度外，纵一行焉，亦不过取具簿书，而实无有于汲汲皇皇之意。及其一旦有事，则怆惶失措，若不能以终日。盖古之善御戎狄者，平居无怠忽苟且之心，故临事无纷张缪戾之患，兢惕以备之，谈笑以处之，此所以为得也。若夫制御之策，则古今之论详矣，在当事者择而处之，生不能别为之说也。夫执事之所以求士者，不专于记诵文辞之间，故诸生之文，亦往往出于科举之外，惟其说之或有足取，则执事幸采择之。

译文

您拿当今的要务来问我，把我当做豪杰，实在令我汗颜恐惧，我害怕没有办法满足您的期待。然而您的问题，不可以空泛地说，请允许我不拒绝您来回答。天下的祸患，莫过于纲常不振作，而您的问题并没有涉及到。自古纲常不振作，都是因为做国君的安逸地垂拱而治，做臣子的在下面玩忽职守。如今朝廷用一纸诤命就能号令天下，百官臣僚没有不恐惧战栗的，还不算不上纲纪不振作。臣下应付皇上，不过是用一些簿书纸墨，而不一定有忠贞的诚心。比如一个人的言行举止都如同寻常，神气十足，但假如有问题，碰到困难一定无法胜任，那么天下人怎么能奋勉作为呢？所以我认为当今的要务莫过于要整顿朝纲，然后天下才能得以治理。所以我先提出纲纪的说法，然后再回答您的问题。官员越来越多，但事情却处理不了，有三个弊端：朝廷用来吸引鼓励天下的豪杰，靠的是名分与相应的车服仪制。孔子说："唯有名分与相应的车服仪制，不可以假借于人。"如今不能珍惜这些东西，把它封赠给邪恶的人，甚至使他们位于贤能的大夫之上，有志之士都不齿于与他们共事。豪杰之所以离开事情之所以处理不好，就是因为这些名分与爵禄太泛滥了。提拔官员的时候不考虑他的能力能否胜任，却以年龄大小为先后进行选拔，使得天下的人都有一定能得到的信心，却没有得不到的忧虑。又在一件事情上特设一个官员，或者两个人共同管理一个职务。十只羊却有九个牧羊人，徒增纷扰。至于边远凋敝的地方，应该选择贤能的人特加安抚，功绩显著，就提拔升迁，以示奖赏。有志之士不愿意干实事，反而委派给平庸低劣的人，自然造成政治日益凋敝，选用人才变来变去的弊端。治理天下莫过于要依靠地方长官，而地方长官对于人民是最为重要的。过去汉文帝的时候，当官的子孙世代为官，以官职作为自己的姓氏。如今只是根据科举考试的业绩，急于选拔官吏，且要在两三年之间取得成效。那些当地方长官的人，没有不着急着想离开的，自然不会有长远的志向，这就是选拔官吏太着急造成的。赋税繁多但财政收入却不足，这是因为无益的费用、尸位素餐的冗官太多。去掉这两项问题，就能使天下的赋税平均，使每郡计算他们的收入的数量，再平均分配到田地，官民之间不得有双重标准的差异，那么诡诈的弊病就会平息，而赋税也稍稍充足。至于分封藩王的议题，尤为当今最重要的事务，但天下的人没有敢议论的。假如要找善后的方法，就在于朝廷用心继承祖训，但不以更改祖宗之法为罪过；提建议的臣下一心为国，但不因害怕获罪而不说，然后才可以讨论。不这样的话，即便讨论也没有益处。过去汉代的诸侯都有分封土地，但问题在于强大的诸侯没有被分开，假如分开就易于削弱。如今的藩国都供给俸禄，问题在于数量太多却没有不合并，合并就容易解决了。然而汉代的时候晁错因为说一句话，脑袋就保不住。天下的人虽然因晁错这种忠臣被杀而悲愤，但谁又敢说呢？解决军籍户口问题的要诀在于因循地利，理顺人情。大概南方人习惯生活在南方，北方人习惯生活在北方，这就是所谓的地利。南方人不习惯生活在北方，而北方人不习惯生活在南方，这就是所谓的人情。如今已经清点户籍的军户就在本地服役，而没有清点到户籍的军户，粮草输送到边疆，招募骁勇的士兵充实边境，这样或许两方面都能得到解决。蝗灾、旱灾相继发生，百姓流离失所，是官员冗多，事情积压不处理所导致的。法律案件越来越多，盗贼猖獗，是赋税繁多，但财政收入不足所导致的。要解决世家大族互相侵犯利益，相互怨恨嗟叹的问题，就要制定礼制，那么改变就是一瞬间的事情。当年田蚡请求在官署扩建家宅，汉武帝愤怒地说：“为什么不直接把我的武器库拆了呢？”田蚡害怕地退下去。田蚡虽然蛮横，尚且因为汉武帝的一句话不敢放肆，何况那些未及田蚡的人呢？假如严格禁止、整顿吏治，谁敢再肆无忌惮呢？之所以少数民族窥伺边境，边疆不安宁，是因为没有预备，过分害怕了。少数民族的边患已经很久，前朝经验可以借鉴。如今的官员，一旦收到边疆安定的汇报，就以为不会有事，放松戒备，恬然处之，来消磨时日。所谓选拔将领、训练士兵，蓄财养士的人，他们把事情置之度外，即使有一些事情，也不过写写簿书，实在没有勤勉边务的用意。一旦有大事，就惊慌失措，一天也坚持不了。大概古时候善于抵御边疆戎狄侵扰的人，平日不懈怠，遇事不慌张，时刻准备着战斗，可以谈笑间处理事情，这才算做得好。至于制定防御的策略，古今讨论得已经很多了，应该选择当事的官员处在该处的位置，我就不说别的了。您寻求名士的方法，不专门看记诵的文辞，所以大家的答卷内容往往出于科举考试内容之外，只要说的话有可取之处，就希望您能够采纳。

山东乡试录后序

弘治甲子秋八月甲申，《山东乡试录》成，考试官刑部主事王守仁既序诸首简，所以纪试事者慎且详矣。鼎承乏执事后，有不容无一言以申告登名诸君子者。夫山东，天下之巨藩也。南峙泰岱，为五岳之宗，东汇沧海，会百川之流。吾夫子以道德之师，钟灵毓秀，挺生于数千载之上，是皆穷天地，亘古今，超然而独盛焉者也。然陟泰岱则知其高，观沧海则知其大，生长夫子之邦，宜于其道之高且大者有闻焉，斯不愧为邦之人矣！诸君子登名是录者，其亦有闻乎哉？夫自始学焉，读其书，聚而为论辩，发而为文词，至于今，资藉以阶尺寸之进而方来未已者，皆夫子之绪余也。独于道未之闻，是固学者之通患，不特是邦为然也。然海与岱，天下知其高且大也，见之真而闻之熟，必自东人始，其于道，则亦宜若是焉可也。且道岂越乎所读之书与所论辩而文词之者哉？理气有精粗，言行有难易，穷达有从违，此道之所以鲜闻也。夫海岱云者，形胜也；夫子之道德也者，根本也。虽若相参并立于天地间，其所以为盛，则又有在此而不在彼者矣。鼎实陋于闻道，幸以文墨从事此邦，冀所录之士，有是人也。故列东藩之盛，乐为天下道之。

译文

弘治十七年（1504）秋天八月甲申，《山东乡试录》完成。考官刑部主事王守仁已经在首简详细谨慎地记录考试的事情。顶上承继空缺的职位之后，有一句话必须告诉考上的诸位。山东是天下的大省，南有泰山，是五岳之宗；东面沧海，汇聚百川河流。孔夫子作为道德的表率，千年以前在此钟灵毓秀之地诞生。这都是穷尽天地，超越古今的盛大之事。然而登泰山就知道它有多高，看沧海就知道它有多大，在孔夫子的故地生长，应该知道道德的广阔，这才不愧为山东人！你们这些考上功名的人，有听说过这些话吗？从开始学习，读书，聚众一起辩论，然后发表言论文辞，到如今通过科考晋升而未来还未停止，这些都是孔夫子遗留下来的。然而尚未听闻大道，这固然是当今学者的通病，不只是在山东而已。东海与泰山，天下人都知道他们既广阔又高大，能真的见到，也能经常听闻，这些事一定也是从山东人开始，至于大道大概也是这样的。而且大道怎么会超过自己所读的书和辩论的文词呢？道理有精有细，言行有难有易，有时通达顺利，有时穷困不顺，这是大道很少被听闻的原因。东海与泰山是风景之名胜，孔夫子的道理是大道的根本。虽然二者都在天地之间并立，然而昌盛的却在前者，而不在后者。我未能很好地听闻大道，有幸在本地主持科考，希望录取的人有奉行孔夫子大道的。这样的话山东人才的兴盛，就会为天下乐道。